Bienvenue en Uruguay, cette destination confidentielle, encore préservée du tourisme de masse et reconnue comme le pays le plus sûr et inclusif du continent. Fiers de leur terre calme et paisible, les Uruguayens tiennent précieusement à leur remarquable qualité de vie et ne souhaitent pas que les choses évoluent autrement. Surnommé la « Suisse des Amériques », ce petit pays de 3,5 millions d'habitants est un véritable pionnier en matière de droits et de libertés, faisant partie des premiers pays à légaliser le mariage gay et le cannabis, ainsi qu'à accorder le droit de vote aux femmes. Mais ce n'est pas tout ! Partez à la découverte du monde fascinant des *gauchos*, ces cow-boys intrépides qui vous initieront à l'équitation, à la consommation du maté et au folklore traditionnel de leur culture. Pour les épicuriens, plongez dans l'univers enchanteur des vignobles réputés pour leur tannat, un cépage emblématique de la région. Quant aux amateurs de glamour, laissez-vous séduire par des destinations exclusives et prestigieuses telles que Punta del Este ou José Ignacio, repaires privilégiés de la *jet-set* internationale en raison de leurs plages agréables et de leur offre touristique haut de gamme. Enfin, une culture vivante et chaleureuse qui se reflète dans le rythme passionné du tango et du *candombe* (expression musicale de la population afro-uruguayenne) ajoute une dimension supplémentaire à l'âme vibrante de ce pays, surtout lors des festivités du carnaval.

PEFC
10-31-1510
Certifié PEFC
Ce produit est issu de forêts gérées durablement et de sources contrôlées.
pefc-france.org

Retrouvez cette offre en page 102

SOMMAIRE

© MARQUICIO PAGOLA - SHUTTERSTOCK.COM

Plage de Punta Del Este. © BRUPSILVA

6 INSPIRER

Découvrez des idées de séjours uniques, obtenez des informations pratiques essentielles et ne manquez pas les festivités vibrantes qui font la renommée du pays.

39 DÉCOUVRIR

Explorez l'essence même de l'Uruguay à travers son histoire, ses trésors architecturaux, sa géographie et sa gastronomie. Immergez-vous ensuite dans l'effervescence de sa scène culturelle qui donne vie à une multitude d'expressions artistiques.

105 MONTEVIDEO ET SES ENVIRONS

Laissez-vous séduire par la riche culture de la capitale uruguayenne en partant à la découverte de ses sites incontournables, de ses joyaux culturels, de ses restaurants de renom, ses hôtels de charme, ses boutiques captivantes et ses activités passionnantes.

Dans les rues de Montevideo. © MAUINOW1 - ISTOCKPHOTO.COM

153 CÔTE EST

Succombez à la beauté rayonnante de la côte Est, où les provinces de Maldonado et Rocha vous réservent des paysages à couper le souffle. Découvrez des plages infinies d'une beauté inégalée, des villes côtières charmantes et une nature préservée à explorer.

201 CÔTE OUEST

Une région qui abrite la célèbre Colonia de Sacramento, une ville coloniale classée au patrimoine mondial de l'UNESCO, ainsi que des espaces naturels où se déploient des paysages vallonnés et de magnifiques plages.

229 LITTORAL

Sur les rives du río Uruguay, un havre de paix dévoile ses merveilles : des sources thermales réconfortantes, des cités historiques captivantes, vestiges d'un passé industriel révolu, et des vignobles enchanteurs où la douceur de vivre prédomine.

Phare de José Ignacio. © STEFANO EMBER - SHUTTERSTOCK.COM

Paysage du Maldonado. © DFLC PRINTS - SHUTTERSTOCK.COM

255 INTÉRIEUR

Découvrez la quintessence de l'Uruguay dans cette région où l'authenticité règne en maître. Galopez librement lors de balades à cheval, laissez les sentiers pittoresques vous dévoiler leurs secrets et dansez au rythme vibrant des festivals traditionnels.

289 ORGANISER SON SÉJOUR

Pour une préparation de voyage efficace, voici des recommandations et ressources utiles. Obtenez des conseils pratiques et des contacts fiables pour les transports, l'hébergement et les agences de voyages, afin d'organiser votre séjour de manière optimale.

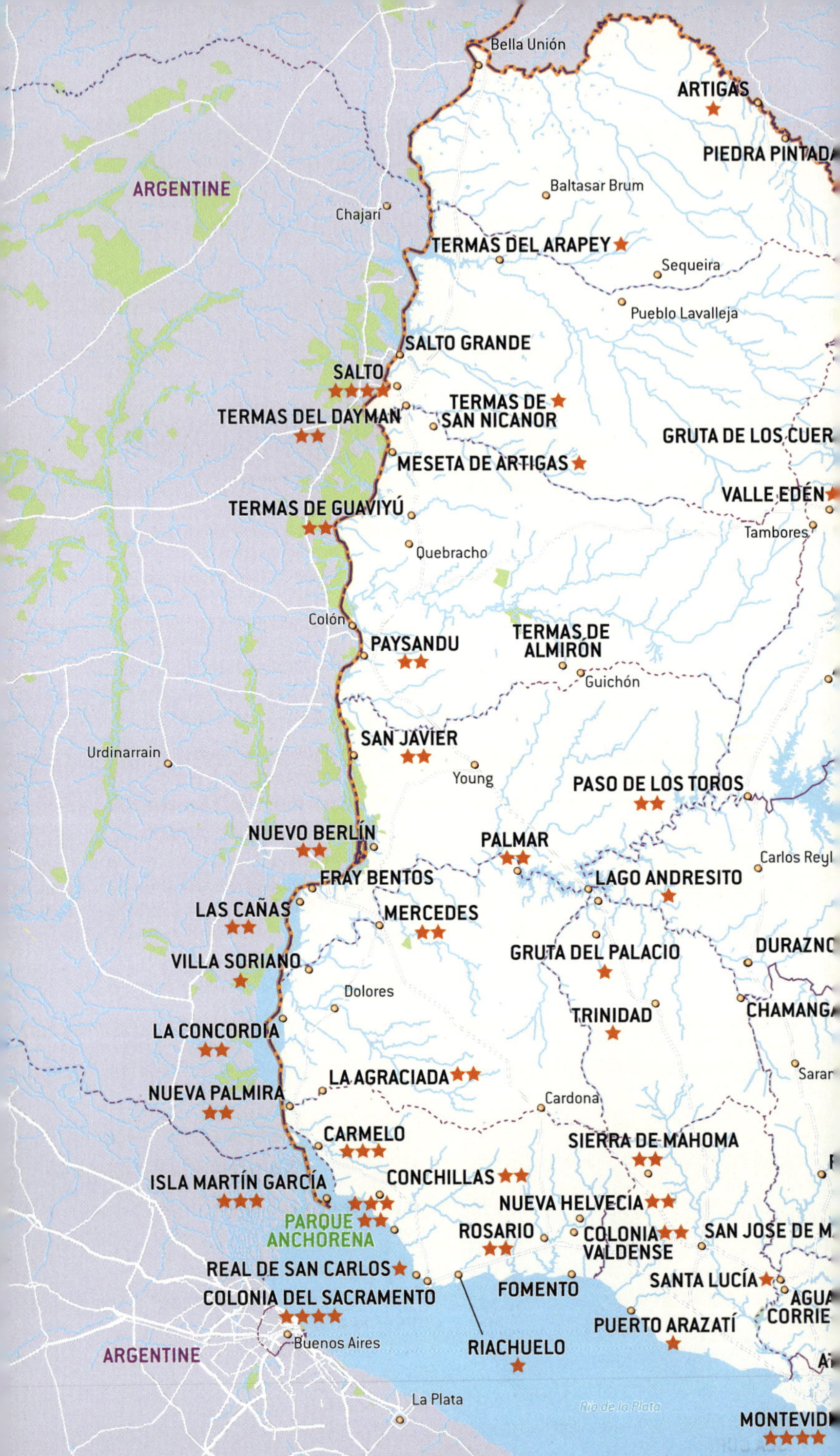
Bella Unión
ARTIGAS
PIEDRA PINTADA
ARGENTINE
Baltasar Brum
Chajarí
TERMAS DEL ARAPEY
Sequeira
Pueblo Lavalleja
SALTO GRANDE
SALTO
TERMAS DE
SAN NICANOR
TERMAS DEL DAYMAN
GRUTA DE LOS CUER
MESETA DE ARTIGAS
VALLE EDÉN
TERMAS DE GUAVIYÚ
Tambores
Quebracho
Colón
PAYSANDU
TERMAS DE
ALMIRÓN
Guichón
SAN JAVIER
Urdinarrain
Young
PASO DE LOS TOROS
NUEVO BERLÍN
PALMAR
Carlos Reyl
FRAY BENTOS
LAGO ANDRESITO
LAS CAÑAS
MERCEDES
VILLA SORIANO
GRUTA DEL PALACIO
DURAZNO
Dolores
TRINIDAD
CHAMANGA
LA CONCORDIA
LA AGRACIADA
Sarar
NUEVA PALMIRA
Cardona
CARMELO
SIERRA DE MAHOMA
ISLA MARTÍN GARCÍA
CONCHILLAS
NUEVA HELVECIA
PARQUE
ANCHORENA
ROSARIO
COLONIA
VALDENSE
SAN JOSE DE M
REAL DE SAN CARLOS
SANTA LUCÍA
AGUA
CORRIE
COLONIA DEL SACRAMENTO
FOMENTO
PUERTO ARAZATÍ
Buenos Aires
ARGENTINE
RIACHUELO
La Plata
Río de la Plata
MONTEVID

50 KM
Rosário Do Sul
São Gabriel
Campo Sêco
BRÉSIL
Dom Pedrito
RIVERA
ranqueras
Bagé
Lapuente
Piratini
Candiota
MINAS DE CORRALES
EARIO IPORA
RÉMBO
Vichadero
BATOVÍ
Las Toscas
MELO
POSTA DEL CHUY
Fraile Muerto
Taim
Jaguarão
N GREGORIO DE POLANCO
Arbolito
BALNEARIO LAGO MERÍN
Tupambaé
Vergara
Cerro Chato
QUEBRADA DE LOS CUERVOS
CHARQUEADA
Arvore Só
TREINTA Y TRES
Zapicán
Santa Vitória Do Palmar
Lascano
CHUY
Pirarajá
PARQUE NACIONAL SAN MIGUEL
PARQUE NACIONAL DE SANTA TERESA
PUNTA DEL DIABLO
LAGUNA DE CASTILLOS
AGUAS DULCES
O AREQUITA
VILLA SERRANA
BARRA DE VALIZAS
O VERDÚN
SALTO DEL PENITENTE
MINAS
ROCHA
CABO POLONIO
LAGUNA DE ROCHA
GARZÓN
LA PEDRERA
LA PALOMA
Océan Atlantique Sud
PIRIÁPOLIS
MALDONADO
LAGUNA GARZÓN
JOSÉ IGNACIO
TA BALLENA
ISLA GORRITI
PUNTA DEL ESTE
ISLA DE LOBOS

QUAND Y ALLER

JANVIER

17° / 28°

CARNAVAL DE MONTEVIDEO
(MONTEVIDEO)
Le plus long carnaval du monde allie traditions afro-uruguayennes et créativité pour un spectacle inoubliable.

FESTIVAL DEL LAGO « ANDRESITO LE CANTA AL PAÍS »
(LAGO ANDRESITO)
Festival de musique traditionnelle qui se tient chaque année dans la ville d'Andresito.

$ $

FÉVRIER

16° / 28°

LLAMADAS
(MONTEVIDEO)
Un défilé haut en couleur où la compétition entre les musiciens et les danseurs est à son comble.

FÊTE DE IEMANJA
(MONTEVIDEO)
Cérémonie religieuse populaire organisée sur les plages de Montevideo pour rendre hommage à la déesse de la Mer, Iemanjá.

$ $

MARS

15° / 26°

FIESTA DE LA VENDIMIA
Le Festival des Vendanges est un incontournable pour les amateurs de bons vins, offrant dégustations, spectacles et ateliers.

FIESTA DE LA PATRIA GAUCHA
(TACUAREMBÓ)
Fête traditionnelle commémorant les traditions des gauchos, incluant concerts, défilés, rodéos et compétitions équestres.

$

JUILLET

6° / 14°

LA YERRA
Tradition uruguayenne et fête rurale majeure où le marquage du bétail est suivi d'une riche variété d'activités culturelles.

$ $ $

AOÛT

6° / 15°

$ $ $

SEPTEMBRE

8° / 17°

EXPO PRADO
(MONTEVIDEO)

© DFLC PRINTS -

Foire agricole annuelle où les agriculteurs et éleveurs présentent leur travail et leurs animaux. Bienvenue en territoire gaucho !

$ $

Plongez au cœur de la vibrante scène culturelle du pays et laissez-vous emporter par ses célébrations folkloriques, ses festivals de danse et de musique, ainsi que par ses foires agricoles animées. Ne manquez surtout pas le légendaire Carnaval de Montevideo, où la ville se métamorphose en un véritable bal costumé, débordant de couleurs et d'énergie. Que vous soyez passionné de théâtre, de littérature, de musique ou d'histoire, l'Uruguay saura combler tous vos intérêts culturels !

AVRIL

12° / 22°

SEMANA CRIOLLA DEL PRADO
(MONTEVIDEO)

© KOBBY DAGAN - SHUTTERSTOCK.OCM

Événement culturel célébrant l'identité nationale uruguayenne et mettant en lumière la culture, les arts et les traditions du pays.

$ $

MAI

9° / 18°

$ $

JUIN

6° / 15°

DÍA DE SAN CONO
(FLORIDA)

Le 3 juin, de nombreux pèlerins se rassemblent lors de cette fête religieuse pour célébrer San Cono, le protecteur des malades.

$ $

OCTOBRE

9° / 20°

DÍA DEL PATRIMONIO
(MONTEVIDEO)

Journée où les visiteurs peuvent découvrir gratuitement les richesses culturelles, architecturales et patrimoniales du pays.

SEMANA DE LAVALLEJA
(MINAS)

Célèbre l'indépendance uruguayenne avec défilés, spectacles et activités culturelles, culminant avec la *Noche de los Fogones*.

$

NOVEMBRE

12° / 23°

DÍA DEL ENOTURISMO

Découvrez l'univers viticole des meilleures *bodegas* du pays à travers des dégustations et des visites de caves et de vignobles.

$

DÉCEMBRE

15° / 26°

FIESTA DE LA CERVEZA – BIERFEST
(NUEVA HELVECIA - COLONIA SUIZA)

Le rendez-vous incontournable des amateurs de bière qui se rassemblent pour boire, manger et s'imprégner de la culture locale.

$ $

LES BONNES RAISONS D'Y ALLER

© ABRIENDOMUNDO - STOCK.ADOBE.COM

DES PLAGES VIERGES ET INTERMINABLES

Bordées tantôt par l'océan Atlantique, tantôt par le *río* de la Plata.

UN ENVIRONNEMENT SÛR ET SÉCURISÉ

L'Uruguay est l'un des pays les plus sûrs d'Amérique latine, avec une. Ou un faible taux de criminalité.

© DON MAMMOSER - SHUTTERSTOCK.COM

© SERRANA RABOSTO - SHUTTERSTOCK.COM

UNE TRANQUILLITÉ ASSURÉE

« Todo tranqui », la devise non officielle des Uruguayens, semble être gravée dans leur ADN.

LA CULTURE DES GAUCHOS

Qui de mieux que les gardiens des traditions ancestrales pour vous enseigner l'équitation ?

LE PARADIS DES VACHES

Un pays où les vaches (3 par habitant) sont traitées comme des membres de la famille !

LES RYTHMES PASSIONNÉS DU TANGO

Une danse envoûtante qui vous transporte dans l'histoire et la culture du pays.

UNE ARCHITECTURE ÉCLECTIQUE

Des bâtiments de style colonial et néoclassique à des édifices modernistes et Art nouveau.

LES BONNES RAISONS D'Y ALLER

© RUDIMENCIAL - ISTOCKPHOTO.COM

UN CARNAVAL RENOMMÉ

Pendant 40 jours, des parades colorées et spectaculaires ont lieu à travers tout le pays.

© DIEVILPHOTO - SHUTTERSTOCK.COM

SOCIÉTÉ ÉGALITAIRE ET PROGRESSISTE

L'Uruguay est le leader de l'Amérique latine en termes de droits de la personne et d'environnement.

© ERNESTO VELAZQUEZ - ISTOCKPHOTO.COM

UNE DESTINATION VITICOLE PRISÉE

Visitez des vignobles peu connus, mais excellents tout en profitant de la beauté des paysages.

LES 12
MOTS-CLÉS

#ASADO

Les Uruguayens prennent leur viande au sérieux, et si vous voulez survivre dans ce pays, mieux vaut apprendre à apprécier un bon morceau de bœuf grillé. Mais attention, l'*asado* est un marathon, pas un sprint ! Il y a tellement de grillades à manger qu'il faut savoir doser ses portions pour ne pas finir en boule sur le sol, le ventre en surcharge…

© MATYAS REHAK - SHUTTERSTOCK.COM

#CARNAVAL

Un événement qui fait vibrer le pays tout entier, où les rues sont envahies par des hordes de personnages vêtus de costumes extravagants, prêts à faire la fête jusqu'à l'aube. Il y a des plumes, des perles, des chapeaux ridicules, des maquillages exagérés… Un véritable défilé de haute couture pour ceux qui ont un sens de la mode un peu… différent.

© KOBBY DAGAN - SHUTTERSTOCK.COM

#DÉCONTRACTÉ

Ce petit pays coincé entre deux géants brésilien et argentin a une personnalité bien à lui, à tel point qu'on se demande s'il est vraiment sur la même planète que ses voisins. Ici, le temps passe si lentement qu'on dirait qu'il est sous l'effet de somnifères, entre siestes et apéros. Si vous voulez vivre à la cool, vous ne serez pas déçus !

#ESTANCIA

Ces vastes étendues de terre où les *gauchos* règnent en maîtres, et où les touristes viennent chercher un peu de dépaysement. Surtout, ne vous fiez pas à l'image bucolique de ces fermes, car bien des surprises vous attendent ! Entre le dressage des animaux, la récolte du raisin et la préparation de l'*asado,* vous n'aurez pas une seconde à perdre !

#FOOTBALL

Ah, l'Uruguay et le foot ! C'est comme si chaque Uruguayen était né avec un ballon entre les pieds et une chanson de supporter dans la tête. Quant à Peñarol, le club le plus célèbre du pays, il attire des partisans prêts à vendre leur âme pour leur équipe (enfin, à part peut-être les fans du club Nacional, mais bon, on ne va pas leur en vouloir).

© FILIPEFRAZAO - ISTOCKPHOTO.COM

#GAUCHO

Les *gauchos*, ces cow-boys sud-américains qui chevauchent bravement sur les plaines, sont admirés pour leur courage, leur hospitalité légendaire et leur soif de liberté. Pas étonnant que l'Uruguay se fende d'une devise aussi vaillante que « Libertad o muerte » (la liberté ou la mort) et d'un hymne national où le mot « liberté » est répété 8 fois !

#GLAMOUR

Envie de nager dans une piscine de champagne, de manger du caviar jusqu'à l'indigestion et de danser jusqu'au bout de la nuit sur des rythmes de DJ internationaux ? Alors Punta del Este et José Ignacio sont les endroits qu'il vous faut ! Mais n'oubliez pas que pour accéder à ce cercle ultra-exclusif, il faut être prêt à sortir les gros billets…

#MATE

Le maté en Uruguay est bien plus qu'une simple boisson. C'est une tradition, une obsession, une raison de vivre ! Les Uruguayens en boivent tout le temps et partout. Boire du maté, c'est aussi un art avec des règles non écrites à respecter. Ne pas s'y essayer, c'est comme ne pas manger de croissants à Paris, ou ne pas essayer les sushis au Japon.

© PAWEL MICHALOWSKI - SHUTTERSTOCK.COM

#PIONNIER

Ce pays s'est révélé être un véritable laboratoire d'expérimentation de projets sociaux audacieux, entraînant des progrès notables dans les domaines du cannabis, de l'énergie renouvelable et des droits de la communauté LGBTQI+. Il a su se distinguer en prouvant qu'il est possible de construire une société plus équilibrée et plus juste.

#PLAYA

Préparez vos plus beaux maillots de bain et sortez vos serviettes, car les plages en Uruguay sont prêtes à vous accueillir ! Que vous soyez un amateur de bronzette ou un surfeur aguerri, il y a des activités pour tout le monde. Et avec un peu de chance, vous pourriez même apercevoir des baleines nageant majestueusement à la surface de l'eau !

#TANNAT

Le Tannat, symbole incontesté du pays, est à l'origine de vins rouges audacieux, corsés et parfumés de notes de fruits noirs. Sa teneur élevée en tanins en fait l'accompagnement idéal pour une viande grillée de choix. Laissez-vous tenter par une visite de vignoble ou dégustez-le dans une *parrilla* typique pour en apprécier toutes les subtilités.

#TANGO

Vous avez posé le pied sur la terre sacrée qui a vu naître le roi incontesté du tango, Carlos Gardel. Ici, les rues fredonnent encore ses mélodies, et son souffle artistique continue sans cesse d'inspirer les mélomanes du monde entier. Bienvenue dans le berceau du tango, où la musique est une passion qui coule dans les veines de chaque habitant.

VOUS ÊTES D'ICI, SI...

- **Vous vous baladez en tenant votre maté** dans votre main droite et votre thermos serré contre vous sous le bras.
- **Au lieu d'utiliser l'expression « che »** typique des Argentins, vous utilisez « bo ». Ce terme est équivalent à « mec » et provient de la forme abrégée de « botija », un mot argotique signifiant « enfant ».
- **Vous avez la capacité de citer** presque tous les joueurs de l'équipe nationale de football de l'Uruguay.
- **Vous êtes familier avec les termes** « murga », « comparsa » et « llamadas ».
- **Plutôt que d'utiliser du charbon** pour faire vos grillades (*asados*), vous optez pour du bois de chauffage.
- **Vous êtes généralement plus détendus** et décontractés que les voisins argentins, qui ont tendance à être plus passionnés et émotifs.
- **Vous êtes en mesure de différencier** les rythmes musicaux du candombe par rapport à ceux de la salsa, de la rumba et de la samba.
- **Vous êtes plus engagé** et enclin à respecter vos devoirs civiques que ne le sont vos voisins.

INTERVIEW

MON URUGUAY

AVEC MATHILDE GODBOUT, AUTEURE DU GUIDE

Pourriez-vous vous présenter brièvement afin que nous puissions mieux vous connaître ?

Salutations ! En tant que Franco-canadienne, j'ai laissé mon cœur s'envoler vers Buenos Aires, où je réside depuis bientôt deux ans. Lors de ma première visite en Uruguay, je devais effectuer un « visa run » de deux jours à Montevideo. Cependant, la culture uruguayenne m'a tellement charmée que j'ai prolongé mon séjour pour quelques semaines !

Quels sont les incontournables à visiter pour un voyageur qui découvre le pays pour la première fois ?

Commencez par la vibrante capitale, Montevideo. Flânez dans la vieille ville et découvrez les marchés animés, les anciennes libraires aux parfums d'autrefois et les places emblématiques. Dirigez-vous ensuite vers Cabo Polonio pour contempler la voûte céleste, puis visitez les galeries d'art raffinées et les plages idylliques de José Ignacio. N'oubliez surtout de prévoir un séjour en *estancia*, au cœur de la campagne, où l'essence même du pays vous enveloppera d'une aura d'authenticité.

Pour les amateurs de nature, quels sont les endroits à ne pas manquer ?

Le parc national de Santa Teresa est particulièrement ravissant, avec ses vieilles ruines racontant les histoires d'un passé lointain, son jardin botanique et ses plages désertes. Sinon, les parcs naturels de la Vallée del Lunarejo et de Quebrada de los Cuervos regorgent de sentiers et de paysages uniques.

Pouvez-vous recommander des estancias proposant des expériences authentiques de la vie rurale ?

Je conseille vivement l'*estancia* Caballos de Luz pour les amoureux d'équitation, et Finca Piedra pour les curieux d'histoire et de culture.

Quelles traditions culturelles ou manifestations artistiques typiques valent la peine d'être découvertes ?

Il ne fait aucun doute que le carnaval de Montevideo, avec ses troupes de musiciens et danseurs, les « murgas », est une expérience inoubliable à découvrir.

DISTANCES

TEMPS DE TRAJET

	ARTIGAS	CABO POLONIO	CHUY	COLONIA DEL SACRAMENTO	FRAY BENTOS
ARTIGAS		698 KM 9h30	662 KM 8h30	616 KM 7h30	441 KM 5h30
CABO POLONIO	698 KM 9h30		103 KM 1h30	439 KM 6h	550 KM 7h30
CHUY	662 KM 8h30	103 KM 1h30		502 KM 6h	617 KM 7h30
COLONIA DEL SACRAMENTO	616 KM 7h30	439 KM 6h	502 KM 6h		210 KM 2h30
FRAY BENTOS	441 KM 5h30	550 KM 7h30	617 KM 7h30	210 KM 2h30	
JOSÉ IGNACIO	729 KM 8h30	120 KM 2h	187 KM 2h30	336 KM 4h30	452 KM 5h4
MINAS	623 KM 7h30	193 KM 3h	221 KM 3h	266 KM 3h45	376 KM 5h
MONTEVIDEO	599 KM 7h	260 KM 4h	327 KM 4h15	179 KM 2h	307 KM 3h4
PAYSANDÚ	322 KM 4h	606 KM 8h	580 KM 8h15	298 KM 3h45	124 KM 1h4
PIRIÁPOLIS	643 KM 8h	174 KM 2h45	242 KM 3h	278 KM 3h45	389 KM 5h
PUNTA DEL ESTE	675 KM 8h30	149 KM 2h30	216 KM 2h45	306 KM 4h	422 KM 5h3
TACUAREMBÓ	206 KM 2h30	502 KM 7h	466 KM 6h	409 KM 5h	355 KM 4h1

Embarquez pour un voyage époustouflant à travers le pays, où un réseau de transport en bus d'une fiabilité et d'une sécurité inégalées vous attend, soutenu par des infrastructures routières modernes et performantes. Laissez-vous envoûter par la beauté des paysages côtiers, où le fleuve et l'océan se rencontrent, ou bien aventurez-vous au cœur des routes de campagne pittoresques, tandis que vous conduisez votre véhicule avec une sérénité absolue.

JOSÉ IGNACIO	MINAS	MONTEVIDEO	PAYSANDÚ	PIRIÁPOLIS	PUNTA DEL ESTE	TACUAREMBÓ
729 KM 8h30	623 KM 7h30	599 KM 7h	322 KM 4h	643 KM 8h	675 KM 8h30	206 KM 2h30
120 KM 2h	193 KM 3h	260 KM 4h	606 KM 8h	174 KM 2h45	149 KM 2h30	502 KM 7h
187 KM 2h30	221 KM 3h	327 KM 4h15	580 KM 8h15	242 KM 3h	216 KM 2h45	466 KM 6h
336 KM 4h30	266 KM 3h45	179 KM 2h	298 KM 3h45	278 KM 3h45	306 KM 4h	409 KM 5h
452 KM 5h45	376 KM 5h	307 KM 3h45	124 KM 1h45	389 KM 5h	422 KM 5h30	355 KM 4h15
	94 KM 1h30	162 KM 2h30	508 KM 6h30	76 KM 1h	33 KM 45mn	498 KM 6h30
94 KM 1h30		122 KM 2h	433 KM 5h30	60 KM 1h	77 KM 1h30	418 KM 5h
162 KM 2h30	122 KM 2h		375 KM 4h30	99 KM 1h45	132 KM 2h	394 KM 4h45
508 KM 6h30	433 KM 5h30	375 KM 4h30		446 KM 5h30	478 KM 6h	236 KM 3h
76 KM 1h	60 KM 1h	99 KM 1h45	446 KM 5h30		38 KM 45mn	436 KM 5h30
33 KM 45mn	77 KM 1h30	132 KM 2h	478 KM 6h	38 KM 45mn		468 KM 6h
98 KM 6h30	418 KM 5h	394 KM 4h45	236 KM 3h	436 KM 5h30	468 KM 6h	

IDÉES DE SÉJOUR

L'Uruguay, une contrée petite en taille, mais infiniment riche en trésors, révèle une multitude de facettes à explorer selon les passions, les curiosités et le budget de chaque aventurier. Sur la côte atlantique, laissez-vous émerveiller par les dunes sauvages de Cabo Polonio, où les lions de mer règnent en maîtres. Poursuivez votre odyssée en vous prélassant sous le soleil divin des plages de Maldonado, puis entre juillet et novembre, admirez les majestueuses baleines depuis La Pedrera ou Punta Colorada. Pour les amoureux de paysages champêtres et d'authenticité rurale, plongez au cœur de la pampa et découvrez les *estancias*, ces exploitations agricoles typiques proposant diverses activités telles que des balades à cheval, de la chasse et de la pêche. Enfin, parcourez la région du littoral le long du *río* Uruguay, où foisonnent de nombreux thermes aménagés pour accueillir les visiteurs en quête de détente et de bien-être.

10 JOURS EN URUGUAY

Un séjour court inclut une visite de Montevideo, de ses plages et son quartier historique. Pourquoi ne pas passer 1 ou 2 nuits à la campagne pour y monter à cheval aux côtés des *gauchos*, se promener dans la nature et profiter de sa tranquillité, séjourner dans une *estancia* typique.

› Jour 1 - Montevideo

Arrivée le matin à **Montevideo** (p.105). Visite du quartier historique l'après-midi.

› Jour 2 - Suite de la visite de la capitale

Visite des parcs, plages et autres quartiers de Montevideo (Carrasco et Pocitos ★★ notamment).

› Jour 3 - Punta del Este

Louer une voiture pour rejoindre Punta del Este en longeant les plages (**Atlántida** ★ (p.151), **Piriápolis** ★ (p.158), **Casapueblo** (p.164)...). Profiter d'un bain dans l'océan et dormir à **Punta del Este** ★★★★ (p.169) ou **La Barra** ★★ (p.177) (juste à côté).

› Jour 4 - José Ignacio

Après La Barra (boutiques, brocantes...), on file vers **José Ignacio** ★★★★ (p.180), village huppé mais discret, abritant un joli phare et une côte sauvage, puis direction **laguna Garzón** ★★★ (p.184) (on passe sur un bac gratuit) et **La Paloma** ★★ (p.186). Dormir soit à La Paloma (playa La Aguada) ou à **La Pedrera** ★★★★ (p.188) (à 30 minutes de La Paloma).

© LEONID ANDRONOV - SHUTTERSTOCK.COM

Palacio Salvo.

Rambla de Montevideo.

› Jour 5 - Cabo Polonio
Départ matinal pour **Cabo Polonio** ★★★ (p.191) (prendre un camion à l'entrée de la réserve de biodiversité). Au programme : balade, farniente en bord de plage. En fin de journée, cap vers **Punta del Diablo** ★★★ (p.195) pour sa beauté et son ambiance, et nuit sur place.

› Jour 6 - Fort et forteresse
Prendre la direction de **Chuy** (p.200), s'arrêter au **fort de San Miguel** (p.198), puis on visitera la **forteresse de Santa Teresa** (p.200) et retour à Punta del Diablo en fin de journée.

› Jour 7 - Minas
Prendre de la hauteur et filer vers **Minas** ★★ (p.284). Le soir on dormira dans une *estancia*.

› Jour 8 - Sur la route
Continuer la « grande traversée » de l'Uruguay ; de Minas, rejoindre **Colonia del Sacramento** ★★★★ (p.213).

› Jour 9 - Colonia del Sacramento
Une journée sur place pour visiter le cœur historique de la ville, longer ses remparts et la baie.

› Jour 10 - Retour
Retour depuis Colonia ou **Montevideo** (p.105) (compter 2 heures 30 de route depuis Colonia).

LE TOUR DE L'URUGUAY EN 17 JOURS
Ceux qui disposent de plus d'une semaine sur place pourront s'immerger dans le *campo* où les *parilladas* sont plus copieuses ; profiter des plages vierges et des lagunes naturelles du département de Rocha, en vogue mais tout de même moins branché et tape-à-l'œil que la très huppée Punta del Este.

Sur le *río* Uruguay, on profitera de villes au charme préservé telles que Fray Bentos, Paysandu ou Salto.

› Jour 1 - Vers Colonia
Arrivée à **Montevideo** (p.105) – ou à **Colonia del Sacramento** ★★★★ (p.213). Départ vers Colonia (on visitera la capitale plus tard). Visite de la ville et de son quartier historique. Nuit sur place.

› Jour 2 - Le littoral
Départ pour **Carmelo** ★★★ (p.221), **Nueva Palmira** ★★ (p.227), **Mercedes** ★★ (p.234) (**littoral** ★★ (p.229)). Nuit dans une *estancia* dans les environs de **Mercedes** ★★ (p.234) ou dans cette ville.

› Jour 3 - Paysandu
Découverte des alentours du fleuve et de **Fray Bentos** ★★ (p.238), puis direction **Paysandu** ★★ (p.244). Possibilité d'explorer la jungle exubérante et les cascades de Queguay. Nuit dans une *estancia* à proximité.

› Jour 4 - Salto
Rejoindre **Salto** ★★ (p.251) (au nord) où l'on profitera des thermes. Nuit dans une *estancia* ou en ville, selon votre envie et votre budget.

IDÉES DE SÉJOUR

› Jour 5 - Tacuarembo

De Salto à Tacuarembo ★★ (p.270) (nord-ouest), sur les traces du très célèbre chanteur de tango, Carlos Gardel. Vous continuez votre beau voyage vers la vallée de Lunarejo avec des activités de trekking et d'équitation dans les beaux canyons du nord et vers les cascades (arrêtez-vous à la mine d'améthystes à Artigas ★ (p.262) si vous avez le temps). Nuit sur place.

› Jour 6 - Sur la route

Direction le sud pour rejoindre Paso de los Toros ★★ (p.274) (route 5) ; halte à San Gregorio de Polanco ★★ (p.276) et nuit dans cette agréable station balnéaire.

› Jour 7 - Programme nature

Le lendemain on reprend la route pour s'arrêter à Paso de los Toros ★★ (p.274), dans une *estancia*. Au programme : balade à cheval, pêche, bons repas et repos !

› Jour 8 - Florida

On rejoint Florida ★ (p.282) en passant par Durazno ★ (p.277). Ceux qui sont pris par le temps pourront gagner Montevideo en fin de journée. Nuit à Florida ou Montevideo.

› Jour 9 - Montevideo

À Montevideo (p.105), visite des quartiers historiques de Palermo et Barrio Sur, balade le long de la rambla (p.228), au bord de la plage et découverte de Pocitos ★★. Nuit sur place ; c'est l'occasion de passer une soirée dans une *tanguería* ou au théâtre (Solís par exemple).

› Jour 10 - Montevideo et route

Demi-journée à Montevideo – visites culturelles, shopping… - puis direction Punta del Este ★★★★ (p.169) dans l'après-midi pour arriver en fin de journée (compter 1 heure 30 de route). Nous vous conseillons de trouver un hébergement vers La Barra ★★ (p.177) par exemple, tandis que les familles et les personnes âgées préféreront Piriápolis ★ (p.158), station balnéaire au charme plus subtil.

› Jour 11 - Farniente

On entre dans le département de Rocha – escale à La Paloma ★★ (p.186) ou La Pedrera ★★★★ (p.188) pour profiter de la plage, du soleil et de la mer, ou encore les Grottes de Salamanca. Farniente et éventuellement balade dans les lagunes en fin de journée. Nuit sur place.

› Jour 12 - Cabo Polonio

Journée à Cabo Polonio ★★★ (p.191) (s'y rendre le plus tôt possible pour profiter de la journée), réserve de biosphère où vit toute l'année une importante colonie de loups de mer. Monter dans un camion à l'entrée du parc pour parcourir les 7 km qui vous séparent du cap. Puis on profite de ce bout de terre où le temps semble s'être arrêté. Si vous pouvez passer une nuit sur place, ne vous en privez pas : calme, ciel étoilé (car aucune pollution lumineuse), bruit de la mer… Si vous devez reprendre la route, prenez la direction de Punta del Diablo ★★★ (p.195) (à l'est).

› Jour 13 - Punta del Diablo

Autre journée à Cabo Polonio puis direction Punta del Diablo ★★★ (p.195) dans l'après-midi et nuit là-bas. Ou journée entière à Punta del Diablo si vous êtes arrivé la veille. Autre station balnéaire prisée en été, mais toutefois plus tranquille que Punta del Este ★★★★ (p.169) (et plus authentique) : plage et sympathiques restaurants.

› Jour 14 - Parc Santa Terasa

Autour de Punta del Diablo, visite du fort de Santa Teresa (p.200) (déclaré parc national), de son village de pêcheurs et farniente sur la plage. Nuit dans le village.

› Jour 15 - Chuy

De là on rejoint Chuy (p.200), à la frontière brésilienne ; visite du fort de San Miguel (p.198). A Chuy, c'est l'occasion de faire du shopping : les prix sont imbattables ! Mieux vaut revenir vers Punta del Diablo pour passer la nuit, l'endroit est plus plaisant.

› Jour 16 - Minas

L'heure du retour a sonné. Emprunter la route qui passe par Minas ★★ (p.284) (histoire de changer), et on s'y arrêtera d'ailleurs. Arrivée en début de soirée à Montevideo.

› Jour 17 - Retour

Matinée libre à Montevideo avant de prendre un vol ou un bateau pour Buenos Aires. Pensez à réserver votre billet de bateau à l'avance, surtout en haute saison touristique !

DE L'AÉROPORT AU CENTRE-VILLE

L'aéroport se trouve à 30 km du centre-ville de Montevideo. En arrivant, vous retrouverez une boutique hors taxes, une agence de tourisme, une banque HSBC, des entreprises de location de véhicules (Hertz, Avis et Europcar) et des bureaux de change. Air France, Air Europa et Iberia proposent des vols directs en partance de Paris et de Madrid. American Airlines est la seule à proposer des vols directs des Etats-Unis. Des vols réguliers sont opérés depuis le Chili (LATAM et Aerolineas Argentinas), la Colombie (LATAM et COPA), le Panama (COPA), le Paraguay (Aerolineas Argentinas et Paranair) et le Pérou (Avianca). Pour vous rendre en Argentine, mieux vaut prendre le ferry de la compagnie Buquebus ou celui de Colonia Express, qui est beaucoup plus rapide. Ils permettent d'arriver directement dans le centre et offrent des vues uniques sur les deux villes.

Bus. Les autobus de la ligne 700, 701, 704, 710, 724 et D10 se trouvent juste en face du terminal et c'est avec ceux-ci que vous pourrez vous rendre au centre-ville. Il vous faudra près d'une heure pour arriver dans le centre. Compter entre 36 et 72 $. Il vous sera demandé de régler en espèces.

Taxi. Les taxis se trouvent également devant le terminal, juste à côté de l'arrêt de bus. Compter environ 2 000 $. Pour rejoindre un chauffeur Uber, sortez à l'extérieur depuis le 2e étage, car ces derniers ne sont pas autorisés à se rendre à la sortie du rez-de-chaussée. Compter environ 1 000 $.

Navettes. Les navettes de l'aéroport partent dès qu'elles ont cinq passagers. Compter 400 $ par personne.

ARRIVÉE EN TRAIN

Le système ferroviaire uruguayen, mis en place au XIXe siècle et ayant atteint son apogée dans les années 1940, a malheureusement cessé de fonctionner en 1985 en raison de la diminution du nombre de passagers. Actuellement, le réseau ferroviaire uruguayen est principalement utilisé pour le transport de marchandises telles que le riz, la pâte à papier et le bétail, destinés à l'exportation vers le port de Montevideo. Il existe aussi un service de train touristique nommé « El Train de las Sierras », qui propose des visites guidées dans le département de Tacuarembó.

ARRIVÉE EN BATEAU

Buquebus est une compagnie de ferry qui opère sur le Río de la Plata, assurant des liaisons entre Buenos Aires et Montevideo (ou Colonia del Sacramento), et inversement. Le navire, nommé Francisco (en l'honneur du pape), peut accueillir 1 000 passagers et 200 véhicules, et navigue à une vitesse de 100 km/h. Plusieurs itinéraires sont proposés, dont un trajet direct vers Colonia (1h15 de trajet) et Montevideo (2h30), ainsi qu'un itinéraire combinant un trajet en bateau vers Colonia suivi d'un trajet en bus vers le terminal Tres Cruces de Montevideo ou d'autres destinations telles que Punta del Este ou Piriápolis. Le tarif pour un billet aller simple de Buenos Aires à Montevideo s'élève à environ 60 US$ pour la catégorie «classe touriste», 75 US$ pour la catégorie «classe business» et 200 US$ pour la catégorie «première classe». En outre, Buquebus offre des forfaits d'une journée pour découvrir Colonia depuis Buenos Aires, qui comprennent un billet aller-retour, une visite guidée, la location de bicyclettes et une assistance voyage. Notez que vous pouvez emmener votre propre véhicule lors de votre voyage, mais cela entraînera des frais supplémentaires auprès de votre agence de location en Argentine. Il est plutôt conseillé de louer une voiture une fois que vous serez arrivé en Uruguay.

Buquebus est en concurrence avec Colonia Express, une compagnie qui offre des options moins coûteuses pour les voyages entre Colonia et Buenos Aires. Colonia Express propose plusieurs départs quotidiens avec des horaires fixes dans les deux directions, et un aller simple coûte environ 40 US$.

3592 kgCO_2e / personne
Aller-retour Paris-Montevideo

→ Le calcul de cette consommation CO_2 est fait à partir de Paris. L'idée est ici de montrer concrètement l'empreinte carbone de ce trajet, même s'il n'existe pas d'autre alternative que l'avion pour se rendre dans cette destination de manière directe.

Le terminal de ferry à Buenos Aires est situé dans le quartier de Puerto Madero, au 821 Avenida Antártida Argentina. A Colonia, il se trouve dans le quartier historique à côté de la Playa Honda, sur la rue Osvaldo Cartolano. Quant à Montevideo, le terminal est situé au 1825 Rambla 25 de Agosto, dans la Ciudad Vieja. Il est recommandé de se présenter au terminal deux heures avant l'heure d'embarquement prévue pour effectuer l'enregistrement. L'enregistrement doit être terminé au moins 20 minutes avant l'heure de départ du navire. La limite de bagages est de 20 kg par passager. Il est recommandé d'arriver en avance pour pouvoir profiter des meilleurs sièges offrant les plus belles vues.

TRANSPORTS EN COMMUN

La gare routière centrale de Montevideo s'appelle Terminal Tres Cruces et est située au 1825 Bv. General Artigas. C'est de là que partent les bus vers les principales villes du pays, le centre-ville, l'aéroport et les villes du Grand Montevideo, mais aussi l'Argentine, le Paraguay et le Brésil :

Vers le Paraguay. Un à deux départs par semaine. La compagnie EGA dessert la capitale Asunción ; compter 20 heures de trajet.

Vers l'Argentine. Prendre les bus et ferries des compagnies Belgrano, EGA CAUVI, ENCON, Colonia Express et Buquebus. Départs quotidiens notamment en soirée. Pour Buenos Aires, compter 8h de bus et 4h15 pour le ferry en passant par Colonia.

Vers le Brésil. Pour rejoindre Porto Alegre, prendre la compagnie EGA ou TTL, départs quotidiens aux alentours de midi (environ 12 heures de trajet). Pour Florianopolis, prendre un bus quotidien de la compagnie EGA (environ 18 heures de trajet).

Vers Punta del Este. Prendre les bus des compagnies COT et Copsa. Départs quotidiens.

Vers Colonia. Prendre les bus des compagnies COT et Turil. Départs quotidiens.

La plupart des destinations respectent des horaires de bus réguliers, donc il n'est pas indispensable de réserver à l'avance, sauf durant les périodes de vacances comme Noël, le Nouvel An, la semaine du carnaval et la semaine du tourisme (Semaine Sainte). Pour vous déplacer en transport en commun à Montevideo, vous devrez vous procurer une carte de bus dans l'un des points de service du Système de transport métropolitain (STM). Celle-ci est offerte gratuitement, mais elle devra être rechargée avec un minimum de 100 $ pour que vous puissiez l'utiliser. Il est également possible de régler votre billet de bus avec de la monnaie en espèces

© ALIGUIERI BORGES - ISTOCKPHOTO.COM

en utilisant de petites coupures telles que des billets de 20, 50 ou 100$. Les horaires sont disponibles sur les applications mobiles *Como Ir* et *Moovit*.

VÉLO, TROTTINETTE & CO

Montevideo offre un service de vélos en libre-service nommé «Movete en Bici», avec plus de 600 vélos répartis dans plus de 60 stations de la ville, à des tarifs abordables et une flexibilité d'abonnement pour les utilisateurs. Le système est facile à utiliser avec des bornes automatiques et une application mobile permettant de trouver des vélos et des stations disponibles en temps réel, offrant une option pratique et durable pour explorer la ville. Consultez la carte montevideo.gub.uy/mapa-montevideo-en-bici pour localiser les différents itinéraires cyclables.

AVEC UN CHAUFFEUR

Il est possible de contacter les taxis classiques en composant le numéro 1771 (Radio Taxi Punta Gorda) ou le 141 (Radio Taxi Patronal). Les tarifs en Uruguay sont réglementés par le gouvernement, ce qui implique que les prix sont uniformes pour toutes les compagnies. Le coût initial pour une course est d'environ 44 $. Ce montant peut augmenter en fonction de la distance et de la durée du trajet. Il n'est pas obligatoire de donner un pourboire, bien que ce soit généralement apprécié. Des applications de réservation de chauffeur telles que Uber, Taxi Montevideo et Cabify permettent aux utilisateurs de réserver une course depuis leur smartphone.

EN VOITURE

L'Uruguay dispose d'une infrastructure de transport bien développée, avec des voies principales appelées « rutas nacionales » ainsi que des routes secondaires, communément « caminos ». Les voyageurs peuvent s'attendre à une conduite facile et agréable sur les routes principales en Uruguay, avec une vitesse maximale autorisée de 90 km/h sur les routes bidirectionnelles et de 110 km/h sur les autoroutes. Les conducteurs étrangers doivent avoir leur permis de conduire international et être âgés d'au moins 21 ans pour pouvoir conduire en Uruguay. Les limites de vitesse sont strictement appliquées et les amendes pour excès de vitesse sont assez élevées. Soyez d'ailleurs averti que le pays ne plaisante pas lorsqu'il s'agit de conduite sous l'influence de l'alcool. En effet, l'Uruguay a instauré une politique de tolérance zéro pour la conduite en état d'ébriété. Si un conducteur est intercepté par la police et que son taux d'alcoolémie affiche positif, son permis de conduire lui sera immédiatement confisqué et une amende de 500 US$ devra être payée. De plus, il ne sera pas autorisé à conduire pendant le reste de son séjour en Uruguay. S'il souhaite récupérer son permis, il devra se rendre au consulat de son pays à Montevideo. Enfin, il est crucial de prévoir suffisamment de carburant pour parcourir de longues distances, car les stations-service peuvent être rares dans les zones rurales.

- **Péages.** Il existe un certain nombre de péages le long des autoroutes uruguayennes. Les routes principales reliant Montevideo à Colonia et Punta del Este, la Ruta 1 et la Ruta Interbalnearia (IB), sont des routes à péage. D'autres routes principales ont également des péages, souvent situés aux frontières des départements. Le coût des péages est relativement abordable, soit environ 3 US$. Cependant, il est important de noter que les paiements en espèces ne sont pas acceptés et que le règlement électronique est le seul moyen de s'acquitter des frais de péage sur les routes du pays. Pour pouvoir passer tous les péages, il sera nécessaire d'enregistrer votre véhicule sur le site web Telepeaje.com.uy/paseturista, ou via l'application mobile Telepeaje Uy afin d'obtenir une passe touristique (*Pase Turístico*). Au moment de passer un péage, un système de reconnaissance de plaque d'immatriculation permettra de vous identifier et vous laissera passer sans interruption. Ensuite, une fois arrivé à destination, vous pouvez procéder au paiement en ligne de vos frais de péages sur telepeaje.com.uy/recargar.

ACCESSIBILITÉ

L'accessibilité pour les personnes à mobilité réduite et les poussettes n'est pas garantie dans tous les bus, avec seulement 20% équipés de rampes et d'espaces dédiés. Néanmoins, les personnes handicapées peuvent voyager gratuitement et avoir une place réservée dans les transports urbains et interdépartementaux. Louer une voiture peut s'avérer une meilleure option. Les principales agences de location de voitures proposent généralement des véhicules adaptés aux personnes à mobilité réduite et aux familles avec des poussettes. Veuillez vérifier les options d'accessibilité auprès de l'agence avant de réserver.

LES ATTRAPE-TOURISTES

Les gardiens de parking informels, plus connus sous le nom de « cuidacoches » (en espagnol, «cuidar» signifie «prendre soin» et «coches» qui signifie «voitures», vous aideront à vous garer dans la rue et surveilleront votre véhicule en votre absence. Ils vous demanderont généralement un pourboire de dix pesos à votre retour. Mieux vaut payer ce petit pourboire pour s'assurer que votre voiture soit bien gardée et éviter des ennuis futurs. Les *cuidacoches* peuvent être gentils et serviables, mais ne sous-estimez pas leur potentiel d'intimidation et d'extorsion, sinon vous risquez de finir avec une note de frais plutôt salée !

LES PHRASES CLÉS

Bonjour, comment puis-je me rendre à…
Hola, ¿cómo puedo llegar a....?

Est-ce loin à pied ? Y a-t-il le métro ou un bus... pour y aller ?
¿Está lejos a pie? ¿Hay metro o autobús... para llegar allí?

Pouvez-vous me montrer cet endroit sur la carte s'il vous plait ?
¿Puede mostrarme el lugar en el mapa, por favor?

Où puis-je acheter les tickets de transport ? Est-ce que je peux payer en carte de crédit ?
¿Dónde puedo comprar los billetes de transporte? ¿Puedo pagar con tarjeta de crédito?

Où est la sortie ? A gauche, à droite ou tout droit ?
¿Dónde está la salida? ¿A la Izquierda, derecha o todo recto?

Je suis perdu et je suis en retard, s'il vous plait, aidez-moi ! Merci beaucoup !
Estoy perdido y llego tarde; ¡ayúdeme, por favor! Muchísimas gracias.

HORAIRES

La première chose à savoir, c'est que l'Uruguay est un pays de contrastes. Les stations balnéaires, les musées et les monuments sont bondés en haute saison, mais en basse saison, on pourrait presque entendre les mouches voler. Les musées sont généralement ouverts du mardi au dimanche, de 10h à 18h. Cependant, cette information doit être prise avec des pincettes, car selon la saison, la ville ou le musée, les horaires peuvent varier. N'oubliez pas de vous renseigner avant de vous rendre sur place, histoire de ne pas vous retrouver devant une porte close !

A RÉSERVER

Imaginez-vous débarquer en Uruguay sans réservation, plein d'enthousiasme pour le carnaval. De janvier à mars, les rues sont animées, les costumes étincelants et la musique entraînante. Mais voilà, au moment de chercher un endroit où dormir ou un restaurant pour savourer la cuisine locale, vous vous rendez compte que tout est complet. Un scénario bien moins festif, n'est-ce pas ? Alors, pour éviter de transformer votre séjour en cauchemar, commencez par réserver vos vols, vos hébergements et vos activités des mois à l'avance !

BUDGET / BONS PLANS

En général, le coût d'entrée pour les musées est d'environ 250 $. La plupart des musées à Montevideo sont gratuits, mais certains, comme le Musée Andes 1972, le musée du football, le musée du Carnaval, le musée Torres García, le musée Gurvich et le musée du Tango, nécessitent des frais d'entrée. La Pase Museos permet d'accéder à cinq musées, dont le MAPI, le musée Torres García, le musée El Juguetero, le musée Andes 1972 et le musée Gurvich, moyennant des frais de 750 $ pour la visite de ces cinq musées.

LES ÉVÉNEMENTS

Avec pas moins de 12 jours fériés, l'Uruguay est un pays où l'on sait faire la fête. Et attention, pendant ces jours-là, les magasins ferment et les transports en commun se font rares. Soyez prévoyants et gardez à l'esprit ces dates importantes : 1er janvier (Nouvel An), 6 janvier (Jour des Rois Mages), 12 février (carnaval, date pour 2024), Pâques, 17 avril (Journée des 33 Orientales), 1er mai (fête du Travail), 18 juillet (Jour de la Constitution), 19 juillet (Anniversaire d'Artigas), 25 août (Jour de l'Indépendance), 12 octobre (Jour de la Race), 2 novembre (fête des Morts) et 25 décembre (Jour de la famille, Noël). Durant les jours fériés, Montevideo se vide tandis que les villes balnéaires voient leur population exploser. Pâque, aussi connue sous le nom de « Semaine du Tourisme », est un moment où l'Uruguay est envahi par des foules de touristes venant de toute l'Amérique latine. Pourtant, la majorité des établissements touristiques fermeront pendant cette période, les Uruguayens préférant profiter de moments en famille. On pourrait appeler ça l'ironie, mais en y réfléchissant bien, on constate que c'est tant mieux pour eux ! Quant à la célébration du carnaval, elle se déroule le lundi et le mardi qui précèdent le mercredi des Cendres (le début du carême). En outre, lors de la fête du Travail le 1er mai, vous noterez une absence quasi totale des transports en commun. Enfin, les veilles de Noël et du Nouvel An, presque tous les établissements sont fermés. Les taxis et les bus cessent de fonctionner vers 16 heures et ne reprennent leur service qu'entre 5 et 6 heures du matin.

VISITES GUIDÉES

En Uruguay, les visites sont généralement proposées en espagnol, mais rassurez-vous, la plupart des guides parlent également anglais. Les « city tours » (à pied, à vélo ou en voiture) foisonnent dans les grandes villes comme Montevideo, Colonia et Punta del Este - n'oubliez pas d'exprimer votre appréciation en laissant un pourboire !

© STOCKSTUDIOX - ISTOCKPHOTO.COM

Colonia del Sacramento.

La majorité des musées proposent aussi des services de visites guidées ; cependant, il est conseillé de les contacter à l'avance pour vous assurer de la disponibilité d'un guide. Les œnophiles pourront quant à eux explorer les vignobles et déguster des crus exceptionnels grâce à certaines agences spécialisées, en particulier près de Montevideo et Carmelo. Pour réserver une visite guidée, n'hésitez pas à consulter les sites web des agences de voyages locales et des entreprises spécialisées, ou à les contacter directement via WhatsApp.

FUMEURS

En Uruguay, fumer dans les lieux publics est strictement interdit depuis 2006 en vertu de la loi antitabac, afin de protéger la santé publique et les contrevenants risquent des amendes et des sanctions.

LES ATTRAPE-TOURISTES

En ce qui concerne les pièges à touristes en Uruguay, il est bon de savoir que les Uruguayens sont réputés pour leur grande gentillesse, leur honnêteté exemplaire et leur hospitalité sans bornes. Les rencontres avec des escrocs ou des voleurs y sont particulièrement rares. Cela étant dit, il est toujours important d'adopter une attitude vigilante et de faire preuve de bon sens lors de vos déplacements.

C'EST TRÈS LOCAL

L'Uruguay est un pays où l'amour pour les activités en plein air est profondément enraciné dans la culture. Les randonnées dans les parcs, les pique-niques sur les collines et les promenades contemplatives font partie intégrante de la vie quotidienne des Uruguayens.
Durant l'été et la semaine du Tourisme, les plages du littoral et de l'Atlantique, avec leur sable blanc et leurs eaux cristallines, constituent également un refuge naturel pour les vacanciers, où ils peuvent se baigner, bronzer, faire du surf ou du kitesurf. Enfin, les événements culturels tels que le Carnaval, le Festival Andresito le Canta al País, la Fiesta de la Patria Gaucha et la journée du patrimoine attirent de nombreux locaux venus célébrer leur riche héritage culturel.

LES PHRASES CLÉS

Bonjour, puis-je avoir deux entrées adultes et un enfant s'il vous plait ?
Hola, ¿me da dos entradas de adulto y una para niño, por favor?

Le tarif enfant est jusqu'à quel âge ? Et pour les seniors, est-ce qu'il y a une réduction ?
¿Hasta qué edad comprende la tarifa infantil? Y ¿hay descuento para los mayores?

Est-ce qu'il y a des visites guidées en français ou un audioguide ?
¿Hay visitas guiadas en español o una audioguía?

Combien de temps faut-il pour faire la visite ?
¿Cuánto tiempo se tarda en visitarlo?

J'ai du mal à monter les escaliers, avez-vous un ascenseur ?
Tengo problemas para subir las escaleras, ¿hay ascensor?

Excusez-moi, pouvez-vous me dire où sont les toilettes ? Merci beaucoup.
Disculpe, ¿puede decirme dónde está el baño? Muchísimas gracias.

SE RÉGALER

HORAIRES

En Uruguay, le déjeuner est généralement pris vers 13h et le dîner vers 22h, tandis que la plupart des gens prennent un goûter (la merienda) aux alentours de 17h. Les restaurants servent habituellement le déjeuner à partir de midi et ferment les cuisines vers 15h30. Quant au service du soir, il commence en règle générale à 20h et continue jusqu'à minuit, voire jusqu'au départ des derniers convives. À Montevideo, les horaires des restaurants tendent à être plus tardifs par rapport à ceux des petites villes et des zones rurales. Pour prévenir tout désagrément, il est recommandé de vérifier les heures d'ouverture du restaurant que vous envisagez de visiter, en consultant leur site internet, leurs pages sur les réseaux sociaux ou en les appelant directement. Enfin, il convient de souligner que plusieurs restaurants de plage dans les zones de villégiature sont uniquement ouverts de fin novembre à février.

BUDGET / BONS PLANS

Les restaurants offrent une variété d'options pour tous les budgets, des établissements bon marché aux restaurants haut de gamme. Vous retrouverez des repas à bas prix dans des lieux tels que les stands de rue, les marchés ou les cafétérias pour quelques pesos, tandis que les restaurants plus chics peuvent coûter entre 1 000 et 2 500 $ par personne (de 30 à 60 US$).

La plupart des restaurants en Uruguay acceptent les cartes de crédit telles que Visa, MasterCard et American Express, ainsi que les espèces en pesos uruguayens. En tant que touriste, lorsque vous utilisez votre carte de crédit internationale en Uruguay, vous bénéficiez automatiquement d'une exonération de 22 % sur la taxe dans les restaurants.

EN SUPPLÉMENT

Il est recommandé de laisser un pourboire de 10% à 15% de la somme totale de votre facture. Il est important de mentionner que certains restaurants ajoutent des frais de couvert (cubierto) à la facture, ce qui peut être source de frustration pour les voyageurs qui ne sont pas nécessairement au courant de ces coûts additionnels. Ces frais couvrent généralement le prix du pain et d'autres articles similaires.

© DFLC PRINTS - SHUTTERSTOCK.COM

C'EST TRÈS LOCAL

Dans les *cantinas*, *trattorias* et autres restaurants traditionnels populaires, les portions servies sont généralement énormes ! Ainsi, bien que le menu puisse sembler extrêmement tentant, résistez à l'envie de commander une profusion de plats. Autrement, envisagez de partager votre assiette avec un ami, cela vous laissera de l'espace pour savourer le délicieux flan au *dulce de leche* ! N'oubliez pas qu'il est également possible de prendre votre repas *para llevar* (pour emporter).

FUMEURS

Depuis 2006, l'Uruguay est devenu le premier pays d'Amérique du Sud et le quatrième au monde à interdire totalement la cigarette dans les lieux publics. Il est donc proscrit de fumer en terrasse.

LES PHRASES CLÉS

Bonjour, je voudrais réserver une table pour deux personnes pour ce midi ou ce soir.
Hola, me gustaría reservar una mesa para dos personas para este mediodía o esta noche.

Avez-vous un menu en français ou en anglais ?
¿Tiene una menú en español o en inglés?

Je suis végétarien, y a t-il des plats sans viande ?
Soy vegetariano, ¿hay platos sin carne?

Je n'ai vraiment plus faim mais avez-vous une carte des desserts ?
No tengo más hambre, pero ¿tienen carta de postres?

Puis-je avoir l'addition s'il vous plait ? Je peux payer par carte ou en espèces ?
¿Me pasa la cuenta, por favor? ¿Puedo pagar con tarjeta o en efectivo?

C'était très bon, nous reviendrons. Merci et à bientôt.
Estaba muy bueno, volveremos. Gracias y hasta pronto.

PRATIQUE

FAIRE UNE PAUSE

HORAIRES

Les cafés jouent un rôle important dans la culture uruguayenne et les Uruguayens ont pour habitude de se réunir dans ces établissements pour discuter, socialiser, lire ou simplement prendre un café en solitaire. Les cafés sont généralement ouverts tous les jours, en particulier en ville, dès 8 heures du matin jusqu'en début de soirée. Les bars, quant à eux, ouvrent leurs portes en fin d'après-midi et peuvent rester ouverts jusqu'à 1h ou 2h du matin.

BUDGET / BONS PLANS

En Uruguay, les boissons sont généralement abordables, bien que les tarifs puissent augmenter légèrement dans les zones touristiques. Toutefois, il ne faut pas s'attendre à des prix aussi bas qu'en Argentine.
Pour une bière, comptez environ 150 $ (les bières locales et artisanales étant plus chères). Pour une bouteille d'eau, le tarif avoisine les 60 $, tandis qu'un café noir est à 50 $ et un cappuccino à 150 $. Les cocktails coûtent près de 200 $, tandis qu'une coupe de vin coûte environ 150 $.

A PARTIR DE QUEL ÂGE

L'âge minimum légal pour consommer de l'alcool est de 18 ans. Les contrôles sont stricts et les jeunes sont souvent tenus de présenter une pièce d'identité pour prouver leur âge avant de pouvoir acheter de l'alcool.

C'EST TRÈS LOCAL

Bien que le maté soit la boisson la plus populaire dans le pays, il est malheureux que les bars et les cafés ne l'offrent pas dans leur sélection de boissons. Pour goûter à un véritable maté, vous devrez vous rendre vous-même dans une épicerie du coin pour acheter du *yerba* (les herbes), ainsi que les accessoires nécessaires à sa confection, tels que la tasse (le maté), le thermos et la paille (la bombilla). Une alternative serait de demander une tasse de *maté cocido* (maté infusé) préparé avec des sachets de yerba et infusé dans de l'eau bouillante. En outre, l'apéritif est une coutume bien ancrée dans le pays et les Uruguayens ont l'habitude de prendre un verre avant le dîner. Le plus souvent, ils optent pour de la bière ou du vin, mais certains préfèrent les cocktails à base de spiritueux locaux tels que la caña ou la grappa. Le « medio y medio », un mélange de vin mousseux et de vin blanc, est également une boisson très populaire à l'apéritif.

LES PHRASES CLÉS

Bonjour, quelle est la spécialité de la maison ? Nous voulons découvrir.
Hola, ¿cuál es la especialidad de la casa? Nos gustaría probarla.

Avez-vous de la place en terrasse ?
¿Tiene sitio en la terraza?

Quel est votre nom ? Je m'appelle… Ravi de vous rencontrer !
¿Cómo se llama? Mi nombre es.... ¡Encantado de conocerle!

A votre santé ! Zut, j'ai renversé mon verre… pouvez-vous m'aider ?
¡A su salud! ¡Maldita sea!, se me ha derramado la bebida.... ¿puede ayudarme?

C'était très bon. Nous allons reprendre la même chose s'il vous plait.
Estaba muy bueno. Tomaremos lo mismo otra vez, por favor.

(SE) FAIRE PLAISIR

HORAIRES

Les magasins fonctionnent selon des horaires assez précis : de 9h à 19h en semaine, et jusqu'à 14h le week-end, avec parfois une pause déjeuner entre 13h et 14h. Les centres commerciaux sont ouverts tous les jours de 10h à 22h. Le dimanche est généralement considéré comme le jour de repos pour la plupart des commerçants.

BUDGET / BONS PLANS

Les taxes appliquées sur les produits en Uruguay sont de 22 %, ce qui peut ajouter un coût supplémentaire aux achats effectués dans le pays. Toutefois, pour les touristes étrangers, il est possible de récupérer la taxe sur la valeur ajoutée (TVA) sur les achats effectués dans certains magasins. Pour ce faire, il faut présenter son passeport et une preuve d'achat lors de l'achat, puis récupérer la TVA à l'aéroport avant de quitter le pays. En ce qui concerne les moyens de paiement, les magasins en Uruguay acceptent généralement les cartes de crédit et de débit internationales telles que Visa, Mastercard et American Express. Il est également possible de payer en espèces dans la plupart des magasins, bien que cela puisse être limité en fonction du montant de la transaction. Les chèques ne sont généralement pas acceptés dans les magasins, car ils sont considérés comme moins sécurisés que les autres moyens de paiement.

SOLDES

Les périodes de soldes officielles sont réglementées par le gouvernement et ont lieu deux fois par an : en été (généralement en janvier et février) et en hiver (généralement en juillet et août). De plus, les produits locaux et de saison sont souvent moins chers et de meilleure qualité que ceux importés.

C'EST TRÈS LOCAL

Au gré de vos pérégrinations, vous trouverez une multitude de produits locaux qui célèbrent la culture et l'artisanat uruguayen. Ne manquez pas les articles en cuir, réputés pour leur qualité et leur durabilité. Les bijoux en pierres semi-précieuses et l'art de la céramique témoignent également du savoir-faire local. Enfin, laissez-vous séduire par la laine mérinos, douce et chaude, un véritable cadeau de la nature. Quant au marchandage, si cette pratique n'est pas aussi courante qu'ailleurs, elle n'en demeure pas

Tasses de maté.

moins possible, surtout dans les marchés et les bazars. Pour réussir votre négociation, armez-vous de patience et de sourires, et n'hésitez pas à faire preuve de respect et de politesse. Les vendeurs, touchés par votre intérêt et votre attitude, pourraient vous accorder une remise, transformant chaque achat en une véritable rencontre humaine. Enfin, la majorité des supermarchés, des pharmacies et des boutiques proposent des services de livraison à domicile, rendant ainsi vos achats et votre quotidien plus aisés.

LES ATTRAPE-TOURISTES

Dans ce pays où les sourires sont sincères et les mains tendues, les attrape-touristes se font rares, comme effacés par une brise bienveillante. Les marchandises interdites et les contrefaçons sont ici presque inexistantes, laissant place à une offre de produits authentiques et respectueux des traditions locales. Vous pourrez alors déambuler sereinement, sans craindre les pièges tendus par des vendeurs malintentionnés.

LES PHRASES CLÉS

Bonjour, c'est superbe, mais combien ça coûte ?
Hola, es genial, pero ¿cuánto cuesta?

Vous auriez ma taille ? Où se trouvent les cabines d'essayage ?
¿Tiene uno de mi talla? ¿Dónde están los probadores?

Est ce que je pourrai vous le rapporter et l'échanger si ça ne va pas ?
¿Puedo devolverlo y cambiarlo si no está bien?

J'ai trop dépensé aujourd'hui, pouvez-vous me faire une réduction sympa ?
Hoy he gastado demasiado, ¿puede hacerme un buen descuento?

Je prendrai celui-ci. Pouvez-vous me faire un paquet cadeau ?
Yo me quedo con este. ¿Puede envolvérmelo en papel de regalo?

Vous prenez la carte de crédit ? Où puis-je trouver un distributeur de billets ?
¿Aceptan tarjeta de crédito? ¿Dónde puedo encontrar un cajero automático?

BUDGET / BONS PLANS

Montevideo offre une multitude d'activités gratuites pour les amateurs de plein air et de sport. Les sentiers dédiés à la course à pied y tiennent une place de choix, faisant le bonheur des locaux comme des voyageurs. Le trajet de 24 km le long de la Rambla est particulièrement prisé, offrant un panorama enchanteur pour une séance de jogging agréable et revigorante. Les promenades à travers les espaces verts du Parque Rodó et du Parque Batlle constituent également un cadre idyllique pour ceux qui souhaitent profiter d'une balade apaisante. Naturellement, les activités balnéaires ne sont pas en reste. Le beach-volley, le football de plage et le surf sont des alternatives appréciées, en particulier sur les plages de Buceo et Malvín. Enfin, les cyclistes en quête d'évasion trouveront leur bonheur sur les innombrables pistes cyclables qui traversent le pays, offrant une expérience agréable et active pour tous les niveaux.

C'EST TRÈS LOCAL

Quoi de plus amusant que de rejoindre une leçon de milonga, cette danse associée au tango qui se caractérise par des mouvements fluides et des rythmes enjoués ? C'est une excellente occasion de rencontrer de nouvelles personnes et de libérer des endorphines ! La milonga vous attend chaque jour de la semaine et les soirées démarrent généralement vers 21h30, s'étirant jusqu'aux premières lueurs du jour. L'entrée est habituellement fixée à 150 $. Les mercredis et jeudis sont les soirées les plus animées. Laissez-vous emporter par les danses en plein air à la Milonga Callejera, ou profitez de l'ambiance chaleureuse des salles de danse, notamment au célèbre Joventango. Pour rejoindre un cours, il suffit d'aborder le professeur avec convivialité et de lui demander si vous pouvez participer. Pour dénicher les événements passionnants de la semaine, l'application mobile Hoy Milonga sera votre alliée incontournable.

VOS PAPIERS SVP

Pour pratiquer la plongée et la navigation en bateau à moteur en Uruguay, il est essentiel de respecter certaines obligations légales afin de garantir la sécurité de tous et préserver l'environnement. Pour la plongée : Un certificat de plongée délivré par une organisation reconnue (PADI, SSI, cmAS, etc.) est généralement exigé pour pratiquer la plongée sous-marine. Les débutants peuvent également suivre des cours dispensés par des instructeurs certifiés pour obtenir leur certification. Il est recommandé de souscrire une assurance plongée qui couvre les frais médicaux, l'évacuation et les traitements de décompression en cas d'accident. Pour la navigation en bateau à moteur : Un permis de navigation est requis pour piloter un bateau à

Parque Rodó.

moteur. Les catégories de permis varient en fonction de la taille du bateau et de la distance par rapport à la côte. Des formations et des examens sont nécessaires pour obtenir ces permis. Les bateaux doivent aussi être équipés de gilets de sauvetage pour tous les passagers, d'un dispositif d'extinction d'incendie, de signaux de détresse, d'un dispositif de repérage et d'une trousse de premiers secours.

À RÉSERVER

Certaines activités sportives et de plein air, telles que la plongée sous-marine, le surf, les cours de windsurf ou les randonnées guidées, peuvent nécessiter une réservation préalable pour s'assurer de la disponibilité de l'équipement, des moniteurs ou des guides.

LES ÉVÉNEMENTS

- **Campeonato Uruguayo :** Le championnat uruguayen de football est la principale compétition de football du pays, qui se déroule généralement de février à décembre. Les matchs entre les deux équipes les plus populaires, Club Nacional de Football et Club Atlético Peñarol, sont particulièrement attendus et passionnés.
- **Copa Sudamericana :** Les équipes uruguayennes participent également à ces compétitions de clubs sud-américains prestigieuses, qui se déroulent généralement de mars à novembre.
- **Campeonato Uruguayo de Rugby :** Le championnat uruguayen de rugby a lieu d'avril à octobre et met en compétition les meilleures équipes du pays.
- **Gran Premio José Pedro Ramírez :** Cette course hippique est la plus prestigieuse du pays et a lieu chaque année le 6 janvier au Hipódromo de Maroñas à Montevideo.
- **Vuelta Ciclista del Uruguay :** Il s'agit de la plus importante course cycliste, qui se déroule généralement en avril et parcourt tout le pays.
- **Maratón de Montevideo :** Le parcours de la course traverse 26 quartiers et se déroule au mois de mai.

LES ATTRAPE-TOURISTES

Évitez à tout prix d'acheter des billets auprès de revendeurs clandestins, car leurs commissions peuvent atteindre des sommets vertigineux. Privilégiez toujours les points de vente officiels pour garantir une expérience sans encombre.

LES PHRASES CLÉS

Bonjour, comment puis-je me rendre à… ? Est-ce loin ?
Hola, ¿cómo puedo llegar a...? ¿Está lejos?

J'aimerais aller courir. Il y a un coin sympa pour cela dans la ville ?
Me gustaría salir a correr. ¿Hay algún buen lugar en la ciudad para hacerlo?

J'adore cuisiner. Savez-vous où je peux trouver des cours de cuisine ?
Me encanta cocinar. ¿Sabe dónde imparten clases de cocina?

Vous pourriez m'indiquer une salle de sport pas très loin ?
¿Podría indicarme un gimnasio que no esté muy lejos?

Quel est le sport national ?
¿Cuál es el deporte nacional?

Pensez-vous que nous pourrions voir cela ou même participer ?
¿Cree que podríamos verlo o incluso participar?

HORAIRES

Les clubs nocturnes ouvrent généralement leurs portes vers 23h ou minuit et restent ouverts jusqu'à 5h ou 6h du matin. Pour les salles de spectacles, les horaires varient en fonction des événements, mais les représentations débutent souvent entre 20h et 21h.

BUDGET / BONS PLANS

La tarjeta cultural (carte culturelle) offre un accès gratuit ou à des tarifs réduits à divers événements culturels une à plusieurs fois par mois, selon le type de carte. Elle permet d'entrer dans de nombreux lieux culturels, tels que des théâtres (El Galpón, Circular, Comedia Nacional, Compañía Italia Fausta, Victoria, Teatro Eslabón de Canelones, El Tinglado, entre autres), des cinémas d'art et d'essai (comme le Cine Hoyts, Cine Casablanca, Cinemateca Uruguaya), des concerts et des ballets (Orquesta Filarmónica de Montevideo), des matchs de football et des événements pendant la Semaine du Tourisme. Pour obtenir plus d'informations, consultez le site Web www.socioespectacular.com.uy.

A RÉSERVER

Réservez vos billets à l'avance pour assister à des spectacles de tango, des concerts, des pièces de théâtre ou d'autres événements culturels, car les places peuvent être limitées et les événements très populaires.

TRANSPORTS NOCTURNES

À Montevideo, la plupart des lignes de bus urbaines fonctionnent de 5h à 23h. Cependant, certaines lignes offrent un service nocturne limité jusqu'à environ 1h du matin. Les bus de nuit, également appelés «ómnibus nocturno» ou «bus nocturno», sont limités et circulent sur quelques lignes seulement. Les taxis sont disponibles 24h/24 dans les grandes villes (à Montevideo, composez le 141) et peuvent être hélés dans la rue, réservés par téléphone ou via des applications mobiles.

A PARTIR DE QUEL ÂGE

L'âge légal pour acheter et consommer de l'alcool en Uruguay est de 18 ans. Les établissements tels que les bars, les discothèques et les salles de concert peuvent exiger une preuve d'âge pour accéder à leurs locaux. Il est recommandé d'avoir sur soi une pièce d'identité officielle avec photo, telle qu'un passeport ou une carte d'identité nationale. N'oubliez pas que l'Uruguay applique une tolérance zéro en matière d'alcool au volant et que les contrôles d'alcoolémie sont fréquents (et que les sanctions sont très sévères !).

C'EST TRÈS LOCAL

Contrairement à l'Argentine, l'Uruguay adopte un dresscode bien plus cool et décontracté pour les sorties en ville. Quand il s'agit de sor-

Supporters lors de la Copa Libertadores 2021 à Montevideo.

tir, oubliez les nœuds papillon et les talons aiguilles. Ici, on mise sur l'élégance décontractée ! Pour les événements culturels, comme les spectacles de tango, les concerts ou les pièces de théâtre, optez pour une tenue chic, mais qui vous permet de respirer. N'oubliez pas : en Uruguay, l'important, c'est de se sentir bien dans ses chaussures... ou ses espadrilles !

FUMEURS

Il est interdit de fumer dans tous les espaces publics intérieurs, tels que les bars, les restaurants, les discothèques.

LES ATTRAPE-TOURISTES

Certains établissements peuvent proposer des prix excessifs pour les boissons et les services, en particulier dans les zones touristiques telles que Punta del Este et José Ignacio. Pour éviter cela, renseignez-vous sur les prix moyens et comparez les options avant de choisir un endroit pour passer la soirée. Dans les zones très fréquentées comme les bars et les discothèques, faites attention à vos effets personnels et gardez un œil sur vos sacs et vos poches. Les pickpockets peuvent profiter de la foule et de l'ambiance animée pour dérober vos biens.

LES PHRASES CLÉS

Bonsoir, comment puis-je me rendre à...
Buenas noches, ¿cómo puedo llegar a....?

Est ce que cet endroit est tranquille ? Il n'y a pas de problème de sécurité ?
¿Es un lugar tranquilo? ¿Hay problemas de seguridad?

J'aimerais voir un spectacle typique ! Qu'est-ce qu'il y a en ce moment ?
Me gustaría ver un espectáculo típico del lugar. ¿Hay alguno programado para hoy?

Je ne comprends pas... pouvez-vous répéter s'il vous plait ? Merci.
No entiendo... ¿puede repetirlo, por favor? Gracias.

Est-ce que je peux vous offrir un verre ? Quel est le meilleur cocktail de la maison ?
¿Puedo invitarle a una copa? ¿Cuál es el cóctel especialidad de la casa?

J'ai la gueule de bois, auriez-vous quelque chose pour que j'aille mieux ?
Tengo resaca, ¿tiene algo que me haga sentir mejor?

SE LOGER

BUDGET / BONS PLANS

Les tarifs d'hébergement en Uruguay varient en fonction de la qualité et des services proposés. Les budgets modestes pourront opter pour une auberge de jeunesse ou une chambre d'hôte à partir de 20 à 40 US$ par nuit, tandis qu'un hôtel 3 étoiles ou un appartement peut coûter entre 40 et 100 US$ par nuit. Les voyageurs à la recherche de plus de confort pourront trouver des établissements haut de gamme, tels qu'un hôtel 4 ou 5 étoiles, pour des tarifs allant de 100 à 300 US$ par nuit. Pour les budgets plus conséquents, des hébergements de luxe, tels qu'un hôtel de luxe ou une villa privée, sont disponibles à partir de 300 US$ et plus par nuit. Le coût d'un séjour en *estancia* en pension complète varie entre 100 et 300 US$ par nuit selon la qualité de l'établissement et la saison. Cela inclut l'hébergement, les repas et les activités sur place. Il est conseillé de réserver à l'avance pour obtenir les meilleurs tarifs. Les prix peuvent être plus élevés pour les *estancias* de luxe.

La TVA [Taxe sur la valeur ajoutée] en Uruguay est de 22%. Cependant, les touristes étrangers peuvent bénéficier d'une exonération de la TVA sur les services d'hébergement en présentant leur passeport et en payant avec une carte de crédit ou de débit étrangère. Les moyens de paiement couramment acceptés incluent les espèces [pesos uruguayens], les cartes de crédit et de débit [Visa, Mastercard, American Express] et les virements bancaires. Les paiements en ligne sont également possibles via des plateformes telles que PayPal ou d'autres services de paiement en ligne. Le pays ne dispose pas d'un système de chèques vacances comme certains pays européens.

A RÉSERVER

Pendant les mois de décembre, janvier et février, et surtout lors des événements majeurs du carnaval, les prix de l'hébergement peuvent s'envoler à cause de l'afflux de touristes en quête de soleil, de mer et de festivités. Il n'est pas rare que les tarifs quadruplent, de quoi faire exploser le budget vacances ! Il est conseillé de réserver à l'avance pour bénéficier des meilleures offres et des tarifs les plus avantageux. Visiter le pays pendant la basse saison [avril à octobre] peut permettre de profiter de réductions de prix sur l'hébergement. Pour les séjours plus longs, envisagez de louer un appartement pour bénéficier de tarifs hebdomadaires ou mensuels réduits. A noter que les week-ends sont souvent l'occasion pour les habitants de quitter les grandes villes pour se rendre à la campagne, à l'intérieur du pays. Et pour les voyageurs, cela signifie des prix abordables pour les nuitées à l'hôtel à Montevideo ! En outre, sachez que plusieurs hôtels ferment leurs portes entre mai et septembre, réduisant ainsi les options d'hébergement disponibles durant cette période.

C'EST TRÈS LOCAL

Si vous êtes à la recherche d'une expérience de vacances authentique en Uruguay, alors pourquoi ne pas suivre l'exemple des habitants et louer une maison sur la côte ? La plupart des Uruguayens optent pour cette solution plutôt que de séjourner dans des hôtels. Vous y trouverez un large choix de logements pour tous les styles, allant des condos de luxe aux bungalows rustiques. Au cœur des rivages envoûtants, une demeure singulière s'élève, telle une invitation à l'aventure : le *rancho*. Loin d'être un simple ranch, il est plutôt une cabane rustique qui incarne l'esprit authentique des plages. A Rocha, ces havres de paix se parent de bois et de tôles ondulées, offrant une protection élémentaire face aux caprices du ciel. Chaque *rancho* est une expérience unique : parfois empreint de simplicité avec l'eau courante et l'électricité, parfois véritable refuge où le temps semble s'être arrêté. Il est utile de rappeler que les propriétaires de maisons de plage demandent souvent aux vacanciers d'amener leur propre linge de lit et serviettes. Assurez-vous de vérifier si ces indispensables sont fournis avant de réserver, et n'hésitez pas à contacter votre hôte pour voir s'il pourra vous dépanner. N'oubliez pas d'emporter votre nécessaire de toilette, du papier hygiénique, un répulsif anti-insectes et autres articles essentiels, surtout si vous prévoyez un séjour de plus de quelques jours. D'avril à octobre, n'oubliez pas de prévoir des habits bien chauds, étant donné que l'isolation des maisons uruguayennes laisse souvent à désirer.

POUR LES GOURMANDS

Du petit déjeuner continental classique aux options plus copieuses comme le petit déjeuner américain, en passant par les saveurs locales du petit déjeuner uruguayen traditionnel [*bizcochos*, mate, *tortas fritas*, pain et confiture], il y en a pour tous les appétits. Les amateurs de buffets trouveront un large choix de plats pour composer leur petit déjeuner, tandis que ceux qui préfèrent une alimentation saine et équilibrée pourront opter pour le petit déjeuner santé.

FUMEURS

Il est possible que certains établissements touristiques proposent des zones fumeurs à l'extérieur, comme des terrasses ou des balcons, où les clients sont autorisés à fumer. Il est recommandé de vérifier les politiques de chaque établissement concernant le tabagisme avant votre séjour.

LES ATTRAPE-TOURISTES

Il est possible qu'à votre arrivée dans un rancho, vous soyez amené à effectuer un nettoyage sommaire, notamment au niveau des fenêtres, du réfrigérateur et de la poussière ambiante. Cette situation peut s'avérer frustrante, surtout lorsque vous payez un prix élevé pour un hébergement rustique en raison de sa localisation prisée en haute saison. Si cela vous pose problème, prenez le temps de lire attentivement les avis des voyageurs précédents ou privilégiez un séjour en basse saison.

LES PHRASES CLÉS

Bonjour, avez-vous de la disponibilité pour une chambre double pour ce soir ou demain soir ?
Hola, ¿dispone de una habitación doble para esta noche o para mañana por la noche?

Avez-vous un code wifi… les enfants ne tiendront pas sans !
¿Tiene la contraseña del wifi? ¡Los niños no pueden estar sin él!

C'est bruyant, est ce que je peux changer de chambre ?
Hay mucho ruido, ¿puedo cambiar de habitación?

Jusqu'à quelle heure est-ce que nous pouvons aller à la salle de sport et à la piscine ?
¿Hasta qué hora podemos ir al gimnasio y a la piscina?

Est-ce que je peux laisser mon bagage et revenir plus tard le récupérer ?
¿Puedo dejar mi equipaje y volver más tarde a recogerlo?

Est-ce que vous pouvez nous appeler un taxi ? Merci beaucoup.
¿Puede llamarnos un taxi? Muchísimas gracias.

VIE QUOTIDIENNE

ALLO ?

L'indicatif téléphonique international de l'Uruguay est le +598. Pour appeler un numéro en Uruguay depuis l'étranger, composez le +598 suivi du numéro de téléphone local (sans le 0 initial).

Les cartes SIM prépayées sont facilement disponibles et peuvent être achetées dans les magasins des opérateurs de télécommunications locaux tels qu'Antel, Movistar et Claro. Les voyageurs peuvent se procurer une carte SIM prépayée sur présentation d'une pièce d'identité, généralement un passeport. Le *roaming*, ou itinérance, est un service qui permet d'utiliser votre téléphone mobile à l'étranger avec votre forfait actuel. Les frais de roaming varient en fonction de votre opérateur et de votre forfait. Avant de voyager en Uruguay, il est recommandé de vérifier les tarifs d'itinérance avec votre opérateur et d'envisager l'activation d'un forfait d'itinérance si nécessaire.

ACCESSIBILITÉ

L'Uruguay s'engage progressivement à rendre le pays plus accessible aux voyageurs handicapés, aux parents avec poussettes et aux personnes âgées. Les transports publics, notamment à Montevideo, s'améliorent avec l'intégration de rampes d'accès et de places réservées dans les bus, bien que tous ne soient pas encore adaptés. L'application Uber propose une option pour les personnes à mobilité réduite appelée « Uber Assist », mais sa disponibilité dépend de l'emplacement et de la disponibilité des conducteurs formés. Les hébergements proposent souvent des chambres adaptées, mais il est essentiel de les contacter en amont pour vérifier la disponibilité et les services offerts. Les principales attractions touristiques, comme la Plaza Independencia, le Teatro Solís et le Palacio Legislativo sont généralement accessibles, mais il est tout de même recommandé de planifier son itinéraire en vérifiant l'accessibilité des sites avant de s'y rendre. L'agence de tourisme Tours By Locals offre des tours privés accessibles aux personnes en fauteuils roulants à Montevideo. Certaines plages offrent des services et des installations pour les personnes à mobilité réduite, telles que des rampes d'accès, des chaises amphibies et des zones de baignade surveillées. Celles de Montevideo (Ramírez, Pocitos, Malvín et Verde), de Canelones (Atlántida, Arbol de Judea et Parc Solymar, rivière Santa Lucia), de Punta del Este (arrêt 8 de la plage Mansa) et de Piriápolis (Rambla de los Argentino et Atanasio Sierra) offrent des installations pour les personnes à mobilité réduite. Dans le département de Paysandú, les thermes du Balneario Municipal sont dotés de rampes, de passerelles et de chaises amphibies, tandis que dans le département Río Negro, les thermes du Balneario Las Cañas et de la Estación Fluvial disposent de bains et de douches accessibles et de fauteuil roulant. De même, dans les départements Rocha et San José et de Colonia, on retrouve des rampes d'accès, des salles de bain accessibles, des chaises amphibies et des stationnements pour personnes handicapées (plage Bahía Grande, Boca de Cufré, Kiyú, Rambla de Colonia de Sacramento et Balneario Santa Ana). En somme, une planification minutieuse et une communication avec les prestataires locaux sont essentielles pour garantir un séjour agréable en Uruguay.

SANTÉ

- **L'eau du robinet** est propre à la consommation dans l'ensemble du territoire. Vous pouvez boire sans crainte et n'hésitez pas à emporter une bouteille réutilisable pour le remplissage.
- **Les hôpitaux en Uruguay** offrent généralement des soins de qualité, surtout dans les zones urbaines. Montevideo dispose de plusieurs hôpitaux et cliniques qui sont bien équipés pour traiter divers problèmes de santé. Cependant, les installations médicales dans les régions rurales peuvent être plus limitées. Il est donc préférable de souscrire à une assurance santé couvrant les soins médicaux à l'étranger et les évacuations médicales en cas de besoin. Les risques sanitaires sont relativement faibles. Néanmoins, il est conseillé de suivre les recommandations de l'Organisation mondiale de la santé (OMS) et de se faire vacciner contre les maladies courantes avant de se rendre dans le pays. Ces vaccins peuvent inclure ceux contre la fièvre typhoïde, l'hépatite A et B, et la rage. Il est également important de se protéger contre les piqûres de moustiques pour éviter les maladies transmises par ces insectes, comme la dengue ou le virus Zika.
- **Il peut y avoir des médecins parlant français en Uruguay,** bien que leur nombre puisse être limité. Pour en trouver un, vous pouvez vous adresser à l'ambassade ou au consulat de France en Uruguay (Yacaré 1762, Montevi-

deo, +598 2600 8261), qui pourra vous fournir une liste de professionnels de la santé francophones. Sinon, le centre médical de Carrasco à Montevideo (Estaban Elena 6565) comprend deux médecins francophones. Vous pouvez également consulter des forums en ligne ou des groupes de réseaux sociaux pour les expatriés français en Uruguay, qui pourront vous recommander des médecins francophones dans le pays.

URGENCES SUR PLACE

En Uruguay, les services d'urgence incluent les pompiers et le SAMU (Service d'Aide Médicale d'Urgence), qui interviennent en cas d'incendie, d'accidents ou d'urgences médicales. Pour contacter les pompiers, composez le 104, et pour le SAMU, le 105. Pour contacter la police, composez le 911.

SÉCURITÉ

Au cours des dernières années, Montevideo a connu quelques incidents de vols à la tire. Par conséquent, nous vous recommandons de faire preuve de vigilance avec vos biens personnels et de ne pas donner l'apparence d'un touriste fortuné. Évitez de marcher sur les rues secondaires durant la nuit et n'hésitez pas à appeler un taxi pour vous rendre en toute sécurité à votre destination. A la plage, il est possible de laisser vos effets personnels sans craindre qu'ils soient dérobés (vous pouvez également demander à quelqu'un de les surveiller).

LGBTQ

L'Uruguay se distingue en tant que destination LGBTQI+ accueillante, offrant aux visiteurs un cadre ouvert, des services de qualité et une législation progressiste axée sur le respect de la diversité. En 2021, il a été classé comme le 5e pays le plus gay-friendly au monde par le Guide Gay International Spartacus, évaluant les conditions de vie pour les membres de la communauté LGBTQI+ dans chaque pays. Depuis 2009, l'Uruguay a légalisé l'union civile pour les couples de même sexe et, en 2013, est devenu le deuxième pays d'Amérique latine à légaliser le mariage homosexuel. En outre, la loi sur l'identité de genre adoptée en 2009 autorise les individus à changer légalement de genre sans chirurgie ni autres procédures médicales. Bien que la discrimination soit illégale, des incidents isolés d'intolérance peuvent toujours survenir.

AMBASSADE ET CONSULATS

- **Ambassade de France** en Uruguay est située dans la ville de Montevideo. Son adresse est le Rambla República del Perú 730 et son numéro de téléphone est le +598 2418 6400. Son site web est https://uy.ambafrance.org/.

- **En plus de l'ambassade, la France possède deux consulats en Uruguay.** Le Consulat général de France à Montevideo est situé au même endroit que l'ambassade et le Consulat honoraire de France à Punta del Este est situé à Calle Los Muergos Esq. Los Horneros, Complejo Lomas de San Vicente. Les numéros de téléphone respectifs sont +598 2418 6400 et +598 4244 3031. Le Consulat général de France à Montevideo est responsable de la protection consulaire des citoyens français en Uruguay.

  Il est important de souligner que le Consulat général de France à Montevideo est chargé de la protection consulaire des ressortissants français en Uruguay.

- Ambassade du Canada : Miraflores 1508, Montevideo. Téléphone : +598 2628 4721. Courriel: mvdvd@international.gc.ca.

- Ambassade de la Suisse : Rambla 25 de Agosto de 1825, Montevideo. Téléphone: +598 2623 0853. Courriel: vertretung@mon.rep.admin.ch.

- Les ambassades du Luxembourg et de la Belgique se trouvent toutes les deux à Buenos Aires. L'ambassade du Luxembourg est située à Villanueva 1344 et peut être contactée par téléphone au +54 11 4796-2012 / 2013 ou par courriel à buenosaires.amb@mae.etat.lu. Quant à l'ambassade de Belgique, elle est située à Villanueva 1370 et peut être contactée par téléphone au +54 11 4780 2214 ou par courriel à buenosaires@diplobel.fed.be.

POSTE

En 2023, l'envoi d'une carte postale ou d'une lettre de l'Uruguay vers la France ou un autre pays européen coûtait généralement entre 70 et 100 $, soit environ 1,60 à 2,30 €. Les tarifs postaux varient en fonction du poids de l'envoi et du type de service sélectionné (prioritaire ou économique). Les délais d'expédition pour les cartes postales ou les lettres depuis l'Uruguay vers la France ou d'autres pays européens étaient habituellement compris entre 7 et 21 jours.

Le Correo Uruguayo de Filatelia, situé au 468, rue Sarandí à Montevideo, est un endroit idéal pour vous procurer des cartes postales et des timbres. Pour connaître les tarifs postaux les plus récents, consultez le site officiel du service postal uruguayen (Correo Uruguayo). Il est également possible d'expédier vos colis à l'aide d'un service d'expédition international tel que DHL, FedEx, UPS ou USPS.

MÉDIAS LOCAUX

Presse. Les deux principaux journaux quotidiens publiés à Montevideo sont El País et La República. En ce qui concerne les hebdomadaires, on peut citer La Busqueda, El Observador et Ambito Financiero. Pour tout ce qui touche à l'économie, il est recommandé de consulter Crónicas.

Télévision. La télévision est omniprésente et largement diffusée sur l'ensemble du territoire, principalement à travers des chaînes câblées. Il existe neuf chaînes de télévision, notamment Canal Once, SODRE, Canal 10, Canal 4, Señal 1, Montecable, Television Cable Color, Video Cable Rivera et Teledoce. Les télénovelas, les émissions de divertissement et les bulletins d'information sont en général moins importants que les retransmissions de football, qui suscitent davantage de passion chez les téléspectateurs.

Radio. Différentes stations radio occupent les ondes, mais elles ne suscitent que peu d'intérêt chez les voyageurs français. Toutefois, l'une d'entre elles se démarque : Radio Babel (97.1), qui offre une excellente programmation musicale sans interruption publicitaire.

LES PHRASES CLÉS

Bonjour, mon téléphone ne fonctionne pas, pouvez-vous m'aider s'il vous plait ?
Hola, mi teléfono no funciona, ¿puede ayudarme, por favor?

Je ne me sens pas bien, pouvez-vous m'amener à l'hôpital le plus proche ?
No me siento bien, ¿puede llevarme al hospital más cercano?

Est-ce que vous avez un médecin qui parle français ?
¿Hay un médico que hable español?

Je viens de me faire voler mes papiers, où est le poste de Police le plus proche ?
Me acaban de robar la documentación, ¿dónde está la comisaría más cercana?

Est-ce un quartier dangereux ou je peux y aller sans crainte ?
¿Es un barrio peligroso o puedo ir allí sin problema?

Avez-vous des timbres pour une carte postale à envoyer en France ? C'est combien ?
¿Tienen sellos para enviar una postal a España? ¿Cuánto cuesta?

Si l'Uruguay est une destination si prisée, c'est avant tout pour sa douceur de vivre incomparable. Dans cette contrée paisible et accueillante, les plaisirs simples règnent en maîtres. Entre les dégustations de viandes grillées à la perfection sur les *parrillas* traditionnelles, les balades à cheval dans les vastes plaines, le doux farniente le long des plages sauvages et les soirées tango dans les bars de Montevideo, tout est prétexte à la détente, à la contemplation et à l'émerveillement face à la beauté du monde. Qui plus est, l'Uruguayen est à l'image de son pays : contemplatif, calme et peu bavard. Il emmène le voyageur pressé à découvrir son rythme tranquille, lui offrant une parenthèse de sérénité dans un décor souvent féerique. Ici, le temps s'écoule lentement, sans précipitation. Il convient donc de profiter de l'instant présent et de se laisser porter par la poésie des alentours, là où l'art de vivre est un art à part entière.

GAUCHOS ET TOURISME D'ESTANCIAS

Les cowboys ont toujours captivé l'imaginaire collectif. Les scènes des vieux westerns ont imprégné l'imaginaire de nombreuses générations, avec des personnages sans scrupules tels que John Wayne ou Lucky Luke. Mais au-delà des terres sauvages de l'Ouest américain, un autre type de cowboy, moins célèbre, mais tout aussi brave, mène sa vie dans l'immensité de l'Amérique du Sud : le *gaucho*. Comparable à ces héros, il incarne la liberté, l'honneur et le courage, vivant son existence dans les grands espaces, en compagnie de son fidèle cheval. Autrefois chasseur de bétail, il est devenu un véritable gardien de la culture locale. En explorant l'Uruguay, vous plongerez dans un univers rural authentique, et quoi de mieux qu'un séjour en *estancia* pour découvrir les saveurs et traditions ancestrales ! Ces fermes vous inviteront à prendre part aux activités quotidiennes, vous rapprochant sans cesse de cette figure mythique qu'est le *gaucho* !

Origine et évolution de la culture gauchesque

Parcourant les vallées à dos de cheval, sans attaches, solitaires et libres comme le vent, on reconnait les *gauchos* à leurs bottes de cuir, à leur chapeau, leur poncho et à leur courage légendaire. Maniant le lasso avec autant de dextérité qu'un chirurgien et montant à cheval comme nul autre, ils ont du cran, et n'hésitent pas à faire la loi à travers la Pampa. Cavaliers d'exception, ils sont rebelles et indomptables, tout comme la monture qu'ils chevauchent.

D'ailleurs, tout ce qui est lié au cheval – les instruments, les vêtements et les objets – constitue leur seule véritable richesse. Jamais personne n'aura aussi bien représenté leur vie que le poète argentin Juan Hernández. Dans son poème narratif *El Gaucho Martín Fierro*, publié en 1872, il dépeint l'univers solitaire de l'un de ces cavaliers errants : « Ma gloire est de vivre libre. Comme l'oiseau du ciel, je ne fais pas mon nid sur cette terre. Je fais mon lit dans le trèfle, et les étoiles me couvrent. »

L'origine du mot *gaucho* dérive de l'expression quechua « huachu », qui veut dire orphelin ou vagabond. L'émergence des *gauchos* est intrinsèquement liée aux conditions politiques et économiques de leur environnement durant le XVIe siècle. A cette époque, les colonisateurs ibériques envahirent les étendues ouvertes de la Pampa pour exploiter intensivement les « vaquería », des espaces de réserve de bétail non surveillé (antécédent immédiat du ranch ou de l'hacienda) et installer des étables. L'arrivée des Européens entraîna le génocide de milliers d'individus appartenant à des groupes indigènes, conduisant à un métissage ethnique dès le début de la conquête. Les survivants des tribus guaranis et charruas s'intégrèrent rapidement à la société coloniale. Ils se mirent par exemple à utiliser les *bolas* ou *boleadoras* (lasso à boule introduit par les Européens) pour chasser le bétail, à se déplacer à cheval et à travailler dans les fermes d'élevage, contribuant ainsi à l'émergence de ce qui allait devenir le *gaucho*. La Banda Oriental, terre sans lois, attira également divers groupes de marins français, hollandais et anglais, ainsi que des aventuriers créoles, fugitifs et déserteurs venant de Buenos Aires et Santa Fe, tous en quête de liberté. Ainsi, les *gauchos* empruntèrent des aspects culturels des deux ethnies : des Indiens, ils reçurent le poncho, le bandeau et le maté, tandis que des colonisateurs, ils héritèrent du cheval et de l'irremplaçable guitare. Dans les vastes étendues solitaires, les *pulperías* constituaient les oasis sociales des *gauchos*. Enivrés par l'ardeur des jeux d'argent et des paris, ils se rassemblaient, un verre à la main, se livrant à des parties effrénées de cartes, de courses et de dés, égayant ainsi les longues soirées sous un ciel étoilé.

Au XVIIIe siècle, une véritable ruée vers l'or du cuir s'opéra. Les caisses de la couronne espagnole se remplirent rapidement, poussant l'Espagne à fonder Montevideo en 1726 pour consolider sa domination. Face aux Portugais, qui avaient déjà créé la ville fortifiée de Colonia del Sacramento avec les mêmes ambitions, il fallut agir vite. En un tour de main, les *gauchos* devinrent les contrebandiers les plus redoutables, bravant le monopole de la couronne. Peu à peu, les propriétaires privés s'approprièrent le bétail semi-sauvage de la Pampa et firent appel aux *gauchos* pour en assurer la garde. Au début du XIXe siècle, les *gauchos* furent les fiers défenseurs des armées de la région du Río de la Plata, qui avaient renversé le régime colonial espagnol avant de connaître

© KSENIA RAGOZINA - SHUTTERSTOCK.COM

Gaucho à Maldonado.

des décennies de luttes intestines, menées par les *caudillos*, ces chefs militaires provinciaux rivaux. À la fin du XIXe siècle, le territoire de la Banda Oriental fut découpé en vastes domaines et l'économie pastorale traditionnelle fit place à une exploitation agricole plus intensive. Les animaux élevés en captivité remplacèrent les troupeaux sauvages, et le *gaucho*, autrefois symbole de liberté, se mua alors en simple péon.

Aujourd'hui, ces hommes attachés à leurs traditions et à leurs terres doivent faire face à de nouveaux défis afin de conserver leur patrimoine culturel exceptionnel. Tandis que les jeunes générations s'éloignent de la vie rurale pour chercher des opportunités en ville, les technologies et les industries, elles, évoluent rapidement, laissant peu de place aux pratiques agricoles et équestres ancestrales. Malgré cela, de nombreux *gauchos* continuent de transmettre leur héritage socioculturel, s'efforçant de maintenir un rythme de vie axé sur le respect de la nature et du travail dans les champs, tout en s'adaptant aux changements du monde contemporain. Conscients de l'importance de perpétuer leur mode de vie traditionnel et de partager leur culture avec les générations futures, ils n'hésiteront pas à inviter les voyageurs à découvrir leur *estancia* et à les faire participer aux activités quotidiennes de la ferme. En outre, vous avez la possibilité de découvrir la culture gaucha en visitant le Pueblo Gaucho (p.172) à Punta del Este ou en explorant le Museo del Gaucho y de la Moneda (p.129) à Montevideo. Si vous avez la chance de voyager en mars, ne manquez pas la Fiesta de la Patria Gaucha, qui vous permettra de plonger pleinement dans leur univers fascinant.

L'estancia : le reflet de l'identité uruguayenne

Au cœur de l'Uruguay se trouve l'emblématique tradition des *estancias*, ces vastes exploitations agricoles et d'élevage qui ont traversé les siècles pour devenir de captivantes curiosités touristiques. Les *estancias* uruguayennes sont apparues au XVIIIe siècle et étaient autrefois les fiers domaines de familles prospères et influentes, qui contribuèrent à modeler l'économie du pays en se concentrant sur l'exportation de viande et de laine. A l'aube du XXe siècle, alors que l'agriculture et l'élevage traversaient une période difficile à travers le pays et que l'Amérique du Sud attirait un nombre croissant de voyageurs, le tourisme d'*estancia* émergea comme une activité innovante offrant aux établissements une alternative pour générer des revenus supplémentaires. Ainsi, plusieurs propriétaires commencèrent à accueillir des visiteurs du monde entier, les conviant à séjourner dans un hébergement douillet où ils pourraient s'immerger dans l'authenticité intemporelle de la vie rurale.

De nos jours, les *estancias* demeurent l'écrin d'une expérience singulière, où la grâce d'autrefois se fond harmonieusement avec les commodités contemporaines, proposant aux voyageurs des quatre coins du monde un périple unique au cœur même de l'âme uruguayenne. Elles se déploient majestueusement à travers le territoire, parsemant l'immensité de la pampa. La nature y dévoile des aspects contrastés en fonction des régions : dans les confins nordiques du pays, les vastes étendues solitaires et indomptées évoquent une liberté sans bornes, tandis qu'au centre, le paysage se fait plus familier, conservant toutefois son pouvoir d'émerveillement et de dépaysement.

Elles peuvent se découvrir très facilement au volant d'une voiture de location et se combinent aisément avec la visite des autres points d'intérêt du pays, telles que Montevideo, Colonia del Sacramento et la côte Atlantique. Si certaines d'entre elles ont gardé une vocation agricole, d'autres, en revanche, se sont transformées en véritables maisons d'hôtes « de charme », offrant une palette d'activités, notamment des balades à cheval, la chasse et la pêche. Chacune se distingue par la singularité de ses prestations et de son accueil. Les visiteurs peuvent ainsi se reposer, se promener, faire de l'équitation et, bien souvent, participer aux tâches quotidiennes de la ferme : tonte des moutons, fabrication de fromage de brebis et travaux des champs en compagnie de l'*estanciero*. Ce séjour à la campagne offre également l'occasion de se familiariser avec les coutumes et les habitudes culinaires locales, notamment celle du *mate* et de l'*asado*. Dans ce cadre enchanteur, le cheval, meilleur compagnon du *gaucho*, demeure le moyen de transport traditionnel. Les passionnés de *cabalgatas* (randonnées équestres) pourront s'évader en galopant librement à travers les vastes étendues, sans entrave ni frontière, en communion avec la nature sauvage. Les *estancias* sont aussi très convoitées par les chasseurs et les pêcheurs qui viennent parfois de loin (majoritairement d'Europe et des Etats-Unis). Il convient toutefois de souligner que ces activités sont soumises à une réglementation stricte, bien que les propriétaires conservent le droit d'organiser des chasses sur leurs terres. En ce qui concerne la pêche, elle est principalement pratiquée à l'ouest de l'Uruguay, sur le *río* Negro et ses affluents, ainsi que sur les lacs Rincón del Bonete et Merín. Les eaux des *ríos* Uruguay et Negro abritent des espèces telles que le *surubí*, une espèce de poisson-chat géant, ainsi que le *dorado*, un poisson-liche impressionnant. On retrouve également la *tararira*, le bagre (autre type de poisson-chat), la *corvina* (corbeau de mer), l'anchois et le *pejerrey* (athérine).

Quant au prix d'un séjour en *estancia*, il varie en fonction du type de propriété et des prestations incluses. La plupart se concentrent sur l'hébergement, à tel point que cela est devenu une forme de tourisme en soi, comparable au tourisme d'aventure ou à l'agrotourisme. En outre, contrairement à l'Argentine, loger dans une *estancia* en Uruguay n'est pas réservé aux plus fortunés. En effet, la plupart des établissements proposent un forfait journalier comprenant le petit-déjeuner, le déjeuner et le dîner, ainsi que des activités et des attractions tout au long de la journée, telles que des balades à cheval, des démonstrations équestres ou la traite des vaches. En général, les tarifs pour un séjour en pension complète, activités incluses, tournent autour de 1 000 $ par jour. Il s'agit d'un prix très raisonnable pour un séjour aussi enchanteur et il serait dommage de s'en priver. Des *estancias* industrielles accueillant parfois jusqu'à 50 personnes, aux petites *estancias* pittoresques perdues dans la campagne, il y en a pour tous les goûts. Si vous voulez obtenir des informations précises et fiables sur ces dernières, il est recommandé de contacter l'agence de voyages Cecilia Regules Viajes (p.300), qui est très sérieuse et connaît le milieu sur le bout des doigts (c'est l'agence pionnière pour ce type de tourisme en Uruguay). Et si vous recherchez une expérience des plus typiques, nous vous suggérons de séjourner à l'*estancia* historique La Paz (p.246) (département de Paysandú), à l'*estancia* Caballos de Luz (p.185) (département de Rocha) et à San Pedro de Timote (p.283) (département de Florida).

En somme, le tourisme d'*estancia* constitue une expérience unique et authentique pour les voyageurs en quête d'aventure et de découverte. Il nous enseigne l'humilité et le respect de la nature, tout en nous donnant l'opportunité d'apprendre des savoir-faire ancestraux et des modes de vie simples, mais profondément enracinés. En plongeant dans le quotidien de la campagne et de la culture gauchesque, les visiteurs pourront se détacher du tumulte incessant de la vie moderne et savourer des instants de sérénité au sein d'un paysage bucolique enchanteur. De surcroît, cette forme de tourisme permet de soutenir les économies locales et de préserver les patrimoines culturels et naturels, tout en favorisant des pratiques durables et responsables. A mesure que la demande pour des expériences de voyage hors des sentiers battus continue de croître, le séjour d'*estancia* représente une alternative enrichissante et respectueuse de l'environnement pour les touristes, les hôtes et les communautés de proximité.

GÉOGRAPHIE

L'Uruguay, ou de son nom complet République orientale de l'Uruguay, doit son nom au fleuve Uruguay qui le sépare de l'Argentine. Le pays se nomme ainsi en raison de sa position géographique, mais aussi pour des raisons historiques, puisque ce territoire s'appelait autrefois la Banda Oriental. C'est d'ailleurs pour cette raison que l'on appelle les Uruguayens « orientales » (orientaux). Quant à l'étymologie du pays et du fleuve, elle proviendrait de la langue aborigène guarani où *uru* signifie un type d'oiseau qui habite la zone de la rivière ; *gua* signifie « lieu de » et *y* représente l'eau. De cette façon, « Uruguay » signifierait quelque chose comme « rivière où vit l'oiseau ». Le pays est bordé au nord et nord-est par la république fédérale du Brésil (Etat du Río Grande do Sul), à l'ouest le long du *río* Uruguay par l'Argentine (province d'Entre Ríos), au sud par le *río* de la Plata et enfin à l'est par l'océan Atlantique.

Superficie et espace territorial

L'Uruguay se trouve dans la zone tempérée de l'hémisphère Sud, au sud-est de l'Amérique du Sud. Il dispose d'une position géographique privilégiée sur le continent, puisqu'il se révèle être la porte de sortie du bassin de La Plata, faisant alors le pont entre l'Argentine et le Brésil. Sa superficie est de 176 215 km². Si on le compare à ses voisins, le territoire uruguayen apparaît comme minuscule, mais si l'on rapporte sa taille à l'échelle européenne, on se rend compte qu'il pourrait contenir le Benelux tout entier et la Suisse en sus ! Toutefois, il s'avère être le deuxième plus petit pays d'Amérique du Sud après le Suriname. Comptant 670 km de côtes, la mer uruguayenne s'étend sur 208 057 km², dont 13 778 km² s'étirent le long du *río* de la Plata. La limite entre ces deux ensembles aquatiques a été fixée de manière arbitraire à Punta del Este, car l'eau est plus salée à partir de cet endroit. Ces côtes sont composées de pointes rocailleuses (comme à Punta Carretas à Montevideo), de plages de sable, de ravins littoraux (comme à San Gregorio dans le département de San José). L'Uruguay est l'un des rares pays dont l'espace maritime est plus étendu que son territoire terrestre.

D'autre part, le sol uruguayen est caractérisé par un relief légèrement ondulé ne présentant ni hautes montagnes ni vastes plaines, transition entre la pampa argentine et le sud du Brésil aux topographies plus accentuées. En fait, l'Uruguay est le pays dont l'altitude moyenne est la plus basse d'Amérique du Sud. Il abrite des plaines dans sa partie sud, est et ouest. Celle qui longe l'Atlantique est une plaine côtière sablonneuse et marécageuse, occasionnellement coupée de lagunes peu profondes. Les plaines du littoral du *río* de la Plata et du *río* Uruguay sont un peu plus larges, fusionnant plus graduellement avec les collines qui composent l'intérieur. Le reste, c'est-à-dire les trois quarts du territoire, est un plateau ondulé marqué par des rangées de collines de basse altitude, plus hautes vers le nord où elles prolongent les plateaux du Sud brésilien. Même si ces étendues à l'intérieur des terres présentent un relief souvent ondoyant, les collines dépassent rarement les 200 m d'altitude. Les plus saillantes sont des formations nommées *cuchillas* (lames), car elles empêchent l'eau de couler. Le point le plus haut du pays, le cerro Catedral, atteint 514 m, suivi du cerro de las Animas (501 m). Ces deux sommets se trouvent dans le département de Maldonado. En matière d'orographie, l'Uruguay n'a pas à craindre ni tremblements de terre ni glissements de terrain puisqu'il est entièrement situé sur la plaque sud-américaine, loin de toutes failles tectoniques actives. Des secousses sismiques des pays voisins peuvent toutefois être ressenties. Enfin, l'Uruguay est pratiquement exempt de zones inhospitalières, avec 90 % de son territoire exploitable. On estime à environ 3 ou 4 millions d'hectares (environ 20 % de sa surface totale) les terres arables, bien que seulement 1/3 de celles-ci soient cultivées.

Affluents, fleuves et bassins

Quant à son réseau hydrographique, l'Uruguay est un pays riche en eau douce (l'eau est en théorie potable à travers tout le territoire) et en eau sous toutes ses formes, puisqu'il est entouré et renferme des fleuves, des ruisseaux, des lacs, des lagunes et bien sûr, la mer. Quatre principaux bassins fluviaux se distinguent. Tout d'abord, le *río* Uruguay formant la frontière avec l'Argentine, est bordé de rives basses qui rendent les inondations parfois désastreuses, car elles envahissent de vastes étendues planes. Ce fleuve compte aussi d'importantes zones de sources thermales qu'il est possible de visiter. Ensuite, le *río* Negro traverse le pays du nord-est vers le sud-ouest avant de rejoindre le *río* Uruguay.

Le bassin du *río* de la Plata, quant à lui, se noie dans l'océan Atlantique au niveau du département de Maldonado, plus précisément à partir de Punta del Este, après s'être considérablement élargi au point de ne plus paraître fleuve. Enfin, le bassin de la lagune Merín, situé à la frontière brésilienne, au nord-est, constitue la plus vaste des nombreuses lagunes longeant la côte atlantique. Son bassin s'étend sur 62 250 km², dont 33 000 appartiennent à l'Uruguay.

Régions

L'Uruguay compte au total 19 départements administratifs qui peuvent être regroupés dans 4 grandes régions : l'Intérieur, le Littoral, le Grand Montevideo et la Côte. Chaque département comporte sa propre capitale, qui, la plupart du temps, se nomme de la même façon que le département lui-même. Par exemple, la capitale du département de Rocha se nomme Rocha ; celle de Tacuarembó, Tacuarembó, et celle de Paysandú, vous l'aurez deviné, se nomme Paysandú. Cela peut parfois prêter à confusion et il faudra par conséquent vérifier si on vous parle du département lui-même ou bien de la ville.

▸ **L'intérieur.** Le territoire des *gauchos*, de l'agriculture et de l'élevage. Région la plus importante géographiquement, elle inclut les départements d'Artigas, Cerro Largo, Durazno, Flores, Florida, Lavalleja, Rivera, Salto, Tacuarembó et Treinta y Tres et les parties orientales de Paysandú, Río Negro et Soriano. La plus grande partie de l'intérieur est consacrée à l'élevage de bovins ou d'ovins. Les *estancias*, dont l'élevage est principalement constitué de vaches, de chevaux et de moutons, sont immenses, souvent supérieures à 1 000 hectares. Elles se concentrent surtout dans le nord et dans l'est du pays. Bien que peu peuplée, cette zone est toutefois relativement urbanisée. Sa population se concentre en grande partie dans les capitales départementales. Les indicateurs du développement social et économique restent les plus bas du pays dans les départements frontaliers du Brésil au nord. La couche arable est mince et inadaptée à l'agriculture intensive. Les tentatives gouvernementales d'introduire la culture du blé et l'expansion de l'agriculture dans l'Intérieur ont en grande majorité échoué. Il existe toutefois une exception, le riz, qui occupe aujourd'hui près de 140 000 hectares et qui emploie quelque 400 producteurs dans l'est du pays et qui est devenu un produit d'exportation essentiel pour le pays qui fait maintenant partie du top 10 des exportateurs mondiaux.

▸ **Le littoral.** Il n'est pas question ici de la côte atlantique, mais des rives fluviales de l'ouest du pays. L'estuaire du *río* de la Plata est présent sur le littoral uruguayen et crée une large zone deltaïque à l'embouchure du fleuve Uruguay. Cette zone s'étend vers le nord en suivant le *río* Uruguay jusqu'à la frontière avec le Brésil. Au nord de Montevideo, on trouve les départements de Soriano, Río Negro, Paysandú et Salto, qui longent le *río* Uruguay. Ces régions sont dans l'ensemble plus développées que dans les terres (Intérieur). Les sols de meilleure qualité sont plus fertiles, favorisant les récoltes, et les exploitations sont généralement de taille plus modeste. La culture d'agrumes destinés à l'exportation s'est accrue dans les départements bordant le *río* Uruguay. La construction du barrage argentino-uruguayen de Salto Grande au nord de Salto fut une source de développement importante pour la région dans les années 1970. Au contraire, la fermeture de la célèbre usine de transformation de la viande à Fray Bentos a métamorphosé cette localité en ville fantôme. Plus au sud, l'économie a profité de la construction du pont General Artigas reliant Paysandú à la province argentine de Entre Ríos. Celui-ci a en outre permis de désengorger le trafic mari-

Cuchilla del Ombú, département de Tacuarembó.

DÉCOUVRIR

© KSENIA RAGOZINA - SHUTTERSTOCK.COM

Plage de Punta del Diablo, dans le département de Rocha.

time entre les villes de Colonia del Sacramento et Buenos Aires qui se font face sur le Río de la Plata. En compensation, le gouvernement uruguayen a fortement contribué à la rénovation de celle-ci et au développement du tourisme, en particulier argentin. Plus au nord, les départements de Paysandú et de Salto attirent des milliers de visiteurs avec venant profiter des stations thermales de Guaviyú, Almirón, Daymán et d'Arapey. Ces établissements touristiques sont dotés de bonnes infrastructures en matière d'hébergement et de gastronomie, en harmonie avec l'environnement naturel de la région.

Le Grand Montevideo. Si l'on associe au département de Montevideo celui de Canelones, on obtient un ensemble, le Grand Montevideo, qui contient plus de la moitié de la population uruguayenne, contribuant au caractère monocéphale du pays. Les densités observables dans cet ensemble sont incomparablement plus élevées que dans n'importe quelle autre partie du pays. Montevideo a originellement été fondé sur un promontoire dominant une large baie qui forme un port naturel parfait. La ville s'est développée de telle manière qu'elle couvre aujourd'hui tout le département de Montevideo. Le centre historique, connu comme la vieille ville, est adjacent au port. Les quartiers d'affaires et résidentiels des classes moyennes se sont déplacés plus vers l'est. La seule exception à cela est la présence de la majorité des activités financières et bancaires dans la vieille ville, autour de la Bourse et de la Banco de la República Oriental del Uruguay. Aujourd'hui, le Grand Montevideo est de loin la région la plus développée d'Uruguay et domine la nation tant au niveau économique que culturel. La partie intérieure de Canelones est le domaine des fermes de petite taille et des plantations de fruits et légumes. De nombreuses petites stations balnéaires sont alignées le long de la côte de ce département, et leur activité touristique locale constitue une source de richesse pour la région.

La côte. L'Uruguay possède 670 km de côtes : 450 km se trouvent le long du Río de la Plata et 220 km se situent sur l'océan Atlantique (ce dernier commence officiellement à Punta del Este). En allant vers l'est de Montevideo, le long du río de la Plata puis de l'océan Atlantique, on trouve les départements côtiers de Canelones, Maldonado et Rocha. Maldonado possède en général les meilleures infrastructures du pays et les plages les mieux établies, bien que celles du département de Rocha, plus sauvages, se soient considérablement développées depuis les dernières années. Pensons à Punta del Diablo, à Cabo Polonio et à La Pedrera, stations balnéaires à l'ambiance plus bohème et décontractée, et véritables lieux de *fiesta* durant les vacances de Noël. Celles-ci restent de taille réduite et disposent d'étendues de plages vierges et sable fin, à la beauté (encore) préservée. Ce sont sûrement les meilleurs endroits pour profiter de l'océan, et cela, même si certains villages comme Cabo Polonio ne possèdent pas encore tout le confort moderne. Le département de Maldonado, lui, accueille les grandes stations de Punta del Este, Piriápolis, Punta Ballena et José Ignacio. Ces localités situées en bord de mer ont pu se développer grâce à l'essor du tourisme provenant de l'Argentine, et plus récemment du Brésil. « Punta », comme la surnomment les Uruguayens, continue de dominer le secteur de l'industrie du tourisme et constitue l'une des principales sources de revenus dans ce domaine. Truffée de gratte-ciels, d'hôtels et de restaurants, elle reçoit chaque été (de décembre à mars), un déferlement de touristes huppés qui viennent profiter des belles plages et des établissements de luxe. Enfin, le tourisme local se concentre plutôt dans des stations comme Piriápolis, Atlántida, ou dans le département de Canelones.

NATURE

Malgré sa petite taille, l'Uruguay offre une mosaïque surprenante d'écosystèmes. Contrairement à de nombreux pays d'Amérique latine, il dispose d'un sol fertile où les forêts ne prédominent pas naturellement sur son territoire. Avec une faible altitude et sans obstacles majeurs, la propagation des espèces animales et végétales se fait sans effort, créant ainsi un habitat idéal pour le bétail. En effet, l'Uruguay est le pays qui compte le plus grand nombre de têtes de bétail par habitant, avec quatre vaches pour chaque personne. Il ne se limite pourtant pas uniquement à ses impressionnants troupeaux de bovins, car il abrite une étonnante diversité d'animaux sauvages tels que le cerf, le puma, le tatou, le capybara, ainsi qu'une multitude d'espèces d'oiseaux, de reptiles et de poissons. Enfin, il est doté d'une grande richesse végétale, composée de plusieurs espèces endémiques et de multiples espèces introduites durant l'époque coloniale.

La faune

On retrouve en Uruguay 114 espèces de mammifères, 490 espèces d'oiseaux, 71 espèces de reptiles et 210 espèces de poissons.

Les mammifères. L'Uruguay compte cinq espèces de félins : le chat margay (*Leopardus wiedii*), le plus commun dans le pays, le chat sauvage, le chat de Geoffroy (*Leopardus geoffroyi*), l'ocelot (*Leopardus pardalis*) et le puma (*Puma concolor*). Il n'y a pas de «population» à proprement parler, mais plutôt quelques individus occupant des zones reculées, principalement le long du *río* Uruguay dans les provinces du nord. Dans ce même territoire, il est aussi possible d'apercevoir des singes hurleurs noirs (*Alouatta carayá*). On retrouve également des cerfs de Virginie (*Odocoileus virginianus*), des cerfs des Pampa (*Ozotoceros bezoarticus*) et des daguets gris (*Mazama gouazoubira*) qui habitent les zones boisées et se nourrissent de feuilles et de pousses. Du côté des rongeurs, le pays abrite des coatis (*Nasua nasua*), des ratons laveurs (*Procyon lotor*), des loutres (*Lutrinae*), des porcs-épics (*Erethizon dorsata*) et des capybaras (*Hydrochoerus hydrochaeris*). Il y a également 23 espèces de chauves-souris. En raison de la perte et de la transformation de leurs habitats, le tatou (*Dasypus novemcinctus*), le tamanoir d'Amazonie (*Myrmecophaga tridactyla*) et le coati font partie des espèces animales en voie de disparition.

Outre les mammifères terrestres, le pays abrite également des créatures aquatiques telles que le dauphin de la Plata (*Pontoporia blainvillei*), originaire du *río* de la Plata et des côtes de l'océan Atlantique. L'Uruguay abrite la plus grande population d'otaries à fourrure d'Amérique du Sud (*Arctocephalus australis*) avec environ 250 000 individus. La majorité habite sur les îles de Torres près de Cabo Polonio. Outre les otaries, les éléphants de mer et les lions de mer (*Mirounga leoninay* et *Eumetopias jubatus*) sont également présents.

La baleine franche australe, de la famille des cétacés, a un corps robuste et obèse. Une baleine adulte mesure de 12 à 16 m de long et pèse entre 40 et 55 tonnes. Elle a la particularité d'avoir sur la tête une série de protubérances et de callosités sous la peau, et de petits crustacés incrustés, qui donnent l'impression d'un maquillage blanc orangé. On dénombre aujourd'hui 4 000 baleines dans les mers du Sud alors qu'au début du siècle, elles auraient été plus de 100 000. Recherchée pour sa graisse, notamment, la baleine fut victime de la chasse intensive jusque récemment. De nos jours, elle est inscrite sur la liste des espèces « vulnérables » et donc protégée. On peut l'apercevoir sur les côtes des départements de Maldonado et de Rocha, et même parfois sur celles de Montevideo et Canelones. Elle remonte des zones arctiques en hiver afin de se reproduire en eau chaude. N'oubliez pas d'apporter vos jumelles !

Les oiseaux. L'Uruguay possède une avifaune plutôt variée, bien qu'elle ne représente que 40 % de celle de l'Argentine et 25 % de celle du Brésil. Sur les 490 espèces d'oiseaux que l'on retrouve dans le pays, 65 % sont des résidents permanents, ce qui signifie qu'ils se trouvent toute l'année sur le territoire, tandis que les 35 % restants sont espèces d'oiseaux marins vivent en colonies, ce qui leur permet d'optimiser leur choix de lieu de vie en fonction des possibilités d'alimentation et de refuge pour la reproduction. Nombreux sont ceux qui passent la majeure partie de leur temps en haute mer et ne s'approchent que rarement de la terre ferme. Cependant, une petite excursion pas trop loin de la côte vous permettra de les observer. Si vous êtes familier du mal de mer, l'alternative peut être de vous rendre sur une des nombreuses îles qui longent la côte uruguayenne.

L'ocelot.

Parmi ces oiseaux, vous pourrez voir l'albatros à crête noire, l'albatros à bec fin, le pétrel géant, le pétrel damier, le *prión* au bec fin, le pétrel à barbe blanche, la petite mouette grise à tête noire et la frégate océanite. Les jours venteux sont les plus propices pour l'observation des albatros, qui maîtrisent à la perfection l'art d'utiliser les vents. Ensuite, les oiseaux fréquentant le Monte Parque sont le *pirincho* (*guira cantara*), le *carpintero* (pic) à nuque rouge, le *trepadorcito*, l'*espinero* (synallaxe siffleur), le *tio-tio* (synallaxe rousselé), la *viudita blanca* (*pepoaza irupero*). A ceux-là s'ajoutent le *hornero* (fournier roux) et le *crestudo* (Annumbi alouette) qui se caractérisent par la construction de nids très élaborés, confectionnés à partir de brindilles de bois, parfois d'épines et d'autres nombreux éléments végétaux. Le nid du *hornero* peut ainsi atteindre 1,20 m de long et 60 cm de large. Près des fleuves, on observe des espèces d'oiseaux comme le *biguá* (cormoran *vigua*), des canards sauvages comme le canard « brésilien », le canard au poil blanc et roux, et aussi l'aigle « pêcheur », même s'il est moins présent en Uruguay. Les hérons, caractéristiques des ruisseaux uruguayens, se nourrissant eux aussi de poissons. Le nandou d'Amérique appartient à la famille des *Rheidae* et habite en Amérique du Sud, principalement au centre et à l'est du Brésil, au sud de la Bolivie et dans les prairies de l'Argentine, du Paraguay et de l'Uruguay. Il est l'oiseau le plus grand d'Amérique du Sud, et présente une forme ovoïde et une taille pouvant aller jusqu'à 1,50 m. Il présente des similitudes avec l'autruche, notamment avec un long et plat bec, des yeux volumineux qui lui permettent de voir derrière lui et des ailes de grande taille qui l'aident à garder son équilibre quand il court à 60 km/h. C'est aussi un animal qui vit en bande, cherchant même la compagnie d'autres animaux tels que cerfs, moutons ou vaches. Il se domestique facilement et peut vivre jusqu'à 15 ans en liberté et jusqu'à 30 ans en captivité. Enfin, le Vanneau téro, qui est considéré comme l'oiseau national de l'Uruguay, a tendance à vivre en couple ou en petits groupes. Il est très protecteur envers son territoire et peut devenir agressif lorsqu'il s'agit de défendre son nid. Sa répartition couvre l'ensemble du pays.

Les reptiles et amphibiens. Sur les 71 espèces de reptiles de l'Uruguay, 12 sont en danger d'extinction. Semblablement, 7 espèces d'amphibiens sur 49 sont menacées. Quelques caïmans de petite taille occupent les eaux du *río* Uruguay au nord. Le caïman *yacaré* (*Caiman latorostris*) se nourrit d'amphibiens, de crustacés ou de poissons et mammifères qu'il attrape dans l'eau. Il peut mesurer jusqu'à trois mètres de long et pèse de 25 à 55 kg. Le long des dunes, il est fréquent de retrouver le lézard des sables (*Liolaemus wiegmanni*) qui ne fait pas plus de 15 cm de long et qui s'enterre sous le sable dès qu'il se sent menacé. Cet environnement accueille aussi un serpent très commun, le *yayará* (*Lystrophis dorbignyi*) qui mesure près de 60 cm et se nourrit de crapauds et de grenouilles (rassurez-vous, il n'est pas venimeux). Comptons également le serpent d'eau brun (*Liophis miliaris*) qui est un grand nageur et se nourrit de petits poissons et de têtards. Ensuite, la vipère à bandes croisées (*Bothrops alternatus*), vénéneuse, mesure 150 cm de long et se caractérise par sa couleur brunâtre et ses taches en forme de «C». Enfin, la côte océanique est fréquentée par la tortue de mer (*Dermochelys coriacea*) et la tortue verte (*Chelonia mydas*) qui viennent uniquement pour se nourrir (leurs habitats de reproduction se situent dans des zones plus tropicales comme les plages des Caraïbes et le nord du Brésil). Bien que ces dernières occupent davantage les départements de Rocha et de Maldonado, il est

Vanneau téro.

© PIXEL - ISTOCKPHOTO.COM

L'ombú est l'arbre national emblématique.

quand même possible de les apercevoir à Montevideo et Canelones.

Les poissons. Les eaux uruguayennes abritent une grande diversité de poissons, autant au niveau de la mer que dans les rivières. Les espèces les plus courantes incluent la dorade (*Salminus maxillosus*), le maigre (*Argyrosomus regius*), le merlu (*Merluccius merluccius*) et le poisson-chat (*Ameiurus melas*). La *corvina* blanche, assimilable au corbeau de mer, est de la famille des *Sciaenidae*, et a un corps allongé et plat. Sa couleur varie du blanc au marron en passant par le jaune sur la zone ventrale. Son dos est obscur avec des bandes noires et obliques. Il habite principalement dans la zone maritime allant du golfe de Mexico au golfe de San Matías en Argentine et en particulier dans le *río* de la Plata où il abonde. C'est le poisson le plus pêché en Uruguay après le colin et fait l'objet autant d'une pêche industrielle qu'artisanale. On le trouve aussi dans la lagune de Rocha (déclarée aire protégée), aire importante de reproduction. Les espèces les plus pêchées sont le poisson-chat jaune et noir, la dorade et l'alose (*Alosa fallax*). La plupart de ces captures sont destinées à l'étranger plutôt qu'à la consommation locale, puisque les Uruguayens n'ont guère l'habitude de manger du poisson, préférant largement la viande de bœuf. En effet, la consommation moyenne de poisson dans le pays n'est que de 9 kg par an, contre 87 kg de bœuf.

La flore

Le sol uruguayen est formé d'une immense prairie interrompue en quelques endroits par des bosquets, des forêts et des zones marécageuses ou sablonneuses. Près de 90 % du territoire correspondent à ce schéma, le milieu naturel ayant été en grande partie modifié et uniformisé par la pâture des troupeaux. La prairie est l'écosystème prédominant du pays, constituant une communauté d'herbes et de pâturages composée d'un grand nombre d'espèces, parmi lesquelles se distinguent les graminées et les légumineuses. Ces prairies forment une tapisserie végétale continue qui varie en fonction du type de sol qu'elle supporte. La quasi-totalité du sol uruguayen est déficitaire en eau, à l'exception de certaines zones comme les berges des rivières. Cela explique par conséquent l'absence d'une végétation dense et abondante. Ces caractéristiques géographiques sont favorables à la croissance de la végétation herbacée, mais hostiles à celle des arbres. La végétation arborescente est ainsi plus dense vers le nord du pays où le climat est plus chaud et humide. Les plantes dont le besoin en eau est moins grand sont par exemple la *pitanga*, le myrte, le *canelón*, le pêcher, le *coronilla*, le *tala* (sorte de micocoulier). Selon la collection d'indicateurs de développement de la Banque Mondiale, la superficie forestière de l'Uruguay en 2020 était de 20 310 km^2, représentant 11,6 % du territoire total. En l'absence d'espèces forestières autochtones, c'est par le biais d'importations européennes que la forêt uruguayenne s'est développée. Pensons par exemple à l'Arboretum Lussich, situé à Punta Ballena, qui est aujourd'hui devenu une importante réserve forestière en Amérique du Sud. De manière générale, les espèces que l'on retrouve le plus couramment sont l'*ombú* (emblème du pays), l'eucalyptus, l'acacia, le saule, le peuplier et le myrte. *Algaroba* et *quebracho* sont aussi des arbres typiques du pays. L'arbre national est le *ceibo*, que l'on reconnait par ses fleurs rouges florissant d'octobre à avril. Ces dernières poussent rapidement sur des terrains bas et humides et ont été déclarées fleur nationale argentine.

CLIMAT

L'Uruguay connait un climat subtropical humide et océanique, avec des températures modérées et des précipitations régulières tout au long de l'année. Le pays se trouve dans l'hémisphère Sud, de sorte que les saisons sont inversées par rapport à celles de l'hémisphère Nord. L'été, qui correspond à la période de décembre à mars, est généralement chaud et humide. Ses températures oscillent alors entre 22 et 30 °C. C'est à ce moment que débute la haute saison et que la côte se laisse envahir par les vacanciers brésiliens et argentins venus profiter des plages paradisiaques et de la sécurité des lieux. C'est aussi à cette époque que le prix de l'hébergement, des repas et des activités s'enflamment démesurément, allant parfois jusqu'à tripler. Il est donc indispensable de réserver à l'avance.

Saisons et condition atmosphérique

Bien qu'assez chaud en raison de l'apport constant d'humidité tropicale provenant des alizés, le climat uruguayen varie toutefois notablement selon les saisons. En effet, les variations saisonnières sont assez prononcées, mais les températures extrêmes sont rares. Son climat subtropical humide est comparable à celui du sud-est des États-Unis, et son climat océanique est similaire à celui du nord de la France. L'été débute en décembre et se termine en mars. Ses températures moyennes varient entre 22 et 28 °C. Aux alentours du Nouvel An, elles peuvent atteindre 38 °C. Durant cette période, soyez vigilants et protégez-vous adéquatement si vous demeurez au soleil pendant plus de 15 minutes. De plus, l'été est le moment idéal pour visiter les zones côtières, puisque de nombreuses stations balnéaires ferment en automne. L'occasion se présente pour faire un saut dans les villes constamment animées par des événements culturels, particulièrement à Montevideo qui connait durant cette période une vie nocturne bouillonnante et une scène musicale des plus dynamiques. L'automne s'amorce en février et se termine en mars. C'est vers cette période qu'il s'avère le plus judicieux de visiter le pays, qui est alors beaucoup plus calme. Les étés indiens sont fréquents, et les eaux sont donc plus chaudes après avoir chauffé tout l'été. Puis arrive l'hiver qui débute en juin et qui s'achève en septembre, avec des températures moyennes assez fraîches, fluctuant entre 10 et 16 °C. Pas un touriste ne vient s'aventurer en Uruguay durant cette période froide et pluvieuse. Bien que cela n'arrive que très rarement, les températures tombent parfois en dessous de zéro durant la nuit. La durée moyenne d'ensoleillement reste cependant assez agréable, de 7 à 8 heures par jour, bien qu'elle puisse décourager les amateurs de soleil et de plage. Enfin, le printemps (de septembre à novembre) offre un climat doux et idéal pour venir visiter la campagne florissante et ensoleillée. La météo pourrait toutefois s'avérer un peu froide pour se baigner. Enfin, comme peut le laisser supposer l'abondance d'eau qui englobe le pays, humidité et brouillard sont communs.

Phénomènes météorologiques

Le pays est exposé à divers types de phénomènes météorologiques, tels que des inondations, des sécheresses, des cyclones et des tornades. Ses côtes sont situées au milieu de deux grands courants qui luttent pour s'imposer l'un à l'autre. Le courant froid des îles Malouines s'oppose au courant chaud venu du Brésil, ce qui entraîne un climat très variable. De plus, comme il n'y a pas de chaînes de montagnes, les masses d'air équatoriales et polaires ont libre accès au pays, ce qui provoque souvent des étés très chauds et des hivers très frais pour sa latitude. Le pays a connu des températures record lors de deux vagues de chaleur consécutives fin novembre et début décembre 2022. Le thermomètre affichait alors 42,7 °C. Le phénomène le plus fréquent et le plus lourd de conséquences est l'inondation, généralement causée par le débordement de rivières et de ruisseaux, de lacs et de réservoirs à la suite d'événements météorologiques générant des pluies persistantes (*temporal*). Les précipitations sont réparties de façon plutôt régulière tout au long de l'année, avec des précipitations annuelles variant entre 1 000 et 1 500 mm. Les fortes pluies peuvent entraîner une montée très rapide (de quelques minutes à quelques heures) du niveau de l'eau et des glissements de terrain. En outre, l'Uruguay est situé entièrement dans l'axe central du corridor sud-américain des tornades, qui est la deuxième plus grande zone d'incidence des tornades dans le monde après le sud-ouest des États-Unis. Les vents qui soufflent généralement fort sont une caractéristique du climat uruguayen. Ils peuvent ainsi être soudains et très prononcés.

© STOCKSTUDIOX - ISTOCKPHOTO.COM

L'été uruguayen est idéal pour visiter les zones côtières, comme la ville de Colonia del Sacramento.

Les vents prédominants sont ceux du nord, secs et chauds, alors que ceux de la pampa et du sud sont au contraire froids et humides. Les vents venus de l'océan permettent néanmoins d'adoucir en été des températures souvent très élevées. Le *pampero* est un vent violent du sud-ouest qui souffle sur la pampa à tout moment de l'année, mais qui survient plus fréquemment en hiver. Il en résulte d'une humidité pénétrante, d'une baisse considérable des températures et de fortes pluies et des rafales pouvant durer jusqu'à 3 jours. Ce phénomène météorologique affecte aussi le niveau d'eau du Río de la Plata. Enfin, les cyclones ont tendance à se développer au-dessus de l'Uruguay, à se déplacer vers le sud-est et à s'intensifier au-dessus de l'océan Atlantique.

Changements climatiques

Depuis quelques années, le climat s'est immiscé dans le programme politique uruguayen comme jamais auparavant. Les indicateurs sur les changements climatiques renvoient à des scénarios catastrophiques où la fréquence des désastres naturels décuplerait considérablement si aucune mesure n'était mise en place. Et bien que le pays soit reconnu comme un leader en Amérique du Sud en matière de réduction des émissions de gaz à effet de serre, il n'en reste pas moins qu'il demeure vulnérable aux activités industrielles des pays voisins. Sachant qu'environ 93 % de la population vit dans des zones urbaines, dont 70 % dans des zones côtières, il va de soi que la montée du niveau de la mer inquiète. À l'heure qu'il est, le pays compte près de 12 000 hectares compromis par l'élévation du niveau moyen de la mer et 28 000 km^2 de pertes dues à l'érosion. Cela affecte non seulement la production agricole qui est, rappelons-le, le principal secteur productif et économique du pays, mais aussi le secteur touristique. Pour ces motifs, l'Uruguay a adopté de nombreuses actions d'atténuation volontaires et de résilience face aux changements climatiques, en particulier dans le secteur de l'énergie (le pays produit actuellement plus de 98 % de son électricité à partir de sources renouvelables). En 2015, le pays est devenu signataire de l'accord de Paris et de la même façon, en 2021, le président de la République, Luis Lacalle Pou, accompagné par le ministre de l'Environnement Adrián Peña ainsi que les ministres de l'Économie, de l'Industrie et de l'Élevage ont présenté une stratégie climatique à long terme visant à atteindre l'objectif ambitieux de neutralité en matière de CO_2 d'ici 2050.

ENVIRONNEMENT

L'Uruguay, composée d'une mosaïque de paysages, est dominée par la plaine de la Pampa. Pilier de l'économie, l'élevage bovin représente un fort enjeu environnemental. L'activité est en effet une source importante de gaz à effet de serre, mais aussi de déforestation (due aux cultures de soja associées à l'alimentation du bétail). La contamination des milieux aquatiques par les pesticides et les métaux lourds constitue une autre question préoccupante. Face à ces problématiques, des solutions techniques ont vu le jour, par exemple pour diminuer l'impact carbone de l'élevage. Se pose aussi la question de la diminution de la consommation de viande, et ce, à l'échelle planétaire. Les effets du changement climatique en Uruguay se traduisent notamment par une plus grande fréquence et une plus grande intensité des événements extrêmes (sécheresses, inondations). A l'heure où le GIEC souligne la nécessité d'une action concertée et coordonnée à l'échelle mondiale, il est temps d'agir.

Parcs nationaux

Le pays comprend un réseau d'aires protégées incluant des parcs nationaux :

- **Parque nacional de Santa Teresa** : situé dans le département de **Rocha,** il est géré par le Service des Parcs de l'Armée (une exception parmi les parcs nationaux). Il protège des écosystèmes maritimes et terrestres, ainsi que des éléments de patrimoine historique.
- **Parque nacional F. D. Roosevelt** (ex-Carrasco, 370 ha) : situé dans le département de **Canelones,** il s'agit d'une zone récréative, qui comprend un parc arboré de plus de 300 hectares et 700 000 arbres.
- **Parque nacional Isla San Gabriel** : ce parc protège l'île éponyme, située dans le département de **Colonia del Sacramento.** D'une superficie de 24 hectares, l'île est également classée monument historique.

© DFLC PRINTS - SHUTTERSTOCK.COM

Parc national d'Arequita.

- **Parque nacional Cabo Polonio** : situé dans le département de **Rocha**, il protège une frange littorale et des îles associées à des écosystèmes dunaires et marins remarquables. Il abrite notamment une colonie de lions de mer et de phoques. Il est classé réserve de biosphère par l'UNESCO et zone humide RAMSAR.
- **Parque Nacional Arequita** : sur 950 hectares, à 11 km de Minas, on y observera une faune et une flore autochtones ; le Cerro Arequita culmine à 230 m et surplombe de magnifiques grottes.
- **Parque Nacional Lacustre** : 72 km^2 de lagune aux abords de José Ignacio, La Laguna Garzón et de Rocha ; on y compte plus de 200 espèces d'oiseaux.
- **Parque nacional Isla de Flores** : classée parc national en 2018, cette île du **Rio de la Plata** abrite de riches écosystèmes maritimes et terrestres, ainsi qu'un patrimoine historique. A voir : le musée du Lazaret.
- **Parque nacional Esteros de Farrapos et Islas del Río Uruguay** : classé zone humide remarquable (RAMSAR), le parc, situé dans le département de **Río Negro**, protège une exceptionnelle biodiversité floristique et faunistique (pumas, oiseaux, reptiles, papillons, amphibiens), et une grande diversité de milieux naturels (forêts, marais, plaines d'inondation, etc.).
- **Parque nacional San Miguel** : situé dans le département de **Rocha**, il protège les écosystèmes de la chaîne d'**Arequita** ses différents milieux (marais, montagnes, roches volcaniques etc.) et son exceptionnelle biodiversité.

Élevage et agriculture : assise économique, désastre écologique

L'élevage a un poids très important dans l'économie (exportations) mais aussi dans l'écologie du pays, qui compte quatre bovins pour un habitant. La digestion des vaches émet du méthane, puissant gaz à effet de serre, dans un pays où sont élevés 12 millions de ces ruminants. L'élevage représente ainsi 62 % des émissions de gaz à effet de serre de l'Uruguay. Conscient de ces enjeux, le pays a engagé en 2020 le programme « élevage et climat » avec l'aide de la FAO (Food and Agricultural Organisation) et du FEM (Fonds pour l'environnement mondial). Il s'agit notamment d'améliorer le stockage du carbone dans le sol en restaurant les prairies sur-pâturées via des solutions techniques. Reste une question prégnante, celle de la diminution de l'activité et son corollaire, la baisse de la consommation mondiale de viande. L'élevage pose aussi la question de l'utilisation des antibiotiques et autres produits vétérinaires, qui se diffusent dans les milieux environnants et la chaîne alimentaire. Ce type d'élevage est aussi associé à la culture du soja, en grande partie importée, une culture souvent OGM, arrosée de pesticides, qui induit un changement d'affectation des sols (déforestation) et contribue au déclin de la biodiversité.

L'impact de l'industrie papetière

La diversification de l'économie s'est notamment traduite par la construction de deux grandes usines de pâte à papier, émaillée par un âpre contentieux avec l'Argentine entre 2005 et 2010, « la guerre du papier ». Cette industrie revêt différents impacts environnementaux : elle nécessite de l'eau, de l'énergie, du transport, de la ressource bois. Cette dernière est issue de plantations d'eucalyptus, qui ont pour effet d'appauvrir les sols et la biodiversité, et de consommer de l'eau. A noter que le procédé de blanchiment du papier est sans chlore élémentaire (ECF), ce qui ne signifie pas sans produits chimiques (utilisation de dioxyde de chlore) et sans rejet.

Les cyanobactéries, symboles des déséquilibres créés par les activités humaines

L'invasion périodique de cyanobactéries sur les côtes uruguayennes est une illustration bien visible des pollutions anthropiques, principalement agricoles et industrielles. Les effluents, chargées en nitrates et phosphates, se déversent dans les rivières, avant d'atteindre l'océan. Dans les eaux peu profondes et sous l'effet de la chaleur, ils favorisent la prolifération de cyanobactéries, par exemple au niveau des plages, qui doivent alors être fermées au public pour raison sanitaire, comme ce fut le cas en 2017.

Face au changement climatique

L'Uruguay subit les effets du changement climatique, avec notamment une plus grande fréquence et une plus grande intensité des événements extrêmes, à l'image des grandes inondations de 2019 dans la plaine de la Pampa, ou de la sécheresse de l'hiver 2022-2023 associée à des températures atteignant jusqu'à +44 °C. Face au constat, le pays s'est fixé l'objectif d'augmenter et de diversifier sa part d'énergies renouvelables. Le mix électrique du pays repose à 94,5 % (chiffre 2016) sur l'hydroélectricité (barrages), avec les risques liés à la potentielle diminution de la ressource eau. Le pays a engagé des investissements en faveur de l'éolien et de l'énergie solaire. La dernière synthèse du GIEC (Groupe d'experts intergouvernemental sur l'évolution du climat) publiée en mars 2023 indique que « tout retard supplémentaire dans l'action mondiale concertée et anticipée en matière d'adaptation et d'atténuation des effets du changement climatique manquera une brève occasion, qui se referme rapidement, de garantir un avenir vivable et durable pour tous. »

© GUAXINIM - SHUTTERSTOCK.COM

Parc national de Santa Teresa.

Et nous ?

Parce que chaque geste compte, nous pouvons toutes et tous agir dans la construction d'un futur souhaitable, dans nos actions individuelles et collectives. Voici quelques liens et outils pour se questionner et agir en matière de déchets (www.zerowastefrance.org), d'empreinte écologique (www.footprintcalculator.org) et d'empreinte carbone (calculateur ADEME : https://agirpourlatransition.ademe.fr). Pour une alimentation « juste, propre et saine », on pourra notamment se rapprocher du mouvement slowfood, présent notamment en Uruguay. Il met en valeur les savoir-faire locaux et recense les démarches autour de la biodiversité agricole et des traditions gastronomiques (slowfood.com).

HISTOIRE

L'Uruguay possède une histoire riche et mouvementée, traversée d'événements et de figures captivantes depuis la période précolombienne jusqu'à l'époque contemporaine. Les premiers habitants de la région étaient les Charrúas, un peuple nomade vivant de la chasse et de la pêche, dont l'existence paisible fut profondément bouleversée par la venue des colons européens. A leur arrivée, au lieu de trouver de l'or ou de l'argent, ces derniers découvrirent plutôt des pâturages fertiles qui leur offrirent une autre forme de richesse. Au fil des décennies, de nombreux et sanglants combats pour le contrôle de ces terres eurent lieu entre divers protagonistes, tels que les indigènes, les Portugais, les Brésiliens, les Paraguayens, les Britanniques, les royalistes espagnols et les Argentins. Néanmoins, les Uruguayens réussirent à forger un pays libre, souverain et prospère, doté d'une économie en plein essor et d'une immense diversité culturelle.

-10 000 ANS

Période précolombienne

Contrairement à certains de ses voisins latino-américains, la présence indigène fut moindre en Uruguay. Quelques découvertes ont toutefois démontré que le territoire correspondant à l'actuel pays aurait été occupé dès 10 000 avant av. J.-C., en particulier dans le nord et sur le long du *río* de la Plata, où des pièces lithiques d'hommes préhistoriques (Hombre del Catalanense) ont été mises au jour. Quelques sites archéologiques tels que La Gruta del Palacio (département de Flores), l'Antropolito de Mercedes (département de Soriano) ou les Cerritos de Indios (département de La Rocha) peuvent même être visités.

Différentes ethnies arrivent vers 4 000 ans av. J.-C. sur cette contrée fertile et s'adaptent aux changements climatiques à travers le temps. À ce moment, la population est estimée à 5 000 et 10 000 habitants. Elle se divise en deux groupes linguistiques, les Charrúas et les Tupi-Guaranis. Certaines de ces ethnies ont adopté un style de vie nomade vivant en bandes de la pêche, la chasse et la cueillette ; d'autres, sédentaires, ont cultivé la terre. Leur subsistance était basée sur la chasse et la culture du maïs et du manioc, en plus des haricots, de la citrouille et de la patate douce. Plusieurs vestiges de cette présence humaine fut retrouvés sur l'ensemble du territoire : objets funéraires, outils de pierre taillée, armes variées et céramiques décorées attestant d'un art primitif originaire de la région.

1516

Découverte du río de la Plata par Juan Díaz de Solís

Juan Díaz de Solís, envoyé par le roi Fernando V d'Espagne à la recherche d'un passage maritime vers les Indes au moment des Grandes Découvertes, atteint le *río* de la Plata, plus précisément à Punta Gorda en février 1516. La Pirámide de Solís commémore l'endroit de la «découverte». Il déclare alors le territoire « possession de la Couronne d'Espagne ». Il se fait tuer, à l'instar de la plupart de ses compagnons, par les indigènes vivant sur les bords de l'estuaire. Ce sont les survivants de cette expédition, de retour en Espagne, qui donnèrent son nom au *río* de la Plata, que les indigènes, de leur côté, nommaient Paraná-Guazu signifiant « rivière aussi large qu'une mer ».

1527

Première colonie européenne dans le bassin de La Plata

Sebastián Gaboto fonde la colonie San Lázaro dans l'embouchure de l'Arroyo de la Vacas, qui traverse actuellement la ville de Carmelo. Le processus de colonisation s'étala sur une longue période du fait que le territoire était moins prometteur que celui du Haut-Pérou (actuelle Bolivie), beaucoup plus riche en minéraux.

Établissement des premières « Vaquerías »

1617 Il fallut attendre jusqu'en 1617 pour qu'Hernando Arias de Saavedra, plus connu sous le nom de Hernandarias, découvre le potentiel des pâtures uruguayennes et introduise les premiers troupeaux de bétail et de chevaux. Cela donna lieu à la formation de vastes pâturages que l'on nomma « vaquerías ». Le bétail sauvage était laissé sans propriétaires et pouvait être utilisé par les voisins sans autorisations officielles. La richesse du sol et la présence d'un climat doux permirent aux bestiaux de se reproduire rapidement. La Banda Oriental devint ainsi une terre d'élevage extensif à l'origine de la fortune du pays.

1624 Des missionnaires jésuites fondent la mission Santo Domingo Soriano le long du río Negro, dans le but de convertir les indigènes Charrúas à la religion catholique. Ils construisent des bâtiments pour l'éducation, la formation religieuse et la vie communautaire.

Fondation de de Colonia del Sacramento

1680 Entre 1680 et 1680, les Portugais du Brésil, en réponse aux intérêts économiques et expansionnistes de la couronne portugaise, fondent Colonia del Sacramento sur la rive gauche du *río* de la Plata, où ils pratiquent un commerce de contrebande avec les colons. Ils contestent alors les possessions espagnoles de la région. Entre 1680 et 1777, la ville était un point stratégique en raison de son accès aux mines d'argent de Potosí, qui se trouvaient à environ 2 000 km en passant par Asunción dans l'actuel Paraguay, ainsi que de sa proximité avec Buenos Aires.

Fondation de Montevideo

1723 En 1723, les Portugais commencent à fortifier la baie de Montevideo, convaincus de l'importance stratégique de l'enclave. Prévenue de leur occupation, une expédition espagnole en provenance de Buenos Aires dirigée par Bruno Mauricio de Zabala, gouverneur de Buenos Aires, les force à se retirer des lieux. Plusieurs familles de Buenos Aires et des îles Canaries y sont alors envoyées pour peupler la zone et construire une forteresse afin de contrôler l'expansionnisme portugais. Le 24 décembre 1726, la ville de San Felipe y Santiago de Montevideo est officiellement fondée par Zabala. La Plaza Zabala dans la vieille ville abrite un monument équestre en son honneur.

Guerre hispano-portugaise

1735-1737 La présence des Portugais dans ville de Colonia del Sacramento fut le principal foyer de tension entre ces derniers et les Espagnols. Le 20 octobre 1735, l'administrateur colonial et militaire Miguel de Salcedo, suivant les ordres de Madrid, atteint Colonia avec une armée de milliers de soldats des missions jésuites. L'occupation débute le 20 octobre 1735. Le siège se termine après deux ans de combats et de blocus infructueux, grâce à l'influence de la Grande-Bretagne, de la République néerlandaise et de la France.

Signature du traité de Madrid

3 JANVIER 1750 Ce document, signé par les monarques Ferdinand VI d'Espagne et Jean V de Portugal, définit les frontières entre leurs colonies respectives et possessions d'outre-mer en Amérique du Sud.

MAI-JUILLET 1777

Capitulation de Colonia

En mai 1777, plus de dix mille soldats espagnols arrivent dans le Río de la Plata sous la direction de don Pedro de Cevallos, premier vice-roi de la nouvelle circonscription administrative. Ce dernier a pour mission d'établir la nouvelle vice-royauté avec sa capitale à Buenos Aires et conquérir la ville portugaise de Colonia. En juin, Colonia est assiégée par terre et par mer et le 3 juillet, la ville tombe entre les mains des troupes espagnoles. Cevallos ordonne alors la démolition de ses fortifications.

OCTOBRE 1777

Signature du traité de San Ildefonso

Signé le 1er octobre 1777, le traité de San Ildefonso met fin à la dispute entre l'Espagne et le Portugal. Les Portugais cèdent alors la ville disputée de Colonia del Sacramento aux Espagnols, en échange du retrait de ces derniers dans d'autres zones du Brésil.

1806-1807

Invasion britannique

En réponse aux restrictions imposées par Napoléon Bonaparte suite à la bataille de Trafalgar, la Grande-Bretagne cherche à étendre ses activités commerciales en outre-mer. Elle lance alors deux expéditions dans le but d'occuper à la fois Buenos Aires et Montevideo. Le 7 juillet 1807, après avoir subi deux défaites consécutives, les troupes britanniques s'avouent vaincues et abandonnent la région de la Plata.

25 MAI 1810

Révolution de mai

Entre le 18 et le 25 mai, une série d'événements révolutionnaires entraîne la substitution du vice-roi espagnol Hidalgo de Cisneros, qui est remplacé par la première junte menée par un secteur de *criollos* (enfants de parents espagnols nés en Amérique) de Buenos Aires.

28 FÉVRIER 1811

Le cri d'Asencio

Le 28 février 1811, les révolutionnaires Pedro José Viera et Venancio Benavídez, encouragés par leur victoire contre le Royaume-Uni et par l'affaiblissement de l'Espagne par l'invasion napoléonienne, appellent la population à se rebeller contre les autorités coloniales espagnoles. Cet épisode est considéré comme le début de la révolution orientale.

11 AVRIL 1811

La proclamation de Mercedes

Vieira et Benavídez obtiennent le soutien de José Gervasio Artigas qui publie la Proclamation de Mercedes, dans laquelle il annonce que le gouvernement des Provinces-Unies enverra des armes, des munitions et trois mille hommes, appelant à la révolution.

José Gervasio Artigas

© POWEROFFOREVER - ISTOCKPHOTO.COM

1764-1850

José Gervasio Artigas Arnal est le héros national de l'Uruguay et l'un des chefs militaires les plus importants de l'histoire de l'Amérique du Sud. Surnommé « le père de la nation uruguayenne », il joua un rôle central dans les luttes pour l'indépendance contre l'Espagne au début du XIXe siècle. Né à Montevideo, alors une colonie espagnole, il grandit dans une famille aisée et reçut une éducation formelle au couvent de San Bernadino. Au cours de sa jeunesse, il s'enrôla dans la milice coloniale où il fut impliqué dans plusieurs opérations militaires contre les forces britanniques et portugaises. Après l'invasion de l'Espagne par Napoléon en 1808, le mouvement indépendantiste sud-américain gagna en intensité. En 1810, Artigas s'engagea aux côtés des soldats révolutionnaires menés par la Junta de Buenos Aires pour combattre pour l'indépendance des provinces du *río* de la Plata. Rapidement, il s'imposa comme un chef militaire éminent et dirigea plusieurs campagnes victorieuses contre les troupes ibériques. Au fil du temps, Artigas développa sa propre vision pour l'avenir des provinces du *río* de la Plata, préconisant un système fédéraliste dans lequel les provinces auraient une autonomie considérable tout en étant unies sous une autorité centrale. En 1815, il créa la Liga Federal (Ligue fédérale) dans le but de promouvoir l'indépendance des provinces et de résister à l'influence centralisatrice de Buenos Aires. Cependant, des conflits internes et des rivalités régionales affaiblirent la ligue, et en 1820, les forces portugaises envahirent la Banda Oriental, forçant Artigas à s'exiler. Il trouva refuge au Paraguay, où il vécut en exil jusqu'à sa mort en 1850. Malgré l'échec de ses aspirations à instaurer un système fédéraliste dans la région, Artigas demeure une figure emblématique de la démocratie et un symbole national majeur dans le pays.

La bataille de Las Piedras

18 MAI 1811

Artigas et ses troupes combattent les royalistes dirigés par José Posadas, et parviennent à reprendre le contrôle de la Banda Oriental aux mains des Espagnols qui devront se retrancher à Montevideo. Une peinture célèbre de Juan Luis Blanes représentant cette défaite espagnole est exposée au Musée historique national.

Exode oriental

JUILLET 1811

La couronne portugaise envahit la Banda Oriental et assiège Montevideo. Artigas et ses patriotes évacuent le territoire oriental vers la rive droite du fleuve Uruguay, du côté argentin. Ils y resteront jusqu'en 1813.

La Ligue Fédérale

1815

En 1815, Artigas crée la Ligue Fédérale, également connue sous le nom d'Union du Peuple Libre. Ce projet visait à unir un certain nombre de provinces argentines, brésiliennes et, dans un avenir rapproché, uruguayennes, sous une autorité commune et un libre commerce intérieur.

Conquête brésilienne

1816-1820

Les Portugais occupent à nouveau Montevideo jusqu'à l'annexion de la Banda Oriental en tant que province brésilienne de Ciplastina. Le 22 janvier 1820, la bataille de Tacuarembó entre les troupes d'Artigas et les Portugais se solde par une défaite des forces indépendantistes, par la fin de la Ligue Fédérale et par l'exil d'Artigas au Paraguay (ce dernier ne retournera jamais dans son pays natal et mourra à Asuncion en 1850).

19 AVRIL 1825

Les Trente-trois Orientaux

Un groupe révolutionnaire militant dirigé par Juan Antonio Lavalleja débarque sur la plage d'Agraciada (actuel département de Soriano) et jure de se battre jusqu'à l'expulsion des Brésiliens. Ils envoient une pétition à la couronne espagnole et à d'autres puissances européennes réclamant l'indépendance de la Banda Oriental à l'égard de l'Empire du Brésil et du Portugal. Un tableau de Juan Manuel Blanes dépeignant cette bataille est exposé au Museo Blanes à Montevideo. Il se nomme *El Juramento de los Treinte y Tres Orientales* (Le serment des trente-trois Orientaux).

Juan Antonio Lavalleja.

25 AOÛT 1825

Indépendance de l'Uruguay

L'Uruguay déclare son indépendance vis-à-vis du Brésil, lors du Congrès de Floride et se joint aux Provinces-Unies du Río de la Plata (nom utilisé à cette époque pour désigner l'Argentine).

27 AOÛT 1828

Convention préliminaire de paix

Dans le but de protéger leurs intérêts commerciaux dans la région, les Britanniques signent la Convention préliminaire de paix à Rio de Janeiro. Ils impulsent ainsi la création d'un État tampon entre l'Argentine et le Brésil. Il sera plus tard convenu que l'Empire du Brésil et les Provinces-Unies du Río de la Plata reconnaissent l'indépendance de l'Uruguay, qui devint alors une nation souveraine et autonome.

1839-1851

La Guerra Grande

Malgré l'obtention de l'indépendance, la situation en Uruguay reste instable. Les rivalités entre les principaux *cabildos* conduisent à une division entre les *colorados* et les *blancos*, nommés ainsi en raison des bonnets rouges et blancs qu'ils portaient lors des batailles. Les *colorados*, ou le parti rouge, sont plus libéraux et représentent les électeurs urbains et les immigrants européens. Ils disposent de l'appui français et anglais. Les *blancos*, ou le parti national, sont plus conservateurs et ont leur base dans les zones rurales. Ils sont soutenus par l'Argentine. La guerre civile entre ces deux groupes éclate le 10 mars 1839 et se termine le 8 octobre 1851 sans gagnants ni perdants.

1864-1870

Guerre de la Triple-Alliance

En 1864, le Paraguay, mené par Francisco Solano López, entre en guerre avec le Brésil, l'Argentine et l'Uruguay, qui est alors contrôlée par le parti Colorado. A la fin du conflit, le Paraguay subit de lourdes pertes, avec une grande partie de son territoire annexée et sa population considérablement réduite.

1903-1915

Réformes libérales

Sous l'administration du gouvernement libéral José Battle y Ordóñez, président de 1903 à 1907, puis de 1911 à 1915, plusieurs réformes progressistes et sociales sont mises en œuvre, notamment la séparation de l'Église et de l'État, l'éducation gratuite, laïque et obligatoire, l'instauration de programmes de santé publique, la législation sur le divorce et la protection des droits des travailleurs. Ces transformations jetteront les bases du modèle de l'État-providence uruguayen et façonneront le pays pour les années à venir.

L'INDÉPENDANCE

UN BREF APERÇU HISTORIQUE

L'Uruguay, alors connu sous le nom de la Banda Oriental, faisait partie du vice-royaume du Río de la Plata, une immense région qui comprenait également l'Argentine, le Paraguay et la Bolivie. La région constituait un territoire d'une importance stratégique notable qui fut l'objet de longues disputes entre les pouvoirs espagnols et portugais.

Le point de départ du processus d'indépendance remonte au 28 février 1811, près du ruisseau Asencio dans le département de Soriano actuel, où un célèbre événement se produit : le cri d'Asencio (El Grito de Asencio). Ce jour-là, un groupe de créoles mené par Pedro José Viera et Venancio Benavides se rassemble et décide de combattre les autorités royalistes établies à Montevideo. Les motifs de leur action incluaient la vacance du pouvoir au sein de l'Empire espagnol causée par l'invasion napoléonienne, ainsi que la révolution de mai de 1810, qui avait destitué le vice-roi Cisneros et marqué le début de la guerre d'indépendance argentine.

Le 11 avril suivant, le célèbre général José Gervasio Artigas leur annonce son soutien en ordonnant le déploiement de 3000 soldats à Montevideo. Le 18 mai, les forces d'Artigas remportent une victoire sur les royalistes lors de la bataille de Las Piedras, obligeant Francisco Javier Elío, le vice-roi du Río de la Plata à se retrancher de Montevideo. Ce dernier nomme alors José Posadas comme chef des forces régulières pour défendre le bastion royaliste. La milice artiguista, composée principalement d'hommes ruraux et de déserteurs issus des rangs royalistes, se trouve dès lors confrontée à des soldats espagnols équipés d'armes modernes et de techniques de combat avancées. Toutefois, l'arrivée des troupes portugaises au secours d'Elío conduit à la signature du traité Herrera-Rademaker, convenant du retrait des forces révolutionnaires de la Banda Oriental vers la rive droite du *río* Uruguay. Conséquemment, une importante migration est lancée sous la direction d'Artigas, comprenant une force armée d'environ 3 000 hommes ainsi qu'un groupe de plus de 10 000 civils accompagnés de leur bétail, de leurs biens et de leurs carrosses. Cet événement, également connu sous le nom « d'Exode Oriental » joua un rôle central dans la formation de l'identité nationale. En hommage aux exilés, un monument fut érigé en 1936 à San José, tandis que le Musée Historique National de Montevideo présente plusieurs tableaux liés à ce moment clé de l'histoire.

En 1813, Artigas, ayant récemment pris la tête du *pueblo oriental* (actuelle ville de Concordia en Argentine), dépêche des délégués à l'assemblée générale constituante des Provinces-Unies du Río de la Plata, mais ceux-ci se font rapidement évincer. En réponse à cette opposition, il fonde la Liga Federal de los Pueblos Libres en réunissant les représentants de différentes provinces, à savoir la Banda Oriental, Misiones, Entre Ríos, Santa Fe, Corrientes et Córdoba. Ensemble, ils s'opposent au centralisme et à l'élitisme de Buenos Aires en défendant plutôt une souveraineté individuelle. Au cours du Congrès de l'Orient, le 29 juin 1815, ils déclarent leur indépendance, non seulement vis-à-vis de l'Espagne, mais aussi de toutes les puissances étrangères.

Cependant, la lutte pour l'indépendance ne s'arrête pas là, car en 1822, le Brésil, qui vient de gagner son indépendance du Portugal, annexe la Banda Orientale en la transformant en une province brésilienne connue sous le nom de Cisplatina. Le 22 janvier 1820, les forces d'Artigas subissent une défaite décisive face à l'armée portugaise lors de la Bataille de Tacuarembó. Suite à cet échec, Artigas est forcé de s'exiler au Paraguay, laissant derrière lui son pays, sa famille et son rêve. Il y décède dix ans à l'âge de 86 ans.

Dans l'intervalle, le 19 avril 1825, un contingent armé commandé par Juan Antonio Lavalleja et Manuel Oribe débarque sur la plage d'Agraciada, située dans le département de Soriano. Ils prêtent serment de combattre jusqu'à l'éviction des forces brésiliennes, s'inscrivant ainsi dans la continuité du mouvement initié par Artigas. Ce groupe, dénommé « Los Treinta y Tres Orientales » (les Trente-Trois Orientaux) se compose de 33 individus, rapidement soutenus par la population locale. Le conflit perdure jusqu'en 1828, année durant laquelle la Convention préliminaire de paix est signée, sous la médiation de l'Empire britannique (ce dernier avait pour objectif de créer un État tampon entre les rivalités argentines et brésiliennes). C'est ainsi que le 25 août 1828, l'Uruguay proclame officiellement son indépendance et adopte sa première constitution en 1830.

1856-1929

José Batlle y Ordóñez

José Batlle y Ordóñez fut un homme politique et journaliste uruguayen qui joua un rôle prépondérant dans l'histoire de son pays. Il fut président de l'Uruguay à deux reprises, de 1903 à 1907 et de 1911 à 1915, et marqua durablement la vie politique et sociale de l'Uruguay grâce à ses réformes progressistes. Né dans une famille influente, Batlle y Ordóñez débuta sa carrière en tant que journaliste. C'est lui qui fonda le quotidien *El Día*, qui devint l'un des journaux les plus influents d'Uruguay. En parallèle, il s'engagea en politique et fut élu député puis sénateur. Lors de ses mandats présidentiels, il mit en œuvre un vaste programme de réformes sociales et politiques. De plus, il instaura la laïcisation de l'État, établit le droit de vote pour les femmes, l'enseignement laïc et gratuit, ainsi que des régulations en faveur des travailleurs, telles que la journée de travail de huit heures et l'assurance chômage. Il créa également le «collegiado», un système politique distinct en Amérique latine, où le pouvoir exécutif était partagé entre plusieurs personnes pour éviter la centralisation du pouvoir. Ce système fut mis en place en 1918 et dura jusqu'en 1933.

1933-1938

La dictature de Terra

Entre 1933 et 1938, le président Gabriel Terra met fin à la gouvernance collégiale et instaure une dictature connue sous le nom de « Dictature de Terra ». Cette période est marquée par une réduction des libertés civiles et l'annulation de certaines réformes progressistes adoptées par Battle y Ordóñez. En 1938, Terra est remplacé par son vice-président, Alfredo Baldomir qui rétablit la démocratie.

1939-1945

Seconde Guerre mondiale

Les exportations du pays sont touchées par la guerre, notamment en raison des perturbations du commerce maritime causées par les affrontements sous-marins. Néanmoins, l'Uruguay tire également profit de la demande croissante en matières premières et produits agricoles, tels que la viande et la laine, stimulant ainsi son économie. Bien que le pays maintienne une neutralité durant la majeure partie du conflit, il déclare officiellement la guerre à l'Allemagne et au Japon en février 1945. Cependant, cette déclaration intervient alors que la guerre est sur le point de se terminer et l'Uruguay ne participe pas activement aux combats.

ANNÉES 1960

Crise économique

Au cours des années 1960, l'Uruguay fait face à une crise économique et à une importante instabilité politique, aggravées par les violences perpétrées par les Tupamaros.

1962

Les Tupamaros

Raúl Sendic crée la guérilla urbaine Mouvement de libération nationale-Tupamaros (MLN-T), aussi appelée « Les Tupamaros », pour combattre les inégalités sociales, la corruption et les injustices gouvernementales. S'inspirant de Túpac Amaru II, leader indigène du XVIIIe siècle, leurs activités comprennent enlèvements, vols à main armée, attentats à la bombe, ainsi que des actions symboliques telles que la redistribution des biens volés. Leur devise est : « Les mots nous divisent, les actions nous unissent. » En 1971, ils réalisent une impressionnante évasion où une centaine d'entre eux s'échappent de la prison de Punta Carreta à Montevideo en utilisant un tunnel partant du sol d'une cellule jusqu'à une maison voisine. Leurs opérations entraînent l'instabilité politique et économique en Uruguay, provoquent une répression accrue qui conduit au coup d'État militaire de 1973.

5 FÉVRIER 1971

Création du Frente Amplio

Le parti politique Frente Amplio est créé par une coalition de groupes de gauche, de syndicats et d'intellectuels.

Coup d'Etat et dictature militaire

1973

En 1973, sous la direction du général Juan María Bordaberry, un coup d'État militaire est mené, entraînant la dissolution du Congrès, la suspension de la Constitution et l'établissement d'un régime autoritaire. Les partis politiques sont alors interdits et les médias subissent la censure. La répression qui en découle se caractérise par une brutalité intense, avec l'arrestation, l'emprisonnement, la torture et l'exil de milliers d'Uruguayens. Les atteintes aux droits de l'homme deviennent fréquentes, englobant les disparitions forcées, les exécutions extrajudiciaires et les violences sexuelles. L'adoption de politiques économiques néolibérales par le régime conduit à une large privatisation des entreprises publiques et à une réduction des dépenses sociales. Finalement, en 1985, grâce à l'influence internationale et au mouvement populaire, la dictature s'achève.

Rétablissement de la démocratie

1989

En 1989, l'élection de Julio María Sanguinetti à la présidence de l'Uruguay marque le début d'une période de stabilité politique et économique. Ces élections sont les premières à être considérées comme vraiment libres et équitables depuis près de deux décennies.

Victoire du Frente Amplio

2004

En 2004, le Frente Amplio remporte les élections présidentielles avec la victoire de Tabaré Vázquez, mettant fin à 170 ans de domination par les partis *colorado* et *blanco* et devenant ainsi le premier parti de gauche à gouverner le pays.

Victoire de Pépé Mujica

29 NOVEMBRE 2009

En 2009, José Mujica, ex-guérillero des Tupamaros dans les années 60-70 et ex-ministre de l'Agriculture pour le Frente Amplio, est élu président de la République avec 52,9 % des suffrages, face à Luis Alberto Lacalle du parti national qui obtient 42,9 % des voix. Sa femme, Lucía Topolansky, est élue sénatrice la même année. Le couple présidentiel attire l'attention et l'admiration en maintenant un mode de vie modeste et simple dans leur petite maison. Mujica, connu pour son style non-conformiste et son franc-parler, poursuit la politique de développement social et économique initiée par son prédécesseur et promeut une gouvernance plus inclusive en renforçant la participation citoyenne et la transparence des décisions. En décembre 2013, il fait passer une loi historique légalisant l'usage, la culture et la vente de cannabis. À travers ses discours, il encourage son peuple à délaisser le matérialisme et à adopter les valeurs d'humilité et de simplicité propres à l'Uruguay.

Deuxième mandat de Tabaré Vázquez

30 NOVEMBRE 2014

Tabaré Vázquez est élu à nouveau à la présidence, et son gouvernement continue à suivre les politiques de développement social et économique initiées par Mujica, en se concentrant sur la réduction des inégalités, l'amélioration de l'éducation et la protection de l'environnement. Entre 2011 et 2018, l'Uruguay enregistre une croissance du PIB nettement supérieure à celle de ses pays voisins. Entre 2003 et 2015, la proportion de la population considérée comme faisant partie de la classe moyenne passe de 39 % à 71 %.

Luis Lacalle Pou remporte l'élection présidentielle

24 NOVEMBRE 2019

En 2019, Luis Alberto Lacalle Pou, candidat du parti national, remporte l'élection présidentielle, mettant fin à 15 ans de règne du Frente Amplio. Il promet de mettre en place des politiques économiques plus libérales et de réduire les déficits budgétaires, tout en préservant les avancées sociales des gouvernements précédents. Le principal défi de Lacalle Pou est de faire face à la pandémie de Covid-19. L'Uruguay réussit à maintenir un taux de mortalité relativement faible par rapport à d'autres pays de la région. La popularité de Lacalle Pou reste élevée, avec un taux d'approbation de 64 % en février 2021.

TOP 10

PERSONNAGES HISTORIQUES

Ces personnalités emblématiques, incluant des révolutionnaires, artistes, politiciens et leaders sociaux, ont façonné l'Uruguay. Leur impact sur la culture et l'histoire du pays est considérable, et leur héritage continue d'inspirer les générations actuelles.

LUIS BATLLE BERRES

Président de 1947 à 1956, il a lancé un programme ambitieux de modernisation économique et sociale.

TABARÉ VÁZQUEZ

Président de 2005 à 2010 et de 2015 à 2020, il a instauré des politiques sociales progressistes.

© MATIAS BAGLIETTO - SHUTTERSTOCK.COM

JOSÉ BATLLE Y ORDÓÑEZ

Président en 1903-1907 et 1911-1915, il a modernisé l'éducation, la santé et l'agriculture.

EDUARDO GALEANO

Ecrivain et journaliste spécialisé dans l'histoire, la politique et la culture de l'Amérique latine.

MARIO BENEDETTI

Ecrivain et poète uruguayen de renommée mondiale, il est connu pour ses romans et ses essais politiques.

WASHINGTON BELTRÁN BARBAT

Révolutionnaire et fondateur du Mouvement de libération nationale - Tupamaros.

JOSÉ GERVASIO ARTIGAS

Considéré comme le fondateur de l'État uruguayen pour avoir dirigé la bataille pour l'indépendance.

© PRACHAYA ROEKDEETHAWEESAB - SHUTTERSTOCK.COM

JOSÉ MUJICA

Ancien président, connu pour ses politiques progressistes et son style de vie modeste.

© YMPHOTOS - SHUTTERSTOCK.COM

JUAN MANUEL BLANES

Il s'agit d'un artiste majeur du XIXe siècle, reconnu pour ses tableaux historiques et portraits.

© PRACHAYA ROEKDEETHAWEESAB - SHUTTERSTOCK.COM

CARLOS GARDEL

L'un des plus grands artistes de tango de tous les temps, en tant que chanteur et compositeur.

© SERFF79 - SHUTTERSTOCK.COM

LES ENJEUX ACTUELS

L'Uruguay est actuellement confronté à des enjeux conflictuels concernant la préservation de sa biodiversité. En effet, près d'un tiers des espèces présentes sur son territoire sont en danger d'extinction, ce qui constitue non seulement une menace pour ses écosystèmes, mais aussi pour les secteurs clés de son économie, notamment la production agricole, forestière et animale. Pour ce faire, le pays a mis en place plusieurs projets visant à réduire ses émissions de gaz à effet de serre et protéger ses habitats naturels. De même, malgré une croissance économique soutenue et un taux de pauvreté parmi les plus faibles en Amérique latine, le pays devra faire face à un important déficit de ressources humaines qualifiées et un manque de compétitivité. Afin de maintenir son élan, l'Uruguay devra alors trouver un juste équilibre entre la préservation de son environnement et la poursuite de ses activités commerciales.

Une économie stable : un défi et une responsabilité

L'Uruguay, pays stable et florissant, est devenu en 2022 l'économie la plus prospère d'Amérique du Sud en termes de PIB par habitant, dépassant quelque peu le Chili. Avec un environnement favorable aux investissements et d'excellentes performances économiques au cours de la dernière décennie, il est devenu une destination fiable pour les investisseurs du monde entier. Certains présument même qu'il pourrait devenir le nouveau Singapour de l'Amérique latine : la nouvelle Mecque des entrepreneurs et des *startups*. De plus, bien que la crise économique due à la pandémie de Covid-19 ait eu un impact négatif sur son économie (en 2020, son PIB a chuté de 5,9 %), l'Uruguay a néanmoins su conserver sa place parmi les pays les plus riches d'Amérique du Sud. Cependant, en dépit de cette prospérité économique, il doit encore faire face à quelques obstacles pour consolider sa croissance. En effet, depuis quelques années, l'Uruguay rencontre des problèmes économiques persistants tels que le manque de compétitivité, une inflation galopante dépassant chaque année l'objectif gouvernemental, une législation du travail rigide, une bureaucratie administrative importante et des coûts de production élevés. En outre, le pays est confronté à un défi majeur en raison de la demande croissante de main-d'œuvre qualifiée, qui met en évidence son manque de compétences et de capital humain. L'économie uruguayenne ayant des liens importants avec l'Argentine et le Brésil, les chocs qui prennent naissance dans les économies voisines se répercutent souvent sur l'économie uruguayenne. La politique étrangère du pays a d'ailleurs connu des changements significatifs depuis l'entrée en fonction du président Lacalle Pou dans le paysage politique. Ce dernier vise à renforcer la présence de l'Uruguay dans le commerce international en assouplissant le fonctionnement du Mercosur. La négociation d'un accord de libre-échange pourrait permettre au pays de trouver des ententes commerciales directes avec d'autres nations ou blocs économiques et ainsi, de s'ouvrir davantage au monde.

La viande bovine congelée est le principal produit d'exportation et un véritable pilier de l'économie. Elle est suivie par la pâte de bois, le riz, le lait concentré et le soja. Ces exportations sont principalement destinées à la Chine, qui représentait 28 % des exportations totales du pays en 2021, puis par le Brésil, les États-Unis, les Pays-Bas et l'Argentine. En 2022, d'importants développements d'infrastructures portuaires et ferroviaires sont en cours alors que la compagnie finlandaise UPM construit sa deuxième usine de pâte à papier dans le département de Durazno. Cette dernière serait capable de produire 2,1 millions de tonnes de pâte d'eucalyptus annuellement. Le chemin de fer reliant Durazno à Montevideo est l'un des projets d'infrastructure les plus importants de l'histoire du pays. Un différend écologique entre l'Uruguay et son voisin l'Argentine est survenu lorsque deux entreprises – finlandaise et espagnole – ont annoncé leur projet de construire des usines de pâte à papier (cellulose) le long du littoral du *río* Uruguay qui sépare les deux pays (à Fray Bentos exactement). L'Argentine a aussitôt manifesté son mécontentement quant à une probable contamination des eaux et regretté que l'Uruguay ne l'ait pas consulté à ce sujet (un traité international de 1975 stipule que les deux pays doivent se concerter pour tout ce qui touche au *río* Uruguay). Durant plus de deux ans, les routes et les ponts furent bloqués, les relations diplomatiques entre les deux pays se tendirent à l'extrême, des plaintes furent déposées devant les tribunaux internationaux (le 13 juillet 2006, la Cour internationale de justice trancha en faveur de l'Uruguay, mais le 23 janvier 2007, elle débouta l'Uruguay de sa plainte contre l'Argentine), à l'OEA (Organisation des Etats américains), puis des pays tiers furent sollicités pour arbitrer le conflit.

Champion sud-américain des énergies renouvelables

Aujourd'hui, l'Uruguay peut se faire gloire de compter parmi les pays les plus verts du monde, aux côtés du Danemark, de l'Islande et du Costa Rica. À partir des années 1940, son électricité provenait principalement de centrales thermiques et de barrages hydro-électriques. Le pétrole et ses dérivés étaient entièrement importés. Vers les années 1990, le pays dépendait largement de ces deux sources d'énergie. L'instabilité des prix des matières premières affectait aussi bien son économie que la vie de ses habitants qui subissaient quotidiennement des coupures de courant. En 2008, Ramón Méndez, alors directeur national de l'énergie, annonça son plan de transition vers les énergies renouvelables à l'échelle du pays. Et quoique cela pouvait sembler irréaliste, en 2016, l'Uruguay vit apparaître une cinquantaine de parcs éoliens, de centrales biomasses et d'énergie solaire, qui remplacèrent aussitôt l'exploitation du pétrole. Évidemment, cette transition engendra une réduction significative de l'empreinte carbone nationale tout en diminuant le budget annuel du pays de plus d'un demi-milliard de dollars. La part des énergies renouvelables dans la consommation finale d'énergie est passée de 44 % en 2011 à 98 % aujourd'hui, le classant parmi les meilleurs pays au monde en matière d'énergies vertes. À noter que depuis les dernières années, l'Uruguay produit tellement d'énergies renouvelables qu'il est en mesure d'en exporter vers ses voisins sud-américains, l'Argentine et le Brésil. En 2021, les recettes d'exportation d'énergies renouvelables représentaient 529 millions de dollars, faisant de l'électricité le sixième produit le plus exporté du pays. Pour finir, remarquons que les Uruguayens n'étaient jamais allés manifester dans les rues pour le climat et n'avaient jamais réclamé d'actions concrètes contre le réchauffement climatique. Il suffit que le gouvernement reconsidère la question de sa dépendance au pétrole et investisse dans des infrastructures énergétiques, sans subventions ni surcoûts pour les consommateurs.

Protection de l'environnement et aires protégées

La protection de l'écosystème et de la biodiversité à l'échelle nationale est garantie par le ministère de l'Environnement, responsable de la supervision des zones de conservation. En 2000, une loi a été adoptée instaurant le Système National d'Aires Protégées (SNAP) en tant qu'intérêt public. Depuis sa mise en place, un réseau de 17 aires protégées (AP) a été établi de manière progressive. En 2021, la surface protégée par le SNAP s'étendait sur 334 125 hectares, représentant 1,05 % du territoire. Il va sans dire que ces zones encouragent la promotion d'un écotourisme responsable et conscient du patrimoine écologique du pays. Leur objectif est de générer des opportunités pour les communautés locales à travers des activités récréatives, éducatives, de recherche et de développement, qui bien sûr sont compatibles avec la conservation. Voici une liste organisée par département des zones protégées par le gouvernement :

- **Colonia.** Parque nacional Isla San Gabriel : face à la ville sur le *río* de la Plata, cette île de

Éoliennes dans les envions de Maldonado.

© LLO.PH - SHUTTERSTOCK.COM

Parc national de Lunarejo.

24 hectares compte une multitude d'arbres et arbustes, et fut déclarée parc national en 1995.

Soriano. Bosque Nacional del río Negro, Grito de Ascencio, Parque nacional J. A. Lavalleja.

Flores. Paisaje protegido Localidad Rupestre de Chamangá : un trésor caché d'une immense richesse archéologique, puisqu'il s'agit du lieu où se concentre le plus grand nombre de peintures rupestres du pays.

Río Negro. Parque Nacional Esteros de Farrapos et Islas del Río Uruguay : plus de 6 300 hectares de marais côtiers abritant 24 îles et îlots.

Paysandú. Monumento Histórico Meseta de Artigas : plus grand monument en l'honneur de José Artigas. Montes del Queguay : l'un des plus grands massifs de forêts naturelles du pays et zone archéologique importante.

Rivera. Parque Natural Valle del Lunarejo : circuit d'environ 20 000 hectares comprenant des pentes, des grottes et des cascades, entouré d'une végétation tropicale intacte. Laureles-Cañas : territoire de 62 500 hectares comprenant des canyons, des falaises, des chutes d'eau, ainsi que des prairies diverses et des marais (aussi d'une grande valeur culturelle en raison des activités traditionnelles qui y sont pratiquées et de la survie d'un dialecte original de la région, le carimbau).

Treinta y Tres. El paisaje protegido Quebrada de los Cuervos.

Lavalleja. Parque Nacional Arequita : sur 950 hectares, à 11 km de Minas, on y observera une faune et une flore autochtones ; le Cerro Arequita culmine à 230 m et surplombe de magnifiques grottes.

Rocha. Parque nacional de Santa Teresa : près de la Punta del Diablo, une belle réserve de 3 000 hectares avec une faune et une flore autochtones, un fort, des volières, des serres, des animaux en semi-liberté, une aire de camping et une jolie plage. Parque Nacional Fuerte San Miguel : au nord-est du département, proche du Brésil, 1500 hectares avec monts et pierres volcaniques, un fort, et une faune et une flore abondantes. Parque Nacional Cabo Polonio : station balnéaire populaire, offrant aux visiteurs la possibilité d'explorer ses plages vierges, ses célèbres dunes, ses forêts indigènes et ses falaises rocheuses. Laguna de Rocha : déclaré réserve de la biosphère par l'UNESCO, voici l'un des meilleurs endroits pour l'observation ornithologique. Laguna de Castillos : site de nidification de plus de 200 espèces d'oiseaux.

Maldonado. Parque Nacional Lacustre : 72 km2 de lagune aux abords de José Ignacio, La Laguna Garzón et de Rocha ; on y compte plus de 200 espèces d'oiseaux.

Montevideo. Parque Natural de los Humedales del Santa Lucía, ayant intégré le SNAP depuis février 2015. Parque Nacional Isla de Flores : première zone marine protégée du pays.

Canelones. Parque Nacional F. D. Roosevelt (ex-Carrasco) : largement arboré d'acacias, de pins et d'eucalyptus, ce parc de 370 hectares est à deux pas de l'aéroport et de Ciudad de la Costa, et comporte un lac artificiel.

ARCHITECTURE

Au cœur de l'Uruguay, petite pépite d'Amérique latine, tout semble avoir conservé une dimension humaine, à commencer par son patrimoine architectural. Le cœur historique de Colonia del Sacramento offre ainsi le charme délicieusement suranné des petites villes coloniales aux influences ibériques, tandis que, partout dans le pays, les ranchs des estancias nous ramènent au temps quasi mythique des gauchos. Le XIXe siècle, lui, s'y est fait virevoltant, entre grands travaux urbanistiques, somptueuses réalisations néoclassiques et révolution de l'architecture industrielle. Puis le pays a été emporté dans un tourbillon de modernité qui prit sa source dans les sublimes lignes Art déco pour nous mener aux étonnantes voûtes en brique d'Eladio Dieste. Une créativité qui se poursuit aujourd'hui encore avec des réalisations qui subliment tout à la fois l'histoire, la culture et les paysages de ce petit pays à la très grande et riche histoire architecturale !

Les charmes du passé

Moins foisonnant que celui de ses voisins, le patrimoine colonial de l'Uruguay n'en demeure pas moins très intéressant. Classé au Patrimoine mondial de l'Unesco, le cœur historique de Colonia del Sacramento est un parfait exemple d'influences ibériques mêlées à une identité résolument locale. Ainsi, à l'inverse de la plupart des villes coloniales de l'époque, Colonia del Sacramento ne possède pas un plan en damier, mais un plan libre adapté à la topographie des lieux. Au cœur de cette ville aux pittoresques ruelles pavées de grosses pierres irrégulières, comme la fameuse **calle de los Suspiros,** (p.214) aux places et placettes animées se devine une architecture à taille humaine. Les maisons à un étage dominent et seuls le phare et le clocher de l'église ressortent de ce tout cohérent, où l'apparente austérité des longs murs de pierre est atténuée par les élégantes toitures de tuiles et les treillis de bois animant les ouvertures en façade.

D'autres villes ont su conserver ce charme pittoresque avec leurs places abritant souvent les plus beaux bâtiments (églises, hôtels de ville…), leurs ruelles pavées et leurs maisons aux façades colorées. Carmelo et Salto comptent parmi les plus jolies. Et n'oublions pas bien sûr Montevideo qui est la seule à avoir conservé des vestiges « militaires » de l'époque des Conquistadores. N'y manquez pas la Puerta de la Ciudadela au cœur de la Ciudad Veja, ancien bastion espagnol originellement ceint de fortifications et remparts.

Plus récent, mais tout aussi pittoresque, le charme délicieusement suranné des ranchs au cœur des grandes estancias est un immanquable de l'Uruguay. Ces grandes exploitations agricoles s'organisent autour du ranch. Au départ en pisé et toit de chaume, le ranch est progressivement devenu l'équivalent des maisons de maître avec ses élégants patios arborés et rafraîchis par des fontaines élégamment sculptées et décorées, ses cours pavées, ses toitures de tuiles souvent colorées, ses jardins foisonnants. Rien d'étonnant à ce que beaucoup aient été transformés en hôtels et résidences de luxe. Mais pour découvrir le mode de vie des authentiques gauchos, rendez-vous au **Pueblo Gaucho** (p.172) dans le département de Maldonado. Tout y a été recréé pour vous plonger dans la vie de cette figure mythique d'Amérique du Sud !

Tourbillonnant XIXe siècle

Le XIXe siècle marque le début d'une période de modernisation qui se traduit notamment par la réalisation de grands travaux urbanistiques. Salto est la première ville à bénéficier d'un véritable plan d'urbanisme qui met l'accent sur des rues tracées au cordeau, la réalisation d'une grande place (Plaza Trenta-y-Tres), et surtout la recherche d'une cohérence architecturale qui passe par l'homogénéisation de la taille des bâtiments et de leurs matériaux de construction.

A Montevideo, la transformation est plus symbolique encore puisque les fortifications sont détruites afin que la Ciudad Nueva laisse exprimer toute sa splendeur inspirée des plus beaux quartiers de Paris. C'est d'ailleurs à l'architecte paysager français Charles Thays que l'on doit alors l'aménagement de la place de l'Indépendance. Salto et Montevideo partagent un autre point commun : une architecture aux résonances résolument italiennes (la population issue de la péninsule est, à cette époque, extrêmement importante). Carlo Zucchi offre à Montevideo quelques-unes de ses plus belles réalisations : le Teatro Solis avec sa salle elliptique, son corridor de marbre et ses colonnades inspirés de La Scala de Milan et le très beau Cimetière Central de la ville avec ses superbes tombeaux et ses allées arborées. Le Palais Estevez avec ses colonnes doriques et ses jeux de symétrie, est un autre très beau représentant de cette vague néoclassique. A Salto, ne manquez surtout pas le Théâtre Larranaga avec son portique ionique ; l'Alteneo qui mêle rigueur classique et foisonnant décor baroque ; ou bien encore le Palais Cordoba et son élégante symétrie classique. Le XIXe siècle marque également les débuts du tourisme qui, lui, fait la part-belle au style Belle Époque tout en opulence, puisant tout à la fois aux sources des styles néo et dans les nouveautés permises par la révolution industrielle.

Fondée par Francisco Piria, Piriapolis est la plus ancienne station balnéaire du pays. Et si la ville vous donne une impression de déjà-vu, c'est tout simplement que son urbanisme et son architecture sont en grande partie inspirés de Biarritz ! Voyez sa vaste promenade en front de mer, l'imposant Hôtel Argentino et surtout l'improbable Château Piria tout en brique et en tours crénelées. Entre constructions techniques, éclectisme victorien et réflexions sociales, l'architecture de la révolution industrielle a particulièrement marqué l'Uruguay qui en conserve d'étonnants exemples aujourd'hui classés au Patrimoine mondial de l'Unesco. Le paysage industriel de Fray Bentos permet ainsi de découvrir comment l'industrie de la viande a révolutionné le pays. On y découvre tout à la fois les aspects techniques (vastes entrepôts frigorifiques, hautes cheminées en briques, grands ateliers aux toitures en dents de scie), sociaux (logements des ouvriers avec recherches de confort moderne, services communautaires) et urbanistiques (importance des espaces verts reliant les zones agricoles, industrielles et portuaires).

Le quartier de Peñarol à Montevideo, lui, illustre combien les infrastructures ferroviaires venues d'Europe ont révolutionné le pays. On y découvre l'architecture typique des ateliers tout en brique et toits en dent de scie ; les styles victoriens des logements à destination des cadres qui ne sont pas sans rappeler les très rustiques cottages anglais avec leurs silhouettes de briques et leurs décors de plâtre ; les logements des travailleurs sobres et fonctionnels, le plus souvent organisés autour d'une cour centrale permettant une ventilation constante ; et surtout l'urbanisme type d'une ville-usine à vocation hygiéniste et sociale où les quartiers s'agencent de façon harmonieuse autour de places et espaces arborés.

Enfin, parmi les joyaux de l'architecture industrielle, ne manquez pas le Puento Giratorio de la ville de Carmelo. Premier « pont tournant » du genre en Uruguay et l'un des seuls fonctionnant manuellement, il a été conçu en Allemagne puis transporté et reconstruit sur place. Une fierté pour les habitants de la ville qui l'ont surnommé La Obra (L'Oeuvre) !

© STEVE HEAP - SHUTTERSTOCK.COM

Calle de los Suspiros, à Colonia del Sacramento.

Vent de modernité

Portées par un vent de prospérité et d'optimisme, les années 1920-1930 voient naître les premiers élans de la modernité. A Montevideo, tous les regards se tournent vers la Rambla. Plus qu'une simple promenade maritime, ce savant entrelacs de places, jardins et plages est indissociable du renouveau des politiques urbaines et sociales qui veulent offrir à tous les travailleurs un accès à une vie plus saine et plus en lien avec la nature. Les grands boulevards et élégantes avenues reliant La Rambla à la ville se peuplent de superbes villas et manoirs, mais aussi d'hôtels. Le style phare de l'époque est l'Art déco. Marbre poli, tuiles peintes à la main, reliefs en stuc, décors de verre teinté ou gravé, céramiques, ferronneries élégamment travaillées, jeux sur les courbes et les motifs géométriques, échos à la culture locale. L'Art déco uruguayen se fait protéiforme et puise ses inspirations aussi bien dans les lignes biomorphiques à la française que dans les lignes sobres et géométriques du Streamline Moderne, symbole de la révolution industrielle.

Julio Vilamajo est l'une des grandes figures de l'époque et s'intéresse notamment aux potentialités du béton. Il brevette ainsi un système de pièces de béton manufacturées en série permettant de répondre à la demande croissante de logements. Son œuvre majeure est l'École d'Ingénierie de l'Université de Montevideo dont le jeu sur les articulations et les différentes séquences spatiales attirèrent l'attention du célèbre architecte Richard Neutra qui y vit l'œuvre d'un authentique maître du béton. Chez Vilamajo, le béton est loin de n'être qu'un matériau austère, au contraire il devient la toile sur laquelle l'architecte laisse deviner des influences ibériques ou bien encore arabes.

© MEGASITIO DESIGN - STOCK.ADOBE.COM

El Águila à Atlantida.

Détails peints ou sculptés, importance donnée au mobilier pensé spécifiquement pour chaque édifice, éclats de couleurs… : rien n'est laissé au hasard. Avec sa façade en céramique vernissée, sa Méduse peinte et ses superbes luminaires faits sur mesure, la Casa Vilamajo en est le plus bel exemple. Pour la petite anecdote, vous saurez que Julio Vilamajo fut l'un des architectes à travailler sur le projet du nouveau siège de l'ONU à New-York, en compagnie notamment du Corbusier qui fit de nombreuses visites dans le pays et qui influença bon nombre d'architectes uruguayens.

L'autre figure phare de l'époque est Mauricio Cravotto, considéré comme l'un des fondateurs de l'urbanisme uruguayen grâce à son premier « Plan Régulateur de Montevideo », et à qui l'on doit une étonnante architecture où se devinent tout à la fois l'extrême sobriété de l'avant-garde moderne allemande et des influences résolument classiques. Entre temple classique cerné de colonnades et gratte-ciel moderne aux bandes de fenêtres tout en monotonie, l'hôtel de ville de Montevideo est le plus parfait exemple de ce syncrétisme. Un mélange des genres que l'on retrouve dans de nombreuses autres réalisations de l'époque. Comment ne pas évoquer l'incroyable Palacio Salvo de Mario Palanti qui se trouve être le jumeau du non moins célèbre Palacio Barolo de Buenos Aires ? Dominant Montevideo de ses 95 m de haut, il dévoile une haute façade blanche typiquement Art déco, mais aussi un foisonnement de balcons et tourelles tout en courbes résolument baroques et des décors inspirés de la faune et de la flore très Art nouveau. Parmi les autres grands bâtiments de cette période, citons également : l'Edifio El Indio à la blancheur ponctuée d'une étonnante fresque ajourée ; l'Edificio Tapié avec sa façade incurvée aux motifs jazz ; et le Palacio New-York inspiré des gratte-ciel américains. Enfin, terminons ce tour d'horizon par un inclassable : **El Águila** (p.151) réalisée par Juan Torres. Son nom vient de l'étonnante tête d'aigle en pierre que l'architecte a ajouté au-dessus des espaces à vivre. Étonnant !

Epoque contemporaine

Les années 1950 marquent les débuts d'Eladio Dieste, dont l'œuvre se trouve à la croisée de l'architecture et de l'ingénierie. Sa société Dieste y Montanez est célèbre pour avoir inventé et développé la céramique armée, ainsi que des techniques de construction en briques permettant la réalisation de voûtes gaussiennes (courbes en cloches), voûtes autoportantes et voûtes surélevées à ondulations régulières, s'étendant sur de longues portées. Ses structures en brique, fondées sur un usage raisonné des matériaux, permettaient de construire vite et à moindre coût. L'architecte est notamment célèbre pour ses vastes entrepôts industriels et ses silos à grains. La grande réalisation du maître est la **Parroquia Cristo Obrero** (p.151) - (Christ Ouvrier) d'Atlantida, aujourd'hui classée au Patrimoine mondial de l'Unesco, qui laisse deviner sa structure en forme de grande coque à double courbure entièrement réalisée en brique grâce à des systèmes de coffrages mobiles. Ses formes légères et ondulées, ses jeux d'ombre et de lumière, les effets de texture de ses matériaux laissés bruts créent une atmosphère propice au recueillement. Débutée en 1958, il fallut 36 ans à l'artiste Carlos Paez Vilaro pour achever l'œuvre de sa vie : Casapueblo. Influencé par la blancheur de l'architecture des Cyclades et par l'ingéniosité du nid de l'hornero, l'artiste a imaginé une sculpture habitable

aux formes organiques en ciment blanchi à la chaux et en stuc, s'étendant sur 13 étages et multipliant les terrasses… et tout cela sans plan préalable !
Autre trésor du pays : la Chapelle Susana Soca réalisée par Antoni Bonet i Castellana. En béton et verre coloré, l'édifice combine des formes triangulaires de tailles différentes offrant de superbes effets de lumière. Rafael Vinoly, l'architecte (souvent controversé !) de célèbres édifices comme la tour Walkie-Talkie de Londres ou le Forum International de Tokyo, n'a que très peu construit dans son pays natal… Ses œuvres y sont donc d'autant plus remarquables. N'y manquez pas l'Aéroport International de Carrasco avec son toit de 365 m de long légèrement incurvé, et le Pont de la laguna Garzón. Structure circulaire de 202 m de long portée par 16 piliers en béton, ce dernier a été pensé pour forcer les automobilistes à réduire leur vitesse et à profiter de la vue sur le lagon. Une volonté de s'inscrire dans le paysage que l'on retrouve dans de nombreuses réalisations contemporaines, à l'image du Sacromonte Landscape Hotel Shelters avec ses cabines aux structures métalliques préfabriquées et modulaires et aux toits végétalisés semblant se fondre dans les vignes. À ne pas manquer : la chapelle du lieu avec ses deux aplats en bois laminé et métal qui se rapprochent sans se toucher. Les vignes sont une véritable source d'inspiration pour les architectes contemporains, comme le prouve le Vignoble Bodega Garzon avec ses structures sur pilotis, ses immenses toits végétalisés et ses volumes en porte-à-faux défiant les lois de la gravité.
Montevideo aussi regorge d'étonnantes réalisations contemporaines, à l'image de l'Antel Arena. Inspirée d'un container, cette grande structure géométrique se pare d'étonnants revêtements dont certains sont translucides. N'y manquez pas non plus le Friendship Park, mélange d'urbanisme et d'architecture paysagère aux courbes guidant les promeneurs vers le planétarium hémisphérique, l'observatoire cylindrique, les jardins aménagés et les jeux colorés. José Ignacio est aussi devenue une destination incontournable pour les férus d'architecture grâce à Playa Vik, l'incroyable projet des créateurs Carrie et Alex Vik réalisé en collaboration avec le célèbre architecte uruguayen Carlos Ott. Cet écrin en bordure de mer se compose notamment d'un édifice central pensé comme une sculpture, dans lequel on entre via une monumentale porte en bronze inspirée des portes du baptistère de Florence et intégrée ici à une étonnante façade de verre incurvée. Les chambres y sont décorées par les plus grands artistes et architectes tels James Turrell et Zaha Hadid. Après ce succès, les Vik ont également imaginé le complexe Bahia Vik aux bungalows de bois, verre et titane cachés dans les dunes. Une sobriété très éloignée de l'exubérance de la sur-bétonisée Punta del Este !
D'autres célèbres architectes internationaux s'apprêtent également à laisser leur marque dans le pays. En partenariat avec la firme uruguayenne Ponce de Leon Arquitectos, Foster + Partners a ainsi dévoilé son projet baptisé The Edge, bâtiment résidentiel aux propriétés écologiques donnant sur le paysage côtier de Montevideo. Quant à la municipalité de Paysandu, c'est à Oma, l'agence de Rem Koolhaas, qu'elle a confié le projet de transformation de son front de mer. L'Uruguay n'a pas fini de nous surprendre !

Chapelle Susana Soca.

BEAUX-ARTS

L'Uruguay conjugue la force d'un riche passé et la vitalité d'une jeune nation. Dotée d'un arrière-pays verdoyant et de plages paradisiaques, la terre des Guaranis a beaucoup à offrir. Fait rare dans l'histoire, la rencontre des colons et des autochtones a engendré en Uruguay un style propre, le baroque-guarani. A découvrir dans les édifices religieux. Depuis plus d'un siècle, l'activité artistique se concentre à Montevideo. Que ce soit le sculpteur José Belloni, les peintres Joaquín Torres García ou Juan Manuel Blanes, les représentants de l'art moderne uruguayen ont complété leurs connaissances en Europe. En premier lieu, en Espagne, à l'époque où émergeaient les avant-gardes. Tous sont revenus en Amérique latine, leur première source d'inspiration. Amateur d'art contemporain ? Pour prendre le pouls de la création, direction le Centre des expositions SUBTE, le rendez-vous des talents d'aujourd'hui et de demain.

Héritage guarani

Au cœur de la vieille ville de Montevideo, le **Museo de arte precolombino indigena** (p.123) (**MAPI** (p.123)) invite à découvrir l'art des natifs, en particulier la culture guarani. Les Guaranis constituent l'un des principaux groupes ethniques du pays. Garants des coutumes indigènes, ils pratiquent tous les arts et artisanats. La tradition de la sculpture sur bois, perpétuée depuis plusieurs siècles, s'est renouvelée à l'époque coloniale.

L'arrivée des Espagnols et des Portugais occasionne un métissage culturel sans précédent. Soucieux de protéger les Indiens guaranis, les pères jésuites leur enseignent les arts. Ils transmettent les canons européens, surtout en sculpture, à partir de modèles importés ou reproduits. C'est ainsi que naît un art baroque-guarani destiné à embellir les édifices catholiques. Les statues polychromes que l'on peut admirer de nos jours sont produites dans ces ateliers d'art jusqu'au milieu du XVIIIe siècle. Les indiens adaptent les modèles en créant un style épuré, non moins émouvant.

Pedro Figari.

De l'académisme au modernisme

▸ **Juan Manuel Blanes** (1830-1901) s'inspire de l'histoire de son pays pour peindre ses tableaux les plus emblématiques. Ce représentant du classicisme national voit le jour l'année où l'Uruguay devient officiellement un pays à part entière. Il commence très jeune à dessiner. Après avoir ouvert un atelier à Montevideo, il gagne sa vie en tant que portraitiste.

Peintre du réalisme, il part enrichir sa technique à Florence grâce à une bourse d'études. Il découvre là les possibilités offertes pour la peinture à l'huile. A son retour, il peint les grands événements historiques et se fait le portraitiste des figures de l'Indépendance. En 1879, il retourne en Italie avec sa famille pour développer ses talents de sculpteur. Mais les drames se succèdent : sa femme décède en 1889, puis il perd l'un de ses fils dans un accident en 1895, ainsi que son frère très proche. Il perd également toute trace de son fils Nicanor, resté en Italie et avec qui il était en conflit (il avait entretenu une relation avec la femme de celui-ci). L'artiste restera dix ans à Pise pour le chercher, jusqu'à son décès en 1901.

Les œuvres de cet artiste, acclamé en Amérique latine, sont conservées au **Museo Nacional de Artes Visuales** (p.130) ou encore au **Museo Juan Manuel Blanes** (p.129) comme le patriotique *Treinta y tres Orientales*.

▸ **Pedro Figari** (1861-1938). Jugé comme le précurseur de l'art moderne dans cette partie du monde et dont les œuvres sont visibles dans ces mêmes deux musées ainsi qu'au **Museo Figari** (p.124), Pedro Figari est tout d'abord écrivain et politicien. En raison de sa carrière politique, il se lance tardivement en peinture. Il puise ses thèmes dans ses souvenirs d'enfance, ce qui confère une grande tendresse à ses œuvres. Il séjourne une dizaine d'années en France, d'où il rentre avec des centaines de peintures. Ses scènes champêtres ou ses scènes urbaines et colorées inspirées du *candombe* s'inscrivent dans la continuité des nabis. Son trait reste naïf mais ce sont sa sensibilité et son sens de la couleur qui rendent son style inclassable.

Constructivisme

Joaquín Torres García. Né à Montevideo en 1877, Joaquín Torres García part vivre à Barcelone avec sa famille à l'adolescence. Élève de l'École des Beaux-Arts de Barcelone, celui qui sera le père du constructivisme uruguayen s'attache à proposer une nouvelle vision de la vie moderne. A Paris, où il retrouve Picasso en 1920, son style s'oriente vers le cubisme.

Après un voyage à New York dans les années 1930, il s'intéresse aux arts anciens. La culture précolombienne mais aussi africaine et égyptiennes l'inspirent. Retourné en Espagne, il choisit Madrid pour rédiger *Arte Constructivo*. Le manifeste publié en 1935 est dédié à son ami Mondrian, pionnier de l'abstraction. Le constructivisme, né en Russie en 1913, est également un art non figuratif, mais basé sur la composition géométrique.

C'est à l'âge de 60 ans, en 1934, qu'il retourne pour la première fois à Montevideo. Il fonde l'équivalent du Bauhaus, et ouvre un atelier destiné à former ses élèves au constructivisme. Les plus grands artistes sortiront de l'Atelier Torres García. Citons le sculpteur sur pierre Gonzalo Fonseca (1922-1997) qui conçoit ses créations comme des microcosmes reliant le passé et l'avenir ; le peintre, céramiste et musicien né en Lituanie José Gurvich (1927-1974), autre figure majeure du constructivisme. Le Museo Torres Garcia (p.124) rend hommage à l'artiste.

Carlos Páez Vilaró

Figure marquante du XXe siècle, le plasticien Carlos Páez Vilaró a été tout au long de sa carrière un créateur infatigable. Né en 1923 à Montevideo, il part à Buenos Aires exercer le métier de graphiste. A son retour en Uruguay dans les années 1940, il se met à peindre. Pour cela, il s'inspire de la culture afro-uruguayenne, dont la musique et les danses *candombe*, rythmées par les tambours.

Au fil des décennies, il explore toutes les formes d'expression. Sculpture, céramique, fresque, écriture et même cinéma comme le documentaire *Batouk*. Coécrit avec Aimé Césaire et Léopold Sédar Senghor, ce film a été diffusé au Festival de Cannes en 1967.

© JANUSZ PIENKOWSKI - SHUTTERSTOCK.COM

Joaquín Torres Garcia.

Les arts primitifs et les voyages renouvellent son style par la suite. Il expose sur tous les continents, aux côtés des plus grands maîtres du XXe siècle. Carlos Páez Vilaró s'éteint en 2014 à Casapueblo, sa maison-musée-hôtel de Punta Ballena qu'il considérait comme sa sculpture habitable. Cette construction tentaculaire de style méditerranéen, il l'a bâtie de ses propres mains avec l'aide de ses amis et des pêcheurs du village. Tous les soirs, à l'heure où le soleil se couche à Punta del Este, la voix de Carlos Páez Vilaró déclame l'un de ses poèmes. La Cérémonie du Soleil est un *must* !

Street-art

Dans la capitale de l'Uruguay, le street-art a éclos après la dictature, dans les années 1980. Les habitants ont gardé en mémoire l'œuvre peinte en 1984 en hommage à Victoria Diaz, enseignante qui s'est sacrifiée pendant la guerre civile espagnole. En légende, avant qu'elle ne soit effacée en 2017, on pouvait lire *Ánimo compañeros que la vida pueda más* : « Courage compagnons, la vie reprendra ».

Dans Ciudad Vieja, et aux environs du port, les styles les plus diversifiés reflètent l'énergie créatrice des habitants. Dans tous les quartiers, les œuvres de rue relatent des événements historiques ou sportifs, ou transmettent des messages d'amour et de paix… même si l'art urbain a été interdit en 2014.

Restons à l'extérieur pour suivre James Turrell, le maître du *land art* qui sculpte la lumière. Son installation *Ta khut*, par ailleurs le premier observatoire indépendant d'Uruguay, se découvre dans la ville côtière de José Ignacio, sur la propriété de l'hôtel Posada Ayana (p.181). Un voyage astral sous le signe de l'art et du design.

MUSIQUES ET SCÈNES

Il suffit d'une nuit à Montevideo pour se rendre compte à quel point la musique est ancrée dans la culture et le quotidien des Uruguayens. Il suffit de se promener, la nuit tombée, un dimanche dans un quartier de Montevideo comme Palerme, Sur ou Cordón et se laisser enivrer par le son des *comparsas* pour goûter à la saveur unique de l'Uruguay. Rien n'est aussi dépaysant que le *candombé*, spécialité rythmique locale, son flot puissant des percussions et ses danseuses et danseurs enfiévrés. Mais l'Uruguay, c'est aussi un pays de tango, genre qu'il partage avec son voisin argentin. D'ailleurs ne dites jamais ici que le grand homme du genre Carlos Gardel est argentin ou français ! Le faire naître hors des frontières uruguayennes est l'assurance de se créer des puissantes inimitiés sur le champ. Et s'il est vrai que, de par sa position géographique, on peut imaginer la culture uruguayenne comme un trait d'union entre celles des voisins argentins et brésiliens (elle est un peu cousine de l'Argentine), elle demeure unique et remarquable.

La musique traditionnelle

On trouve en Uruguay des danses communes à toute la région comme *El cielito,* évolution de la contredanse introduite au XVIIIe siècle en Argentine par les Britanniques, ou *le pericón,* sorte de séguedille dansée en groupe avec des mouchoirs, aussi présente en Argentine, au Chili et au Paraguay. Communes à l'Argentine et à l'Uruguay, on trouve également les *vidalitas*, chansons cousines (éloignées) du flamenco.

Mais l'esthétique traditionnelle authentiquement uruguayenne, c'est le *candombe*. Impossible de le rater si l'on passe plus d'une nuit en Uruguay, surtout si l'on se balade à Montevideo le soir. Là, le son épais de percussions devrait parvenir jusqu'à vous, exécuté par un grand groupe de batteurs. Le rythme que vous entendez, ce n'est que le *candombe*. Avec des origines remontant au temps où Montevideo était un important port de traite des esclaves, le *candombe* possède probablement des racines bantoues.

Les rythmes du *candombe* sont produits par des ensembles de tambours, divisés en trois familles de tailles : *tambor repique*, *tambor chico* et *tambor* piano. Ce dernier, le piano, est le plus grand et le plus grave des trois tambours, c'est lui qui forme le socle rythmique du *candombe*. Le *chico* est, comme son nom l'indique, le plus petit et donc le plus aigu tandis que le *repique* (« ricochet ») embellit le rythme du Candombe avec des phrases improvisées. Chaque tambour est joué une main ouverte et un bâton nommé « palo ». Outre lors de ce rendez-vous dominical, le *candombe* est également présent durant le carnaval joué par les *comparsas*, troupe de musiciens et danseurs défilant dans la rue.

Reconnu par l'UNESCO comme patrimoine culturel immatériel de l'humanité, le *candombe* ne s'est jamais vraiment institutionnalisé et demeure l'expression musicale spontanée de la communauté afro-descendante de Montevideo. On l'entend immanquablement les dimanches et jours fériés, lorsque les *llamadas de tambores* du candombe (« appels de tambour ») retentissent dans les districts de Sur, Palerme et Cordón, au sud de Montevideo, chaque quartier possédant sa variante, son identité rythmique.

Certains musiciens de *candombe* sont devenus très populaires, notamment dans les années 1960 en mêlant le genre au son du rock'n'roll britannique comme Hugo Fattoruso, Rubén Rada, Eduardo Mateo ou encore Jaime Roos. Ce dernier est sans doute l'un des artistes les plus iconiques du pays aujourd'hui, avec son mélange de rock, *candombe*, *milonga*, tango et *murga*, proposant un son très fidèle à Montevideo.

Autre grande tradition uruguayenne (que l'on peut croiser en Argentine), la *murga* est une forme musico-théâtrale - tirant souvent vers la satire sociale et politique - elle aussi datant de l'époque de l'esclavage. La partie musicale évoque le *candombe* par sa polyrythmie - sauf qu'ici les rythmes sont joués avec une grosse caisse, une caisse claire et des cymbales. Les chants quant à eux sont souvent polyphoniques et prennent la plupart du temps une forme chorale. Aujourd'hui, Falta y Resto est largement considérée comme l'une des *murgas* les plus populaires du pays.

Loin d'être timide, le folklore uruguayen se montre à la moindre occasion, notamment lors de grands rendez-vous comme le Festival de Olimar, qui a lieu chaque année dans la ville de Treinta y Tres en l'honneur du maestro local Rubén Lena, l'occasion de concours de chant folklorique. Parmi les autres événements où le folklore est très présent, la Fiesta de La Patria Gaucha rend hommage aux traditions des gauchos par des concerts et danses folkloriques,

Joueurs de candombe pendant le carnaval de Montevideo.

tandis que la Fiesta Del Mate célèbre la boisson du pays, avec trois jours de concours de chants, de danse et de rodéo. Mentionnons enfin le Festival Minas Y Abril, fête traditionnelle consacrant, elle aussi, l'art gaucho.

L'autre berceau du tango

Originaire des quartiers mal famés des bords du Rio de la Plata, le tango est, à ses débuts, la musique de tous les déracinés, ceux-ci y trouvant un écho à leur solitude et leur mélancolie. À ses débuts purement instrumentaux, le tango est alors un genre où l'on improvise des mélodies éphémères sur une tonalité simple et cet emblématique rythme lent à deux temps.

Bien que le genre musical soit beaucoup plus associé à l'Argentine - à Buenos Aires en premier chef -, la capitale uruguayenne a aussi été une ruche bourdonnante où de nombreux de grands noms du tango ont émergé, à commencer par Carlos Gardel, d'origine uruguayenne (ceci est à vrai dire sujet à controverse) qui a par la suite vécu à Buenos Aires. Montevideo est aussi la ville d'un des plus grands et des plus célèbres tangos, *La Cumparsita*, composé par l'Uruguayen Gerardo Matos Rodriguez en 1917. Surnommé « le tango des tangos », cette chanson d'amour latine extrêmement populaire en Uruguay (et en Argentine) est devenue l'hymne populaire et culturel de l'Uruguay par décret présidentiel en 1998.

Parmi les autres grands noms du tango uruguayen, les plus importants ont été Francisco Canaro, dit Pirincho (1888-1964), violoniste et chef d'orchestre, au talent précoce qui a bouleversé le tango en introduisant la contrebasse ; le chanteur Julio Sosa (1926-1964) qui fut le chanteur de tango le plus populaire de son temps ; Horacio Ferrer (1933-2014), l'auteur de quelques-uns des tangos les plus importants, notamment pour Piazzolla (*La Ultima Grela*, *Tanguera*, *Balada para un Loco*) ou encore Miguel del Aguila, qui a joué le tango comme de la musique classique - notamment sur son album nominé aux Grammy Awards en 2015 *Concierto en Tango*.

À la fin des années 1950, répondant à un certain déclin du tango, une autre forme d'expression s'ajoute, élaborée à partir d'éléments dansants influencés par la musique afro-cubaine et dont Pedrito Ferreira et son orchestre Cubanacan étaient les fiers représentants.

À noter qu'à Montevideo, El Tartamudo est le haut lieu de rendez-vous des amateurs de tango. Autrement, la Plaza De Cagancha (p.132) est un des lieux privilégiés des seniors souhaitant danser le tango…

Eduardo Fabini.

La musique populaire

Quelques noms sont très chers au cœur des Uruguayens et il est toujours bon de les connaître, à commencer par Alfredo Zitarrosa (1936-1989), grande voix dont l'œuvre fut largement inspirée par les *milongas* et les airs folkloriques. Citons encore Santiago Chalar (1938-1994), poète, compositeur et musicien, qui est lui aussi très inspiré par le folklore, Tabaré Etcheverry (1945-1978) qui a été redécouvert tardivement par le grand public et Amalia de la Vega, qui a cultivé un style très personnel à travers les *milongas*, *cifras*, *estilos* et *vidalitas*.

La musique classique

Si l'Uruguay cultive une présence plutôt discrète dans l'histoire de la musique classique, quelques personnalités intéressantes sont à noter. D'abord Eduardo Fabini (1883-1951), grand musicien, violoniste et compositeur uruguayen. Passé par le Conservatoire royal de Bruxelles, il fonde à son retour en Uruguay l'Asociación Uruguaya de Música de Cámara ainsi que le Conservatoire de Montevideo. Amoureux du folklore, il a tenté la fusion d'éléments populaires uruguayens et d'un langage post-impressionniste, l'imposant comme le grand représentant du nationalisme musical uruguayen (aux côtés de Luis Cluzeau Mortet). Parmi ses œuvres les plus réputées, on peut citer le poème symphonique *Campo* (1911), un succès international inspiré des bruits de la nature et du jardin de son enfance, comme d'autres de ses œuvres, qui lui valurent d'être considéré comme musicien et chanteur de la « terre » d'Uruguay. Les autres noms mémorables de la composition classique uruguayenne sont Pedro Ipuche Riva (1924-1996) qui tenta notamment d'intégrer la musique populaire au classique et Nydia Pereyra-Lizaso, dont les œuvres sont jouées à travers le monde.

Le pays possède une grande conductrice, la cheffe d'orchestre Gisele Ben-Dor, très réputée dans son domaine. Avec un style flamboyant, un charisme et une vitalité remarqués très tôt par des personnalités comme Leonard Bernstein, elle fut l'assistante de Kurt Masur au New York Philharmonic pendant dix ans et dirige le Boston Pro Arte Chamber Orchestra depuis 1991 et la Santa Barbara Symphony depuis 1994. Où qu'elle se produise dans le monde, Gisele Ben-Dor ne s'éloigne jamais de ses racines et joue beaucoup de musique sud-américaine (Ginastera, Revueltas, Piazzolla, Villa-Lobos entre autres). L'autre grand nom de la direction uruguayenne est Carlos Kalmar, longtemps à la tête de l'Oregon Symphony.

Côté interprètes, le pays a produit quelques grands virtuoses de la guitare comme Abel Carlevaro (1916-2001) qui a notamment révolutionné la technique de son instrument et qui a gagné l'admiration de musiciens tels que Heitor Villa-Lobos ; Óscar Cáceres (1928-2021) le « Rubinstein de la guitare » ou encore Álvaro Pierri, un des guitaristes vivants les plus révérés. Citons aussi la pianiste Dinorah Varsi (1939-2013) et ses interprétations généreuses d'un répertoire allant de Bach à Ginastera en passant par Tchaïkovski, Rachmaninov, Liszt, Chopin et Brahms…

Les musiques actuelles

Hormis en étant un acteur hyper investi dans la scène électronique mondiale, il y a peu de chances de le savoir : l'Uruguay possède une scène techno en très bonne santé. Et un son particulièrement identifiable ainsi qu'un rythme singulier, syncopé, qui descend peut-être, du *candombe*. Une identité que l'on retrouve dans la techno new wave de Latress, l'acid tortillée de Vagi, l'électronique interstellaire de Juan Dairecshion ou la tech-house titubante de Stonem. Tous à leur manière ressemblent profondément à Montevideo. Mentionnons également le travail de Lila Tirando a Violeta et du label SALVIATEK, qui chacun à leur manière emmènent le son du *candombe* dans de nouvelles directions excitantes.

La Phonothèque (p.150) - pour beaucoup, le meilleur club électro de Montevideo - est également un acteur important qui a permis à la scène locale de se consolider. L'endroit accueille peu d'invités internationaux, mais offre de longs et beaux sets de DJ locaux.

LITTÉRATURE

Surnommée « la Suisse de l'Amérique », l'Uruguay a sans doute contredit, politiquement parlant, cette paisible réputation dans la seconde moitié du XXe siècle. Il n'en demeure pas moins que le pays, tout comme son homologue européen, peut se targuer d'une abondante littérature, encore plus impressionnante au vu de la population qui ne dépasse pas les quatre millions d'habitants. Autre similitude : la facilité avec laquelle nous pouvons nous procurer ces œuvres. Les traductions sont en effet légion, et si la proximité des langues l'explique – l'espagnol étant langue officielle –, le talent le justifie à lui seul. Ainsi, depuis l'indépendance – obtenue en 1828, soit un siècle après le début de la colonisation –, les poètes et les romanciers rivalisent en style et en imagination. Parmi eux, trois noms particulièrement familiers – Lautréamont, Jules Laforgue et Jules Supervielle – qui partagent la même ville natale : Montevideo, capitale de l'Uruguay.

Patriotisme et romantisme

Premiers habitants de l'Uruguay, les Indiens Guaranis lui donnèrent son nom, aux multiples interprétations, mais n'eurent guère loisir d'ajouter leur pierre à l'édifice des lettres uruguayennes, victimes de l'assimilation forcenée comme le seront eux aussi les Charrúas. Leur sort, leur mode de vie, et plus largement la culture populaire, vont pourtant irriguer les débuts de la littérature nationale, grâce à Bartolomé José Hidalgo, intimement lié à cette terre où il avait vu le jour en 1788, au point qu'il rejoindra le combat pour l'indépendance mené par « les Orientaux » et José Gervasio Artigas à leur tête. Pionnier de la « littérature gaucho », il en suivra la double inclinaison : patriotisme et folklore. Parmi ses écrits, toujours appréciés de nos jours, *Cielito de la Independencia* et *Cielito Oriental*, mais aussi des dialogues, dont *Un Gaucho de la Guardia del Monte* et *Relación de las fiestas mayas*. Paradoxalement, Francisco Acuña de Figueroa (1791-1862) sera quant à lui le signataire de l'*Hymne national* mais restera fidèle à l'Espagne, il a par ailleurs composé une abondante œuvre au fort accent satirique, publiée post-mortem et comptant pas moins de douze volumes. Bientôt s'impose le courant romantique auquel se rattache Adolfo Berro (1819-1841) qui, malgré sa brève existence, laisse les remarquables *Población de Montevideo* et *Yandubayú y Liropeya*. Plus inclassable, Isidore Lucien Ducasse naît en 1846 à Montevideo et décède en 1870 à Paris, à peine plus âgé que son prédécesseur, sans doute pareillement de la tuberculose. À dire vrai, sa biographie est tout autant parcellaire que pourront paraître énigmatiques ses *Chants de Maldoror*, publiés dans leur version intégrale en Belgique en 1869 sous le pseudonyme de Comte de Lautréamont. Au jour de sa mort, son ouvrage s'est à peine vendu, c'est donc un étrange concours de circonstances qui amène la revue d'art *La Jeune Belgique* à en diffuser en 1885 un extrait… qui enthousiasme les surréalistes ! Depuis lors, ce texte impénétrable est un classique, mythique et génial.

De l'autre côté de l'Atlantique, romantisme et patriotisme se mêlent, telle une évidence sous la plume d'Eduardo Acevedo Díaz (1851-1921) et sous celle de Juan Zorrilla de San Martín. Le premier endossera des fonctions politiques, le second se fera diplomate, tous deux seront journalistes et s'inspireront de l'histoire, passée et présente, de leur nation. Díaz signera des romans (de *Brenda* en 1886 à *Lanza y Sable* en 1914), des essais (*Carta política*) et des nouvelles (*El primer suplicio*), Zorrilla des poèmes dont *Tabaré* (1888), l'histoire d'amour entre un Indien et une Espagnole à la fin du XVIe siècle, qui a été élevé au statut d'épopée nationale. Il a par ailleurs écrit *La Leyenda patria*, ode composée en une semaine à la gloire des Trente-trois Orientaux qui obtinrent le 28 août 1828 la signature du Traité de Montevideo proclamant l'indépendance de l'Uruguay.

En 1866, Jules Laforgue quitte définitivement sa ville natale pour rejoindre, alors qu'il n'a que 6 ans, celle de son père, Tarbes. Il deviendra lecteur pour une impératrice allemande (*Berlin, la cour et la ville*, aux éditions L'Escalier) et auteur d'une poésie empreinte de spleen (*Les Complaintes* chez Flammarion, *L'Imitation de Notre-Dame de la lune* chez Gallimard), comme le pressentiment de la tuberculose qui l'emportera à 27 ans seulement. En Uruguay, la mélancolie romantique s'intègre à un nouveau courant qui est en passe de conquérir la littérature hispanophone, sur les traces de Rubén Darío (1867-1916), poète nicaraguayen instigateur du « modernismo ».

Modernismo et avant-garde

L'essayiste José Enrique Rodó, auteur de *Ariel* (1900) inspiré de *The Tempest* de William Shakespeare, a entretenu une abondante correspondante avec Darío et a de fait été déclaré théoricien du *modernismo* uruguayen. Ce mouvement littéraire se veut renouveau, comme l'indique son nom, mais aussi union entre la recherche d'harmonie esthétique (vocabulaire, métrique, raffinement voire lyrisme) et la disharmonie du monde qui se traduit par le sentiment de solitude ou de rejet, le désir d'évasion, l'érotisme, parfois la défense des laissés-pour-compte... Si sa définition est large, c'est peut-être parce que le *modernismo* est avant tout le symbole d'une époque, c'est pourquoi s'y retrouvent de nombreux auteurs dont le célèbre Julio Herrera y Reissig à qui l'on doit *Las Pascuas del tiempo* (avant qu'il ne bascule dans le symbolisme avec *Los Parques abandonados* puis *Pianos crepusculares*), parfait contemporain de Florencio Sánchez (1875-1910), dramaturge dont il est dit qu'il introduisit le drame moderne, avec par exemple sa pièce *M'hijo el dotor* où se jouait l'éternelle dispute entre l'arrogance d'un fils citadin et la fierté de son père paysan. Dans une autre veine, plus sombre, Horace Quiroga eut à subir si souvent la mort des siens qu'il finit par s'ôter la vie en 1937, à 58 ans. Ses histoires cauchemardesques ont été notamment traduites par les éditions Métailié (*Contes d'amour, de folie et de mort*, *Anaconda*) et par Quidam (*Les Persécutés*). La mort de Delmira Augusti ne fut pas plus sereine, assassinée en 1914 par son ex-mari, elle ne connut pas ses 28 ans. Poétesse précoce, sa poésie sensuelle – qui lui valut l'admiration des plus grands, dont Rubén Darío qu'elle considérait comme son maître – se découvre en édition bilingue chez Cap de l'étang (*Cantos de la manana/Les Chants du matin* et *Los Calices vacios/Les Calices vides*).

Chacun de leur côté de l'océan, deux auteurs vont ouvrir la voie à la poésie métaphysique, annonciatrice du courant d'avant-garde. Bien qu'il ait quitté son pays natal à 10 ans, Jules Supervielle lui resta fort attaché et y revint aussi souvent que possible. Dans *Uruguay* (éditions des Équateurs), il décrit ainsi le paradis perdu de l'enfance. Mais celle-ci est entachée d'un terrible drame puisqu'il apprend que ceux qu'ils pensaient ses parents sont en fait son oncle et sa tante, qui l'ont recueilli alors qu'il n'était que nourrisson et déjà orphelin. C'est après cette révélation inattendue qu'il commence à écrire, à noter ses rêves, telle une impossible échappatoire à la réalité. Son travail se portera sur l'inconscient et la douleur de l'exil qui lui soufflera son premier recueil important, *Débarcadères* (in *Gravitations*, Gallimard), en 1922. L'année suivante, il publiera un roman mi-onirique, mi-effrayant, *L'Homme de la pampa*, disponible auprès du même éditeur. Le « Prince des Poètes », comme le désignaient ses pairs, décède en 1960 après une longue vie d'écriture protéiforme et d'incessants allers-retours entre ses deux pays de cœur. Des préoccupations métaphysiques à la philosophie, il n'y a qu'un pas qui sépare l'œuvre de Supervielle de celle de Carlos Sabat Ercasty (1887-1982), non traduite en français bien qu'il ait influencé d'immenses écrivains tels que Pablo Neruda, et remporté coup sur coup les prestigieux Prix National de Littérature et Prix de Littérature uruguayenne. Ses *Poemas del hombre* (1921-1922) se déclinent en plusieurs volumes qui prennent pour objet la volonté, le cœur, le temps et la mer. Il est volontiers associé à la « Generación del 20 », postmoderniste et déjà avant-gardiste, dont le fer de lance est Juana de Ibarbourou (1892-1979), surnommée « Juana de América » par Zurrilla, pionnière du féminisme et membre de l'Académie nationales des Lettres dès sa création en 1947. Éprise d'érotisme et chantre de la nature, tourmentée par la peur de la souffrance et par la mort, sa poésie (*La Rose de los Vientos*, *Oro y tormenta*, *Perdida*, etc.) lui vaudra à quatre reprises d'être pressentie pour le Nobel. Citons enfin l'ultraïste Emilio Oribe (1893-1975), le fabuliste Fesliberto Hernández (1902-1964) dont *Les Hortenses* se lisent chez Points, et surtout Virginia Brindis de Salas (1908-1958) qui fut la première femme noire d'Amérique latine à publier un recueil de poésie (*Cien cárceles de amor*).

Au XXe siècle, interroger le réel

Avec Juan Carlos Onetti, la littérature uruguayenne s'inscrit dans le « boom latino-américain », cette explosion de jeunes talents qui dans les années 1960 et 1970 vont entrer dans la modernité... voire dans la réalité. La sienne rime avec désenchantement, à tel point qu'après s'être exilé à Madrid pour fuir la dictature, il décidera de ne plus quitter son lit, se gorgeant de whisky et de romans policiers jusqu'à pousser son dernier souffle le 30 mai 1994. Il signera son testament littéraire avec *Cuando ya no importante* (*Quand plus rien n'aura d'importance*, Bourgois), mettant un terme à une bibliographie qui dès *El Pozo* (*Le Puits*, 10-18) égrenait ses angoisses existentielles (non sans un certain humour). Si, à ce jour, certains de ses livres sont épuisés dans notre langue, il nous reste néanmoins la possibilité d'arpenter sur ses pas Santa María, la ville imaginaire qui lui servit de décor dans *La Vie brève* et le recueil *Les Bas-fonds du rêve* (Gallimard). Mario Benedetti résistera d'une autre façon au monde et à ses dérives en se faisant militant politique. Par ailleurs très impliqué dans la révolution cubaine, lui aussi connaîtra l'exil, mais également, selon sa formule, le « désexil », un thème qu'il creusera dans nombre de ses œuvres. Avec *Qui de nous peut juger* (1953), repris en 2019 par les éditions Autrement, il nous est permis de nous familiariser avec cet écrivain, prolifique et habile dans tous les domaines, dont la mort, le 17 mai 2009, à 88 ans, suscita une journée de deuil national et un enterrement solennel au Panthéon uruguayen du cimetière de Montevideo. Ainsi, le genre romanesque s'impose bien que la poésie persiste et s'ingénie à explorer de nouveaux territoires, toujours plus singuliers grâce aux « mots nomades » d'Ida Vitale, poétesse sensitive et symboliste couronnée, à l'âge honorable de 95 ans, par le prestigieux Prix Cervantès en 2018 (*Ni plus, ni moins*, Seuil), toujours plus lointains grâce aux voyages que promet Ricardo Paseyro (1925-2009) avec *L'Âme divisée* et *Dans la haute mer de l'air* (éditions de Corvelour). Saúl Ibargoyen (1930-2019) fait office de trait d'union, lui qui d'ailleurs jouissait de la double nationalité uruguayenne mexicaine, il se lit en vers (*Verano violento/Été violent* chez Alidades) et en prose (*Toute la terre*, éditions À plus d'un titre).

Pourtant, la réalité cruelle du XXe siècle ne laisse guère place au sentiment poétique, la fiction devient alors vecteur pour dire l'indicible, celle d'Auschwitz puis de l'oppression militaire respectivement dans *Les Lettres qui ne sont jamais arrivées* et *El Bataraz* de Mauricio Rosencof (chez Folies d'encre), celle du pillage d'un continent dans *Les Veines ouvertes de l'Amérique latine* d'Eduardo Galaeno (Pocket, collection Terre humaine), ou celle de l'impossibilité à être dans *Le Roman lumineux* (Noir sur Blanc) de l'inclassable Mario Levrero. Toujours en toile de fond, la désillusion mène dorénavant à la nécessité d'interroger, tout autant sa propre identité que celle, plus globale, de la société dont le passé douloureux ne se fait pas oublier, dont l'avenir incertain ne rime pas vraiment avec promesse de lendemains qui chantent. Chacun dans sa catégorie, les écrivains nés durant la seconde moitié du siècle questionnent inlassablement, quitte à se montrer dérangeants. C'est ainsi que Tomás de Mattos (1747-2016) revient en 1988 dans *¡Bernabé, Bernabé !* sur le massacre de Salsipuedes (1831), point d'orgue de la lutte armée menée par Bernarbé Rivera contre les Charrúas, peuple aujourd'hui éteint dont le souvenir ne hante que le mémorial qui leur a été dédié au cœur de la capitale uruguayenne. Quant à lui, Carlos Liscano utilisera sa propre histoire tragique comme terreau fertile d'une œuvre incroyablement talentueuse. Condamné à treize années de prison (1972-1985) pour son appartenance au mouvement Tupamaros, c'est au pénitencier qu'il commencera à écrire pour survivre à l'ennui à la solitude hautement mortifères. Ses textes ont été réédités par les éditions Belfond – *Le Lecteur inconstant*, *Souvenirs de la guerre récente*, *L'Écrivain et l'autre* – et méritent largement que l'on s'en empare. Dans une logique somme toute très littéraire, après son interminable emprisonnement et quelques années d'exil, il trouvera refuge au sein de la Bibliothèque Nationale dont il deviendra le conservateur en titre.

Critique et enseignant, Juan Carlos Mondragón a été salué pour son travail sur différents écrivains – dont Lautréamont et Onetti – mais a franchi la barrière en faisant à son tour acte de création. Intelligents et subtils, ses livres lui ressemblent, savent se concentrer sur un destin individuel pour lui trouver un écho universel (*Le sous-marin Peral*, *Passion et oubli d'Anastassia Lizavetta*, *Bruxelles piano-bar*, chez Seuil). De la même manière, Carmen de Posadas se jouera des focales et s'offrira même un grand écart, délaissant la littérature jeunesse au profit du roman adulte, parfois très noir. Fort bien représentée dans le catalogue Seuil, elle offre un regard acerbe, pour ne pas dire cynique, qui ne laisse pas indifférent, égratignant par exemple la classe aisée dans *Cinq mouches bleues*, triturant les jalousies mesquines dans *Petites infamies*, et confirmant son goût des secrets inavouables dans *Le Témoin invisible*. Sa férocité résonne peut-être avec celle de Felipe Polleri, qui se laisse découvrir aux éditions Christophe Lucquin (*L'Ange gardien de Montevideo*, *Baudelaire, Allemagne ! Allemagne !*), ou avec celle de Rafael Courtoisie qui dissèque à loisir le corps et ses errances – trafic d'organes et chirurgie plastique lourde compris – dans *Le Roman du corps* (éditions L'Atanoir). Pour sa part, ce sont ses personnages que Pablo Casacuberta aime à examiner sous toutes leurs coutures, les confrontant à des situations certes banales mais cependant inextricables : le rapport au père dans *Scipion*, la fin de l'adolescence dans *Ici et maintenant*, la décrépitude dans *Une santé de fer*. Poursuivant dans cette voie, la nouvelle génération continue de brandir un troublant miroir, usant pour cela de biais inédits : l'autofiction chez le dramaturge Sergio Blanco (*La Colère de Narcisse* chez Actualités éditions), le mystère chez l'auteure jeune public Cécilia Curbelo (*La Décision de Camille* ou *La Quête de Lucia* aux éditions Des Nouvelles d'ailleurs), la science-fiction chez Fernanda Trías (*Crasse rose*, Actes Sud).

TOP 10

LECTURE

Passionnante et féconde littérature uruguayenne qui, en deux siècles à peine, a conquis le marché international, malgré les turpitudes de son histoire. Nul besoin de chercher bien loin pour se familiariser avec le pays grâce à la voix de ses écrivains : ceux-ci excellent dans tous les genres, du récit à la poésie, de la bande dessinée au roman.

ÉTÉ VIOLENT, VERANO VIOLENTO

Un recueil du grand écrivain décédé en 2019, dans une version bilingue pour savourer au plus près ses poèmes.
Saul Ibargoyen Islas, *éditions Alidades.*

CRASSE ROSE

© ÉDITIONS ACTES SUD.

Dans un monde futuriste où les ordures ont envahi la planète, les habitants d'une ville portuaire n'ont d'autres choix que de se nourrir de déchets animaux.
Fernanda Trías, *éditions Actes Sud.*

LE ROMAN LUMINEUX

© ÉDITIONS NOIR SUR BLANC

Un livre publié à titre posthume dans lequel l'auteur essaye de figer sur le papier le fruit de ses expériences transcendantales.
Mario Levero, *éditions Noir sur Blanc.*

L'ARRIVÉE DES CAPYBARAS

De gros rongeurs envahissent un paisible poulailler, mais les animaux devront s'unir quand des chasseurs feront à leur tour leur apparition. Dès 4 ans.
Alfredo Soderguit, *éditions Didier Jeunesse.*

L'AUTO

© ÉDITIONS L'ATINOIR

La pluie battante, les essuie-glaces en panne, rien n'entrave cette traversée nocturne de l'Uruguay, propice aux étranges rencontres.
Carlos Rehermann, *éditions L'Atinoir.*

RIEN À PERDRE

© ÉDITIONS MÉTAILIÉ

Un road-trip en direction de la mer, par un drôle de quatuor. Entre roman burlesque et roman noir.
Roberto Montana, *éditions Métailié.*

ANACONDA

L'univers d'Horacio Quiroga (1878-1937) n'est jamais serein, il en fait la démonstration avec ces contes qui emmènent le lecteur au plus profond de la jungle.
Horacio Quiroga, *éditions Métailié.*

SAISON DE SANG

© ÉDITIONS DUPUIS

Une petite fille n'a d'autre choix que de se confronter à un monde aussi hostile que fascinant, un conte porté par le magnifique coup de crayon d'un dessinateur uruguayen.
Si Spurrier, Matias Bergara et Matheus Lopes, *éditions Dupuis.*

LES BAS-FONDS DU RÊVE

© ÉDITIONS GALLIMARD

Un ensemble de douze nouvelles par le plus célèbre des écrivains uruguayens. Incontournable et addictif !
Juan Carlos Onetti, *éditions Gallimard.*

LES FLEURS DE LA GUÉRILLA

Une biographie sous forme de roman graphique, pour découvrir le parcours de José Mujica, dit Pepe, élu président en 2009.
Lorenzo et Léo Trinidad, *éditions Les Arènes.*

A L'ÉCRAN

En vous promenant dans Montevideo, peut-être reconnaîtriez-vous l'un des lieux de tournage de *Miami Vice*, signé Michael Mann avec Colin Farrell et Jamie Foxx dans les rôles principaux. Mais si l'adaptation au cinéma de cette série culte des années 1980 n'est pas de votre goût, pas d'inquiétude : le septième art uruguayen recèle de nombreuses pépites, fier d'une histoire plus que centenaire. Fictions, documentaires, tragi-comédies ou films d'animation, se plonger dans le cinéma national, c'est aussi découvrir l'histoire d'un pays marqué par la pauvreté, par la dictature, et par un renouveau lent mais constant depuis les années 2000. Partez donc à la rencontre de cinéastes comme Mario Handler, Juan Pablo Rebella et Pablo Stoll, ou bien visitez la Cinemateca Uruguaya pour en apprendre plus sur les talents cachés de ce pays. Et rendez-vous chaque année pour l'un des festivals de cinéma les plus prestigieux de la région à Montevideo.

Cinéma des premiers temps

On doit le premier film uruguayen au réalisateur Félix Oliver. Après avoir acheté un cinématographe aux frères Lumière, il réalise au tout début du vingtième siècle le court métrage *Carrera de bicicletas en el velódromo de Arroyo Seco*. Considéré comme le premier film d'Amérique du Sud, il est aujourd'hui préservé aux Archives uruguayennes du cinéma. Mais très vite l'Argentine dépasse la production locale, et la majorité des films qui sont projetés dans le pays proviennent de l'industrie cinématographique du pays voisin. Il faut attendre 1923 pour que sorte le premier long métrage de fiction national, du médecin devenu cinéaste Juan Antonio Borges. *Almas de la Costa*, tourné majoritairement en décors naturels sur les côtes de Montevideo, raconte l'histoire de deux amants que la maladie séparera tragiquement. Un film considéré comme perdu, puis retrouvé et restauré, et dont on peut désormais découvrir des extraits en ligne, alors qu'il fête en 2023 son centenaire. Après une période de disette durant les années 1930 et le début des années 1940, de nouveaux investissements argentins et uruguayens permettent de relancer l'industrie cinématographique locale. Le cinéaste argentin Julio Saraceni, après avoir fait ses armes en court-métrage, trouve la voie du succès en Uruguay avec des films comme *Alma de bohemio* (1949). Au cours de sa carrière, il va réaliser plus de soixante longs métrages entre les deux pays, ainsi que de nombreuses collaborations avec les artistes et stars des deux côtés de la frontière. En parallèle à ces fictions, les cinéastes uruguayens captent les différentes réalités au travers du documentaire, souvent plus simple et moins coûteux à produire. Reprenant le mythe fondateur de l'Uruguay, le cinéaste Miguel Ángel Mellino réalise *El desembarco los 33 orientales* en 1952, avec le soutien du gouvernement. Dans les années 1960, c'est au tour de Mario Handler de reprendre le flambeau du documentaire, avec des pamphlets comme *Carlos, cine-retrato de un « caminante » en Montevideo* (1965) ou *Elecciones* avec Ugo Ulive (1967). Forcé à l'exil en 1972, il part pour le Venezuela où il poursuivra sa carrière. Membre fondateur de la *Cinemateca del Tercer Mundo*, groupement de cinéastes engagés d'Amérique du Sud, il revient en Uruguay à la fin des années 1990, et devient professeur de cinéma à l'Université de la République, à Montevideo.

L'exil de Handler coupe l'élan de liberté qui soufflait alors sur le cinéma uruguayen. Dans les années qui vont suivre, les cinéastes se cantonnent à des sujets moins politiques, au moins jusqu'à la fin des années dictatoriales. Il faut attendre le début des années 2000 pour qu'un vent nouveau souffle sur le cinéma uruguayen. En 2003, Juan Pablo Rebella et Pablo Stoll remportent le prix FIPRESCI et le prix Un Certain Regard au festival de Cannes avec *Whisky*, une comédie noire au trio atypique. Quelques années plus tôt, c'est avec *25 Watts* que le même duo de cinéastes rassemble les foules autour de l'histoire de trois jeunes vivant dans les faubourgs de Montevideo, avant de rafler le prix du meilleur film au Festival de Rotterdam, puis au festival de La Havane. Plus récemment, le cinéma uruguayen s'est également développé en animation avec *Anina* (2013), qui remporte le prix du Public au festival de Buenos Aires. Aujourd'hui, les productions et coproductions sont en augmentation, et l'Uruguay International Film Festival permet chaque année de découvrir la diversité cinématographique du pays.

Captivants tournages sur les terres d'Uruguay

Malgré les paysages magnifiques du pays, ce sont surtout les villes d'Uruguay qui ont récemment attiré les tournages internationaux, et pas forcément pour les bonnes raisons.

© TODAMO - SHUTTERSTOCK.COM

La vieille ville de Montevideo a servi de décor pour le film Miami Vice de Michael Mann.

Ainsi, Montevideo a servi de décor à deux films majeurs de l'année 2006, *Le Fils de l'Homme* d'Alfonso Cuaron, mais aussi *Miami Vice* de Michael Mann. Si le premier est une fresque dystopique, dépeignant la fin de l'humanité avec autant de talent que de tristesse, qui n'utilise que peu la capitale uruguayenne, le second met par contre le pays en valeur au travers de nombreuses scènes. La Vieille ville de Montevideo est ainsi utilisée pour représenter les vieux quartiers de La Havane, et l'on peut également reconnaître les bâtisses d'Atlántida derrière la maison d'Isabella, incarnée par l'actrice chinoise Gong Li. Colin Farrell et Jamie Foxx, le duo portant le film, ont également pu être aperçus à Punta del Este. En 2020, et pour rebooster une production toujours fortement concurrencée par les industries brésiliennes et argentines, le gouvernement a accordé de nouvelles réductions fiscales à de gros studios internationaux. La série *Conquest*, produite par Keanu Reeves pour Netflix, a ainsi réalisé une bonne partie de son tournage à Montevideo. Mais, faute de financement, elle n'a jamais été terminée. Pourtant, d'autres projets restent attirés par cette région, et nul doute que l'Uruguay réapparaîtra bientôt sur vos écrans d'une manière ou d'une autre.

Voir du cinéma en Uruguay

À Montevideo, vous aurez l'embarras du choix entre les différentes salles de la ville. Des grands complexes du groupe LIFE Cinemas à la Cinemateca Uruguaya, les cinéphiles auront la possibilité de découvrir autant les dernières productions hollywoodiennes que les films hispanophones et internationaux d'hier et d'aujourd'hui. En surfant sur le site de la Cinémathèque nationale, vous pourrez en apprendre plus sur l'histoire du cinéma du pays, parcourir des extraits de films d'archives, mais aussi profiter d'un programme tout à fait actuel d'œuvres art et essai. Cette institution fait également partie des organisatrices du Festival Cinematográfico Internacional del Uruguay, qui se tient dans la capitale depuis 1982. En participant à cet événement, vous aurez l'occasion de découvrir en avant-première le meilleur des courts métrages uruguayens contemporains, ainsi que de nombreuses autres pépites qui ne manqueront pas de vous surprendre. Car des films européens, d'Amérique latine et d'ailleurs font également partie de cette large sélection qui récompense autant les jeunes étoiles montantes que des films mettant en avant les problématiques les plus actuelles. Si vous souhaitez y assister, planifiez votre séjour autour de la fin avril.

POPULATION

L'Uruguay, dont la population est estimée à 3,4 millions d'habitants, se situe à la dixième place des pays les moins peuplés d'Amérique du Sud, après la Guyane et le Suriname. Sa population est bien plus petite que celle de ses voisins argentins et brésiliens. La quasi-totalité habite dans les villes côtières, avec plus d'un tiers vivant à Montevideo. Le reste est réparti dans les petites villes et les zones rurales de l'intérieur du pays. L'Uruguay est également le berceau des Charrúas, une des premières tribus indigènes à s'installer sur le territoire uruguayen avant l'arrivée des Européens en 1516. Malgré l'assimilation à laquelle ils ont été soumis, ils ont su préserver une partie de leur identité et sont encore reconnus et célébrés. Enfin, le pays est plutôt diversifié, avec une combinaison d'ascendance européenne principalement espagnole et italienne, ainsi que d'une population afro-uruguayenne et d'une petite communauté indigène.

Répartition et taux de croissance

Classé troisième pays le moins peuplé d'Amérique du Sud après le Suriname et la Guyana, l'Uruguay compte une population de 3,4 millions habitants (2022) dont la grande majorité (96 %) se concentre en ville, la moitié dans la capitale. Le taux de croissance de la population demeure le plus bas d'Amérique latine (sans compter le Guyana et le Suriname) et n'atteint que 0,50 %. Le facteur principal de ce faible taux est la faiblesse du taux de natalité qui n'atteint que 13 pour 1 000 ; taux le plus bas d'Amérique latine. L'autre cause est l'émigration considérable, principalement vers l'Argentine, le Brésil, l'Espagne (près de 630 000 Uruguayens vivent à l'extérieur du pays). A cela s'ajoutent un vieillissement de la population remarquablement bas (d'ici 2050, la population de 65 ans ou plus devrait passer de 8 % à 17,5 %) et une espérance de vie de 73 ans pour les hommes et 81 ans pour les femmes (19,44 % des Uruguayens ont moins de 14 ans, 65,1 % ont entre 15 et 64 ans et 13, 15,46 % ont 65 ans ou plus). Ces trois facteurs combinés donnent une pyramide des âges semblable à celle d'un pays développé.

La population et ses origines

L'Uruguay se distingue des autres pays d'Amérique latine par l'homogénéité de sa population. En effet, le pays ne compte presque plus d'indigènes puisqu'ils furent tous exterminés par les colons espagnols et surtout par les propriétaires terriens. Ainsi, à la fin du XVIIIe siècle, le gouverneur Andonaegui ordonna au maître de camp Manuel Dominguez, de passer par le fil de l'épée tous les indigènes de plus de 12 ans. Selon un chroniqueur de l'époque, José Apolinario Pérez, « le décret de sang, même tempéré par ses exécutants, fut mené à bien ». Lors de la guerre d'indépendance, les indigènes, et en premier lieu les Charrúas, luttèrent aux côtés d'Artigas contre le nouveau colon brésilien. Ils ne furent pas récompensés, car quelques années plus tard, le 11 avril 1831, une « rencontre amicale » devait réunir les *caciques* Charrúas et le premier président de l'Uruguay, Fructuoso Rivera, accompagné de son neveu Bernabé Rivera et de ses hommes, dans le but de signer un traité accordant des terres aux indigènes et leur proposant d'intégrer l'armée de surveillance des frontières. Cette rencontre cachait en réalité une embuscade destinée à annihiler ce peuple qui n'avait plus d'utilité pour les *Criollos* indépendants, avides de territoires à exploiter. Le massacre est connu sous le nom de Matanza del Salsipuedes et considéré comme le point de départ d'un véritable génocide. De nombreux Charrúas furent décimés ce jour-là. D'autres s'étaient méfiés de ce que Rivera convoquât femmes et enfants, et réussirent à s'échapper, mais la traque se poursuivit sans relâche. Quatre des derniers Charrúas – le *cacique* Vaimaca Pirú, le guérisseur Senacua Senaqué, le dresseur de chevaux Laureano Tacuabé Martínez, et l'Indienne Guyunusa – furent arrêtés et confiés au directeur du Colegio Oriental de Montevideo, le Français François de Curel. Celui-ci voulait les emmener à Paris pour les exhiber et les faire étudier par des scientifiques. L'exotisme de ces quatre derniers représentants d'un peuple au bord de l'extinction, pensait-il, attirerait la curiosité d'un large public au moins autant que le couple de nandous (autruches) qui accompagnèrent l'expédition de février 1833. Le guérisseur Senaqué mourut le premier en juin 1833, sous la tente installée dans le 9e arrondissement. Par peur des représailles d'un public de plus en plus compatissant envers les Charrúas, au vu de la maltraitance que leur infligeait de Curel, celui-ci s'enfuit avec ses indigènes pour les exhiber dans une autre ménagerie. Le *cacique* Vaimaca Pirú mourut à son tour en septembre, de « mélancolie » selon les médecins. Puis Guyunusa donna naissance à une fillette.

Sous la pression de l'opinion publique, la justice voulut ordonner le retour des survivants dans leur pays, mais de Curel s'embarqua pour Lyon où il les vendit sous de fausses identités à un cirque. Un mandat d'arrêt fut lancé contre de Curel qui ne revint jamais en Europe. On perdit également la trace des derniers Charrúas jusqu'en juillet 1834, lorsque l'Indienne Guyunusa fut admise à l'hôpital de Lyon, où elle mourut. Quant à Tacuabé et la fillette, ils disparurent sans laisser de traces. Ils se seraient échappés du cirque et se seraient installés à Lyon grâce à la solidarité des habitants… En 2002, les restes du *cacique* Vaimaca Pirú firent le voyage de Paris jusqu'au Panthéon national de Montevideo, une manière comme une autre d'honorer, cent soixante-dix ans plus tard, la mémoire du peuple indigène de l'Uruguay. Si cette anecdote n'est pas avérée, il ne reste pas moins en Uruguay des descendants de ces fiers et téméraires guerriers, qui se sont peu à peu métissés : l'intrépide *gaucho* serait un des fruits de ces mélanges. On suppose que les descendants métis des Charrúas constituent environ 8 % de la population totale du pays.

Le peuple Charrúa présentait des similitudes avec les Puelche de la pampa argentine et les Tehuelche de la Patagonie, mais aussi avec les Guaraní (Paraguay et nord-est de l'Argentine). Une statue de ces *últimos Charrúas* se trouve dans le Parque del Prado, à Montevideo. Pour en apprendre davantage sur les Charrúas, nous vous recommandons le film de 26 minutes de Dario Arce Asenjo (Productions Chromatiques, 2003), *Les Derniers Charrúas, ou quand le regard emprisonne.*

Une terre essentiellement peuplée d'immigrés

Si l'on exclut la soldatesque et les premiers colons espagnols, la première grande vague d'immigration eut lieu dans les années 1830. En 1835, est fondée aux abords de Montevideo la ville de Villa Cosmópolis, destinée à accueillir les nouveaux arrivants. Pendant la *Guerra Grande*, de nombreux émigrants s'y établissent et des légions étrangères (dont la plus fameuse est sans doute la légion italienne de Garibaldi) y prennent part. Beaucoup de ces personnes resteront, notamment les Basques français qui représentent la moitié des étrangers de l'époque. Les Suisses et les Piémontais fondent, eux, des colonies agricoles au large de la Plata. A la fin de la Grande Guerre, Montevideo compte près de 19 000 immigrés au sein de ses 31 000 habitants. De plus, la fin de la guerre attire dans le nord du pays un nombre important de Brésiliens. En 1860, les 77 000 étrangers du pays représentent plus de 35 % de sa population. En 1908, selon le recensement, l'Uruguay accueille 62 000 Italiens, 55 000 Espagnols, 28 000 Brésiliens, 19 000 Argentins, 8 000 Français, 1 000 Allemands, ainsi que des Anglais, des Suisses, des Belges et des Russes. La première moitié du siècle est ensuite marquée par les vagues migratoires d'Europe de l'Est, d'Arméniens et de juifs. Enfin, on note la venue récente (depuis une trentaine d'années) d'émigrants arabes, essentiellement des Palestiniens et des Libanais. Tout comme dans le reste du continent, on généralise les Arabes sous le nom de *Turcos* (les Turcs). Ceux-ci sont surtout concentrés dans les villes frontalières

© TODAMO - SHUTTERSTOCK.COM

Dans les rues de Montevideo.

© DIEVILPHOTO - SHUTTERSTOCK.COM

Groupe de joueurs de candombe à Montevideo.

de Rivera et Chuy où ils participent activement à la fourmillante vie commerçante.

La population afro-uruguayenne

La communauté noire découle d'une immigration forcée et d'un féroce esclavagisme. Les premiers esclaves furent emmenés en Uruguay par les Portugais afin de fonder Colonia del Sacramento, mais c'est surtout le décret royal faisant de Montevideo, en 1779, le seul port d'entrée d'esclaves du cône sud qui entraîna l'augmentation de cette population. Ainsi, dès 1780, Montevideo comptait déjà près de 2 800 Africains parmi ses 10 000 habitants. Ces derniers furent surtout utilisés comme domestiques et ne connurent pas le sort des esclaves du Brésil, employés comme bêtes de somme dans les mines et les plantations. L'esclavage fut ensuite graduellement aboli avec les prémices de l'indépendance (1830), mais il faudra attendre 1853 pour que cette abolition soit totale. Contrairement à l'Argentine, cette communauté demeurera en Uruguay. En 1819, elle représentait entre 20 et 25 % de la population de Montevideo. En 1950, on comptait plus de 10 000 Noirs et près de 50 000 mulâtres. Actuellement, cette population représente environ 8 % de la population uruguayenne. Lors du recensement de 2011, près d'un Uruguayen sur dix se reconnaissait comme « afro-descendientes ». Surnommée « afro-uruguayenne », cette communauté tente aujourd'hui de se fédérer et de se structurer afin de protester contre les inégalités dont elle est encore victime. En ce sens, elle s'engage à transmettre son histoire et ses traditions, notamment avec le Candombe (expression musicale) et la journée nationale de l'Afro-Uruguayen, célébrée le 3 décembre. L'association Mundo-Afro, entre autres, est l'exemple de cette nouvelle émancipation. Si l'égalité de tous les citoyens est un principe de droit, elle reste encore hésitante dans les faits. Ainsi, en moyenne, un Noir a un revenu de 20 % inférieur à celui d'un Blanc en Uruguay et on compte près de 60 % de Noirs dans l'armée. De même, cette communauté tente de réécrire l'histoire faite par et pour les Blancs. Dans les écoles, on apprend par exemple que l'esclavage en Uruguay était moins dur qu'au Brésil. L'Afro-Uruguayen se questionne alors si l'on peut parler d'esclavage bénin. L'élève noir qui entend à l'école primaire chanter les louanges des différents composants de la communauté uruguayenne (l'astuce de l'Italien, l'ardeur au travail du Basque, l'ingéniosité de l'Anglais, etc.) se demande si son unique qualité est de savoir danser et chanter. Aujourd'hui, cette communauté se replonge dans le passé et cherche à affirmer son identité, notamment par le biais d'association comme la Red de turismo comunitario Barrio Sur y Palermo (visites guidées des quartiers de Palermo et Barrio Sur). De récentes recherches archéologiques ont été faites au Caserio de los Negros, un sinistre bâtiment situé dans la baie de Montevideo qui regroupait les esclaves mis en quarantaine dès leur arrivée. En fouillant le lieu et en analysant les sépultures, on a pu en apprendre davantage sur les rites spécifiques des esclaves et connaître leur origine africaine exacte. Jusque-là, on supposait que les ancêtres de cette communauté afro étaient bantous, congolais et guinéens.

SOCIÉTÉ

L'Uruguay se démarque comme l'une des sociétés les plus équitables du continent sud-américain, avec un revenu par habitant élevé et de faibles niveaux d'inégalité et de pauvreté. Au début du XXe siècle, le pays a instauré une série de réformes sociales qui a renforcé son système éducatif, soutenu son système de sécurité sociale et grandement amélioré les droits et libertés des minorités. Aux dires d'Adolfo Garcé, professeur en sciences sociales à l'Université de la République de Montevideo, « l'Uruguay a une longue tradition d'avant-garde en faveur des droits des minorités, une volonté d'avancer rapidement sur ces questions ». Selon lui, cela est en partie dû à l'arrivée de plusieurs vagues d'immigration tout au long du XXe siècle qui a contribué à la promotion d'une culture progressiste et laïque. Une stricte division des pouvoirs et un système électoral transparent ont également permis une vie politique de plus en plus tolérante.

Éducation

L'Uruguay a un taux d'alphabétisation pratiquement universel, comparable à celui de la plupart des pays développés. L'enseignement est obligatoire pour les étudiants de 6 à 11 ans, et le système éducatif est gratuit du niveau préscolaire au niveau universitaire. Les écoles privées sont cependant très coûteuses. Tous les enfants qui intègrent le système scolaire reçoivent un ordinateur dès qu'ils commencent à lire et ont accès gratuitement à Internet dans tous les espaces publics du pays. Parmi les centres universitaires réputés, pensons à l'Université de la République de Montevideo, fondée en 1849 et à l'Université catholique de l'Uruguay fondée en 1985. Ces deux établissements comptent de nombreuses facultés, dont des écoles de médecine et d'ingénierie distinguées qui attirent aujourd'hui des étudiants de tout le pays. Leur ratio élève enseignant est l'un des plus bas de la planète, avec 14 étudiants par enseignants seulement, en contraste avec la France où la proportion atteint les 19 élèves par professeur.

Néanmoins, l'abandon scolaire demeure élevé, en particulier au niveau de l'enseignement secondaire. Les obstacles financiers, le manque d'accès aux écoles et les environnements scolaires médiocres sont quelques facteurs qui pousseraient les étudiants à quitter l'école avant d'avoir obtenu leur diplôme. Naturellement, ce phénomène de décrochage scolaire soulève bien des problèmes, car non seulement il implique une baisse de la productivité, mais également une rupture de l'engagement civique et social de la population, une augmentation de la violence ainsi que des performances à la baisse quant au système de santé. Le pays a évidemment encore beaucoup de pain sur la planche en matière d'éducation, bien qu'il demeure en tête du classement des meilleurs systèmes éducatifs d'Amérique latine.

Légalisation du cannabis

Dans le but de lutter contre le trafic de drogue, l'Uruguay a approuvé une mesure drastique en 2014 en légalisant la production, la vente et la consommation de cannabis à des fins récréatives. Certaines conditions ont toutefois été adoptées par la loi, comme le fait que les consommateurs de marijuana doivent être âgés d'au moins 18 ans, résidents en Uruguay et inscrits sur un registre d'utilisateurs. La réglementation en vigueur propose trois façons d'acquérir légalement de la marijuana : la culture individuelle, les clubs et l'achat en pharmacie. Les consommateurs sont autorisés à acheter jusqu'à dix grammes de cannabis par semaine. Cette loi prévoit également des quotas quant à la production, autorisant chaque Uruguayen à cultiver jusqu'à 6 plants de cannabis pour sa consommation personnelle, et la formation d'associations de fumeurs de 15 à 45 personnes, qui pourront collectivement cultiver 99 plants au maximum. L'initiative du président uruguayen Jose Mujica est la première de ce type au monde, puisque la loi signée place toute la chaîne de production sous autorité de l'État. En 2020, le secteur du cannabis en Uruguay comptait 120 entreprises, qui employaient plus de 1 000 salariés. En matière d'exportation, l'Uruguay a réalisé un chiffre impressionnant en 2020, envoyant près de onze tonnes de cannabis, principalement vers l'Europe. Cela a fait du pays le plus grand exportateur de chanvre au monde. Enfin, le tout premier centre de bien-être et d'éducation sur le cannabis médical en Amérique latine est actuellement en construction à La Tertulia, un domaine de 110 hectares situé à 15 km de Laguna Garzón. Il est également possible de faire une visite du musée du cannabis à Montevideo.

Communauté LGBTQI+

Véritable pionnier de la diversité et de l'inclusion, l'Uruguay est devenu au fil des années l'un

© FUTUREWALK - ISTOCKPHOTO.COM

L'Uruguay possède l'un des meilleurs systèmes éducatifs d'Amérique latine.

des pays les plus avancés en matière de droits des personnes lesbiennes, gais, bisexuelles, trans, queers, intersexes et asexuelles (LGBTQI+). Notons que l'homosexualité fut dépénalisée en 1934 et qu'en 2009, les couples gais et lesbiens pouvaient désormais adopter conjointement des enfants. Toujours en 2009, l'Uruguay approuve le changement d'état civil pour les transsexuels (par 51 voix sur 53), une grande première pour le continent sud-américain. Selon ledit projet : « Chaque personne a le droit au libre développement de sa personnalité conformément à l'identité de genre qui lui est propre, quel que soit son sexe biologique, génétique, anatomique, morphologique, hormonal. » En 2013, l'Uruguay devint le troisième pays d'Amérique du Sud à légaliser officiellement le mariage homosexuel, et en 2018, le congrès uruguayen va encore plus loin en approuvant une loi garantissant des droits aux personnes transgenres, en leur accordant le choix de subir une opération chirurgicale de réattribution sexuelle. Depuis lors, les membres de la communauté LGBTQI+ peuvent avoir recours à cette intervention qui sera d'ailleurs prise en charge par l'État. Grâce à ces législations inclusives et à la promotion de la diversité de sexe et de genre, le pays attire environ 250 000 touristes de cette communauté chaque année. En 2021, l'Uruguay fut classé 5e pays le plus gai friendly du monde, selon le Guide Gay International Spartacus, qui mesure les conditions de vie des membres de la communauté LGBTQI+ de chaque pays. Qui plus est, les entreprises nationales peuvent aujourd'hui demander une certification de société « gay-friendly ». En ce qui concerne les événements célébrant ces cultures, une marche pour la diversité se tient chaque année, lors du dernier vendredi du mois de septembre, organisée par la Coordinadora de la Marcha por la Diversidad. Cette journée-là, à partir de 19h, des slogans tels que « La discrimination c'est aussi la violence, ne laissez pas l'indifférence vous gagner ! » et « Pas de diversité : pas de démocratie. », commencent à résonner le long de l'avenue Libertador. Au centre de la capitale, sur la Plaza de la Diversidad Sexual (Place de la Diversité Sexuelle), on retrouve un « homomonument ». Inauguré en 2005, ce dernier affiche une citation révélatrice des valeurs progressistes et libérales du pays : « Honorer la diversité, c'est honorer la vie : Montevideo pour le respect de tous les genres, identités et orientations sexuelles. » En outre, un hôtel réservé exclusivement aux hommes homosexuels a ouvert ses portes sur la plage nudiste de Chihuahua, à quelques kilomètres de Punta del Este. En pleine émergence, la scène gaie a d'ailleurs fait apparaître des boîtes de nuit réputées qui organisent des soirées hautes en couleur et des spectacles de drag queens excentriques et burlesques. L'Uruguay montre ainsi l'exemple d'un pays qui fait la promotion de l'égalité des droits pour tous, peu importe leur orientation sexuelle ou leur identité de genre.

Santé

L'Uruguay dispose d'un système de soins de santé universel et public, connu sous le nom de Sistema Nacional Integrado de Salud (SNIS), qui est accessible à tous les résidents du pays, y compris les étrangers. Financé par le gouvernement et géré par le ministère de la Santé publique, il comprend des hôpitaux publics, des cliniques et des centres de soins primaires. Le SNIS propose une gamme complète de services de santé, incluant la prévention, le traitement et la réadaptation, ainsi que la couverture de certains médicaments, bien que certaines limitations s'appliquent.

© SALMA BASHIR MOTIWALA - SHUTTERSTOCK.COM

Cérémonie d'investiture du président Luis Lacalle Pou en mars 2020.

La densité de médecins par habitant s'élève à cinq pour mille, comparable à celui des pays occidentaux. De plus, les citoyens uruguayens bénéficient de la liberté de choisir leur prestataire de soins de santé et leur médecin de famille. Les dépenses de santé de l'État représentent environ 10 % du PIB en Uruguay, ce qui est plus élevé que la moyenne de l'OCDE de 8,8 %. Il existe en outre une importante tradition de protection sociale, provenant de législations votées en 1912 et 1929. Par exemple, après la création de régimes de pension pour une partie des militaires et des fonctionnaires au cours du XIXe siècle, la couverture s'est étendue progressivement pour atteindre une prise en charge quasi universelle pour les pensions, l'invalidité, l'assurance et les prestations de survivants au milieu des années 1950. Il existe toutefois quelques disparités en matière d'accessibilité aux soins de santé, la capitale étant mieux pourvue en équipements médicaux que les autres régions du pays.

Pauvreté

En 2021, la Banque Mondiale a rapporté que la classe moyenne de l'Uruguay était devenue la plus importante d'Amérique latine, représentant plus de 60 % de sa population. Selon un rapport de l'OCDE (Organisation de coopération et de développement économiques), en 2004, la part des personnes vivant en dessous du seuil de pauvreté était de 39,9 %. En d'autres mots, 4 Uruguayens sur 10 vivaient avec moins que 1,90 US$ par jour. Aujourd'hui, le pays peut se louer d'avoir atteint le taux de pauvreté le plus bas d'Amérique latine, avec 3,2 % de sa population vivant avec moins de 1 000 euros par mois. En octobre 2022, pour l'ensemble du pays, le taux d'activité s'élevait à 62,1 %, le taux d'emploi à 57,2 % et le taux de chômage à 7,8 %.

Politique

La République orientale de l'Uruguay est un État laïc et souverain qui se caractérise par un système démocratique et républicain, avec une séparation des pouvoirs entre l'exécutif, le législatif et le judiciaire. Le pouvoir exécutif est composé du président, Luis Lacalle Pou, fils de l'ex-président Luis Lacalle Herrera (1990-1995), de la vice-présidente, Beatriz Argimón, ainsi que du Conseil des ministres qui les assiste. Conformément au système électoral en vigueur, le président de la République est élu pour un mandat de cinq ans au suffrage universel et est limité à un seul mandat, tout comme les gouverneurs et les maires.

Les principaux partis politiques uruguayens sont les suivants :

- **Parti Colorado.** Fondée en 1836. Depuis le rétablissement de la démocratie en 1985, le Parti Colorado a gouverné l'Uruguay à trois reprises : entre 1985 et 1990 (Julio Maria Sanguinetti), entre 1995 et 2000 (à nouveau Julio Maria Sanguinetti) et entre 2000 et 2005 (Jorge Batlle). Parti de droite, conservateur, nationaliste et protectionniste, il prône un libéralisme à l'américaine.
- **Parti national.** Fondée en 1836 par Manuel Oribe. Depuis le rétablissement de la démocratie, le Parti national a gouverné l'Uruguay entre 1990 et 1995 (Luis Alberto Lacalle Herrera) et dans la législature actuelle (Luis Alberto Lacalle Pou).
- **Frente Amplio.** Coalition fondée en 1971, composée de nombreux partis et groupes politiques allant du centre gauche à l'extrême gauche. Il a gouverné l'Uruguay à trois reprises : entre 2005 et 2010 (Tabaré Vázquez Rosas), entre 2010 et 2015 (José Mujica) et entre 2015 et 2020 (Tabaré Vázquez Rosas à nouveau). Il est dirigé par Javier Miranda.

RELIGIONS

Lorsque l'on évoque l'Uruguay en tant que pays laïc, cela se rapporte à l'idée que l'État est neutre en matière de religion et n'adopte aucune position préférentielle envers une religion spécifique. Cependant, cela ne sous-entend pas que ses habitants ne possèdent pas de croyances religieuses, bien au contraire ! En effet, selon les chiffres officiels, environ 80 % des Uruguayens déclarent croire en Dieu. Si le catholicisme est la religion majoritaire, avec 42 % de pratiquants, d'autres confessions ont également trouvé leur place dans le pays. Les chrétiens non-catholiques représentent 11 % de la population, tandis que les croyants d'autres religions sont estimés à 9 %. Enfin, près d'un cinquième des Uruguayens se déclarent croyant sans confession. Malgré cette diversité, l'Église catholique n'a jamais acquis l'hégémonie culturelle qu'elle a pu avoir dans d'autres pays du continent en raison des événements politiques survenus au XIXe siècle.

Colonisation et christianisme

Dès l'arrivée des conquistadors, l'Église catholique a pris une place centrale dans la vie de l'Amérique coloniale, intervenant dans tous les aspects de la vie publique et privée de la population. Son activité s'est déroulée sur un territoire et parmi des cultures où le christianisme était inconnu, et a donc dû s'imposer face aux pratiques chamaniques indigènes. Par exemple, les croyances des Charrúa, peuple autochtone de l'Uruguay, étaient basées sur des concepts tels que le « Gualicho », l'esprit maléfique. Afin de renforcer son pouvoir et d'établir sa domination spirituelle, l'Église (et plus particulièrement les missionnaires jésuites), employa différents moyens incluant la conversion des communautés autochtones à la religion chrétienne et la construction de chapelles et d'écoles pour enseigner la langue espagnole. Ces méthodes provoquèrent une vive résistance de la part des indigènes qui luttèrent pour préserver leur culture et leurs traditions. Au début du XVIIe siècle, en plus des franciscains établis au sud du *rio* Negro et des jésuites présents dans la région des missions guaranies, le territoire la Banda Oriental comptait également une présence moins structurée de mercédaires et de jacobins, ces derniers défendant un républicanisme radical. Le couvent de San Bernardino fut fondé en 1760 par l'ordre franciscain, et accueillit certains des acteurs clés du mouvement révolutionnaire, tels que José Artigas, José Rondeau et Dámaso Antonio Larrañaga. Cette institution contribua grandement à façonner les idées théologiques et philosophiques des révolutionnaires en mettant l'accent sur la promotion des valeurs fondamentales telles que l'égalité, la liberté et la justice. Son influence fut également déterminante dans la propagation de ces idées au sein de la société, et ce, en particulier après la crise de la monarchie espagnole en 1808. L'avènement de la révolution de 1810 entraîna de nombreuses divisions parmi le clergé séculier et régulier. Certains membres de l'Église restèrent fidèles aux autorités royalistes tandis que d'autres devinrent des agents politiques du processus insurrectionnel. C'est aussi à ce moment que les populations autochtones rejoignirent les groupes de guérilla dans le but de défendre leurs droits et leur autonomie. A la suite de la bataille de Las Piedras qui opposa l'armée de la Banda Oriental à celle de l'Empire espagnol, un groupe de frères du couvent de San Bernardino fut violemment expulsé d'Uruguay sur ordre du vice-roi, accusé de propager des idées révolutionnaires. Cela reflétait clairement les tensions religieuses et politiques entre les autorités espagnoles et de nombreux secteurs du clergé.

L'indépendance de l'Uruguay a également ouvert la voie à l'arrivée de nouveaux groupes religieux. Par exemple, le protestantisme commença à se développer au début du XXe siècle, principalement en raison de l'influence des immigrants britanniques et allemands. Bien que ces religions restent aujourd'hui minoritaires par rapport au catholicisme, elles ont contribué à enrichir la diversité culturelle et le pluralisme religieux du pays.

La religion afro-uruguayenne

La religion afro-uruguayenne est un élément essentiel de la culture et de l'identité de la communauté afro-uruguayenne, qui représente environ 8 % de la population du pays. Ses racines remontent aux peuples africains amenés en Amérique du Sud en tant qu'esclaves, principalement d'origine yoruba, bantoue et kongo. Au fil du temps, l'héritage africains s'est mélangé aux doctrines catholiques locales pour donner naissance à un système de croyances unique et riche en symbolisme et en rituels. Parmi les principales religions afro-uruguayennes, on trouve l'Umbanda et le Candomblé.

Fête de Iemanja à Maldonado.

L'Umbanda est une religion syncrétique qui combine des éléments de la religion yoruba, du catholicisme, du spiritisme et des traditions indigènes. Les adeptes de l'Umbanda croient en un Dieu suprême, nommé Olorun (ou Zambi), et en une série d'esprits ou d'entités appelées Orixás, qui sont associés à des forces de la nature, des saints catholiques et des ancêtres mythiques. Les Orixás jouent un rôle central dans la vie des fidèles, en les guidant et en les protégeant. Le Candomblé, en revanche, est une religion plus proche des traditions yoruba d'Afrique de l'Ouest. Bien qu'il partage certaines similitudes avec l'Umbanda, comme la croyance en un Dieu omnipotent et aux Orixás, le Candomblé accorde une plus grande importance à la préservation savoirs traditionnels africains et à la connexion avec les ancêtres. Les cérémonies du Candomblé impliquent souvent des offrandes, des sacrifices d'animaux et des danses rituelles. Imprégnée de mystères et de spiritualité, la religion afro-uruguayenne a donné naissance à de nombreuses fêtes et célébrations, tissant ainsi une empreinte indélébile sur le tapis culturel uruguayen. Par exemple, la Fête de Iemanja célèbre la déesse de l'océan, tandis que le carnaval intègre différentes traditions culturelles telles que le *candombe*.

Un pays laïc

Après l'Indépendance de l'Uruguay en 1825, des tensions politiques et sociales commencèrent à remettre en question l'influence de l'Église dans la vie publique. L'afflux d'immigrants européens, favorisé par le développement industriel croissant du pays, incita l'élite à s'inspirer des idées libérales en vogue de l'époque. Cette agitation ouvrit conséquemment la voie à des réformes qui se produisirent dans les décennies suivantes, telles que la sécularisation des cimetières et de l'enseignement public, ou encore la loi interdisant les mariages religieux sans cérémonie civile préalable (1861 et 1877). En 1906, les crucifix furent retirés des hôpitaux et en 1907, la loi sur le divorce fut adoptée, et toute référence à Dieu fut supprimée du Parlement. La Semaine sainte fut même rebaptisée « Semaine du Tourisme », et Noël « Jour de la famille ». Cela aboutit à la réforme constitutionnelle de 1917 qui entraîna la séparation officielle de l'Église et de l'État en 1919. L'article 5 de la Constitution actuelle stipule toujours que « Tous les cultes sont libres en Uruguay. L'État ne soutient aucune religion. » L'État a donc adopté une position neutre en matière de religion, favorisant la tolérance et la liberté religieuse pour tous ses citoyens.

QUE RAPPORTER ?

L'Uruguay, avec ses richesses culturelles et ses traditions ancrées dans la vie quotidienne, offre une multitude d'options pour ceux qui cherchent des souvenirs uniques reflétant l'essence du pays. Imaginez-vous déambuler dans les ruelles pittoresques, avec une mission des plus nobles : dénicher des trésors authentiques qui feront de vous le roi ou la reine des échos du voyage ! Ah L'Uruguay… Terre de contrastes, où les gourmands se régalent de délices gastronomiques et les œnophiles s'enivrent de vins envoûtants. Mais attendez, ce n'est pas tout ! Vous rêvez de vous emmitoufler dans la plus douce des laines, de vous pavaner avec des articles en cuir qui feraient rougir un cow-boy, ou de vous parer de pierres précieuses dignes d'un conte de fées ? L'Uruguay est là pour vous. N'hésitez donc pas à vous aventurer hors des sentiers battus pour débusquer des souvenirs singuliers qui raviveront les mémoires de votre odyssée en un clin d'œil !

Produits gourmands

La *Yerba mate* : la boisson au statut presque sacré. Si vous désirez rapporter un souvenir de l'Uruguay qui vous fasse sentir comme un vrai local, n'oubliez pas les feuilles de *yerba mate* ! Cette boisson nationale est prise très au sérieux par les Uruguayens, qui commencent à boire du maté dès l'âge de 15 ans. Certains d'entre eux peuvent en boire jusqu'à 1 litre chaque jour, soit l'équivalent de 12 tasses. Il est d'ailleurs très commun de voir des piétons marcher avec leur maté dans une main et leur thermos dans l'autre. Cette boisson ancestrale qui a vu le jour il y a des siècles chez les habitants natifs du Paraguay, de l'Argentine et de l'Uruguay, est aujourd'hui devenue une institution dans le pays. Pour préparer le maté comme un vrai pro, il convient d'abord de maîtriser toutes les étapes. Premièrement, il faut se munir d'un récipient en forme de calebasse, souvent confectionné à partir de la coquille du fruit du Porongo. Ensuite, on compacte la *yerba* (les herbes) sur l'un des côtés du maté (la tasse) à l'aide d'une *bombilla* (une paille en métal spécialement conçue pour boire le maté), puis on enfonce la *bombilla* dans le creux pour la coincer. Pour finir, il ne reste plus qu'à verser de l'eau chaude à une température idéale de 75 degrés Celsius là où se trouve la *bombilla*, et hop, votre maté est prêt à être savouré comme un vrai connaisseur ! A noter que les feuilles de *yerba mate* peuvent être réutilisées jusqu'à 15 fois avant de perdre toute leur saveur. Les Uruguayens appellent cette pratique « recargar el mate », ce qui signifie littéralement « recharger le maté ». Cette habitude leur permet de prolonger le plaisir de cette boisson et d'en profiter pleinement tout au long de la journée. Plus qu'un simple breuvage, le maté est un symbole de l'identité nationale uruguayenne et est souvent partagé entre amis lors de moments conviviaux. A noter que le pays détient le record mondial de consommation de *yerba* par habitant, avec environ 10 kilogrammes par an. Pour découvrir cette boisson emblématique, rendez-vous dans les magasins d'artisanat locaux où vous pourrez acheter du maté ainsi que les accessoires nécessaires à sa préparation. Pour se procurer de la *yerba*, il suffit de se rendre dans n'importe quelle épicerie. Enfin, si vous souhaitez en rapporter à la maison, pas de panique, c'est généralement autorisé, bien que vous puissiez avoir à la déclarer à l'aéroport en raison des réglementations de sécurité alimentaire.

***Dulce de leche* et *alfajores* : le duo gourmand.** Le *dulce de leche* et les *alfajores* constituent deux éléments essentiels de la cuisine uruguayenne. Le *dulce de leche* est une confiture de lait sucrée et onctueuse appréciée par tous les locaux, tandis que les *alfajores* sont des biscuits garnis de cette confiture et enrobés de chocolat. Ces délices sucrés, à l'instar du maté, sont perçus comme des emblèmes nationaux. Gare à ceux qui oseraient prétendre que les versions argentines sont supérieures : vous risqueriez de déclencher une guerre ! Les Uruguayens les apprécient tellement qu'ils organisent chaque année un festival national en leur honneur (1er juillet). En 2010, la ville de Minas a même établi un record du monde en cuisinant le plus grand *alfajor*, pesant environ 464 kg et mesurant plus d'un mètre de diamètre. Le *dulce de leche* sert également de garniture pour les crêpes, les gaufres ou simplement tartiné sur du pain grillé pour un petit-déjeuner ou un en-cas sucré. La version uruguayenne de cette confiture est plus sombre et plus épaisse que celles d'autres pays d'Amérique latine. On peut se procurer du *dulce de leche* dans de nombreuses épiceries, supermarchés, magasins d'alimentation, ainsi que dans des boutiques d'artisanat local et de souvenirs. On en trouve aussi dans les boulangeries, les pâtisseries, les marchés locaux et les foires artisanales. Plusieurs marques populaires de *dulce de leche* en Uruguay incluent La Magnolia, Calcar, Conaprole et Lapataia.

Le tannat : trésor viticole inestimable. L'Uruguay, bien qu'étant un acteur modeste sur la scène viticole internationale, a connu une croissance remarquable ces dernières années. En 2018, le pays a exporté 6,5 millions de bouteilles, un chiffre minime comparé aux 1,2 milliard de bouteilles exportées par le Chili, mais néanmoins impressionnant pour un pays de 3,5 millions d'habitants. L'histoire de la vinification en Uruguay remonte au milieu du XVIIe siècle, lorsque les premières vignes furent importées d'Espagne. À cette époque, la production de vin était une affaire domestique, les habitants fabriquant leur propre alcool à la maison. Cependant, un immigrant basque du nom de Pascual Harriague a été le premier à entrevoir le potentiel commercial de la viticulture dans le pays. En 1870, Harriague planta plusieurs variétés de vignes afin de trouver celle qui s'adapterait le mieux au sol et au climat uruguayen. Le cépage qui rencontra le plus grand succès s'est avéré être le Tannat, d'origine française (dans le Sud-Ouest). Les Uruguayens sont rapidement devenus fous de ce vin corsé et tannique et aujourd'hui, une bouteille de vin sur trois produite en Uruguay est un Tannat, preuve de l'engouement persistant pour ce cépage. Oubliez les magnets et les t-shirts «I love Uruguay» – rien ne vaut une bonne bouteille pour partager votre aventure uruguayenne avec vos proches !

Mode et vêtements

Produits en laine. La laine biologique d'Uruguay est réputée dans le monde entier pour sa qualité exceptionnelle. En tant que troisième exportateur mondial de laine brute, le pays est particulièrement connu pour sa production de laine mérinos. Cette dernière offre une meilleure protection thermique que n'importe quel autre type de laine, est douce au toucher, généralement hypoallergénique et absorbe l'humidité. Vous pourrez en trouver en visitant diverses foires artisanales (notamment la Feria de Villa Biarritz et la Feria de Tristán Narvaja) ou en vous rendant dans des boutiques spécialisées telles que Uruguay Wools ou Manos de Uruguay, qui proposent des produits conçus à partir de laine naturelle tout en soutenant des artisans locaux et des communautés rurales. Faites le plein de cadeaux avec des lainages de qualité supérieure : vous serez ainsi paré pour affronter les froids hivernaux avec style tout en arborant fièrement vos souvenirs uruguayens !

Accessoires en cuir. Avec plus de 10 millions de vaches gambadant sur son sol, l'Uruguay est un véritable eldorado pour les amoureux de cuir ! Des ceintures aux sacs en passant par les chaussures, la plupart des articles sont fabriqués à la main par des artisans locaux, ce qui en fait des pièces uniques. Rendez-vous dans une *talabartería* (atelier de maroquineries) et procurez-vous des *alpargatas* (espadrilles), des bottes de cow-boy ou encore un *sombrero de gaucho*. Si vous cherchez des produits plus haut de gamme, des marques uruguayennes comme Lincoln's, Rusconi ou Pecarí proposent des articles en cuir de qualité supérieure. Les boutiques de maroquinerie sont généralement situées dans les grandes villes, telles que Montevideo et Punta del Este.

Bronzez avec style. Vous serez submergé par les options pour dégoter des vêtements de plage tels que des maillots de bain, bikinis, tuniques, caftans, sacs, paréos, lunettes de soleil et chapeaux. Sur les côtes ensoleillées et dans les stations balnéaires comme Punta del Este, José Ignacio ou Piriápolis, les magasins spécialisés en tenues et accessoires de plage abondent. Baladez-vous le long des allées et

© LARISA BLINOVA - SHUTTERSTOCK.COM

Yerba mate.

DÉCOUVRIR

© ALBERT RUSS - SHUTTERSTOCK.COM

Améthyste d'Artigas.

rues commerçantes pour explorer le kaléidoscope de boutiques proposant des articles pour lézarder au soleil. En outre, vous trouverez pléthore de centres commerciaux et grands magasins vendant des ensembles issus de marques locales et internationales. Par exemple, des lieux tels que Montevideo Shopping, Punta Carretas Shopping ou Punta Shopping sont de véritables mines d'or. Laissez-vous tenter et fouillez pour dénicher des pièces uniques.

Les sarouels uruguayens. La *bombacha criolla* (littéralement « culotte créole ») est un pantalon traditionnel argentin et uruguayen, souvent associé aux *gauchos* et aux activités rurales. Il s'agit d'un pantalon ample, bouffant au niveau des hanches et resserré au niveau des chevilles. Il est généralement fabriqué en coton ou en laine, avec une ceinture en cuir et des boutons décoratifs. La *bombacha criolla* est appréciée pour sa grande résistance et son confort lors des travaux en extérieur. Elle est également devenue une tenue populaire pour les événements traditionnels tels que les danses folkloriques et les festivals ruraux.

Artisanat et souvenirs

Les cristaux violets d'Artigas. L'Uruguay est réputé pour ses mines d'améthystes de haute qualité, qui se distinguent par leur beauté et leur couleur pourpre captivante. Elle occupe une place de choix dans le cœur des Uruguayens, et est même considérée comme la pierre nationale du pays en raison de son importance culturelle et historique. Pas étonnant que les joailliers en raffolent et que les adeptes de lithothérapie l'utilisent pour ses propriétés apaisantes. Les mines sont situées dans différentes régions de l'Uruguay, mais la zone d'Artigas, dans le nord du pays près de la frontière brésilienne, est particulièrement reconnue pour sa production. Les mineurs locaux extraient ces cristaux à la main, ajoutant une touche artisanale à ces trésors naturels. Si vous êtes curieux de découvrir l'histoire fascinante de ces pierres précieuses, ne manquez pas l'opportunité d'explorer les mines d'améthystes, qui sait, vous pourriez même en profiter pour en rapporter quelques-unes avec vous.

Le bois. Le bois est une matière première abondante en Uruguay, et les artisans locaux ont acquis une grande expérience dans son utilisation. Les objets en bois sont souvent fabriqués à partir d'essences locales telles que l'eucalyptus, le cèdre ou le *quebracho*, qui est un bois solide et résistant. Les souvenirs en bois, tels que les sculptures, les jeux d'échecs, les plateaux, et les planches à découper, sont non seulement magnifiques, mais aussi pratiques et durables. Pour en trouver, dirigez-vous vers les marchés et magasins d'artisanat ou faites un tour dans les foires artisanales locales.

Boutiques de musées. Les boutiques du Museo Torres Garcia et du Teatro Solis offrent une large sélection de souvenirs pour les visiteurs qui souhaitent rapporter un peu de l'histoire et de la culture uruguayenne chez eux. Parmi les articles disponibles, on peut trouver des T-shirts, des sacs, des verres à liqueur, des coffrets de verres à vin et des tasses - tous gravés ou peints avec les symboles emblématiques de ces deux sites touristiques de renom. Que vous soyez un collectionneur passionné ou simplement à la recherche d'un cadeau unique, ces boutiques proposent des articles de qualité qui représentent parfaitement l'art et la culture du pays.

SPORTS ET LOISIRS

En Uruguay, comme partout sur le continent sud-américain, c'est bien évidemment le football qui déchaîne les passions les plus folles. La Celeste, l'équipe nationale, est adulée dans tout le pays. Le basket-ball et le polo sont également des sports très appréciés des Uruguayens. Côté activités, on est ici au pays des *gauchos* et c'est évidemment l'équitation qu'il faudra absolument pratiquer dans la pampa. La nature uruguayenne sera également un sympathique terrain de jeu pour la pratique de la randonnée, de l'escalade, du rafting et, surtout de la pêche. Enfin, le superbe littoral atlantique propose de nombreuses stations balnéaires, dont la très célèbre Punta del Este, pour les amateurs de farniente et de sports nautiques. Plongée sous-marine, planche à voile, windsurf, kitesurf, surf, sports nautiques motorisés en tout genre… Tout est possible le long des plages sauvages et dorées de la côte uruguayenne.

Football, LE sport national

Le football, une religion ? Ce lieu commun que l'on entend lorsque l'on évoque le ballon rond en Amérique latine colle parfaitement à l'Uruguay. Et tous les parents rêvent que leur progéniture marche sur les traces d'Enzo Francescoli, l'idole du pays, qui a fait trembler la planète football dans les années 1980 et 1990. Importé par les immigrants anglais et d'abord pratiqué par les *gentlemen*, le football va vite se démocratiser et l'Uruguay devenir une nation phare du jeu. Dans les années 1920, le petit pays va décrocher deux fois l'or olympique en 1924 et 1928, avant d'organiser la première Coupe du monde en 1930. Une compétition remportée par la Celeste, le surnom de l'équipe uruguayenne, qui va s'imposer en finale contre l'Argentine dans le monumental Estadio Centenario (p.128) de Montevideo, construit pour l'occasion. Avant un deuxième titre mondial en 1950 en battant le Brésil chez lui, dans son mythique stade Maracanã devant... 173 850 spectateurs ! Une tragédie nationale pour les Brésiliens, encore connue sous le nom de « Maracanazo » (« le choc du Maracanã »). Malgré quelques autres épopées, notamment les Copa América 1956, 1967, 1987 et 1995 (remportée par l'équipe d'Enzo Francescoli), la Celeste va se montrer plus discrète sur la scène internationale. Avant un retour en force lors de la Coupe du monde sud-africaine en 2010, où les coéquipiers de Diego Forlán (élu meilleur joueur du tournoi), Luis Suárez et Edinson Cavani se sont hissés en demi-finale, et la victoire en Copa América l'année suivante. Du côté du championnat national, le grand classique et le match le plus brûlant de la saison est l'affrontement entre le Nacional et le Peñarol, deux clubs historiques de Montevideo.

Le polo, l'autre héritage anglais

Comme en Argentine, c'est un sport très apprécié en Uruguay. Le polo est arrivé dans la zone du *río* de la Plata avec les immigrants anglais à la fin du XIXe siècle. David Shennan en serait le pionnier pour avoir organisé le premier match de polo en 1875 dans son *estancia* argentine. Les clubs et lieux de jeu se développèrent petit à petit dans la région, car les grands espaces des *estancias* étaient propices à ce sport, tout comme les élevages de chevaux. Deux clubs uruguayens sont à mentionner : le Carrasco Polo Club (p.148) de Montevideo et le Medellin Polo Club près de Punta del Este, entre La Barra et José Ignacio, où l'on pourra prendre des cours de polo avec vue sur la mer.

Le Pato (en France, on parle de horse-ball), pratiqué particulièrement par les *gauchos* dans la pampa, est un dérivé du polo auquel on ajoute quelques particularités du basket-ball.

L'équitation, l'activité reine

Rien de tel que les *estancias* pour pratiquer l'équitation ou profiter de randonnées en compagnie des *gauchos*, ces cow-boys sud-américains. Les *gauchos*, qui se retrouvent également lors du grand rodéo de la Semana Criolla del Prado à Montevideo en avril, utilisent toujours leur compagnon pour mener le bétail dans les vastes plaines du pays. Pour la pratique de l'équitation, des zones sont plus propices que d'autres : la Cuchilla Grande, au nord du pays, et notamment du côté de Tacaruembo, et les réserves naturelles de la région de Rocha.

Des loisirs nature

Il faudra absolument partir à la découverte des fleuves du pays, parmi lesquels le *río* de la Plata, le *río* Uruguay et le *río* Negro. La plupart de ces *ríos* sont navigables et des excursions fluviales autour de Mercedes, Fray Bentos, Soriano et Dolores sont envisageables. Il est également possible de faire du rafting dans les alentours de Paysandu.

Pour un séjour randonnées et escalade, rendez-vous à Quebrada de los Cuervos ★★ (p.269), près de Treinta y Tres, à Valle Edén ★ (p.273),

© MARCELO - STOCK.ADOBE.COM

près de Tacuarembó, à Valle del Lunarejo ★★ (p.264), près de Rivera, qui renferme un riche patrimoine géologique, botanique et zoologique. Enfin, dans le département de Flores, il faut voir la Gruta del Palacio ★ (p.281), un ensemble labyrinthique.

D'excellents spots de pêche

L'Uruguay est une belle destination pêche et trois zones sont particulièrement propices à sa pratique : les bords du *río* de la Plata, entre Colonia et Piriápolis pour la pêche à la ligne ; entre Piriápolis et Punta del Este (ce serait d'ailleurs l'un des meilleurs endroits pour pêcher) ; et enfin sur la côte atlantique, dans le département de Rocha, jusqu'à la frontière brésilienne. A noter également, la zone du littoral (*río* Uruguay ou *río* Negro) peut aussi être envisagée et permet aux amateurs de remonter de superbes spécimens, à la mouche ou au lancer. Le *surubí*, sorte de poisson-chat géant, et le *dorado*, liche à la taille impressionnante, peuplent les eaux de ces *ríos*. Des concours de pêche sont même organisés. Parmi les autres espèces, il faut citer la *tararira*, le *bagre* (autre type de poisson-chat), la *corvina* (corbeau de mer), l'anchois, le *pejerrey* (athérine)... Pour pratiquer, vous pouvez rentrer en contact avec les clubs de pêche de Salto, Paysandú, Fray Bentos, Punta del Este, Montevideo... Vous pourrez y obtenir des informations sur les licences, la location de matériel, etc.

Farniente et sports nautiques

Le pays possède une côte atlantique superbe avec des plages sauvages et de longues étendues de sable doré. Une côte qui n'est pas sans rappeler la côte atlantique française, avec ses forêts de pins sur les dunes sauvages. Tour à tour animées et agitées, calmes et discrètes, sauvages et préservées, les stations balnéaires ont de multiples visages. La riviera uruguayenne compte son lot de villages huppés, José Ignacio en tête, suivi de La Barra et Manantiales, Punta Ballena, qui ont détrôné la grande voisine Punta del Este. Celle-ci offre encore de jolis coins, mais son centre à l'américaine et bétonné, jalonné de bars et boîtes de nuit, ne plaît généralement pas beaucoup aux Français. La côte de Rocha est davantage « nature » : les bordures des fleuves et les plages du littoral arborent un visage dépaysant et authentique et méritent le détour.
Évidemment, il sera donc possible de pratiquer de nombreux sports nautiques, notamment autour de Punta del Este, particulièrement recommandé pour la plongée sous-marine d'ailleurs, et dans le département de Rocha. Les amateurs de planche à voile, windsurf, kitesurf ou surf pourront aussi profiter de belles conditions, alors que de nombreux clubs proposent des sports nautiques motorisés comme le ski nautique, le wakeboard, le jet-ski, le parachute ascensionnel et autres bouées tractées.

GASTRONOMIE

A l'image des nombreuses vagues de migrants venus s'installer dans la région au cours des siècles, la cuisine uruguayenne est fortement marquée par les saveurs méditerranéennes, notamment espagnoles et italiennes, mais on retrouve également une influence allemande ou encore française. Proche de l'Argentine, la cuisine uruguayenne jouit d'une palette d'ingrédients assez étoffée, à commencer par le bœuf. La grande spécificité nationale reste en effet la viande à la *parrillada* ou en *asado* – comprendre « barbecue ». Bœuf bien sûr – que le pays produit en quantité spectaculaire – mais aussi porc, poulet et agneau, sans oublier poissons et fruits de mer. Les influences allemandes ont également donné aux Uruguayens un goût pour le sucre. On n'oubliera pas de mentionner la production de vin du pays. Notons aussi le *maté*, boisson des *gauchos*, gardiens de troupeaux, que les locaux sirotent à longueur de journée.

Produits caractéristiques

Avec presque 12 millions de têtes de bétail pour moins de 3,5 millions d'habitants, inutile de préciser que la viande bovine est centrale dans la cuisine locale. Les Uruguayens consomment pas moins de 45 kg de bœuf par an et par habitant. On retrouvera également de bons fromages : *cuartirolo*, *colonia* et *dambo*, emmental, gruyère, parmesan, *provolone* et *sardo* (sorte de *pecorino*). On a par contre moins l'occasion de manger poissons et fruits de mer. C'est vers Colonia del Sacramento, Punta del Este et Punta del Diablo que les produits de la mer sont le plus souvent présents. Le poisson est, le plus souvent, cuisiné à la plancha ou pané. Parmi les gibiers les plus communs, notons perdrix, canard sauvage, faisans et palombes pour le gibier à plume ; et lapins, lièvres, capybaras (gros mammifères rongeurs), cerfs et sangliers pour le gibier à poil.

© PAULO VILELA - SHUTTERSTOCK.COM

Matambre relleno.

Côté légumes, on retrouve de la pomme de terre à toutes les sauces, mais également tomate, poivron, carotte, courge, chou, oignon, maïs, etc. Le riz est consommé assez communément, mais on note surtout l'importance du blé que l'on retrouve dans les pâtes et les pizzas, mais aussi dans une multitude de pains, viennoiseries et pâtisseries. Peu épicée, la cuisine uruguayenne fait toutefois un usage généreux d'ail, de laurier, de persil, d'origan et de paprika, sans oublier du piment, *ají* en espagnol sud-américain.

En Uruguay, on prend son petit déjeuner (*desayuno*) à partir de 7h-8h, en général composé d'un café au lait, de galettes ou pain avec du beurre, de la confiture et souvent du *maté*. A midi, au déjeuner (*almuerzo*), on mange de la viande, accompagnée d'une *guarnición* : pomme de terre, riz ou salade. Le déjeuner se prend relativement tard, vers 13h30-14h. Beaucoup d'Uruguayens adhèrent à la tradition de la *meriendia*, vers 17h environ. Autrefois, cette collation était prise par les travailleurs de la pampa à 11h. Aujourd'hui c'est une sorte de goûter avec boissons chaudes et pâtisseries. Le dîner (*cena*) se prend rarement avant 20h30. Au restaurant, la salle se remplit à partir de 21h30.

Les classiques de la cuisine uruguayenne

En apéritif on commande la *picada*, une grande planche avec salami, fromage, olives, chips et cacahuètes salées, le tout accompagné de pain. En entrée, on sert souvent le *matambre relleno* préparé avec de fines tranches de bœuf roulées autour d'une farce à base d'œufs durs, fromage et petits légumes. Le tout est ficelé, bouilli puis consommé froid en tranches. La langue à la vinaigrette (*lengua a la vinagreta*) est une entrée typique sur le menu des restaurants uruguayens : on sert la langue de bœuf froide accompagné d'une vinaigrette légère avec persil, oignon et œuf dur haché. D'origine espagnole,

Chivito.

le *pescado en escabeche* est une méthode de préservation où le poisson est frit puis préservé dans un mélange de vinaigre et d'huile avec oignons, carottes, ail et poivre.

Les grillades sont au centre de la table en Uruguay. On retrouvera les termes *asado* et *parrillada* de manière assez indifférenciée. L'*asado* est une technique assez générale de cuisson au-dessus des braises. La méthode la plus fréquente est la cuisson au gril, mais on peut aussi disposer la viande verticalement sur les braises, avec une armature (*asador*) qui a la forme d'une croix (*asado a la cruz*). Il existe aussi l'*asado* au cuir (*asado con cuero*), où la pièce de bœuf est cuite avec la peau, lui donnant une saveur bien particulière. En Uruguay, on parle parfois d'*asado* au four (*asado al horno*) pour désigner une viande cuite dans un four en terre cuite (*horno de campo*) alimenté au bois.

La *parrillada* désigne plutôt une cuisson sur gril (*parrilla*), notamment au restaurant. On retrouvera une multitude de viandes (bœuf, abats et saucisses comme le chorizo et le boudin noir). Les abats sont appréciés, comme les *chinchulines* (intestins farcis) et les *riñones* (rognons). Il y a deux types de saucisses : le chorizo – différent du chorizo espagnol –, proche d'une saucisse épicée, mélange de viande de vache et de porc, et la *morcilla*, boudin noir fait de sang de porc, avec oignon et condiments. Dans certaines *parrilladas*, on trouve également de la viande de *ternero* (veau). Contrairement à l'Argentine, la viande de *cordero* (agneau) est rare en Uruguay, du fait de l'omniprésence du bœuf. On retrouve du poulet, notamment sous forme de *pamplonas*, des blancs de poulet farcis avec un mélange de jambon, fromage, olives, etc. Le gibier est également commun. On sert de nombreuses sauces pour accompagner les grillades, la plus commune étant le *chimichurri*, à base de persil, ail haché, origan, flocons de piment rouge, paprika, huile et vinaigre. Très populaire également, la *salsa criolla* se compose de tomates hachées avec oignons et huile. Plutôt servie avec des hamburgers et des hot-dogs, la *picantina* est une sauce épicée proche d'une mayonnaise.

Le *chivito* est la version locale du hamburger, que l'on trouve dans tous les stands de rue et les petits restaurants pour locaux. Il comprend un steak de bœuf grillé (et non du steak haché) qui se glisse entre deux tranches de pain, de la laitue et des tomates. Le tout est assaisonné de moutarde, ketchup ou mayonnaise. Le *chivito* peut également être dégusté sans pain, on dit alors qu'il est *al plato*. La version la plus appréciée est le *chivito canadiense*, avec du fromage et du bacon. On le sert souvent avec des frites. Le *choripán* est un mot-valise pour « chorizo » et « *pan* » (pain) sous forme d'un sandwich à base de chorizo grillé avec mayonnaise, ketchup, tomate, laitue, oignons. Le *pancho* est le hot-dog local, introduit par les immigrés allemands.

L'influence de la cuisine italienne est très importante en Uruguay et près de 40 % de la population possède des origines italiennes. Ainsi, sans surprise, les locaux raffolent des *capelletti, tortellini*, lasagnes, *cannelloni*, *raviolis* et *spaghetti*. On fête même le *dia del gnocchi* (parfois écrit *ñocchi*) le 29 de chaque mois. La coutume veut que l'on glisse un billet sous son assiette pour s'attirer chance et prospérité. Par ailleurs, on y adore la pizza et vous aurez l'occasion d'en déguster dans toutes les régions. La polenta est aussi très présente, sans oublier la *fainá*, sorte de polenta dense à base de farine de pois chiches que l'on coupe en tranches.

Gâteau chajá.

La *salsa caruso* est une sauce à base de crème fraîche, de champignons, de jambon cuit et de fromage – avec parfois des noix – qui accompagne les *cappelletti*, aussi connus sous le nom de *caplèt*, originaires de l'Émilie-Romagne en Italie. Ce sont des pâtes aux œufs farcies de viande ou de fromage et pliées en forme de « petits chapeaux », comme son nom italien l'indique. Enfin, l'escalope milanaise, ou *milanesa*, est incontournable en Uruguay. C'est toujours l'un des plats les moins chers à la carte et on le propose régulièrement en menu du jour. La *milanesa a la napolitana* (qui ne vient pas de Naples) est garnie de sauce tomate, de tranches de jambon et de mozzarella. La *milanesa a caballo* est couronnée d'un œuf sur la viande.

D'origine espagnole, les *empanadas* sont confectionnées dans tout le Cône Sud du continent. C'est une sorte de chausson farci à la viande, au fromage, aux poivrons, etc. Elles sont vendues pour un prix dérisoire à la pièce et se dégustent chaudes ou froides. Autre plat ibérique, le *puchero* est un ragoût très complet avec différentes pièces de viande (échine, os à moelle, lard), chou, maïs, colza, oignon, céleri, carotte, patate douce, courge et pommes de terre. Possiblement d'origine argentine, le *guiso carrero* est un plat en sauce avec pomme de terre, patate douce, nouilles, courge, oignon, tomate, haricots et différentes découpes de viande. La *torta pascualina* est une tourte à base de farine de blé, farcie d'épinards et/ou de blettes avec de l'œuf, que l'on prépare traditionnellement pour Pâques.

Le *congrio* (congre) sert à l'élaboration du *caldillo*, soupe à base de pommes de terre et d'oignons. Les autres poissons proposés au menu sont le bar (*corvina*), le thon (*atún*) ou encore la sole (*lenguado*). Dans les terres, dans les villes jouxtant les rivières – notamment près du río Negro et du río Yí –, on peut déguster truites et saumons. On notera le populaire *pescado a la marinera*, sorte de *fish & chips* local, et la morue (*bacalao*) généralement mijotée avec tomate, oignon, ail et herbes.

Desserts et boissons

Les Uruguayens apprécient les pâtisseries, notamment pour le goûter, et on retrouvera divers gâteaux et viennoiseries. Comme en Argentine, le *dulce de leche* est incontournable. Il s'agit d'une « confiture » de lait obtenue par réduction et caramélisation du lait concentré sucré. Les Uruguayens en consomment très souvent, au petit déjeuner, pour le goûter ou le dessert. Parmi les pâtisseries, citons le très populaire *chajá*, un gâteau moelleux garni de pêche, d'éclats de meringue et de *dulce de leche*. Notons aussi le *bizcocho borracho*, un gâteau moelleux imbibé d'un sirop alcoolisé, ou le *massini*, composé de deux couches de génoise, fourré de crème fouettée et couronné d'une couche de sabayon caramélisé.

Les *tortas fritas* sont des beignets plats en forme de disques, elles sont servies avec le café.

Le gâteau de riz (*arroz con leche*), autre dessert dont les habitants sont friands, est généralement parfumé à la vanille. L'*alfajor* est un biscuit commun dans la région, composé de deux galettes à base de farine de blé et de maïzena, fourré d'une garniture soit à base de *dulce de leche* soit de ganache au chocolat. Ils peuvent être enrobés de chocolat ou de sucre glace. Les *dulces de frutas* sont des pâtes de fruits : la plus répandue est le *dulce de frutilla* (fraise), mais notons aussi le *dulce de naranja* (orange), de *membrillo* (coing) et de *zapallo* (calebasse). Le *damasquito* est le nom donné à la pâte d'abricot. Les *garrapinadas* sont des cacahuètes enrobées de chocolat.

Si thé et surtout café sont communs en Uruguay – peu étonnant au vu de l'immense diaspora italienne –, la boisson nationale reste le *maté*. Infusion à base d'une herbe appelée *yerba maté*, c'est avant tout un art de vivre en Uruguay, mais aussi en Argentine, au Paraguay et dans le sud du Brésil. On sirote son maté dans une petite calebasse à l'aide d'une *bombilla*, sorte de paille métallique avec un embout faisant office de passoire (permettant de ne pas avaler l'herbe). Le rituel est très précis : on met de l'eau au fond du *maté*, puis on ajoute la *yerba maté* et l'on verse de l'eau chaude, mais pas trop, de manière à ne pas brûler l'herbe. On met ensuite la *bombilla*. Le dosage et le temps d'infusion dépendent du goût de chacun. Certains rajoutent même des feuilles de menthe ou d'autres herbes ou épices.

La vigne a été implantée en Uruguay au XVIIe siècle par des colons espagnols et sa culture se développe dans la région sous l'influence des Jésuites. Mais sa production stagne lors de leur expulsion à la fin du XVIIIe siècle. C'est seulement à partir de la seconde moitié du XIXe siècle que la viticulture connaît son essor, grâce aussi à l'arrivée d'immigrants européens, notamment basques et italiens. Si le Chili et l'Argentine sont déjà réputés hors de leurs frontières pour leur production vinicole de qualité, il faut avouer qu'on ne connaît peu ou pas le vin uruguayen. Et pourtant, le pays compte environ 270 *bodegas* (vignobles). 60 % de la production nationale provient du département de Canelones, au nord de Montevideo, et 20 % de la production totale est destinée à l'export. Le Tannat est le cépage le plus répandu, noir, puissant et friand de sols sableux, qui vient de la région de Madiran. On retrouve des *bodegas* qui offrent des visites et des dégustations. Introduit pas les immigrés italiens, la *grappa* – une eau-de-vie de raisin – est populaire. La *grappamiel* est une préparation mêlant grappa, eau-de-vie de grain, miel et eau, titrant 20-25°. Parmi les bières les plus appréciées, notons la Norteña, la Patricia, la Zillertal, la Pilsen et la Mastra.

AGENDA

Explorer l'Uruguay, c'est plonger au cœur d'une culture riche et passionnante qui se manifeste à travers une multitude d'événements annuels pour tous les goûts et tous les âges. Entre les carnavals hauts en couleur, les festivals musicaux et les commémorations traditionnelles, l'Uruguay propose une expérience mémorable à tous les voyageurs en quête d'authenticité. Parmi ces événements, le Carnaval de Montevideo, fête emblématique du pays, se déroule chaque année entre janvier et février, s'étalant sur plus de 40 jours, ce qui en fait le plus long carnaval au monde. Au menu : défilés de chars bigarrés, tenues éclatantes, musique entraînante et représentations de danseurs de *candombe*, une danse afro-uruguayenne cadencée par des tambours. Que vous soyez passionné de musique, de danse, de sport, de gastronomie ou simplement curieux de découvrir la culture locale, l'Uruguay saura combler toutes vos envies !

FESTIVAL INTERNACIONAL DE JAZZ DE PUNTA DEL ESTE

Finca el Sosiego
PUNTA DEL ESTE
✆ +598 9990 5748
www.festival.com.uy
Chaque année début janvier.

Le Festival de Jazz de Punta del Este a lieu chaque année au début du mois de janvier à la Finca El Sosiego (Punta Ballena). Cet événement incontournable attire des artistes de jazz internationaux de renommée mondiale ainsi qu'un public passionné, avide de découvrir de nouveaux talents. Si vous ratez le festival de janvier, ne désespérez pas, car vous pouvez toujours vous rattraper en assistant à la Journée Internationale du Jazz en fin avril, un autre grand concert à ne pas manquer.

FESTIVAL DEL LAGO « ANDRESITO LE CANTA AL PAÍS »

LAGO ANDRESITO
3e week-end de janvier pendant 2 jours (vendredi et samedi soir). L'entrée coûte généralement 150 $ par personne.

Chaque année, le festival « Andresito le canta al país » se tient au bord du lac Andresito dans le département de Flores. Cet événement musical est dédié à la musique folklorique uruguayenne et met en avant des artistes locaux et internationaux renommés pour leur maîtrise du chant populaire. Les spectateurs peuvent profiter de concerts en plein air dans un cadre naturel exceptionnel, ainsi que d'une foire artisanale, d'un concours de pêche et d'autres activités pour tous les âges.

CARNAVAL DE MONTEVIDEO

MONTEVIDEO
De fin janvier à début mars. De fin janvier à début mars. Débute le lundi et le mardi précédant le mercredi des Cendres.

Le carnaval uruguayen, qui se déroule de la fin janvier jusqu'aux premiers jours de mars, est le plus long carnaval du monde, et se différencie du carnaval brésilien par son ambiance plus intime et moins centrée sur le divertissement commercial. Bien que ce soit une fête nationale, les célébrations se concentrent principalement dans la capitale, notamment dans les quartiers Barrio Sur et Palermo. Une grande parade inaugurale a lieu l'avant-dernier jeudi du mois de janvier, partant de l'Avenida 18 de Julio pour se rendre à la rue Barrios Amorin. C'est l'opportunité idéale pour découvrir la culture afro-uruguayenne et admirer les figures emblématiques telles que les Reines, les danseurs de samba, les joueurs de candombe, les *comparsas* (groupes de danseurs et musiciens) et les *murgas* qui animent les rues pendant plus d'un mois. Les *murgas*, composés de 17 performeurs, fusionnent musique, théâtre et satire, en mettant l'accent sur la critique politique et le commentaire social. La maîtrise de l'espagnol est donc recommandée pour apprécier pleinement ces spectacles. Le carnaval s'organise autour d'un concours où divers groupes s'affrontent dans différentes catégories. Le Musée du Carnaval explique en détail tous les éléments composant la compétition : costumes, chorégraphies, musique, thèmes, etc. Les préparatifs ont lieu tout au long de l'année, et il est fort probable que vous rencontriez les *comparsas* répéter leurs morceaux dans les rues, ou assistiez aux répétitions des *murgas* qui souvent ouvertes au public.

FÊTE DE IEMANJA

Playa Ramírez

MONTEVIDEO

2 février.

La religion afro-brésilienne Umbanda voue un culte à Lemanja, la déesse de l'océan, lors d'une cérémonie annuelle célébrée à la Playa Ramírez à Montevideo. Durant la célébration, les fidèles déposent des offrandes à la mer et conversent avec elle en buvant pour faciliter la communication. Cette célébration est très impressionnante, car elle illumine la plage de milliers de bougies qui entourent de petites barques chargées de fruits, de bijoux et de fleurs qui seront ensuite lancées au large en signe de gratitude et pour demander la protection de la déesse.

FIESTA DE LA VENDIMIA

Plaza Batlle y Ordóñez

Mi-février ou mi-mars.

La Fiesta de la Vendimia (récolte) est une célébration annuelle de la récolte du raisin et de la production de vin en Uruguay. Elle a lieu généralement en février ou en mars dans la région viticole de Canelones. Cet événement met à l'honneur les vendanges et permet aux visiteurs de déguster des produits locaux tels que du vin, bien sûr, mais aussi des charcuteries, des fromages et des huiles d'olive. Une parade de chariots et de magnifiques voitures anciennes défile sur la Rambla Costanera, avec à leur bord les candidates au titre de Reine de la Vendimia.

LLAMADAS

Barrio Sur et Palermo

MONTEVIDEO

Jeudi et vendredi pendant la première quinzaine de février.

Au Carnaval, une quarantaine de *comparsas* s'affrontent dans un défilé animé et coloré, parcourant les rues des quartiers afro-uruguayens de Barrio Sur et Palermo. La compétition fait rage entre les groupes de percussionnistes, de danseurs et de porte-drapeaux venant de tous les coins de la ville. Les musiciens donnent le meilleur d'eux-mêmes en jouant avec force sur leurs tambours. Pour profiter pleinement du spectacle, il est possible de louer une chaise ou de rester debout derrière les barrières. Ce défilé est sans conteste le point culminant du Carnaval.

FESTIVAL DE OLIMAR

TREINTA Y TRES

www.olimarvirtual.com

Les premiers jours de la semaine du tourisme (ou Semaine sainte), fin mars début avril. Le festival dure 5 jours.

Ce festival a lieu chaque année dans la ville de Treinta y Tres en l'honneur du maestro local Rubén Lena. A cette occasion, on assiste à des concours de chant folklorique pour les duos, les solistes et bien plus encore, tandis que des kiosques répartis dans le parc proposent des spécialités du terroir, notamment des *tortas* et des pâtisseries. En cette période de Pâques, semaine du tourisme et de vacances, un très large public est toujours au rendez-vous ! Le but de cet événement est de promouvoir de nouveaux talents artistiques locaux.

Las Llamadas.

SEMANA CRIOLLA DEL PRADO

Rural del Prado

MONTEVIDEO

En mars/avril, pendant la Semaine sainte/ Semaine du tourisme.

C'est l'un des événements les plus importants du pays, dédié à la culture et aux traditions rurales de l'Uruguay. Pendant une semaine entière, le parc se transforme en un village traditionnel avec des stands de nourriture, des artisans locaux, des compétitions équestres, des rodéos, des danses et des concerts de musique folklorique. Le point culminant de la semaine est le défilé de la Patria Gaucha, qui a lieu le 1er avril, jour de la victoire des troupes uruguayennes sur les troupes brésiliennes lors de la bataille de Paysandú en 1864.

DÉCOUVRIR

FESTIVAL MINAS Y ABRIL

MINAS

www.festivalminasyabril.com

Mi-avril.

Chaque année en avril, Minas, la capitale du département de Lavalleja, accueille le festival Minas y Abril, une fête traditionnelle qui se déroule sur trois jours dans le parc Rodó. Cette fête réunit habitants et touristes au son des guitares pour admirer l'art *gaucho*. Le programme débute avec le défilé des *gauchos* à travers les rues de la ville, pour continuer au parc avec des danses folkloriques, des foires artisanales, des pièces de théâtre, des concours et des ateliers. C'est l'occasion de découvrir l'identité culturelle de la région dans une ambiance festive.

LA YERRA

En juillet.

La Yerra est une tradition uruguayenne qui consiste en la réalisation de certaines tâches liées à l'élevage et à l'identification des animaux, en particulier des bovins, dans les zones rurales du pays. Cette activité est généralement organisée à la fin de l'automne ou au début de l'hiver, lorsque les conditions météorologiques sont plus favorables. Parmi les tâches effectuées : le marquage au fer rouge des animaux pour indiquer leur propriétaire, la castration des mâles pour améliorer leur qualité en tant que bétail et la vaccination pour prévenir les maladies.

PÈLERINAGE DE LA VIRGEN DEL VERDÚN

Cerro Verdun

MINAS

19 avril.

L'une des fêtes religieuses les plus importantes du pays qui se déroule tous les 19 avril depuis 1902. À cette occasion, des milliers de pèlerins se rendent au Cerro Verdun, à quelques minutes de voiture de Minas (département de Lavalleja) pour rendre hommage, porter des offrandes et prier la Vierge de l'Immaculée Conception (Virgen de la Inmaculada Concepción) au cours des 3 messes du jour. Après une randonnée de 360 mètres, on rejoint la statue au sommet de la colline.

FESTIVAL NACIONAL DE FOLCLORE

Parque de la Hispanidad

DURAZNO

Fin septembre. Entrée : 180 $,

Depuis 1973, le festival national de folklore *Todo el Uruguay Canta en Durazno* (« Tout l'Uruguay chante à Durazno ») a lieu chaque année en septembre. Il s'agit d'un grand concours de musique populaire et folklorique représentant les 19 départements de l'Uruguay, où le gagnant se voit remettre la prestigieuse récompense de la Charrue d'or. L'événement rassemble également des artistes de toute l'Amérique latine, offrant une excellente occasion de faire la fête, de découvrir la musique et la culture de la région et de déguster les produits du terroir.

DÍA DE SAN CONO

FLORIDA

Le 3 juin.

Le Día de San Cono (jour de saint Cono), célébré le 3 juin à Florida, honore saint Cono, protecteur des malades et symbole de chance et prospérité. Les festivités incluent une messe solennelle, une procession avec des statues du saint, des drapeaux et des bougies. Outre les célébrations religieuses, des activités culturelles et festives sont organisées, comme des concerts, des spectacles de danse et de musique, des jeux et des événements pour enfants. Les visiteurs peuvent également profiter de la cuisine locale et de l'artisanat traditionnel.

EXPO PRADO

1011 Lucas Obes

MONTEVIDEO

✆ +598 2336 6563

www.expoprado.com

Mi-septembre.

Foire agricole et industrielle qui réunit des exposants de différents secteurs, tels que l'agriculture, l'élevage, l'industrie et les services, pour mettre en valeur et célébrer l'économie et la culture uruguayennes. Cet événement offre aux visiteurs l'opportunité d'enrichir leurs connaissances sur les méthodes agricoles locales, d'observer les meilleurs animaux d'élevage, de savourer la cuisine traditionnelle, d'échanger avec des habitants locaux et de profiter de divertissements culturels, tels que des concerts et des danses folkloriques.

DÍA DEL PATRIMONIO

MONTEVIDEO

Début ou mi-octobre.

Chaque année, au début du mois d'octobre, l'Uruguay célèbre le Jour du Patrimoine en mettant en avant les joyaux de son patrimoine culturel. Au cours de cette journée, plusieurs bâtiments historiques et patrimoniaux sont ouverts au public, permettant ainsi aux visiteurs d'accéder à des lieux tels que des édifices publics, des musées, des théâtres, des églises et d'autres sites culturels qui ne sont généralement pas ouverts. Des visites guidées, des concerts, des expositions et des ateliers sont alors organisés pour enrichir cette expérience culturelle unique.

FIESTA DE LA PATRIA GAUCHA

Laguna de las Lavanderas

TACUAREMBÓ

✆ +598 4632 7942

www.patriagaucha.com.uy

Chaque année, vers la mi-novembre. Les prix varient selon le jour, allant de 250 $ à 600 $.

Chaque année, vers la mi-mars, se déroule à Tacuarembó l'une des fêtes les plus populaires du pays en hommage aux traditions des gauchos. Les festivités comprennent des concerts de musique folklorique, des épreuves d'agilité, des rodéos, des expositions d'art local ainsi que des défilés de gauchos à cheval. Cette célébration est l'occasion de déguster des produits locaux, notamment de la viande de bœuf grillée, des empanadas, des vins de la région et des desserts typiques.

SEMANA DE LAVALLEJA

MINAS

En octobre, pendant 9 jours.

Célébration annuelle qui a lieu en octobre dans le département de Lavalleja. L'événement commémore la libération de la région et rend hommage à son héros national, Juan Antonio Lavalleja, un leader militaire et politique qui a joué un rôle crucial dans l'indépendance de l'Uruguay. Les festivités incluent des défilés, des reconstitutions historiques, des spectacles de danse et de musique folklorique, ainsi que des activités éducatives et culturelles pour toute la famille. Son point d'orgue est la traditionnelle *Noche de los Fogones* sur le Cerro Artigas.

FIESTA DEL MATE Y DÍA DEL GAUCHO

Parque Rodó

SAN JOSÉ DE MAYO

Vers la fin du mois de novembre.

La culture et les traditions du pays sont à l'honneur pour cette fête qui célèbre la boisson emblématique de l'Uruguay, indissociable de l'image du *gaucho*. Au programme, trois jours de concours de chants, de danse, de rodéo et de folklore, une foire artisanale, des jeux pour les dresseurs de chevaux, des démonstrations des meilleurs cavaliers, sans oublier les concerts d'artistes nationaux et internationaux en fin de journée et un défilé de *gauchos* dans les rues de la ville.

DÍA DEL ENOTURISMO

Le deuxième dimanche de novembre. Partout dans le pays.

Célébration annuelle qui met en lumière les *bodegas* les plus remarquables d'Uruguay. Durant trois jours, les établissements vinicoles accueillent chaleureusement les familles en organisant des événements spéciaux tels que des dégustations, des visites de vignobles et de caves, la préparation d'*asado* authentique, ainsi que des expériences éducatives pour immerger les visiteurs dans la richesse et la diversité des vins uruguayens. Consultez le site Web du ministère du Tourisme afin d'obtenir des informations sur les *bodegas* et les horaires des festivités.

FIESTA DE LA CERVEZA - BIERFEST

Parque El Retiro

NUEVA HELVECIA - COLONIA SUIZA

Début décembre sur 4 jours. Entrée générale : 250 $.

Depuis 1968, le parc El Retiro de Nueva Helvecia (département de Colonia) accueille la Fête de la bière, un événement de quatre jours qui comprend des concerts de rock, des spectacles de danse et de folklore, des défilés de costumes traditionnels suisses, des concours tels que le « roi de la choppe », le « bûcheron » et le « bras de fer », ainsi que des expositions diverses. Pendant le festival, les visiteurs peuvent déguster une variété de bières artisanales locales, ainsi que des plats suisses et uruguayens. Ne manquez pas cette occasion unique de faire la fête !

Marre de passer des heures sur internet pour trouver des bons plans ?
mypetitfute
M'A FAIT GAGNER UN TEMPS FOU AVEC SES RECOMMANDATIONS D'ITINÉRAIRES ET SES BONS PLANS TESTÉS PAR DES RÉDACTEURS LOCAUX.
VOTRE GUIDE NUMÉRIQUE SUR MESURI
EN MOINS DE 5 MINUTES POU
2,99 €
mypetitfute.fr
© VIKTOR GL - ISTOCKPHOTO.COM

MONTEVIDEO ET SES ENVIRONS

Nul besoin de slalomer entre les rabatteurs et magasins de souvenirs, Montevideo n'attend pas de visite particulière. Elle s'offre à celui qui l'explore avec authenticité, de sa vieille ville à l'élégance surannée jusqu'à ses quartiers résidentiels ombragés d'eucalyptus majestueux, en passant par l'incontournable *rambla* longeant le *río* de la Plata. Dans ce semblant de cité européenne endormie dans le passé, c'est surtout au son des *comparsas* qu'on se sent vraiment dépaysé, lorsque les danseurs de *candombe* viennent onduler spontanément autour des tambours, guidés par le puissant grondement des percussions. Prévoyez un séjour d'au moins trois nuits pour savourer pleinement sa singularité et sa magnificence. Puis, à quelques kilomètres, le département de Canelones étend ses vignobles verdoyants et ses charmants villages provinciaux. Ses sentiers sinueux invitent à l'exploration, menant à des lieux bien gardés, empreints d'enchantements.

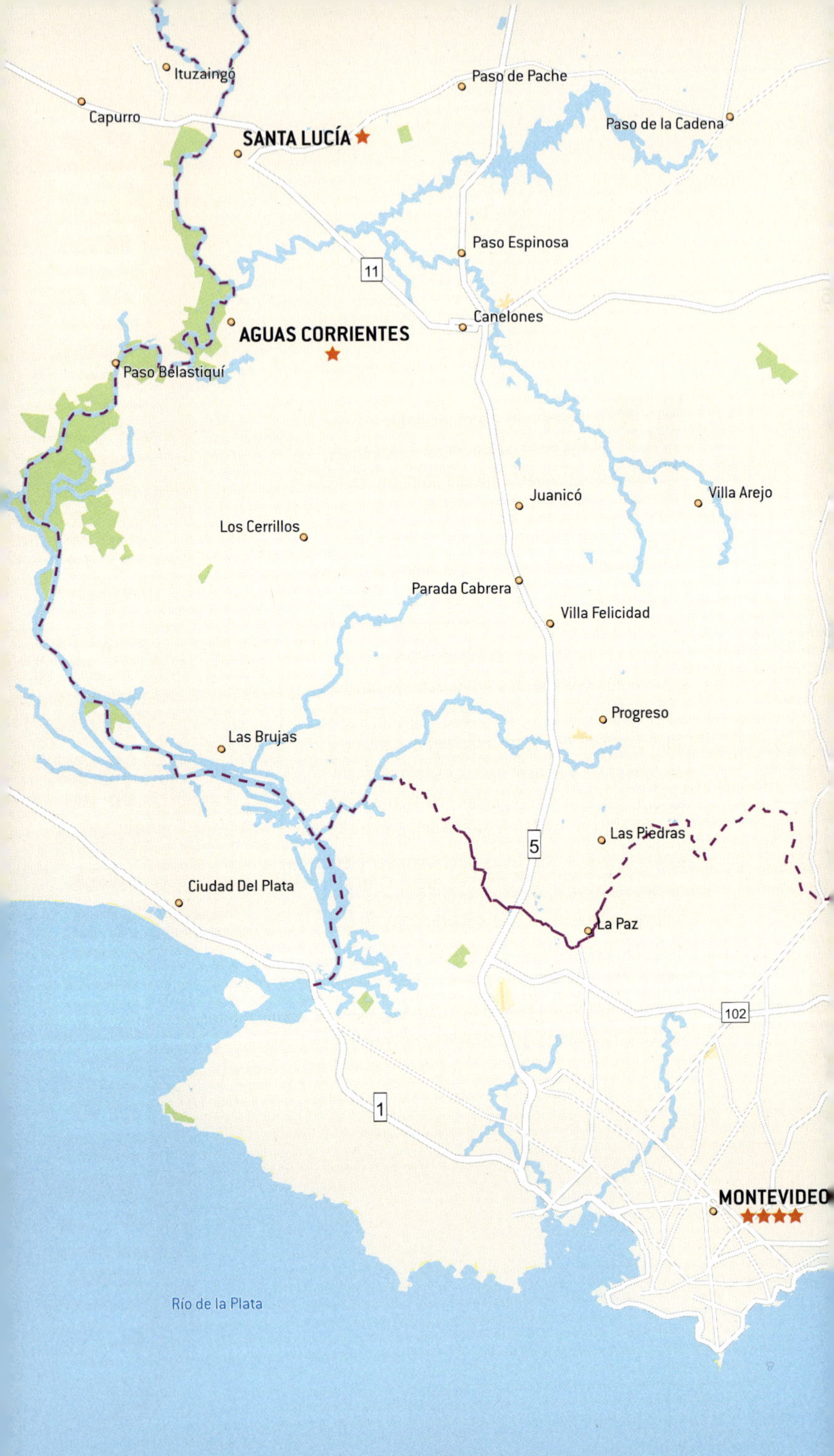
Ituzaingó
Capurro
Paso de Pache
Paso de la Cadena
SANTA LUCÍA
Paso Espinosa
11
Canelones
AGUAS CORRIENTES
Paso Belastiquí
Juanicó
Villa Arejo
Los Cerrillos
Parada Cabrera
Villa Felicidad
Progreso
Las Brujas
Las Piedras
5
Ciudad Del Plata
La Paz
102
1
MONTEVIDEO
Río de la Plata

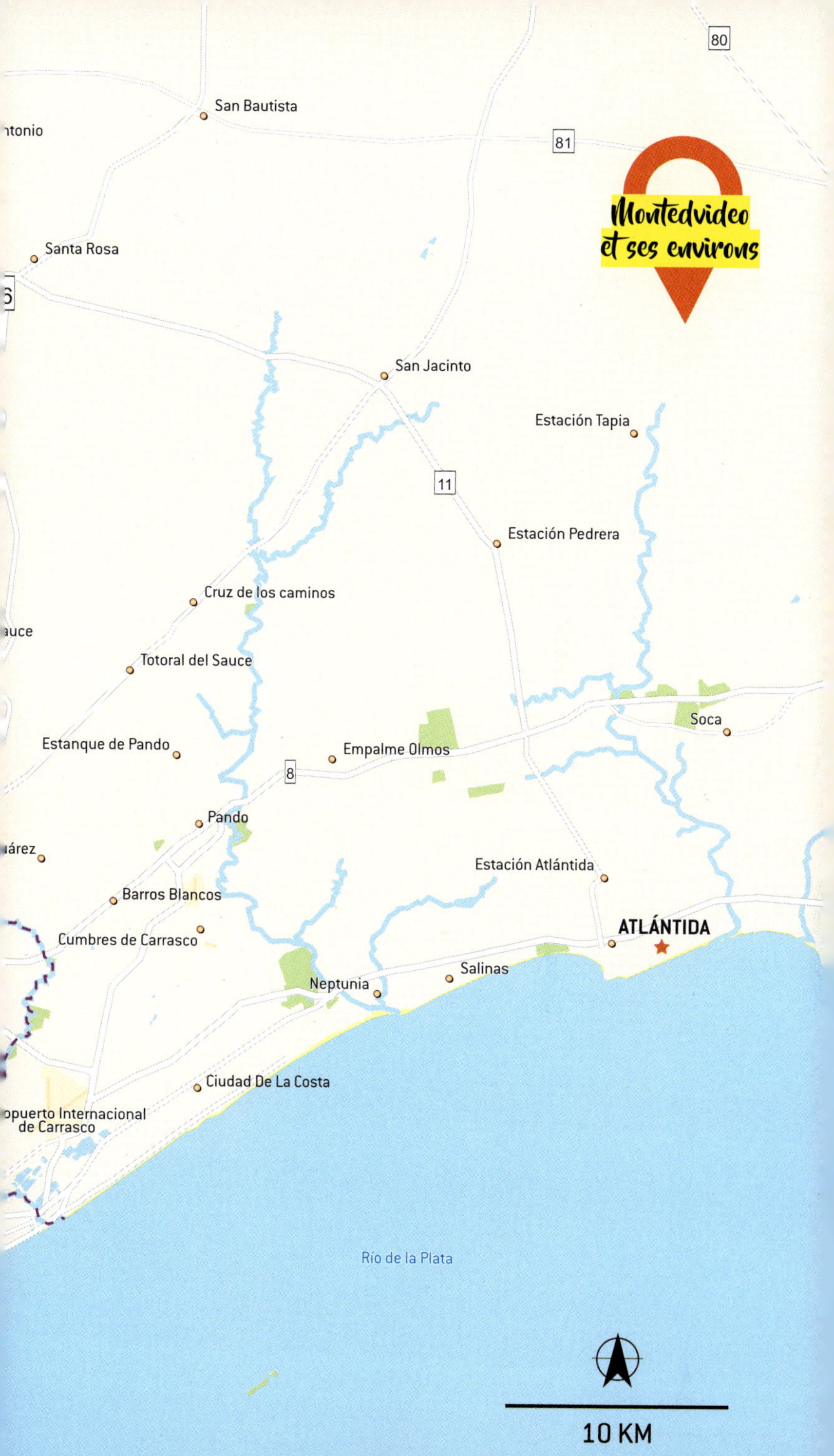
Montedvideo
et ses environs
80
81
San Bautista
Santa Rosa
San Jacinto
Estación Tapia
11
Estación Pedrera
Cruz de los caminos
Totoral del Sauce
Estanque de Pando
Empalme Olmos
Soca
8
Pando
Estación Atlántida
Barros Blancos
Cumbres de Carrasco
ATLÁNTIDA
Salinas
Neptunia
Ciudad De La Costa
Río de la Plata
10 KM

Ciudad Vieja

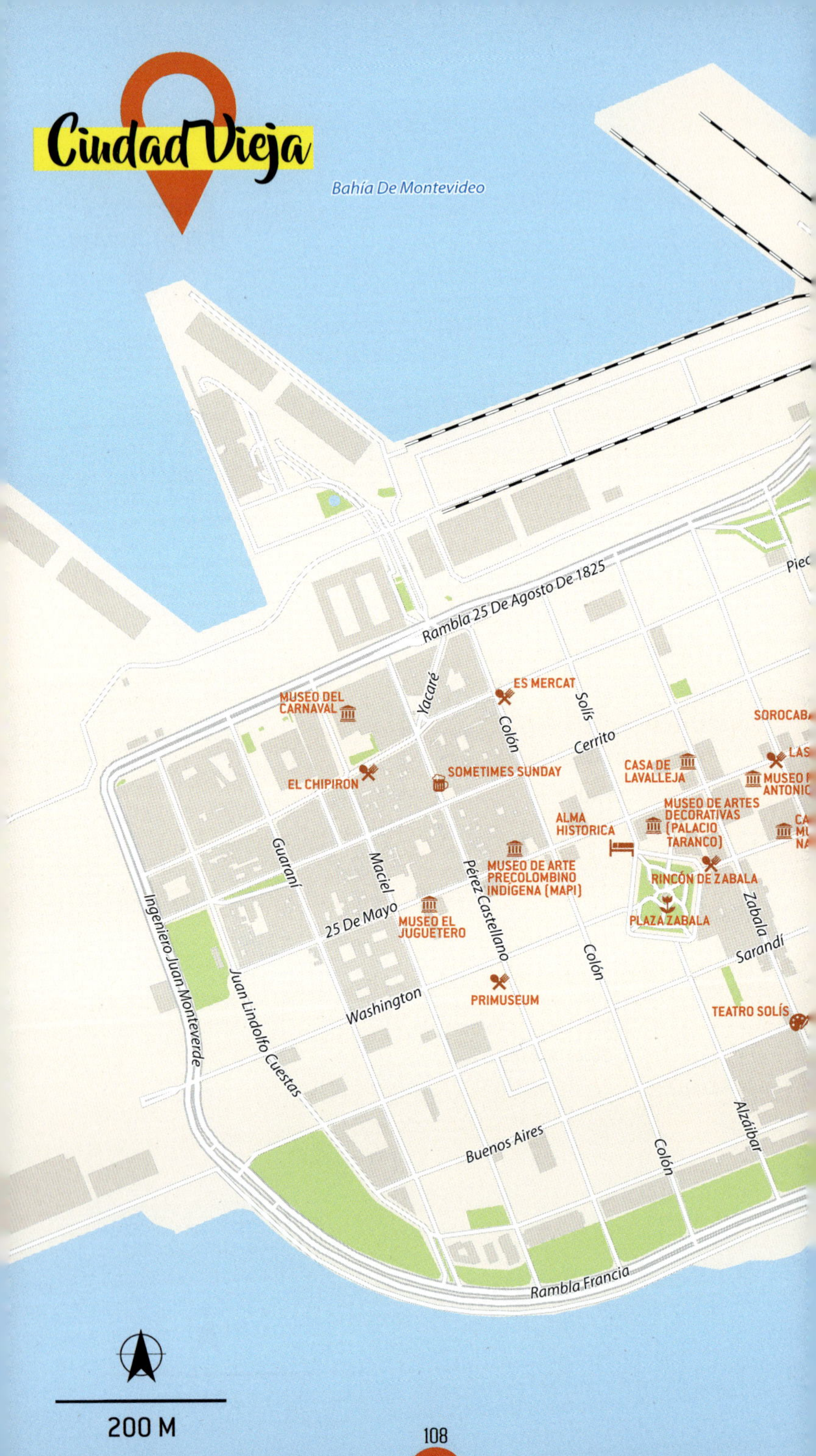

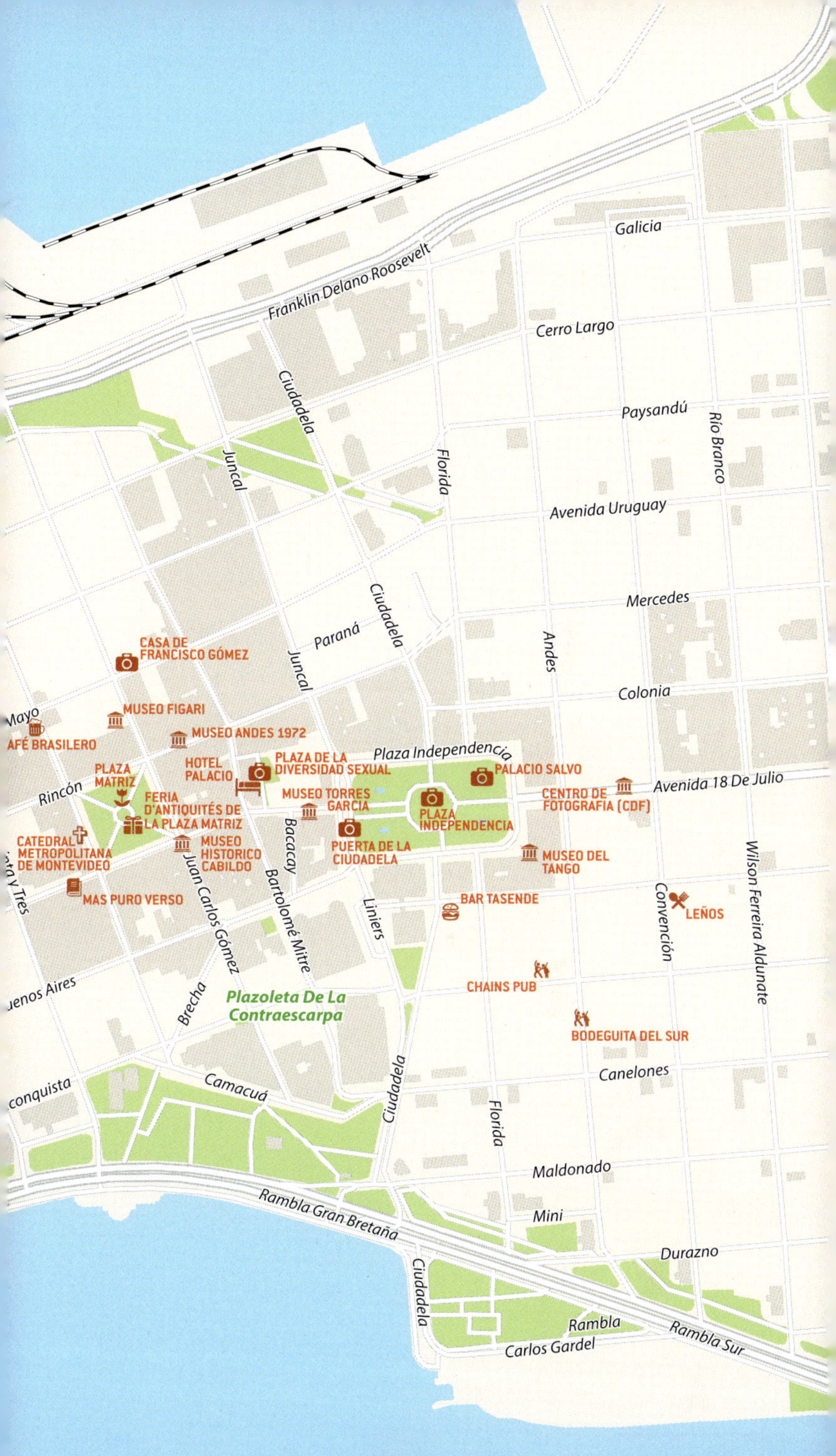

Galicia
Franklin Delano Roosevelt
Cerro Largo
Ciudadela
Paysandú
Río Branco
Juncal
Florida
Avenida Uruguay
Mercedes
Paraná
Ciudadela
Andes
Juncal
Colonia
CASA DE FRANCISCO GÓMEZ
MUSEO FIGARI
Mayo
AFÉ BRASILERO
MUSEO ANDES 1972
Plaza Independencia
HOTEL PALACIO
PLAZA DE LA DIVERSIDAD SEXUAL
PALACIO SALVO
PLAZA MATRIZ
Rincón
FERIA D'ANTIQUITÉS DE LA PLAZA MATRIZ
MUSEO TORRES GARCIA
PLAZA INDEPENDENCIA
CENTRO DE FOTOGRAFIA (CDF)
Avenida 18 De Julio
CATEDRAL METROPOLITANA DE MONTEVIDEO
MUSEO HISTORICO CABILDO
Bacacay
PUERTA DE LA CIUDADELA
MUSEO DEL TANGO
Wilson Ferreira Aldunate
MAS PURO VERSO
Juan Carlos Gómez
Bartolomé Mitre
Liniers
BAR TASENDE
Convención
LEÑOS
CHAINS PUB
uenos Aires
Brecha
Plazoleta De La Contraescarpa
BODEGUITA DEL SUR
Canelones
conquista
Camacuá
Ciudadela
Florida
Maldonado
Rambla Gran Bretaña
Mini
Durazno
Ciudadela
Rambla
Carlos Gardel
Rambla Sur

Centro et ses environs
500 M
MERCADO AGRÍCOLA
PALACIO LEGISLATIVO
ESPACIO DE ARTE CONTEMPORANEO (EAC)
EL MILONGÓN
PHONOTHEQUE
MUSEO DEL AZULEJO
MONUMENTO AL GAUCHO
PLAZA JUAN PEDRO FABINI
MERCADO DE LOS ARTESANOS
PLAZA DE CAGANCHA
PALACIO SALVO
MUSEO DEL TANGO
PLAZA INDEPENDENCIA
MUSEO DEL GAUCHO
SALA ZITARROSA
LEÑOS
EL FOGÓN
JOVENTANGO
CHAINS PUB
BODEGUITA DEL SUR
VIDA SILVESTRE
CASA ROBERTO
MONTEVIDEO AL SUR
CANDY BAR
CASA DE LA CULTURA AFROURUGUAYA
Parque De Anfiteatro De Antel
Plaza Luisa Cuesta
Plazoleta Lorenzo Justiniano Pérez
Cementerio Central
Rambla Sud América
Avenida General Rondeau
Cuareim
Arturo Lezama
César Díaz
Colombia
Yatay
Marcelino Sosa
Avenida General Flores
José L. Terra
Avenida De Las Leyes
Inca
Martín Garc
Hocquart
Justicia
Democracia
Constitución
Madrid
Nicaragua
Batoví
República
Avenida Daniel Fernández Crespo
Avenida Libertador Brigadier General Lavalleja
Lima
Asunción
Nueva York
La Paz
Magallanes
Minas
Piedra Alta
Galicia
Yaguarón
Yí
Paraguay
Arenal G
Franklin Delano Roosevelt
Río Negro
Cerro Largo
Paysandú
Avenida Uruguay
Carlos Roxlo
Vázquez
Gaboto
Colonia
Guayabo
FERIA D NARVA
Mercedes
Florida
Andes
Río Branco
Constituyente
San José
Ejido
Soriano
Convención
Canelones
Maldonado
Durazno
Lorenzo Carnelli
Salto
Zelmar Michelini
Isla De Flore
San Salv
Avenida Gonzalo Ra
Yaro
MUSE
Rambla Gran Bretaña
Carlos Gardel
Cebollatí
Doctor Luis
La Cumparsita
Rambla República Argentina

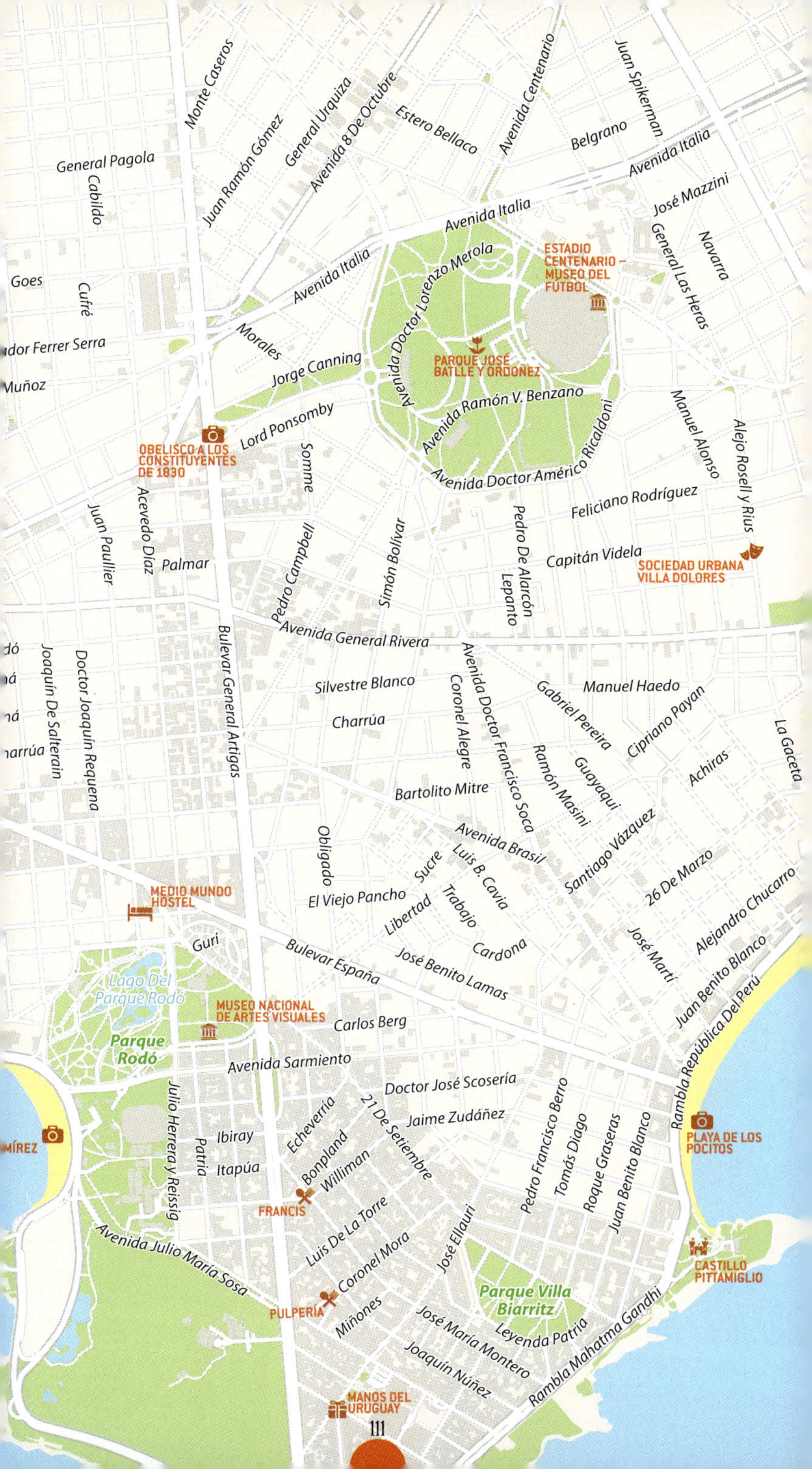

Monte Caseros
Juan Ramón Gómez
General Urquiza
Avenida 8 De Octubre
Estero Bellaco
Avenida Centenario
Juan Spikerman
Belgrano
Avenida Italia
José Mazzini
General Pagola
Cabildo
Goes
Cufré
dor Ferrer Serra
Muñoz
Avenida Italia
Avenida Italia
Navarra
General Las Heras
ESTADIO CENTENARIO – MUSEO DEL FÚTBOL
Avenida Doctor Lorenzo Merola
Morales
Jorge Canning
PARQUE JOSÉ BATLLE Y ORDOÑEZ
Avenida Ramón V. Benzano
Lord Ponsomby
OBELISCO A LOS CONSTITUYENTES DE 1830
Somme
Avenida Doctor Américo Ricaldoni
Manuel Alonso
Alejo Rosell y Rius
Feliciano Rodríguez
Juan Paullier
Acevedo Díaz
Palmar
Pedro Campbell
Simón Bolívar
Pedro De Alarcón
Lepanto
Capitán Videla
SOCIEDAD URBANA VILLA DOLORES
Avenida General Rivera
Joaquín De Salterain
Doctor Joaquín Requena
Bulevar General Artigas
Silvestre Blanco
Charrúa
Coronel Alegre
Avenida Doctor Francisco Soca
Gabriel Pereira
Manuel Haedo
Cipriano Payan
La Gaceta
Ramón Masini
Guayaquí
Achiras
Bartolito Mitre
Obligado
Avenida Brasil
Santiago Vázquez
26 De Marzo
Luis B. Cavia
Sucre
El Viejo Pancho
Libertad
Trabajo
Cardona
José Martí
Alejandro Chucarro
MEDIO MUNDO HOSTEL
Guri
Bulevar España
José Benito Lamas
Juan Benito Blanco
Rambla República Del Perú
Lago Del Parque Rodó
MUSEO NACIONAL DE ARTES VISUALES
Carlos Berg
Parque Rodó
Avenida Sarmiento
Doctor José Scosería
Jaime Zudáñez
21 De Setiembre
Echevarría
Pedro Francisco Berro
Tomás Diago
Roque Graseras
Juan Benito Blanco
PLAYA DE LOS POCITOS
MÍREZ
Julio Herrera y Reissig
Patria
Ibiray
Itapúa
Bonpland
Williman
FRANCIS
Luis De La Torre
José Ellauri
CASTILLO PITTAMIGLIO
Avenida Julio María Sosa
Coronel Mora
Parque Villa Biarritz
PULPERÍA
Miñones
José María Montero
Leyenda Patria
Rambla Mahatma Gandhi
Joaquín Núñez
MANOS DEL URUGUAY

Punta Carretas, Pocitos et Carrasco
Avenida Italia
Avenida Estanislao López
Avenida General Rivera
Avenida General Rivera
Caramurú
SOFITEL MONTEVIDEO CASINO CARRASCO & SPA
ALQUIMISTA MONTEVIDEO
PLAYA CARRASCO
Rambla República De México
Coimbra
PLAYA VERDE
Rambla O'higgins
PLAYA MALVÍN
Rambla República De Chile
Parque Batlle
Avenida Doctor Américo Ricaldoni
Avenida Luis Alberto De Herrera
Presidente Oribe
EL TÍO BISTRÓ
MONTEVIDEO SHOPPING CENTER
MUSEO OCEANOGRÁFICO
Rambla Armenia
VACA
Isla Del Mono
HOTEL COSTANERO
Avenida Brasil
DESTINO 26 HOSTEL
BOULANGERIE LA RESISTANCE
Rambla República Del Perú
MUSEO NAVAL
Bulevar España
PLAYA DE LOS POCITOS
EXPRESO POCITOS
21 De Setiembre
Río de la Plata
FRANCIS
CASTILLO PITTAMIGLIO
PULPERÍA
MANOS DEL URUGUAY
Rambla Mahatma Gandhi
MUSEO JUAN ZORRILLA DE SAN MARTÍN
1 KM

●● DÉPARTEMENT DE CANELONES

Situé dans le sud de l'Uruguay, le département de Canelones est délimité par Montevideo au sud-ouest, Maldonado à l'est et le *río* Santa Lucia au nord. Avec environ 520 000 habitants, c'est le deuxième département le plus peuplé du pays. Le chef-lieu est Canelones, une ville historique pittoresque située à environ 50 km au nord-est de Montevideo. La région est célèbre pour sa production viticole de qualité, notamment pour les vins rouges de Juanicó. Les plages du département sont également très prisées par les visiteurs. Les principales villes côtières sont Atlántida, Ciudad de la Costa et Salinas. Plusieurs familles de la classe moyenne uruguayenne possèdent des maisons dans la région.

© ERNESTO VELAZQUEZ - SHUTTERSTOCK.COM

Atlándida.

Vue sur Montevideo.

MONTEVIDEO

Montevideo, telle une muse envoûtante, séduit le voyageur par son riche héritage historique, culturel et architectural. Chacun de ses quartiers dévoile un charme unique. En déambulant dans les rues pavées de la Ciudad Vieja, vous serez transporté dans le temps, où l'histoire foisonnante de la ville se révèle à travers ses édifices coloniaux, ses places animées et ses musées captivants. Dans le centre, vous trouverez les meilleurs restaurants, boutiques et bars, tandis que le quartier de Pocitos vous invite à vous détendre et à profiter du soleil sur ses plages de sable fin. Laissez-vous emporter vers les quartiers de Palermo et Barrio Sur, véritables sanctuaires de la culture afro-uruguayenne, où musique et créativité s'unissent pour éveiller et enflammer vos sens. Enfin, le quartier résidentiel de Carrasco vous séduira par ses élégantes demeures et ses parcs luxuriants, parfaits pour une promenade romantique à la lueur du crépuscule.

SE REPÉRER SE DÉPLACER

Le bus est l'unique réseau de transport public, et certainement la meilleure façon de se rendre vers les plages plus éloignées. Les horaires et les trajets ne sont pas indiqués aux arrêts : vous devrez planifier votre itinéraire avec une application de transport avant de monter dans le bus. Pensez à apporter de petites coupures, car les chauffeurs, dans la majorité des cas, n'auront pas de quoi vous rendre la différence. Les cartes de crédit ou de débit ne sont pas acceptées. Vous pouvez également vous procurer une carte (STM) dans n'importe quel magasin Abitab. On vous demandera une pièce d'identité lors de son achat. Il suffira ensuite de la recharger avec le nombre de titres de transport désiré. N'oubliez pas de lever la main à l'arrêt pour que le bus s'arrête. À noter qu'il n'y a pas de service de nuit : le transport public s'arrête entre 23h et 5h du matin. Enfin, les taxis sont nombreux, généralement propres et faciles à prendre.

AEROPUERTO INTERNACIONAL DE CARRASCO

Ruta 101
✆ +598 2604 0329
www.aeropuertodecarrasco.com.uy

L'aéroport se trouve à 30 km du centre-ville.

- **Bus**. Les autobus de la ligne 700, 701, 704, 710, 724 et D10 se trouvent juste en face du terminal. Il vous faudra près d'une heure pour arriver dans le centre. Compter entre 36 et 72 $.
- **Taxi**. A côté de l'arrêt de bus. Compter environ 2 000 $. Pour rejoindre un chauffeur Uber, sortez à l'extérieur depuis le 2e étage.
- **Navettes.** Les navettes de l'aéroport partent dès qu'elles ont cinq passagers. Compter 400 $ par personne.

TERMINAL TRES CRUCES

1825 Bv. Artigas
✆ +598 2401 8998
www.trescruces.com.uy

La gare routière principale du pays offre un centre commercial doté d'un bureau de poste et de change. Elle dessert les principales villes du pays (autres départements), le centre-ville, l'aéroport, mais aussi l'Argentine, le Paraguay et le Brésil. Les billets de bus et de traversier pour Buenos Aires sont disponibles auprès de Buquebus et Colonia Express, ainsi que des compagnies de bus individuelles. Consultez les horaires et destinations sur leur site Web et contactez le service client via WhatsApp. Gagnez du temps en achetant vos billets en ligne.

SISTEMA DE TRANSPORTE METROPOLITANO

Le système de transport métropolitain, appelé STM, est le réseau de transport public de Montevideo et de sa région. Pour l'utiliser, vous avez besoin d'une carte d'autobus STM, que vous obtiendrez gratuitement en présentant votre passeport dans n'importe quel point de vente figurant sur la carte du site Web suivant : www.montevideo.gub.uy/locales-stm. Vous devrez recharger la carte avec au moins 100 $ pour pouvoir l'utiliser. Horaires disponibles sur les applications *Como Ir* et *Moovit*.

BUQUEBUS

✆ +598 130
www.buquebus.com

Horaires et tarifs sur le site web. Bagage 20 kg par passager. Enregistrement 2h avant l'embarquement.

Buquebus assure des liaisons en ferry sur le Rio de la Plata, reliant Buenos Aires à Montevideo (ou Colonia) et vice versa. Il existe plusieurs itinéraires, dont un trajet direct en bateau pour Colonia (durée de 1h15) et Montevideo (durée de 2h30), ainsi qu'un itinéraire en bateau vers Colonia suivi d'un trajet en bus vers le terminal Tres Cruces de Montevideo ou vers d'autres destinations comme Punta del Este ou Piriapolis. Le prix des billets varie en fonction de la saison. Boutique hors taxes à bord du bateau. Possibilité de voyager avec son véhicule.

QUARTIERS DE MONTEVIDEO

Aucune difficulté pour s'orienter dans Montevideo. En regardant sur votre plan vous verrez que la ville est une sorte de péninsule bordée par le *río* de la Plata. A son extrémité, la vieille ville ou Ciudad vieja. La partie proche de la Plaza Independencia est piétonnière. Cette place marque la délimitation entre la ville nouvelle et le quartier historique. L'architecture urbaine est d'influence espagnole ; les rues sont organisées en *cuadras*, équivalent des *blocks* états-uniens. Certaines villes, d'influence portugaise notamment, ont un schéma différent (c'est le cas de Colonia del Sacramento par exemple). En suivant la *rambla* (berges du fleuve) vers l'est, on arrive à Pocitos en passant par le Parque Rodó et vers l'ouest, au cerro de Montevideo (mont de Montevideo). Pour se repérer dans la ville moderne, le mieux est de suivre l'avenue 18 de Julio, considérée comme les « Champs Elysées de la capitale ».

Ciudad Vieja

Rien de tel qu'une balade dans les rues piétonnes calmes et les places verdoyantes, parfois ombragées, de la vieille ville. Le point de repère est la Puerta de la Ciudadela, Plaza Independencia, qui s'étend à l'extrémité de la péninsule. Il s'agit de l'ancienne ville coloniale.

La Ciudad Vieja renferme l'incontournable Mercado del Puerto ou marché du port, situé face au port de Montevideo (et à l'office du tourisme). On y entre par les rues Pérez Castellano, Piedras ou par la *rambla* 25 de Agosto. Le marché est installé dans un ancien édifice datant du début du siècle. A l'intérieur vous trouverez pléthore de restaurants typiques proposant *asado*, *parrillada*, assiettes de fruits de mer, le tout accompagné de *medio y medio* (mélange de champagne et de vin blanc). Pittoresque, la rue piétonne – Calle Sarandi – est surtout animée en fin de semaine et peuplée d'artistes de rue, de musiciens et d'artisans.

Centro et ses environs

▶ **Le Centro** correspond à l'avenue 18 de Julio, celle-ci part de la plaza Independencia. Autour et sur l'artère centrale de la ville se concentrent commerces, bureaux, cinémas, restaurants... Elle s'étire jusqu'au parc Batlle y Ordóñez (au nord-est de la ville, non loin du terminal Tres Cruces). Cette longue avenue abrite beaucoup de places qui font le charme de Montevideo, à l'instar de la *plaza* Independencia, *plaza* Fabini ou *plaza* Cagancha (Libertad). Monuments historiques et centres d'exposition se dressent également à proximité de cette avenue surnommée un peu abusivement les « Champs Elysées de Montevideo ».

Plaza Fabini.

Barrio Sur et Palermo. Au sud de l'Avenida 18 de Julio se trouvent les quartiers emblématiques de Barrio Sur et Palermo. Ces deux quartiers occupent la zone limitrophe de la *rambla* ; à l'est de Palermo se trouve le Parque Rodó. Evocateurs de la culture afro-uruguayenne, s'y déroulent de nombreux spectacles pendant le carnaval. Les célèbres *llamadas* défilent dans les rues au son des tambours, c'est l'occasion de voir de fabuleux spectacles de candombe, l'expression musicale caractéristique des populations noires de la ville. Le quartier de Palermo a abrité les esclaves noirs débarqués dans la capitale au XIXe siècle. S'il est en réhabilitation, ce quartier est encore peuplé par des populations peu aisées. L'empreinte du passé est encore ancrée dans les murs. Une visite est indispensable, ne serait-ce que pour comprendre le passé de la ville.

Au nord de la ville, Villa Muñoz a toujours été peuplé par des artisans, charpentiers, menuisiers, cordonniers et petits commerçants. A partir des années 1920, il a hébergé une importante communauté juive qui lui a donné ce caractère si particulier. On y recense un certain nombre de synagogues et d'écoles juives.

En son sein, le quartier Reus, se distingue par son architecture moderne et ses maisons de couleurs différentes, les façades ont été rénovées par des artisans italiens au milieu du XXe siècle qui ont introduit le *spiritu urbis* (esprit urbis). Aujourd'hui y résident des familles de classe moyenne (et modeste), ainsi qu'une importante communauté juive.

Au nord-ouest, au-dessus de la baie, le Cerro de Montevideo veille sur la ville du haut de ses 132 mètres d'altitude. Point stratégique de défense au moment de la colonisation (1717), Bruno Mauricio de Zabala y fit construire au sommet un fort connu aujourd'hui sous le nom de Fortaleza General Artigas et qui fait office de musée. Sachez cependant que la zone est réputée peu sûre ; il est donc conseillé de s'y rendre en pleine journée (et non le soir), sans objet de valeur sur vous.

Au nord-est, le quartier du Parque Battle y Ordoñez offre au cœur de la ville, et près du terminal de bus et centre commercial Tres Cruces, l'un des plus beaux et grands parcs de la cité. C'est également ici que se trouve le stade de football mythique de la ville, l'Estadio Centenario.

Punta Carretas, Pocitos et Carrasco

Punta Carretas, Pocitos et Carrasco (à l'est de la Ciudad Vieja et au sud du Parque Batlle) sont les quartiers résidentiels de la ville. Modernes, Ces quartiers se sont greffés à la ville lorsque celle-ci s'est développée, et occupent plutôt une population aisée. En venant de la vieille ville, en longeant la *rambla* vers l'est, on tombe d'abord sur Punta Carretas, puis Pocitos et enfin Carrasco.

Punta Carretas ou Punta Brava est un quartier dont le nom fait référence à la pointe rocheuse au sud-est de la côte de Montevideo. Le quartier renferme le grand Parque de las Instrucciones del Año XIII et le Parque Punta Carretas, qui borde le *río* jusqu'à la Punta del Canario.

Avec plus de 70 000 habitants, Pocitos est le quartier le plus peuplé de la capitale. C'est au début du XXe siècle que le quartier s'est transformé en « station balnéaire » (Playa Pocitos).

Carrasco est le nom du premier propriétaire de l'*estancia* qui était jadis à cet emplacement. Aujourd'hui, Carrasco est la zone la plus prisée de Montevideo. Elle renferme le casino du même nom, qui après rénovation s'est transformé en un gigantesque hôtel (Sofitel). Carrasco abrite également l'aéroport international de Montevideo.

Punta Brava.

À VOIR / À FAIRE

Montevideo, cette ville pleine de surprises, où la poésie et la musique fusionnent pour créer une mélodie envoûtante, dévoile un panorama artistique exceptionnel, comparable à un vaste musée à ciel ouvert. Cette métropole vibrante qui brille par sa jeunesse d'esprit et sa passion pour la créativité regorge de joyaux culturels dissimulés dans une myriade de musées aux thématiques variées, qui captent l'essence même de l'âme uruguayenne. Dès votre arrivée, vous serez fasciné par l'un des plus impressionnants ensembles de bâtiments Art Déco, témoignage éloquent du riche patrimoine architectural de la ville. Ne manquez pas la visite du célèbre Teatro Solís, un monument historique qui incarne l'engouement du pays pour les arts de la scène. L'iconique Palacio Salvo saura également vous émerveiller par son style extravagant, tandis que les dix plages bordant le *río* de la Plata vous offriront des moments de détente et de plaisir inégalés.

ACADEMIA URUGUAY

1459 Juan Carlos Gómez ✆ +598 2915 2496
www.academiauruguay.com
Cours intensif de 20 heures/semaine : 225 US$. Frais d'inscription : 50 US$. Inclut activités, matériel et ateliers.

Partir en Amérique du Sud représente une excellente opportunité pour apprendre l'espagnol. Depuis 2007, cette institution se spécialise dans l'enseignement de l'espagnol en tant que langue étrangère. Elle propose une variété de classes telles que des cours intensifs en groupe (20 heures/semaine), des cours en ligne, des cours thématiques (tango, carnaval, échange étudiant) ainsi que des leçons privées. Il est possible de combiner des cours d'espagnol avec un séjour de 4 semaines dans un ranch situé à 3 heures de Montevideo, où l'on peut travailler dans une ferme.

MONTEVIDEO CULTURA

1360 Av. 18 de julio
www.montevideo.gub.uy/agendacultural

Rendez-vous sur la page Web, Instagram (@imcultura) ou Facebook du département de la culture de la municipalité de Montevideo pour consulter la programmation complète des événements culturels à venir. Il suffit de sélectionner une date sur le calendrier pour voir les activités prévues ce jour-là. Vous pouvez également rechercher un événement par genre (musique, théâtre, danse, carnaval, sport, etc.), par coût (gratuit ou payant) et par profil d'âge (enfants, adultes). Idéal pour connaître les activités culturelles en ville et organiser son voyage à Montevideo !

FREE WALKING TOUR MONTEVIDEO ★★

✆ +598 9902 4388
www.freewalkingtour.com.uy
Point de rencontre : Plaza Independencia. Réservation préalable. Minimum de 3 personnes pour confirmer l'excursion.

Explorez la vieille ville au cours d'une visite guidée gratuite de 2h30 proposée en espagnol et en anglais. Admirez les sites historiques et culturels importants tout en bénéficiant des commentaires instructifs d'un guide expérimenté. Excellent choix si vous cherchez à avoir une vue d'ensemble de l'histoire de l'Uruguay, avec des informations intéressantes. Montant du pourboire à votre discrétion. Annulation en cas de pluie. Possibilité de réserver une visite privée.

MEJOR URUGUAY

✆ +598 2681 1759
www.mejoruruguay.com
20 US$ par personne. Réservation via WhatsApp ou sur leur site web. Paiement par carte de crédit ou en espèces.

Au cours de ce *city tour*, un guide accompagné d'un chauffeur viendra vous chercher à l'hôtel à 8h30 ou à 14h30 pour une visite guidée complète de la capitale uruguayenne d'une durée de 4 heures. Durant cette visite, vous aurez l'occasion de découvrir des endroits emblématiques tels que la place de l'Indépendance, le marché agricole, le Teatro Solís, la Rambla, le palais législatif, le parc José Battle y Ordoñez, le stade Centenario (pas de visite) ainsi que les quartiers de Carrasco, de Punta Carretas et de Pocitos. Vous voyagerez dans un véhicule climatisé.

HISTOIRE DE MONTEVIDEO

D'HIER À AUJOURD'HUI

L'étymologie du toponyme Montevideo trouverait son origine dans le domaine de la cartographie. En effet, le Cerro de Montevideo était le sixième mont visible depuis la côte, d'est en ouest, et les marins auraient donc noté sur les cartes « Monte VI de E.O. ». Après les premières expéditions européennes à l'intérieur du *río* de la Plata, la baie devint le lieu de mouillage favori des navires en raison de sa protection contre les vents violents du sud. Les premiers arrivants furent des soldats portugais venus de Colonia, mais ils furent promptement expulsés par les hommes du gouverneur espagnol Bruno Mauricio de Zabala. Ce dernier chargea alors l'architecte Domingo Petrarca de concevoir les plans d'une ville fortifiée. En 1725, de nouveaux soldats débarquèrent à Montevideo, accompagnés d'une main-d'œuvre composée d'un millier d'indigènes ainsi que des familles de Buenos Aires et des îles Canaries. Ensemble, ils bâtirent les fondations de ce qui allait devenir une métropole florissante. L'édification des murailles de la Ciudadela débuta en 1741. En raison de la rareté du bois et de la pierre, la ville connut un développement assez chaotique où les colons durent se rabattre sur le cuir pour la construction de leurs maisons. Cela impliqua d'abattre bien plus de bétail que ce dont la population avait besoin, simplement pour obtenir du cuir, entraînant une odeur nauséabonde qui se propagea sur tout le territoire. De plus, la présence de nombreux contrebandiers, ivrognes et criminels contribua à faire de Montevideo la capitale du vice. Durant cette période, les conditions d'hygiène étaient déplorables et la mortalité infantile atteignait des niveaux alarmants, décourageant ainsi tous les émigrants de s'y installer. La situation se transforma radicalement lorsque les colons se mirent à développer l'élevage du bétail en installant des *saladeros*, des abattoirs où l'on salait la viande bovine, et en exportant la production de cuir excédentaire vers l'étranger. La ville passa alors d'un statut de bourbier à celui de port prospère. Quelques années plus tard, un décret en fit l'unique port d'entrée d'esclaves du vice-royaume de La Plata. En 1780, elle comptait déjà près de 10 000 habitants, parmi lesquels 2 800 étaient des Noirs. À la fin du 17e siècle, Montevideo devint un fleuron de l'économie coloniale espagnole, exportant annuellement près de deux millions de pièces de cuir. Au fil des ans, la ville fut le théâtre de nombreuses batailles entre les puissances coloniales espagnoles et portugaises. Elle fut capturée puis reconquise à maintes reprises. En 1807, les soldats britanniques l'envahirent lors des guerres napoléoniennes, bien qu'ils fussent expulsés par les forces espagnoles l'année suivante. Suite à la défaite de Bonaparte, l'Espagne récupéra temporairement le vice-royaume de La Plata, jusqu'à ce que les mouvements indépendantistes lancés par San Martín et O'Higgins parvinssent à libérer l'Argentine et le Chili de l'oppression espagnole. Le gouvernement de Montevideo demeura loyal à la Couronne espagnole pendant un certain temps, mais en juin 1814, le mouvement de libération Artiguiste s'empara de la citadelle de Montevideo. Entre 1821 et 1825, la ville repassa sous la domination portugaise, devenant la capitale de la Provincia Cisplatina, le nouveau nom de la Banda Oriental. Cependant, elle fut libérée grâce à l'action héroïque des Treinta y Tres Orientales (trente-trois Orientaux). Finalement, le 18 juin 1830, elle devint la capitale de l'Uruguay indépendant. De 1839 à 1851, Montevideo fut de nouveau assiégée, ce qui ne l'empêcha pas pour autant de demeurer le port le plus prospère de l'estuaire. À la fin de la guerre, la ville comptait près de 31 000 habitants, dont 19 000 étaient des étrangers. Elle subit dès lors une rénovation complète, avec la démolition des remparts de la citadelle, la construction d'une université en 1849 et l'établissement d'un chemin de fer en 1869. Cette prospérité attira un grand nombre d'émigrants européens qui cherchaient à échapper aux troubles de l'Ancien Continent. De 1852 à 1890, la ville connut une croissance démographique importante, avec une multiplication par six de sa population. En 1908, le nombre d'habitants s'éleva à 300 000, pour atteindre près de 650 000 en 1930. Finalement, après avoir traversé une période de violence politique et de terrorisme d'État dans les années 1960 et 1970, Montevideo connut dans les années 1980 une restauration de ses quartiers historiques et un renouveau culturel qui permirent à la ville de se transformer en une métropole moderne et dynamique.

CASA DE FRANCISCO GÓMEZ ★

609 25 de Mayo

Ouverte au public durant la journée du patrimoine. Tentez tout de même de demander une visite.

Ce magnifique palais néogothique (éclectisme historiciste, selon les experts) abritant le siège du conseil municipal de Montevideo, a rouvert ses portes en 2014 après deux ans de rénovation. Conçu par l'architecte Ignacio Pedralbes, il fut achevé en 1874, bien que la famille Gomez n'y déménagea jamais. À l'intérieur se trouve une résidence moderne de trois étages, avec un escalier de marbre et un ascenseur. Les salles sont disposées autour d'une cour centrale, éclairée par un puits de lumière. En 1975, la demeure fut déclarée Monumento Histórico Nacional.

CASA DE LAVALLEJA ★

1469 Zabala

✆ +598 2915 1028

www.mhn.gub.uy

Du mercredi au dimanche de 12h à 18h. Entrée libre.

Cet édifice de 1783 fut acheté par le général Juan Antonio de Lavalleja qui y mourut en 1853. Ses descendants firent don de la demeure à la municipalité, laquelle la convertit en musée pour rendre hommage à son propriétaire. Y sont exposés des objets datant de la période 1825-1828, au moment où le pays était en lutte contre le Brésil. On y retrouve une série de gravures du célèbre Juan Manuel Besnes e Irigoyen relatant l'histoire nationale, une collection d'objets « gauchesques » et des objets personnels du général (dont le nécessaire de voyage cossu de sa femme...)

CENTRO DE FOTOGRAFIA [CDF] ★★

Av. 18 de Julio 885

✆ +598 1950 7960

www.cdf.montevideo.gub.uy

Entrée libre. Ouvert de lundi à vendredi de 10h à 19h30 et le samedi de 9h30 à 14h30.

Inauguré en 2002, le centre de la Photographie de Montevideo organise des expositions temporaires intéressantes, gratuites et parfois provocantes, qui promeuvent la photographie comme moyen de susciter un débat et une réflexion critique sur l'identité uruguayenne. Il est possible de visiter d'autres de leurs installations en plein air dans le Parque Rodó près du Casino, dans le Parque Prado, dans la Ciudad Vieja ainsi que dans le Peñarol. Ça vaut vraiment le détour.

CATEDRAL METROPOLITANA DE MONTEVIDEO ★★

1373 Calle Ituzaingó

✆ +598 2915 7018

www.catedralmontevideo.com.uy

Du lundi au samedi de midi à 17h et le dimanche de 11h à 17h. Entrée libre.

La cathédrale de Montevideo, également connue sous le nom *Iglesia Matriz*, fut bâtie en 1790, mais ne fut inaugurée qu'en octobre 1804. Plus grand centre catholique de tout l'Uruguay, elle est dédiée à l'Immaculée Conception et aux apôtres Felipe et Santiago. Au cours des trois derniers siècles, elle fut le théâtre d'un grand nombre d'événements d'importance historique, politique et, bien sûr, religieuse. Ses tours ont longtemps été le point culminant de la ville et ont même servi de phare durant le siège de Montevideo (1843-1851). Alexandre Dumas s'en inspira pour écrire son roman *Montevideo ou une Nouvelle Troie* (1805). Elle abrite aussi les tombes de certaines des personnalités les plus importantes de l'histoire uruguayenne comme Fructuoso Rivera, Juan Antonio Lavalleja et Dámaso Antonio Larrañaga. En 1805, elle reçut le mariage de Don José Gervasio Artigas et Doña Rafaela Villagrán. Son emplacement correspond à celui de l'ancienne église Mayor, premier édifice public de Montevideo érigé entre 1730 et 1739. De style néoclassique, elle est dotée de trois nefs, d'un transept, et d'une coupole sur un tambour cylindrique. A l'intérieur, elle est peinte de stucs imitant le marbre polychrome, et comprend plusieurs œuvres picturales et sculptures. Elle fut nommée monument historique national en 1935. Enfin, l'église propose plusieurs services religieux réguliers tels que des messes, des célébrations de mariage, des baptêmes et des événements culturels.

MUSEO ANDES 1972 ★

619 Rincón

✆ +598 2916 9461

www.mandes.uy

Du lundi au vendredi de 10h à 17h. Le samedi et dimanche de 10h à 15h. Entrée : 300 $.

Ce musée retrace un épisode dramatique qui fit le tour du monde en 1972. Il s'agit du crash du vol 571 Fuerza Aérea Uruguaya dans la cordillère des Andes. Ce petit avion qui reliait Montevideo à Santiago transportait à son bord 45 passagers, dont une équipe de rugby, qui se retrouvèrent piégés dans les montagnes à 4 000 m d'altitude, sans vêtements ni nourriture. Quelques survivants du crash survécurent malgré l'abandon des recherches, notamment en mangeant les corps des victimes conservés par le froid. Ils furent secourus 72 jours après l'accident.

CASA RIVERA - MUSEO HISTÓRICO NACIONAL ★★

437 Rincon, esq. Misiones © +598 2915 3316
www.museohistorico.gub.uy
Du mercredi au dimanche de 12h à 18h. Visite guidée disponible le vendredi à 15h. Entrée libre.

Ce musée est consacré à la préservation des objets et documents historiques de l'Uruguay. La construction de cette immense demeure remonte au début du XIXe siècle. Son premier propriétaire fut Don Cristóbal de Salvañach, un riche commerçant de la ville. La maison fut ensuite vendue au général indépendantiste Fructuoso Rivera, premier président constitutionnel, en 1834. Plus tard, en 1853, un autre commerçant rachète la résidence et y ajoute un niveau supérieur et un belvédère octogonal. Le 12 octobre 1942, elle est convertie en Musée historique national (dont fait aussi partie la casa de Lavalleja et la casa Giuseppe Garibaldi) et en 1975, elle est nommée monument historique national. Au premier étage, on peut admirer les toiles de Pedro Alonso et une peinture panoramique de Montevideo au XVIIIe siècle, réalisée par Leonie Matthis. De vieux livres sur la démocratie et la réforme constitutionnelle sont exposés, parmi des jeux de cartes espagnols, des tasses de maté et des pistolets centenaires. Une salle dédiée au *duelo caballeresco* (le duel des chevaliers) adresse la complexité de cette pratique réglementée où les citoyens défendaient leur honneur et réputation par la violence. Dans la troisième salle, un immense tableau évoque une scène historique des plus déterminante, lorsque le capitaine espagnol José de Posadas, alors vaincu par José Gervasio Artigas et son armée, remit son épée aux troupes indépendantistes victorieuses. Il s'agit d'une œuvre initialement réalisée par Juan Luis Blanes, qui fut interrompue par son décès en 1895 et poursuivie par son père, qui la laissa également inachevée à sa mort en 1901. Remarquez que quelques éléments du tableau comme les mains du capitaine et le pansement d'un combattant n'auront pas été achevés par les peintres. En face se trouve un portrait de Bernardina Fragoso de Rivera, première dame d'Uruguay de 1830 à 1834 et épouse du premier président. Attention : quelques gardiens du musée assurent l'avoir vue passer durant la nuit lors de leur ronde nocturne... Toujours au premier étage, une salle dédiée à héros de l'indépendance de l'Uruguay, José Gervasio Artigas, expose des paysages de l'*exodo del Pueblo Oriental* ainsi que ses portraits avant et après son exil au Paraguay. La quatrième salle met en lumière les valeurs progressistes de la population uruguayenne du XIXe siècle, face, entre autres, à l'Eglise, à l'éducation et à l'esclavage. Enfin, la dernière salle regroupe des tableaux de figures marquantes de l'indépendance, des meubles antiques, une toile du célèbre peintre Juan Manuel Blanes (1830-1901) présentant le Jour de l'indépendance, le 25 août 1825, et les armoiries officielles de l'Uruguay (une balance symbolisant l'égalité et la justice ; le Cerro de Montevideo, symbolisant la force ; un cheval évoquant la liberté ; un bœuf représentant l'abondance). Ensuite, en montant le magnifique escalier en colimaçon, vous arriverez dans une grande salle consacrée à l'homme militaire Fructuoso Rivera, premier président de l'Uruguay de 1830 à 1834, et fondateur du Partido Colorado. Un peu plus loin, une section sur la Guerre de la Triple-Alliance permet d'en apprendre davantage sur les conflits qui eurent lieu entre 1864 et 1870, opposant l'empire du Brésil, de l'Argentine et de l'Uruguay contre le Paraguay. Enfin, la dernière section du musée expose une série de cartes géographiques dont les plus anciennes datent de 1586.

Casa Rivera à Montevideo.

MUSEO DE ARTE PRECOLOMBINO E INDIGENA [MAPI] ★

279 25 de Mayo
✆ +598 2916 9360
www.mapi.org.uy
Du lundi au samedi de 10h30 à 18h. Billet pour adulte : 150 $. Etudiant : 80 $. Gratuit pour les retraités et -12 ans.

Musée dédié à la présentation et à la conservation d'objets d'art précolombiens d'Amérique latine. Fondé en 2004, il se concentre sur les cultures ancestrales et contemporaines de l'Amérique centrale et de l'Amérique du Sud, y compris les civilisations maya, aztèque et inca. Sa collection permanente expose une variété de pièces, telles que des sculptures, des poteries, des instruments de musique et des objets religieux. Le musée propose également plusieurs expositions temporaires, notamment la collection de masques latino-américains de Claudio Rama rassemblant près de 800 masques de tout le sous-continent. Ces derniers faisaient référence à des célébrations telles que les carnavals, les festivités indigènes ou la Fête-Dieu, et datent de la seconde moitié du XXe siècle à aujourd'hui. La deuxième exposition porte sur le « hidepainting », la peinture sur peaux d'animaux des Indiens d'Amérique du Nord, entre la fin du XIXe et le début du XXe siècle. La troisième porte sur l'ethnomusicologie équatorienne, permettant aux visiteurs d'en apprendre davantage sur le « monde sonore » des peuples indigènes et ainsi, d'établir des liens entre les instruments de musique du passé et ceux d'aujourd'hui. Enfin, l'exposition sur le tissage andin par l'artiste bolivien Aruma, expose des pièces de textiles « interactives ». Le musée dispose également d'un café offrant de très bons plats cuisinés. Il vaut aussi la peine de faire une tour dans la petite boutique qui se trouve à l'entrée.

MUSEO DE ARTES DECORATIVAS [PALACIO TARANCO] ★★

376 25 de Mayo
✆ +598 2915 1101
Du lundi au vendredi de 12h30 à 17h30. Entrée libre.

Le musée des Arts décoratifs de la ville, déclaré monument historique national, témoigne de l'influence des mouvements artistiques européens en Uruguay dans des expositions permanentes et temporaires. Le bâtiment, un manoir de style français, appartenait autrefois aux Taranco, une riche famille d'immigrants galiciens arrivés de La Corogne en 1872. José Taranco, suivi par ses deux frères Félix et Hermenegildo, devint importateur de marchandises européennes, essentiellement des produits destinés à décorer les maisons de bourgeois et les palais de l'Etat. Afin d'attirer l'attention des acheteurs, il décida que sa résidence devait servir de vitrine de la magnificence de son entreprise. Il fit donc appel à Charles Louis Girault, prestigieux architecte français et auteur du Petit Palais de Paris pour concevoir sa somptueuse demeure. Le palais, qui coûta près de 300 000 pesos (l'équivalent de quatre millions de dollars aujourd'hui) fut inauguré en 1910. Aujourd'hui, les visiteurs peuvent apprécier l'excellent état de conservation de l'édifice, de son mobilier Louis XV et de son impressionnante collection d'art, où des œuvres d'artistes tels que Ribera (1591-1652), Teniers (1610-1690), Van der Helst (1613-1670), Zuloaga (1870-1945), Benlliure (1862-1947) et Francisco de Goya (1746-1828) figurent harmonieusement, vestiges d'une splendeur passée. Au sous-sol est présentée une exposition d'archéologie gréco-romaine du XIIIe siècle av. J.-C. au IIe siècle apr. J.-C.

MUSEO DEL CARNAVAL ★★

218 Rambla 25 de Agosto
✆ +598 2916 5493
www.museodelcarnaval.org
Du mercredi au dimanche de 11h à 17h. Entrée : 150 $. Gratuit pour les enfants de moins de 12 ans.

Le musée du Carnaval a été inauguré en 2006. Situé en face du port de Montevideo et à côté du Mercado del Puerto, il expose tout ce qui a trait au carnaval, c'est-à-dire ce qui constitue une part de l'identité du pays. Visite ludique et interactive au cours de laquelle on découvre divers objets, masques, costumes, instruments de musique et œuvres d'art, de cette fête populaire. C'est aussi l'occasion d'en apprendre davantage sur les figures emblématiques du carnaval, sur les *murgas*, le *candombe*, les *llamadas*, les *comparsas*... Une visite très intéressante.

MUSEO EL JUGUETERO

230 25 de Mayo
✆ +598 9244 8926
Du mardi au vendredi de 10h30 à 17h, et le samedi de 10h à 16h. Entrée : 200 $. Gratuit pour les moins de 12 ans.

Au *Juguetero* (« fabricant de jouets »), on retrouve plus de 2 500 poupées, peluches, chevaux de bois, toupies, bilboquets et petits soldats, d'origine nationale ou internationale, dont certains ont plus de cent ans d'histoire ! Après avoir passé plus de 40 ans à collectionner des jeux pour enfants, Eduardo Balduccio a récemment ouvert un espace qui invite les visiteurs, petits et grands, à faire connaissance avec des doudous venus du monde entier. La plupart d'entre eux sont même accompagnés d'une lettre écrite par leur propriétaire.

MUSEO FIGARI

1427 Juan Carlos Gómez
✆ +598 2915 7065
www.museofigari.gub.uy
Du mardi au vendredi de 13h à 18h et le samedi de 10h à 14h. Entrée libre.

Le Musée Figari est consacré à l'œuvre de Pedro Figari (1861-1938), l'un des artistes les plus remarquables de l'Uruguay. Non seulement connu pour ses toiles impressionnistes dépeignant la vie populaire à la campagne (notons qu'il commença à peindre seulement durant sa soixantaine), Figari était également un homme politique, écrivain et journaliste notoire. L'espace accueille une collection permanente comprenant une quarantaine de ses tableaux, ainsi que des expositions temporaires sur différents thèmes liés à son travail artistique et à sa mémoire.

MUSEO HISTORICO CABILDO ★

1362 Juan Carlos Gómez, esq. Sarandí
✆ +598 2915 9685
cabildo.montevideo.gub.uy
Du lundi au vendredi de 12h à 17h45, le samedi et jours fériés de 11h à 17h. Entrée libre.

Construit entre 1804 et 1869, ce bâtiment de style colonial classé monument historique national fut le siège de diverses institutions publiques : pouvoir législatif, Tribunal supérieur de Justice, préfecture de police, Conseil national de l'Administration et ministère des Relations extérieures. Depuis 1959, l'édifice abrite le musée d'Histoire de la ville qui renferme encore aujourd'hui les grands actes de fondation de la ville et le souvenir de ses fondateurs. Conférences, projections et visites guidées sont organisées ; se renseigner sur place.

MUSEO ROMANTICO - CASA ANTONIO MONTERO ★★

434 25 de Mayo
✆ +598 2915 3316
www.museohistorico.gub.uy
Du mercredi au dimanche de 11h à 17h. Entrée libre.

De style néoclassique, cette maison construite en 1782 fut dessinée par José Toribio, puis rénovée en 1831, lorsque Antonio Montero, un commerçant de l'époque, la racheta. Surnommée le « palais de marbre », elle s'organise autour d'un unique patio et abrite aujourd'hui le Museo Romántico qui expose un large patrimoine de la haute société du XIXe siècle : meubles, vêtements, porcelaines et portraits des bourgeois d'autrefois, souvent sans nom et sans date...

MUSEO TORRES GARCIA ★★★

683 Sarandí
✆ +598 2916 2663
www.torresgarcia.org.uy
Du lundi au vendredi de 10h à 19h et le samedi de 11h à 17h. Entrée : 170 $. Gratuit pour les moins de 12 ans.

Le musée est consacré à Torres García, peintre et fondateur du constructivisme, ayant marqué l'art moderne uruguayen. Originaire de Montevideo, Torres García a étudié en Europe auprès de géants de l'art comme Picasso. De retour en Uruguay, influencé par le constructivisme européen et les mouvements avant-gardistes tels que le cubisme, il a voué sa vie à l'enseignement et à l'élaboration de sa théorie, l'universalisme constructif. Comme le disait Malraux, « Torres García est sans doute le peintre américain qui a le plus influencé l'art américain. » Ce musée, initié par le ministère de l'Education et de la Culture et surtout par la veuve de l'artiste, Manolita Piña de Torres, décédée en 1994, expose ses œuvres de manière permanente aux deux premiers étages. Le deuxième étage présente des portraits remarquables de la série Hommes, héros et monstres et des céramiques réalisées par sa fille Eva Diaz Torres, utilisant la technique japonaise du raku, liée à la cérémonie du sato (le chemin du thé) et développée au XVIe siècle. Le troisième étage accueille des expositions temporaires mettant en lumière le travail des élèves de Torres García, dont ses fils Horacio et Augusto, Julio Alpuy, Gonzalo Fonseca. Des conférences sur le maître sont régulièrement organisées au 4e étage, ainsi que des cours de l'atelier de formation artistique, Bien al Sur, situé au 5e étage (cours de céramique, dessin, peinture, sculpture sur pierre et sur bois). A l'entrée, une boutique propose de beaux objets décoratifs et des ouvrages d'art à la vente.

PEATONAL SARANDÍ

Sarandí

La rue piétonne Sarandí est le point de départ obligatoire de toute visite de la vieille ville. Son histoire remonte à l'époque coloniale, lorsque Montevideo était une petite ville fortifiée. A cette époque, elle servait de principale voie de communication entre la citadelle espagnole et les zones rurales environnantes. Aujourd'hui, c'est une magnifique rue piétonne, bordée de boutiques et de restaurants qui s'adressent autant aux travailleurs qu'aux touristes. Elle relie la Plaza Independencia à la Plaza Matriz, traversant ainsi le centre historique de la ville.

PALACIO DE CORREOS

484 Buenos Aires
✆ +598 2916 0200
Du lundi au vendredi de 9h à 18h. Entrée libre.

Souvent considéré comme l'un des bâtiments les plus emblématiques de la ville, l'édifice central du Correo Uruguayo a été construit par la société E. Chiancone y Cia, sous la direction de M. Enrique Chiancone au début du XXe siècle, puis inauguré en 1925. Déclaré monument historique national, il se compose de quatre étages en béton armé. A l'angle des rues Misiones et Buenos Aires, au-dessus de la porte d'entrée, une tour de 63 mètres s'élève au-dessus du bâtiment de la vieille ville. L'édifice avait d'abord été affecté au quartier général politique, actuellement le quartier général de la police dans le département de Minas (Lavalleja), à la demande de José Batlle y Ordoñez, qui par désignation de Máximo Tajes occupait le poste de chef politique.

Le vaste hall qui occupe le centre du bâtiment est couvert d'un grand puits de lumière, une œuvre architecturale qui permet un éclairage naturel. Le marbre a été spécialement apporté de Carrara en Italie. La statue de José Gervasio Artigas, située au centre du hall, est un cadeau des fonctionnaires à la *Direccion Nacional de Correos*. Elle a été réalisée par le sculpteur Carlos M. Martinez, et livrée le 19 juin 1960. Aujourd'hui, nous pouvons admirer les sculptures qui ornent l'escalier d'entrée, sur le magnifique revêtement de marbre, des œuvres exécutées par des artistes uruguayens, parmi lesquels José Luis Zorilla de San Martín, Barbieri Bernabé Michelena et Moler de Barb. Au fond de la salle principale, vers la gauche, se trouve un ascenseur centenaire toujours en état de marche.

PLAZA DE LA DIVERSIDAD SEXUAL

Pasaje Policía Vieja

Inauguré en 2005, cet « homomonument », premier du genre en Amérique latine et quatrième au monde après Amsterdam, New York et San Francisco, est dédié à la diversité sexuelle. Il a une forme triangulaire en granit rose, en référence au triangle rose utilisé par les nazis pour identifier les personnes homosexuelles. On peut y lire l'inscription suivante : « Honorer la diversité, c'est honorer la vie : Montevideo pour le respect de tous les genres, identités et orientations sexuelles. »

PLAZA MATRIZ ★

Sarandí, esq. Ituzaingo

Point de départ obligatoire de toutes visites de la vieille ville, la Plaza Matriz est un symbole incontournable et un élément emblématique de la ville de Montevideo. Ancienne place principale de l'époque coloniale, elle a été le théâtre de nombreux événements historiques pour le pays. Par exemple, c'est là que se tint la prestation de serment de la première constitution en 1930 (pour cette raison, la Plaza Matriz se nomme également Plaza de la Constitución). En son centre, elle renferme de petits jardins et quatre chemins en diagonale rejoignant la fontaine en marbre du sculpteur italien Juan Ferrari. Cette dernière est ornée de diverses figures mythiques, de différents symboles de la franc-maçonnerie ainsi que d'inscriptions commémorant les principaux événements historiques du pays. Elle fut construite en 1871 en commémoration de l'inauguration des services d'eau courante à Montevideo. Il convient aussi de mentionner deux constructions en pierre blanche, le majestueux Club Uruguay ainsi que le siège du Partido Nacional, œuvres de l'ingénieur italien Luigi Andreoni. Bien que ces deux bâtiments soient privés, il suffit habituellement de frapper à la porte, de se présenter et de tenter sa chance pour les visiter : la convivialité des Uruguayens opérera sans doute. Véritable lieu de rencontre pour les Montevideanos, la Plaza accueille plusieurs événements culturels tels que des concerts, des manifestations et des festivals. Ne manquez pas la foire d'antiquités qui s'y tient tous les samedis matin.

MONTEVIDEO

Teatro Solis.

PLAZA ZABALA ★★

Circunvalación Durango

Située au cœur de la Ciudad Vieja, la place est bâtie en 1890 et doit son nom à Bruno Mauricio de Zabala, colonisateur espagnol et fondateur de la ville en 1726. En son centre, la statue de l'Espagnol Lorenzo Coullant Varela est dédiée à Zabala. On y voit l'écusson de la famille et la date de fondation de Montevideo. Quant aux jardins, au style parisien, ils sont l'œuvre de l'architecte paysagiste français Eduardo André. Au nord de la place se trouve le Palacio Taranco qui abrite le musée des Arts Déco et la Casa de Saenz-Zumarán (convertie en banque).

PUERTA DE LA CIUDADELA ★

Plaza Independencia

La citadelle fut sans aucun doute la construction militaire la plus importante de Montevideo. Celle-ci débuta en 1742 et ne se termina que 40 ans plus tard. Ses murs en granit noir mesuraient 6 m de large et 4 bastions contenaient chacun 50 canons. L'unique vestige de cette citadelle est la Puerta de la Ciudadela, porte d'entrée de la vieille ville qui était alors dotée d'un pont-levis. Durant la construction de la Plaza Independencia en 1877, elle fut déplacée dans l'actuelle Universidad del Trabajo, avant de retourner à son emplacement d'origine en 1959.

TEATRO SOLÍS ★★★

Reconquista esq. Bartolomé Mitre

✆ +598 1950 3323

www.teatrosolis.org.uy

Visite guidée du mardi au dimanche de 12h à 16h. Entrée : 150 $. En espagnol, anglais et français. Gratuit le mercredi.

Bienvenue au plus ancien théâtre d'Amérique du Sud. Conçu à l'origine par l'architecte italien Carlo Zucchi, puis modifié par l'Espagnol Francisco Xavier Garmendia, cet édifice emblématique fut inauguré le 25 août 1856 par une société de 156 actionnaires afin de remplacer la petite Casa de Comedias qui ne répondait plus aux exigences de la classe bourgeoise grandissante. Il fut ensuite racheté par l'Intendencia de Montevideo en 1937. D'inspiration néoclassique, la façade principale comprend huit colonnes de style corinthien réalisées par l'architecte Clemente César. La toiture est faite d'ardoise naturelle en provenance d'Europe. Ce frontispice rappelle en effet les théâtres européens à l'instar de la Scala de Milan ou le théâtre Carlo-Felice de Gênes. Les corps latéraux du bâtiment, construits entre 1869 et 1885, sont l'œuvre du Français Victor Rabu. Des artistes de réputation internationale tels que la soprano Luisa Tetrazzani, le ténor Francesco Tamagno ou encore le pianiste polonais Arthur Rubinstein se sont produits sur sa scène qui a aussi vu passer de grands metteurs en scène et dramaturges. La salle principale du théâtre, en forme d'ellipse, peut accueillir jusqu'à 1 600 spectateurs. Elle est accessible aux handicapés, aux non-voyants et aux sourds. La deuxième salle, nommée Zavala Muniz, est plus moderne et dispose d'une capacité de 280 auditeurs. La programmation inclut des orchestres symphoniques, des représentations théâtrales, des concerts de musique, des one-man-shows et des soirées poésie.

CALLE EMILIO REUS ★

Egalement connu sous le nom de quartier juif, ce secteur doit son nom à Emilio Reus, un homme d'affaires espagnol né en 1858, qui fut chargé de la construction de logements destinés à des ouvriers. Ses chantiers dans la capitale l'ont rendu célèbre et on parle même de « l'époque Reus ». Une partie de la rue Emilio Reus est aujourd'hui une attraction et l'un des symboles de la ville ; les façades et les murs des jolies maisons qui ont été repeints par des artistes locaux lui donnent un air de fête. Les bâtiments furent déclarés monument historique national en 1986.

CASA DE LA CULTURA AFROURUGUAYA

1645 Isla de Flores
✆ +598 2411 1514
www.casaafrouruguaya.org
Du lundi au vendredi de 10h à 20h. Le samedi de 15h à 17h.

Venez explorer la Casa de la Cultura Afrouruguaya, un centre culturel fondé en 2011 dans le quartier de Palermo, afin d'en apprendre davantage sur la communauté afro-uruguayenne du pays. Cette organisation a pour objectif de mettre en avant le patrimoine historique des descendants afro-uruguayens en proposant des ateliers hebdomadaires de musique (notamment de tambours), de yoga, de danse, de tango et d'écriture, ainsi que des conférences et d'autres activités culturelles.

FORTALEZA - MUSEO MILITAR GENERAL ARTIGAS ★

José Batlle y Ordóñez
✆ +598 2313 6716
Ouvert du mercredi au dimanche de 10h à 17h, l'été de 10h à 22h. Entrée 50 $. -12 ans et + 65 ans : gratuit.

© PAULO AFONSO - SHUTTERSTOCK.COM

Au sommet du Cerro de Montevideo se trouve une forteresse qui fut construite sous les ordres du gouverneur Francisco Javier de Elío en 1808 pour protéger la ville d'éventuelles invasions. Cette dernière renferme le musée militaire qui contient une importante collection d'armes, de documents, d'uniformes et d'œuvres d'art liées à José Gervasio Artigas. Il intéressera surtout les passionnés d'histoire, mais vaut la peine si l'on décide de faire une balade jusqu'au sommet du Cerro.

CERRO DE MONTEVIDEO ★

Av. José Batlle y Ordóñez

A 132 mètres au-dessus du niveau de la mer, en contre-haut de la baie de Montevideo, cette colline est le point le plus élevé du département de Montevideo. Outre la vue sur la baie, on pourra visiter la Fortaleza General Artigas qui accueille un musée militaire. Là-haut, vous verrez également le phare du Cerro de Montevideo, qui culmine à 148 mètres de hauteur et facilite l'entrée des bateaux dans le port. La colline abrite plusieurs parcs et zones de loisirs, comme le Parque del Cerro et le Parque Rodo qui comprend un lac navigable et un parc d'attractions.

EDIFICIO MERCOSUR

1992 Dr. Luis Piera

En approchant de la Playa Ramírez, on ne peut qu'être frappé par la splendeur de cet imposant édifice. Construit en 1909 en tant qu'hôtel de luxe, le Parque Hotel a été rénové pour devenir le siège actuel du Mercosur. Situé sur le boulevard Rodó Park, ce bâtiment emblématique accueille désormais les bureaux de diverses organisations internationales et est considéré comme un joyau architectural de Montevideo. Conçu par l'architecte Juan Antonio Scasso, il présente une architecture éclectique, combinant des éléments de style néoclassique, Beaux-Arts et Art nouveau.

ESPACIO DE ARTE CONTEMPORÁNEO [EAC] ★

1929 Arenal Grande
✆ +598 2929 2066
www.eac.gub.uy
Du mercredi au samedi de 13h à 19h et le dimanche de 11h à 17h. Entrée libre.

Que vous soyez fervent d'art contemporain ou simplement à la recherche d'un lieu à visiter par temps de pluie, ce musée, bien qu'un peu excentré, mérite le détour. Aménagées dans une ancienne prison pour femmes, les expositions changent trois fois par année et peuvent parfois être assez modestes, bien qu'il soit toujours sympa d'y jeter un œil. Pour réserver une visite guidée en anglais ou espagnol, veuillez envoyer un courriel à l'adresse visitas@eac.gub.uy.

ESTADIO CENTENARIO - MUSEO DEL FÚTBOL ★★

Estadio Centenario
✆ +598 2487 2059
www.estadiocentenario.com.uy
Le musée est ouvert du lundi au vendredi de 10h à 17h. Entrée : 300 $.

Le stade de football le plus fameux du pays a été inauguré en juillet 1930 à l'occasion de la première Coupe du monde de l'histoire. C'est dans cette célèbre arène située dans le parc José Battle y Ordoñez que les 60 000 spectateurs de la finale ont vu *La Celeste* (nom donné à l'équipe de l'Uruguay) battre le rival argentin 4 buts à 2. Lors de votre voyage, les Uruguayens ne manqueront pas de vous rappeler fièrement cette victoire. Ce stade, baptisé en l'honneur du centenaire de l'indépendance du pays, a par la suite été déclaré monument historique du football mondial par la FIFA. Il accueille toujours aujourd'hui les matchs de l'équipe nationale, ainsi que de grands évènements culturels.

Inauguré le 15 décembre 1975, le musée du football abrite une vaste collection de souvenirs comprenant des photos, des documents d'archives, des peintures, des trophées et des maillots (dont ceux de Maradona et de Pelé). Les tournois majeurs de l'histoire du foot uruguayen et ses meilleurs joueurs sont également détaillés. Les visiteurs pourront parcourir certaines salles du stade, telles que les vestiaires, la salle de presse, les tribunes et, bien sûr, le légendaire terrain. Ils pourront aussi gravir l'emblématique *Torre de los Homenajes* (tour des hommages) en payant un supplément de 100 $. Des expositions temporaires, une salle de projection, et une boutique de souvenirs pour tous les passionnés du ballon rond sont également à disposition des visiteurs.

JARDÍN BOTÁNICO ★

1181 Avenida 19 de Abril
✆ +598 1950 7840
www.jardinbotanico.montevideo.gub.uy
Ouvert tous les jours de 7h à 20h en été, jusqu'à 17h30 en hiver. Entrée libre.

Explorez le splendide Jardin botanique, fondé en 1902 grâce à l'initiative de l'aristocrate strasbourgeois Joseph de Buschental (1802-1870) qui fit planter des arbres et venir des oiseaux exotiques des cinq continents sur ce domaine de 60 hectares. Imaginé par l'architecte paysagiste français Charles Racine, ce jardin est une véritable perle de la région, offrant une collection époustouflante de beauté et de diversité avec plus de 500 000 espèces végétales. Admirez l'harmonie entre les espèces européennes agencées à la française, et les espèces tropicales et subtropicales permises par le climat local. Au sein du parc, vous découvrirez une variété d'arbres tels que des châtaigniers, des chênes, des frênes, des peupliers, des ceibos (l'arbre national) et des jacarandas, ainsi que diverses espèces de pins et d'eucalyptus. Bien entretenu et doté d'une signalisation adéquate, le jardin abrite également un charmant petit musée, un centre de recherches, des serres et des fontaines. A deux pas, découvrez une autre merveille du quartier, El Rosedal, une roseraie établie en 1912 avec l'importation de 12 000 rosiers de France. Laissez-vous séduire par les quatre pergolas de 60 mètres de haut et les huit coupoles de style Art nouveau, conçues une fois de plus par l'expertise de Charles Racine. Le Jardin botanique offre plusieurs ateliers pédagogiques sur la flore de l'Uruguay ainsi que des cours de yoga (inscription sur le site web). Excellent endroit pour se détendre, se ressourcer et profiter de la nature en plein cœur de la ville.

MONUMENTO AL GAUCHO

Avenida 18 de Julio

Inauguré en novembre 1927, le célèbre monument du Gaucho à cheval se dresse à proximité de l'Intendencia Municipal. Œuvre de José Luis Zorrilla de San Martín, cette statue de bronze reposant sur un socle de granit rose rend hommage à un héros anonyme qui a combattu pour l'indépendance du pays, célébrant ainsi l'esprit intrépide et indomptable, la bravoure et la liberté de ces figures historiques légendaires. Le soldat tient une lance dans sa main droite, et les bas-reliefs gravés dans la pierre représentent la tradition, la campagne, le dressage et le travail.

MUSEO DE HISTORIA DEL ARTE

1326 Ejido

www.muhar.montevideo.gub.uy

Du lundi au samedi de 12h30 à 18h. Entrée libre.

Situé dans le Palacio Municipal de Montevideo (Intendencia), ce musée dispose d'une collection permanente répartie sur quatre étages (accessible aux fauteuils roulants) présentant des œuvres artistiques et culturelles de différentes régions et époques, notamment la Préhistoire, l'Egypte, l'Iran, la Grèce et les cultures précolombiennes. Les visiteurs pourront admirer des reproductions de grande qualité ainsi que des originaux. Pour une visite complète, prévoyez environ deux heures.

MUSEO DEL GAUCHO ★

998 Avenida 18 de Julio

✆ +598 2900 8764

Du lundi au vendredi de 10h à 16h. Entrée libre.

Le musée consacré au *gaucho*, figure emblématique de l'Uruguay, permet de découvrir en détail tous les éléments qui le caractérisent : éperons, couteaux, maté, *boleadoras*, blasons, selles, vêtements, épées, pistolets ainsi que des attelages d'époque. On peut y admirer des pièces d'orfèvrerie et de magnifiques tissus. Ce musée offre une réelle opportunité de découvrir la culture et l'histoire de l'Uruguay en explorant la vie et l'univers de ces cowboys sud-américains à l'esprit libre et révolté. C'est un incontournable pour les amateurs de culture et d'histoire.

MUSEO DEL AZULEJO

1444 Yí

✆ +598 2902 3332

Du mardi au vendredi de midi à 18h. Le samedi de 10h à 16h. Entrée libre.

Ce musée expose des carreaux de céramique, connus sous le nom d'*azulejos*, venant de divers endroits du monde et couvrant une période allant du XIXe siècle à aujourd'hui. En plus de sa collection permanente, le musée présente des expositions temporaires, des ateliers de céramique et des événements culturels. Les *azulejos* exposés proviennent de donations, notamment de l'architecte Alejandro Turcio, et illustrent les différents types utilisés en Uruguay jusqu'aux années 1930. Destination idéale pour les passionnés d'art, d'histoire et de culture latino-américaine.

MUSEO DEL CANNABIS

1784 Durazno

✆ +598 9290 4092

www.museocannabis.uy

Du mercredi au dimanche de midi à 20h.

Inauguré en 2016 dans le quartier de Palermo, ce musée vise à promouvoir les atouts du cannabis et de ses multiples utilisations tout en informant sur ses possibilités médicinales et industrielles. A travers des expositions temporaires, des visites guidées et des animations, il présente une large collection d'objets et de produits dérivés (boîtes de cannabis datant de 1879, boissons, plants, photographies, etc.) ainsi que des informations sur la législation et la culture du cannabis. Un espace combiné bar et magasin propose des accessoires et des collations.

MUSEO JUAN MANUEL BLANES ★★

4015 Avenida Millán

✆ +598 2336 2248

http://blanes.montevideo.gub.uy

Du mardi au dimanche de 12h à 17h45. Entrée libre.

Collection de peintures réalisées par des artistes uruguayens et étrangers, dont celles de deux des plus grands peintres uruguayens : Juan Manuel Blanes et Pedro Figari. Blanes s'inspira de l'histoire du pays et de l'univers des *gauchos* pour peindre une œuvre fondamentale pour l'imaginaire collectif de l'Uruguay. Né en 1830, au moment de la fondation de l'Uruguay, il prit rapidement au sérieux sa mission de peintre de la patrie. Après avoir reçu une formation à l'Académie des beaux-arts de Florence, il revint en Amérique du Sud où il se consacra à la représentation de l'histoire de l'Uruguay à travers des tableaux immensément détaillés et réalistes. L'une de ses œuvres les plus illustres est d'ailleurs affichée dans le musée. Il s'agit de la toile *El Juramento de los Treinta y Tres Orientales* (le serment des trente-trois Orientaux) qui représente le moment où les révolutionnaires de la Banda Oriental se soulevèrent contre la domination brésilienne sur la plage La Agraciada, dans le département de Soriano. En 1878, ce tableau fut exposé pendant deux mois lors d'un grand événement durant lequel des milliers de Montevidéens défilèrent pour l'observer. Quant à Pedro Figari, peintre sur le tard et précurseur de l'art moderne dans le sous-continent, il immortalisa les *ombúes* et la campagne, ainsi que les scènes urbaines et colorées du *candombe*. Avant ou après la visite, offrez-vous une balade dans les jardins du musée. L'horticulteur Pedro Margat y a introduit des camélias japonais qui colorent la brume de l'hiver montévidéen.

MUSEO NACIONAL DE ARTES VISUALES ★

2283 Tomás Giribaldi
✆ +598 2711 6054
www.mnav.gub.uy
Du mardi au dimanche de 13h à 20h. Entrée gratuite.

Le musée des Arts visuels abrite la pinacothèque la plus riche du pays, avec des toiles d'artistes uruguayens tels que Joaquín Torres García, Juan Manuel Blanes, Pedro Figari, Rafael Barradas et José Cúneo. En face, un vaste jardin où il fait bon flâner vous fera découvrir quelques œuvres de Torres García, Cardillo, Podestá. La collection reste tout de même très modeste avec deux salles au rez-de-chaussée (collection permanente) et deux salles à l'étage (expositions temporaires).

OBELISCO A LOS CONSTITUYENTES DE 1830 ★

Boulevard General Artigas et Avenida 18 de Julio

Terminant l'avenue 18 de Julio et donnant accès au parc Battle, cet obélisque est une œuvre de bronze et de granite réalisée par l'artiste national José Luis Zorilla de San Martín. Il fut inauguré en 1938 en hommage à la première Constitution de la République de 1830, puis déclaré monument historique national en 1976. Situé au centre d'une fontaine, il repose sur trois soubassements représentant respectivement la Loi, la Liberté et la Force, et s'élève à 40 mètres de hauteur.

PALACIO LEGISLATIVO ★

Avenida de las Leyes
✆ +598 2924 1783
Visite guidée du lundi au vendredi à 11h30 et 15h en espagnol, anglais et portugais. Entrée : 150 $.

Erigé entre 1908 et 1925, le Palais législatif a été inauguré pour marquer le centenaire de la déclaration d'indépendance de l'Uruguay. L'architecte d'origine piémontaise Vittorio Meano en est à l'origine, bien qu'il ne vit jamais son œuvre achevée, puisqu'il fut assassiné en 1904 par son ancien majordome (et soi-disant l'amant de sa femme). C'est Guateno Moretti, un autre architecte italien, qui reprit le projet. Le monument néoclassique s'étend sur 8 000 m² et présente un fronton triangulaire orné de statues, avec des façades orientées selon les points cardinaux. Il comprend également de magnifiques sculptures, ainsi que des vitraux, des peintures murales et des bas-reliefs réalisés en marbre, en granit et en bronze. Inspiré de la place de l'Etoile à Paris, le bâtiment abrite aujourd'hui l'Assemblée nationale, le Sénat et la Chambre des représentants. Un escalier de granit mène au vestibule d'honneur, au *Salón de los Perdidos* et au salon de Fiestas. La voûte en marbre de la *Sala de los Pasos Perdidos* donne accès aux deux superbes chambres législatives. La deuxième plus grande bibliothèque du pays, abritant plus de 250 000 livres, se trouve au premier étage. A l'intérieur, vous aurez l'occasion d'admirer le texte de la première constitution uruguayenne qui est préservé dans une vitrine en bois, sous la surveillance constante de deux Blandengues. Enfin, à l'extérieur, quatre sculptures de Giannino Castiglioni représentent la Loi, la Justice, la Science et le Travail. Visites guidées fortement recommandées.

Palacio Legislativo.

© IVO ANTONIE DE ROOIJ - SHUTTERSTOCK.COM

Playa Ramírez.

MUSEO DEL TANGO

846 Plaza Independencia
✆ +598 9341 6202
Du lundi au vendredi de 10h à 16h. Le samedi de 10h à 13h. Entrée incluse dans le billet du Palacio Salvo : 400 $

Situé au rez-de-chaussée du Palacio Salvo, le Museo del Tango est un lieu emblématique de la culture uruguayenne. Autrefois connue sous le nom de la confiserie « La Giralda », cette bâtisse légendaire fut le lieu de la première performance de *La Cumparsita*, l'un des tangos les plus célèbres de tous les temps, composé par l'artiste uruguayen Gerardo Matos Rodríguez en 1916. Le titre *La Cumparsita* signifie « la petite troupe » en espagnol, et la mélodie a été inspirée par des tambours de carnaval. Aujourd'hui, le musée vous plonge dans l'univers magique et captivant de cette danse passionnante grâce à une exposition permanente unique. Dans la magnifique salle de spectacle, vous pourrez admirer les performances envoûtantes de musiciens et de danseurs talentueux, tout en vous laissant charmer par l'émotion singulière et indescriptible du tango. La collection d'objets est un émouvant hommage à l'histoire vibrante de cette danse extraordinaire. Parmi les trésors se trouve un juke-box datant de 1900, qui résonne toujours de ses mélodies avec une précision étonnante. Imaginez un moment l'excitation des visiteurs qui se voient offrir la chance de choisir parmi 1 900 vinyles pour une expérience inoubliable. Une escapade combinée au musée du tango et au Palacio Salvo est un voyage qui restera à jamais gravé dans les mémoires. Ces deux merveilles emblématiques de Montevideo sont des bijoux du patrimoine culturel latino-américain, où l'histoire, l'art et la culture sont célébrés avec passion et authenticité.

PARQUE DEL PRADO ★

Avenida Lucas Obes

Ce parc de 106 hectares a donné son nom au quartier, et comprend un jardin botanique où sont conservées plus de 1 000 espèces végétales. C'est le premier parc de la capitale et reste le plus grand de par sa superficie. Au XIXe siècle, durant la Guerra Grande, de nombreuses familles fuyant le siège de la capitale s'y réfugièrent. Il daterait de 1870 et s'est agrandi au fil des ans. De belles sculptures ornent le parc, comme le *Monumento a los Últimos Charrúas* (les Derniers Charrúas) d'Edmundo Prati et le *Monumento a la Diligencia* (de la diligence) de José Belloni.

PARQUE JOSÉ BATLLE Y ORDOÑEZ ★

Av. Ramón V. Benzano

Le parc José Batlle y Ordóñez est le deuxième plus grand parc de Montevideo, couvrant près de 50 hectares. Conçu dès 1911 sur un terrain concédé, il a porté successivement les noms de *Gran Parque Central* et *Parque de los Aliados*. Le paysagiste français Charles Thays, qui a aménagé de nombreux jardins à Buenos Aires, est à l'origine de sa conception. Le parc abrite le célèbre Estadio Centenario ainsi que des sculptures comme La Carreta, œuvre de l'artiste uruguayen José Belloni.

PARQUE LECOCQ

Avenida al Parque Lecocq
✆ +598 2312 0013
zoo.montevideo.gub.uy/parque-lecocq
Ouvert du mercredi au dimanche de 9h à 18h.
Entrée : 30 $. Gratuit pour les moins de 12 ans.

S'étendant sur 60 hectares, ce parc abrite un centre de conservation de la biodiversité comprenant un espace zoologique où vivent près de 30 espèces animales, un jardin botanique et un musée. C'est un lieu agréable pour les promenades dominicales et les pique-niques, et parfait pour les familles, les couples et les amis souhaitant passer du temps en plein air et se balader sur les sentiers. De plus, des activités éducatives et des événements visant à sensibiliser le public à la préservation de la faune et de la flore y sont organisés chaque mois.

PLAZA DE CAGANCHA

Av. 18 de Julio

La Plaza de Cagancha, également connue sous le nom de Plaza Libertad, était autrefois un lieu de rencontre important pour la haute société de Montevideo. Elle a été construite en hommage au grand caudillo Fructuoso Rivera et est marquée comme le kilomètre zéro du système routier national. Chaque soir à partir de 17h, des seniors se réunissent sur la place pour danser le tango. L'espace culturel El Ateneo, un superbe théâtre qui accueillait autrefois des débats de la société, ainsi que le Palacio Piria sont situés à proximité.

PLAYA RAMÍREZ ★★

Rambla Presidente Wilson

En face du parc Rodó et de l'édifice Mercosur se trouve la plage Ramírez, l'une des plus populaires pour se donner rendez-vous à l'heure du maté le soir. Elle est située à proximité du quartier afro-uruguayen de Palermo, où se déroule la fête de Lemanja tous les 2 février. Quelques personnes se baignent dans ses eaux peu profondes, bien que nous ne la recommandions pas pour la baignade. Aménagée de dunes végétalisées depuis peu, elle a un tout autre visage, plus avenante qu'avant. Endroit parfait pour regarder le coucher du soleil.

PLAZA JUAN PEDRO FABINI ★★

18 de Julio et Rio Negro

La Plaza Fabini, inaugurée en 1964, est également connue sous le nom de Plaza del Entrevero en raison de la fontaine éponyme installée ici. Elle marque le début de l'avenue Libertador menant au Palacio Legislativo. Au centre de la place se trouve le monument El Entrevero, réalisé par José Belloni en hommage aux combattants de l'indépendance. Le sous-sol abrite le centre d'expositions SUBTE qui propose régulièrement des expositions d'art plastique intéressantes, bien que la salle soit plutôt modeste (ouvert du lundi au samedi de midi à 19h).

MONTEVIDEO

Plaza Juan Pedro Fabini.

PLAZA INDEPENDENCIA ★★★

Du lundi au vendredi de 11h à 15 et le week-end de 11h à 17h. Entrée libre.

Quelques années après l'indépendance, la démolition de l'emblématique fortification de la ville coloniale, la Ciudadela (citadelle), fut ordonnée par le président Baltasar Brum afin d'étendre la ville et construire l'actuelle Plaza Independencia. Cette dernière marque la frontière entre la Ciudad Vieja et le centre moderne, qui débute avec l'avenue 18 de Julio. Au cœur de celle-ci, un monument a été érigé à la gloire du général José Gervasio Artigas, où une imposante statue de 30 tonnes et de 17 mètres de hauteur le représente sur son cheval. Elle a été réalisée par le sculpteur italien Angelo Zanelli en 1923. N'oubliez pas de descendre l'escalier pour découvrir l'impressionnant mausolée d'Artigas, un espace sous-terrain stalinien sous la place, construit tout en béton et orné de gravures rendant hommage au père de la nation. Ses cendres reposent dans cet espace moderne qui fut aménagé durant la dictature, et sont gardées par deux soldats du régiment de Blandengues. Sur les murs sont évoqués des épisodes de la vie du héros et de la naissance de la République. Une petite ambiance *Star Wars* flotte dans ce monument que l'on ne soupçonne pas depuis la surface, et qui reste très peu fréquenté. Autour de la place, on peut apercevoir le Palacio Estévez, le Palacio Salvo, la Puerta de la Ciudadela et la tour exécutive, lieu de travail officiel du président. Enfin, il est intéressant de noter que c'est la seule place majeure parmi toutes les grandes *plaza* du continent qui n'est pas surplombée par une église catholique.

© GAELJ - FOTOLIA

PALACIO SALVO ★★★

Avenida 18 de Julio, esq. Plaza Independencia
✆ +598 9773 4525
Visite guidée de 45 min du lundi au vendredi de 10h à 16h. Samedi de 10h à 13h. Entrée : 400 $. À réserver sur WhatsApp.

Situé juste en face de la Plaza Independencia, le Palacio Salvo est sans aucun doute l'édifice le plus impressionnant et le plus emblématique de Montevideo. Inauguré en 1928 par les frères José, Ángel et Lorenzo Salvo, une famille d'émigrants italiens, ce gratte-ciel de 27 étages et de 105 mètres de haut est une folie architecturale de style Art déco éclectique signée par l'architecte italien Mario Palanti. A noter que celui-ci est également responsable du remarquable et singulier Palacio Barolo qui longe l'Avenida de Mayo à Buenos Aires. Il a été construit là où se trouvait autrefois la confiserie La Giralda qui accueillit le plus célèbre tango, *La Cumparsita,* composé par Gerardo Matos Rodríguez en 1917. Le musée du tango de Montevideo est justement situé au rez-de-chaussée. La proéminente tour du Palacio Salvo, aux formes saillantes et aux allures gothiques et néoclassiques, est spectaculaire. Elle aura d'ailleurs été le plus haut bâtiment d'Amérique latine jusqu'en 1935. Immanquable, sa visite vaut le coup d'œil, notamment pour la vue qu'elle offre depuis sa terrasse panoramique à mi-hauteur comme depuis son dernier étage. Henri Le Corbusier lui-même le décrivait comme une « incroyable monstruosité abjecte », une « calamité publique ». Imaginez : dans le garage actuel se trouvait un théâtre où Joséphine Baker a secoué sa ceinture de bananes sous le regard ébahi de la bourgeoisie de Montevideo. Les deux premiers étages sont dédiés à des salles de fête somptueuses qui précédaient 370 appartements, tous construits sur le même modèle, car pensés comme les suites d'un hôtel de luxe. Mais la dictature et la crise en ont voulu autrement. Lorsque le Palacio Salvo est tombé en déshérence pendant plusieurs décennies, les espaces de fête ont été réaménagés en bureaux et salles en contreplaqué et éclairage au néon. Aujourd'hui, la tour est occupée par des habitants qui ont cassé des murs ou au contraire gardé des petites unités. Mais sa rénovation a désormais commencé, tout d'abord par la suppression d'une horrible antenne installée sur son toit. Le dernier étage est encore encombré des armatures métalliques de l'antenne, tandis que sur la terrasse panoramique courent des fils et des antennes satellites désordonnés. La galerie extérieure est remarquable par ses éléments sculptés dans la pierre : des poulpes, des crustacés, des poissons et d'autres créatures marines côtoient une végétation luxuriante. Toute une symbolique se poursuit dans le passage couvert qui a retrouvé son portail d'origine qui avait été enlevé il y a 45 ans.

Palacio Salvo.

© IVO ANTONIE DE ROOIJ - SHUTTERSTOCK.COM

Playa Carrasco.

CASTILLO PITTAMIGLIO ★

633 Rambla Mahatma Gandhi
✆ +598 2713 5915
https://universopittamiglio.com/
Du lundi au vendredi de 17h à 20h, le samedi de 9h à 20h et le dimanche de midi à 20h. Entrée : 280 $.

Ce bâtiment atypique qui attire l'attention des visiteurs a été érigé en 1910 par Humberto Pittamiglio, un architecte uruguayen, mais n'a jamais été entièrement achevé. Bien que Pittamiglio ait été nommé ministre des Travaux publics en 1919, où il s'est attelé à l'amélioration des logements sociaux, il avait une autre facette, beaucoup plus intime, dédiée à... l'alchimie ! Ainsi, des cours d'alchimie sont aujourd'hui donnés dans cet établissement, en faisant une destination unique pour les visiteurs intéressés par cette philosophie oubliée. Insolite à souhait.

MUSEO JUAN ZORRILLA DE SAN MARTÍN

96 José Luis Zorrilla de San Martín
✆ +598 2710 1818
www.museozorrilla.gub.uy
Du lundi au vendredi de 14h à 19h. Samedi de 11h à 16h. Entrée libre.

Le musée Zorrilla est installé dans la résidence d'été de Juan Zorrilla de San Martin (1855-1931), un personnage clé de l'histoire uruguayenne durant l'époque romantique. Cet avocat et homme éminent s'est rendu célèbre grâce à son poème patriotique *La Leyenda Patria* qui a grandement renforcé l'identité nationale. Le musée est petit, mais il présente de belles expositions temporaires ainsi qu'une bibliothèque contenant des exemplaires des meilleures bandes dessinées uruguayennes.

MUSEO NAVAL

Rambla Charles de Gaulle
✆ +598 2622 1084
www.armada.gub.uy
ouvert le dimanche, mercredi et samedi, de 10h à 13h et de 15h à 19h. Entrée libre.

Ce charmant et modeste musée présente différentes salles dédiées à l'histoire militaire et navale du pays. L'une d'entre elles est consacrée à la découverte de l'Amérique, avec notamment des maquettes de phares et de navires, l'épopée du capitaine Miranda et de nombreux objets ayant trait à la marine. Une autre est dédiée à la Seconde Guerre mondiale et au naufrage du *Graf Spee*, un cuirassé allemand qui s'est sabordé dans le río de la Plata en 1939 pour éviter la capture par des navires anglais. A l'entrée, lesPalais Salvo.visiteurs peuvent apercevoir l'un de ses canons.

MUSEO OCEANOGRÁFICO

4215 Rambla República de Chile
✆ +598 2622 0258
Du mardi au samedi de 9h à 13h. Entrée libre.

Egalement connu sous le nom de Museo Zoológico Dámaso Antonio Larrañaga, ce bâtiment mystérieux d'inspiration arabe était autrefois une salle de bal pour l'aristocratie montévidéenne. Depuis 1956, il abrite le musée océanographique qui est rapidement devenu une attraction populaire, et ce, autant pour les petits que pour les grands. Dans ses vitrines, vous y verrez une grande collection d'animaux naturalisés (en particulier les espèces en danger d'extinction) ainsi que leurs descriptions détaillées. Des activités didactiques et ludiques sont proposées aux enfants.

PLAYA CARRASCO

Rambla República de México

Située en face du quartier le plus riche et huppé de la ville, cette plage est considérée comme l'une des plus prestigieuses de Montevideo. Bien qu'elle soit un peu éloignée du centre-ville, elle demeure une excellente alternative aux plages du centre, puisqu'elle est plus grande, plus propre et plus attrayante. Et comme elle est généralement déserte la plupart de l'année, elle est parfaite pour les voyageurs qui cherchent à s'éloigner de la foule. Idéal pour faire du jogging ou de la marche tôt le matin le long du *rambla* Republica de México.

PLAYA MALVÍN ★

Rambla República de Chile

Située dans le quartier de Malvín, cette plage offre une vue imprenable sur la côte de Montevideo et est nichée dans une vaste baie, entre les quartiers de Buceo et Punta Gorda à l'ouest et à l'est, respectivement. C'est un lieu idéal pour une journée en famille ou pour pratiquer des activités nautiques telles que le surf, le windsurf ou le jet-ski. Comme toutes les plages de Montevideo, des services de sauveteurs et des cabines sont à disposition. Le paysage est agrémenté par la formation rocheuse de l'Isla de las Gaviotas qui se dresse en face.

PLAYA DE LOS POCITOS ★★

Rambla República del Perú

© GERMAN SUAREZ - SHUTTERSTOCK.COM

La plage de los Pocitos, située dans le quartier résidentiel du même nom, est très fréquentée par les jeunes dès l'arrivée des beaux jours. Elle permet la pratique de divers sports tels que le beach-volley et le football tout au long de l'année. Accessible en transports en commun, elle se trouve à environ quinze minutes du centre-ville. Dotée de sable fin et de faibles vagues, elle est considérée comme la plage la plus agréable du centre. En outre, les dunes aménagées de végétation constituent une barrière naturelle contre la circulation bruyante de la *rambla*.

PLAYA VERDE ★

Rambla República de México

Entre les quartiers de Malvín et de Carrasco, belle plage de sable blanc et fin entourée de résidences sur sa *rambla*. Idéal pour la baignade et pour pratiquer des sports nautiques tels que le surf, la planche à voile et le jet-ski en raison des vagues plus fortes. Mieux vaut y aller en autobus, car le parking est souvent complet. A proximité se trouve le Club Nautico qui dispose d'installations sportives telles que des terrains de tennis et de foot, une piscine, une salle de musculation et une salle de spinning. Réservez un cours via WhatsApp au +598 9851 8846.

PLAZA VIRGILIO

Mar Antártico

Ce parc urbain, qui est fréquenté pour les activités de loisirs et les événements culturels, a été inauguré en 1943 en l'honneur du poète romain Virgile et a été conçu par l'architecte-paysagiste français Charles Racine. Il offre une vue imprenable sur le *río* de la Plata et abrite un monument commémoratif d'un accident tragique survenu en 1954, réalisé par le sculpteur hispano-uruguayen Eduardo Díaz Yepes. Les habitants affectionnent cet endroit pour admirer le magnifique coucher de soleil. N'hésitez pas à les rejoindre pour profiter du spectacle !

SE LOGER

Montevideo dispose d'un large éventail d'options d'hébergement adaptées à tous les goûts et budgets. Les hôtels sont un choix populaire pour les visiteurs, qui se verront proposer une gamme diversifiée d'établissements allant des modestes auberges économiques aux luxueux palaces cinq étoiles. De plus en plus de voyageurs optent pour des hébergements alternatifs tels que des appartements de vacances, des chambres chez l'habitant ou encore des espaces de *coliving*, offrant ainsi davantage d'intimité et de flexibilité que les hôtels traditionnels. De nombreux propriétaires de logements suggèrent des locations à court terme, ce qui peut être pratique pour ceux qui souhaitent rester plus longtemps en ville. Enfin, Montevideo compte un certain nombre d'auberges de jeunesse proposant des chambres privées et partagées à des tarifs abordables. Il est recommandé de réserver à l'avance durant les festivités du carnaval pour garantir votre séjour.

CASA VEGANA €

1424 Pérez Castellano
✆ +598 9932 3540
www.casavegana.uy
Lit dans une chambre partagée : 7 500 $ par mois. Possibilité de louer pour une période plus courte.

Si vous voyagez seul ou à deux, il pourrait être intéressant de séjourner dans l'une des belles chambres gérées par Iván, un hôte ouvert d'esprit, sensible et bienveillant, fervent défenseur du végétalisme intégral et du spécisme. Sa maison est originale, ses chambres sont colorées et propres, et surtout, ses espaces communs favorisent échanges et convivialité (surtout la jolie terrasse sur le toit). Petit déjeuner simple, mais délicieux (très bon café). A proximité des restaurants, des cafés et des bars. Rencontres inspirantes garanties.

CIRCUS HOSTEL €

1274 Treinta y tres
✆ +598 2915 8151
www.hostelcircus.com/montevideo
Chambre privée avec lit double : 65 US$. Lit en dortoir : 24 US$. Petit déjeuner n'est pas inclus. Paiement en espèces.

Situé au cœur de la vieille ville, à proximité des musées, des bâtiments historiques et des cafés pittoresques, cet excellent *hostel* présente une belle façade et offre une terrasse ensoleillée sur le toit, de vastes espaces communs et un joli patio. Les chambres doubles sont spacieuses, très propres et équipées de la climatisation et d'une grande salle de bain privée. Les dortoirs sont simples et sont dotés de casiers, mais les lits à deux étages ne sont pas pourvus de rideaux. Des activités et des visites guidées sont organisées chaque semaine.

DESTINO 26 HOSTEL €

1125 26 de Marzo
✆ +598 2707 6041
Lit en dortoir entre 23 et 27 US$. Chambre double à 65 US$, triple à 80 US$. Petit déjeuner compris. Wi-fi.

A quelques pas de la playa Pocitos, cette jolie maison orange est une auberge de jeunesse, avec au choix des chambres ou dortoirs de 4 à 6 personnes. Un joli jardin avec barbecue permet de manger tous ensemble dehors. A l'intérieur, un salon avec TV câblée, une grande cuisine avec tout ce qu'il faut pour se faire à manger, et plusieurs salles de bains communes sauf pour la chambre triple. Mauricio et Carolina, les *dueños*, parlent presque toutes les langues. On se sent en famille avec leur accueil très chaleureux. Vous pourrez même y louer des VTT.

HOTEL PALACIO €

1364 Bartolomé Mitre
✆ +598 2916 3612
www.hotelpalacio.com.uy
Compter 39 US$ pour une chambre simple ou double standard, 47 US$ pour une «supérieure», sans petit déjeuner.

Aux portes de la Ciudad Vieja, cet édifice historique de style Art nouveau, joyau architectural typique du début du XXe siècle, trône majestueusement, doté d'un emplacement privilégié juste derrière la Plaza Independencia. Les chambres, bien que modestes en taille, sont agréables et raffinées, équipées d'une salle de bains privée, de la climatisation, d'un mini bar ainsi que d'une télévision par câble. Nichées au sixième étage, les chambres supérieures s'offrent le luxe d'une terrasse privée d'où l'on peut jouir d'une vue sur la splendide baie de Montevideo.

MEDIO MUNDO HOSTEL €

1004 Juan Pauller
✆ +598 9150 7117
Lit en dortoir entre 18 à 22 US$, chambre double 48 US$. Petit déjeuner compris.

En 2017, une nouvelle adresse a ouvert dans une rue tranquille et verdoyante de Parque Rodo, offrant de superbes dortoirs pouvant accueillir de 4 à 6 personnes ainsi que des chambres doubles dotées d'un beau parquet, d'une literie neuve et de la climatisation. Cette petite structure est bien entretenue et dispose d'un salon chaleureux avec cheminée, d'une cuisine agréable, d'un patio extérieur pour les barbecues et d'une bonne connexion wifi. A deux pas des ***comparsas*** du quartier, qui défilent le dimanche. Personnel ultra amical et attentionné.

ALMA HISTORICA €€€

1433 Solís
✆ +598 2914 7450
www.almahistoricahotel.com
Comptez 230 US$ la chambre double avec petit déjeuner en haute saison, et près de 180 US$ en haute saison.

Ce boutique-hôtel est un immeuble en pierre de taille qui donne sur la magnifique Plaza Zabala. Une quinzaine de chambres, toutes décorées différemment et faisant un clin d'oeil à un artiste uruguayen célèbre, sont luxueusement équipées. Le petit déjeuner est une merveille, avec des canapés salés et sucrés, de la vaisselle en cristal et un choix de buffet mémorable. Petit plus : le toit terrasse avec la vue sur la vielle ville et son bain bouillonnant pour se délasser, sans compter le salon de thé et le bar lounge. Une perle rare de grand standing.

CANE B&B €€

3636 Miguel Cané
✆ +598 9339 4396
www.canebb.com
Chambre à partir de 45 US$ la nuit. Petit déjeuner continental inclus. Parking.

Situé dans le quartier du Prado à quelques mètres du parc, dans une maison traditionnelle du début du XXe siècle, ce ***bed & breakfast*** dispose de chambres doubles, triples et quadruples avec climatisation, patio, salle de bains privative, télévision à écran plan et wifi. Les propriétaires, José et Adriana, sont les hôtes les plus bienveillants qu'on puisse espérer et feront tout leur possible pour rendre votre séjour inoubliable. Si vous cherchez un lieu authentique, où les sourires sont vrais et l'ambiance est des plus chaleureuse, vous êtes au bon endroit !

ALQUIMISTA MONTEVIDEO €€€

1323 Avenida Bolivia
✆ +598 2606 0890
www.alquimistamontevideo.com
A partir de 175 US$ la chambre double avec petit déjeuner. Location de bicyclettes.

Edifiée en 1925, cette resplendissante demeure de Carrasco combine restaurant de grande qualité et hôtel-boutique de charme. Ses 6 suites, enjolivées de coquettes tapisseries, de bouquets de fleurs et de meubles d'époque, sont spacieuses et lumineuses. Ici, tout a été pensé dans les moindres détails. Le somptueux jardin, la piscine et le salon (ce dernier dispose d'une salle privée pour les réunions) ne feront qu'agrémenter votre séjour. Qui plus est, le petit déjeuner à la carte, digne d'éloges, sera à lui seul votre raison d'opter pour l'Alquimista.

OPTA COLIVING €€

2370 Manuel Errazquín ✆ +598 9366 0607
www.opta.com.uy
Chambre double à partir de 75 US$ pour séjour de courte durée. Contactez leur équipe par courriel pour séjour plus long.

Espaces de *co-living* conçus pour les personnes désirant séjourner à Montevideo durant une période prolongée. Choisissez entre des chambres de 27 m² (lit king size, bureau, salle de bains, coffre-fort et mini bar), des duplex de 66 m² offrant une vue sur le fleuve (2 chambres, salon, salle à manger, cuisine, bureau et salle de bains), ou des studios de 54 m² (lit *king size*, salon, kitchenette, bureau, salle de bains). Vous aurez accès à une piscine, une salle de sport, un sauna, des salles de jeux, une cuisine commune, des cours de yoga et des espaces de *coworking*.

CASA ROBERTO €€€

1159 Maldonado
✆ +598 2903 2507
www.casaroberto.uy
A partir de 140 US$ la double en B&B.

Aménagé dans un bâtiment de 1912 en plein Barrio Sur, voici un écrin de luxe, où tout a été soigneusement choisi avec goût et une pointe de folie, du lit ancien importé d'Italie aux luminaires design, en passant par le salon qui compte une superbe bibliothèque de livres d'art. La finesse à l'italienne est orchestrée par Roberto lui-même, hôte cultivé et charmant. Le petit déjeuner, servi autour d'une table princière, est digne d'un restaurant gastronomique. Au rez-de-chaussée, un cabinet de curiosités d'objets chinés improbables résume l'esprit de l'hôtel.

FAUNA €€€

287 Sarandí
✆ +598 0937 32055
www.faunamontevideo.com
Chambre double à partir de 88 US $. Les enfants de moins de 12 ans ne sont pas admis.

Depuis sa création il y a quelques années, par deux audacieux *Porteños* lassés de vivre dans la capitale argentine, le Fauna n'a cessé de se faire acclamer par les visiteurs. Sans réception ni service de petit déjeuner (ne vous en faites pas, il y a de bons cafés à proximité), l'hôtel offre aux visiteurs la chance de se plonger dans le décor rétro des années 50, où les meubles vintages, les vitraux restaurés et les fioritures s'unissent joliment au bâtiment d'époque. Les 5 suites sont tout équipées (Smart TV, climatisation, coffre-fort, mini bar et cafetière).

HOTEL COSTANERO €€€

1371 Rbla. República del Perú
✆ +598 2706 8607
www.costanero.uy
A partir de 216 US$ pour une chambre double supérieure avec petit déjeuner.

Le superbe hôtel Costanero, a ouvert ses portes en novembre 2021 à deux pas de la plage de Pocitos. Le bâtiment de 11 étages, moderne et flambant neuf, dispose de 92 suites qui s'organisent autour d'un atrium central. Ces dernières sont munies d'un équipement sophistiqué et sont aménagées avec goût. La plupart d'entre elles font face au río de la Plata. Profitez également du spa, de la salle de gym, de la piscine chauffée avec système de nage à contre-courant et du restaurant de haute volée. L'ensemble est vaste et irrésistible.

HOTEL COTTAGE PUERTO BUCEO €€€

3568 José Iturriaga
✆ +598 2628 6262
www.hotelcottage.com.uy
Compter 115 US$ pour une chambre double avec petit déjeuner.

Idéalement situé, cet hôtel a ouvert ses portes en 2017 et propose trois types de chambres : la simple, la double avec grand lit et la double avec lits jumeaux. Ces dernières sont munies d'une salle de bain privative, d'un bureau, d'une TV à écran plat et de la climatisation. Plusieurs font face à la rivière. Services de location de voiture et de vélo. Bain à remous et piscine chauffée. Un deuxième établissement se trouve dans le quartier de Carrasco.

SOFITEL MONTEVIDEO CASINO CARRASCO & SPA €€€

6451 Rambla Republica de Mexico
✆ +598 2604 6060 - www.all.accor.com/
A partir de 309 US$ la chambre double avec vue sur le río de la Plata (277 US$ vue sur la ville). A 5 min de l'aéroport.

© SOFITEL MONTEVIDEO

Dans le quartier de Carrasco, l'un des plus prisés de la ville, ce bâtiment historique et emblématique fut déclaré patrimoine national en 1975. Teinté de glamour et d'histoire du début du XXe siècle, le superbe 5-étoiles entièrement rénové, propose tous les services : restaurant moderne, spa de 500 m² avec 2 piscines, solarium, sauna, salles de massages, bibliothèque, bar et centre de fitness parfaitement équipé. Et pour finir en beauté, un casino où tenter sa chance !

HOTEL MONTEVIDEO €€€

2901 José Benito Lamas ✆ +598 4244 0229
www.hotelmvd.com
A partir de 165 US$ pour une chambre double avec lit king. Chambre twin à partir de 175 US$. Suite 240 US$.

Le design intérieur de cet hôtel de 80 suites de luxe (chacune contient un balcon privé, d'immenses fenêtres, de la literie italienne, un bureau spacieux et une salle de bains en marbre de Carrare) est tout simplement spectaculaire. Conçu par le talentueux James Boyd Niven, l'établissement propose les plus hauts standards de qualité dans une atmosphère vibrante où le velours émeraude, les plantes et les tapis perses enchantent les amateurs d'esthétisme. On y retrouve d'ailleurs le *skybar* le plus branché en ville. Piscine, gym, blanchisserie, parking, bicyclettes.

SE RÉGALER

La scène gastronomique de Montevideo est un véritable *melting-pot* de cultures, alliant les influences européennes (principalement italiennes et espagnoles), africaines et indigènes. Les fruits de mer frais sont une des spécialités culinaires de la ville, et vous pourrez trouver des plats de poissons et de crustacés de première qualité dans les bistrots locaux, ainsi que sur les étals des marchés. Pour les amateurs de viande, que vous préfériez votre bifteck *vuelta y vuelta* (saignant), *jugoso* (juteux), *a punto* (à point) ou *cocido* (bien cuit), les *parrillas*, ces fameux restaurants spécialisés dans les grillades, sauront sans aucun doute vous combler. Pour les voyageurs en quête d'une expérience gustative plus authentique, les marchés locaux sont une option à ne pas manquer. Ces derniers proposent souvent une variété de produits frais ainsi que des kiosques de *street food* préparant des plats typiques savoureux à déguster sur le pouce.

Chivito.

EL CHIPIRON €€

214 Piedras
✆ +598 2916 1940
Du mardi au dimanche de 11h30 à 15h30. Compter environ 450 $ le plat.

Chez El Chipirón (le calmar), on ne badine pas avec les fruits de mer ! Vous ne trouverez pas de steak-frites ici, mais plutôt des plats de poissons et de crustacés. Parmi les spécialités : les calmars grillés (ail persil, olive et paprika), les *empanadas*, les crevettes à l'ail, les moules à la provençale, et, bien sûr, la pêche du jour. Les enfants pourront également se régaler avec des longes de dorade accompagnées de frites, pour leur plus grand bonheur. Pour le dessert, crumble aux pommes et glace aux amandes. Atmosphère simple, sans fioritures.

PRIMUSEUM €€€

1389 Calle Perez Castellano
✆ +598 9212 5698
www.primuseum.com
Du jeudi au dimanche de 20h30 à minuit. Sur réservation uniquement.

Bienvenue dans ce restaurant élégant situé dans un manoir historique datant de 1870, en plein cœur de la vieille ville. Profitez d'un spectacle de tango en direct dès 21h, suivi d'une visite d'un coin musée présentant plus de 3 000 antiquités. Le menu à 5 services, accompagné d'accords mets et vins nationaux, propose des plats délicieux tels que de l'agneau, du risotto, du poisson et des légumes grillés. Le personnel attentif et hautement qualifié veillera à ce que votre expérience culinaire soit inoubliable, dans un cadre historique et sophistiqué.

ES MERCAT €€

1550 Colón
✆ +598 2917 0169
www.esmercat.com.uy
Du mercredi au samedi de 12h à 15h30 et de 20h à 23h. Le dimanche de 12h à 15h30. Compter près de 1 500 $ par personne.

Voici un restaurant à ne pas manquer lorsque vous serez de passage dans la vieille ville. Ses assiettes de poisson et de fruits de mer sont tout simplement divines. Leur spécialité est le bar chilien de l'Antarctique (*merluza negra*) assaisonné de gros sel et servi avec purée de pommes de terre ou salade. Pour un repas pour deux personnes, nous vous recommandons de partager deux entrées et un plat principal. La carte des vins et de desserts, variée et bien concoctée, saura répondre à vos exigences. Service irréprochable, amical et professionnel.

RINCÓN DE ZABALA €

387 Rincón
✆ +598 2915 1617
Du lundi au vendredi de 10h à 16h. Du lundi au vendredi de 10h à 16h. Argent comptant seulement.

Si vous êtes à la recherche d'un endroit où vous pouvez déguster un repas délicieux à un prix abordable tout en vous mêlant à la population locale, ne cherchez pas plus loin que cette charmante cafétéria qui se trouve juste en face de la Plaza Zabala. Populaire auprès des travailleurs des bureaux du coin, c'est un lieu idéal pour une pause déjeuner rapide et savoureuse. Vous pouvez choisir parmi une sélection d'entrées, plats principaux et desserts à des prix plus que raisonnables pour les environs. En outre, vous serez accueilli avec une grande convivialité !

LAS MISIONES €

449 25 de Mayo
✆ +598 2915 4495
Ouvert du lundi au vendredi de 7h30 à 18h. Argent comptant seulement.

Caractérisé par son emblématique façade extérieure à carreaux verts, ce café traditionnel a été aménagé dans un bâtiment construit en 1907 qui abritait jadis une pharmacie. Sans grande prétention, son menu est très classique et n'a rien de spécial. Il propose des plats de sole ou d'entrecôte grillée, des cannelloni à la viande, des *chivitos* et de délicieuses tartes aux fruits. En réalité, les convives y viennent plutôt pour profiter de son atmosphère surannée, embellie de vitraux, de lustres dorés, d'une vieille pendule en bois et d'illustrations d'époque.

SOROCABANA €

485 25 de Mayo
✆ +598 2915 2120
Petits déjeuners et dîners. Ouvert du lundi au vendredi de 9h à 18h30. Prévoir près de 600 $ pour un repas complet.

Ce légendaire café brésilien que les résidents appelaient autrefois « le Soro » fut inauguré sur la Plaza de Cagancha en 1939. Avant d'emménager plus loin sur la célèbre rue 25 de Mayo, il fit office de cafétéria bon marché, où on venait discourir librement. C'est d'ailleurs ici que l'écrivain Mario Benedetti rédigea son roman *La Trugua* en 1960. Depuis lors, il fait partie des institutions incontournables de Montevideo, que les locaux affectionnent particulièrement pour son côté nostalgique, ses *medialunas* et son menu abordable. Spectacles de tango les week-ends.

MONTEVIDEO

DON ANDRÉS €€

1054 Lucas Obes
✆ +598 2336 6418
www.donandres.com.uy
Tous les jours de midi à 16h et de 19h30 à minuit. Environ 500 $ par plat.

Situé en face du parc Prado, ce restaurant est un incontournable de Montevideo : tous les clients en repartent satisfaits. Son menu *parrilla* est divin, offrant filets de porc, entrecôtes, bifteck et brochettes de poulet, le tout servi avec un choix de sauces (champignon, moutarde et miel, poireaux ou prunes) et accompagnements : frites, purée de pommes de terre, salade, riz ou patates douces. En outre, on y sert des plats typiques tels que des *chivitos, milanesas,* pâtes et lasagnes faites maison. Délicieuse pêche du jour *a la plancha.* Vins locaux et argentins.

EL FOGÓN €€

1080 San José
✆ +598 2900 0900
www.elfogon.com.uy
Ouvert tous les jours midi et soir. Plats aux alentours de 600 $ à 1 000 $.

Il s'agit d'une adresse de qualité qui existe depuis 1962 et qui conviendra parfaitement aux amateurs de bonne viande souhaitant déguster une délicieuse *parrillada*. La cave, aménagée au sous-sol, propose une vaste sélection de vins soigneusement choisis. Le menu comprend également des plats de poissons, de fruits de mer et de pâtes maison. La carte étant très fournie, avec toutes les pièces de viande disponibles, il vous faudra certainement du temps pour faire votre choix ! A noter qu'un second restaurant offrant le même menu est situé à Punta Carreta.

LOS LEÑOS €€

909 San José
✆ +598 2900 2285
Ouvert du mardi au samedi de 12h à 15h30 et de 20h à minuit. Dimanche 12h-16h. Compter près de 700 $ par personne.

Demandez à un Montévidéen quel est son restaurant favori pour un *asado* et il vous répondra probablement Los Leños (« rondins de bois »). A noter qu'en Uruguay, on utilise du bois pour les grillades, contre du charbon en Argentine. Cette *parrilla* vous servira une viande du pays tendre et savoureuse. A ne pas manquer : l'*ojo de bife* et le *feedlot*. Vous êtes plus produits de la mer ? Alors, découvrez la plancha de poissons, fruits de mer, paella, pâtes... Glaces maison au dessert. Service attentif et belle carte de vins. Les prix sont tout de même un peu élevés.

MERCADO AGRÍCOLA [MAM] €

2220 José L. Terra
✆ +598 2200 9535
www.mam.com.uy
Tous les jours de 9h à 22h.

Ce marché, considéré comme l'un des plus grands de la ville, fut construit entre 1906 et 1912 et déclaré monument historique en 1999. Remarquez ses quatre tours en fer qui surplombent : une véritable merveille architecturale du XXe siècle ! Après avoir été fermé en 2006, le marché a rouvert ses portes en 2013 dans le cadre d'un projet de réhabilitation et compte aujourd'hui près d'une centaine de kiosques proposant des spécialités locales et internationales ainsi que des produits de qualité tels que des fleurs, des fruits et légumes, des viandes et des fromages.

MERCADO FERRANDO €

2120 Chaná
www.mercadoferrando.com
Tous les jours de 10h à minuit.

Venez découvrir cet endroit branché qui a tout pour plaire ! Vous y trouverez une variété de plats et de bières, une ambiance géniale et une décoration inspirée des bars des années 80. Ne manquez pas les sandwichs de porc effiloché, les focaccias, les quiches et les boissons locales comme le fameux Porvenir (vermut, Amarga, Sativa). En plus, vous pourrez profiter de concerts de musique en direct les week-ends et visiter une petite librairie spécialisée en livres de cuisine. L'endroit idéal pour partager un moment convivial autour de savoureux plats et boissons.

PACHARÁN TABERNA VASCA €€

1168 San José
✆ +598 2902 3519
www.pacharan.com.uy
Service de midi du vendredi au dimanche, de 12h à 15h30. Service du soir tous les jours de semaine, de 19h30 à minuit.

Soyez prêts à vivre une expérience culinaire digne des plus grandes tables de la capitale ! Ce restaurant est une véritable perle, avec une cuisine traditionnelle espagnole qui fera voyager vos papilles. Les plats sont préparés avec passion, de la poule grillée aux paellas, en passant par les ragoûts de fruits de mer, les tortillas et les crevettes à l'ail. Mais ce qui vous épatera le plus, c'est la morue à la mode de Biscaye, tout simplement spectaculaire. Et pour accompagner ces délices, une carte des vins variée, des bières fraîches et d'excellents desserts.

EL TÍO BISTRÓ €€€

3764 Rizal
✆ +598 9207 0792
www.eltiobistro.com
Du jeudi au samedi de 19h à 1h. Réservation recommandée. Compter près de 1 500 $ par personne.

Il n'y a aucun doute, ce restaurant de 25 couverts mérite sa place parmi les meilleures tables de la capitale. Cultivant l'art du bien manger, les propriétaires Fernando et Cristina répondront à toutes vos attentes en matière de service, de repas et de boissons. Le menu, toujours succulent, change tous les trois mois. Vous garderez certainement un profond souvenir de ses saveurs authentiques et originales. Délicieux vin maison. En trois mots : intimité, qualité et convivialité. Une expérience gastronomique inoubliable et un excellent rapport qualité-prix.

EXPRESO POCITOS €

956 Juan Benito Blanco
✆ +598 2708 0496
Tous les jours de 8h à minuit.

Ce café emblématique se trouve au rez-de-chaussée du célèbre édifice de style Art déco *El Mástil*, érigé en 1930. Bien qu'il puisse paraitre ordinaire, et même plutôt vilain, le bâtiment était à l'origine des premiers immeubles de grande hauteur de la station balnéaire Los Pocitos. Il est un excellent exemple de l'architecture Nautique de Montevideo et fait partie du style américain connu sous le nom « Streamline » ou « Style Paquebot ». Dans le café, on sert des sandwiches, des pâtisseries, des salades, des plats de viande et de poisson et de la glace.

FRANCIS €€

502 Luis de la Torre, esq. José M. Montero
✆ +598 2711 8603
www.francis.com.uy
Ouvert tous les jours de 19h30 à 23h. Ouvert le midi durant les week-ends. Compter entre 800 et 1 200 $ par personne.

Superbe restaurant méditerranéen mettant en valeur des produits locaux. Grande variété de plats de poissons, de viandes et de pâtes. Craquez pour une savoureuse assiette de croquettes de dorades sauce tartare, de pieuvre grillée ou encore un sauté de champignons sauvages. Pour le plat principal, laissez-vous tenter par l'épaule d'agneau confite avec réduction de tannat ou la pêche du jour servie avec risotto croquant et ratatouille. Côté dessert, la *crema catalana* ou la mousse de *dulce de leche* sont des choix incontournables. L'une de nos adresses favorites !

GOURMET MARTI €€

Calle Jose Marti
✆ +598 2600 1616
Le mercredi de 20h à minuit, le jeudi de 13h à 15h, vendredi et samedi de 13h à minuit, le dimanche de midi à 16h.

Si vous séjournez dans le quartier de Carrasco, il est vivement recommandé de vous rendre dans ce restaurant gastronomique situé dans le quartier résidentiel du Parque Miramar, à Canelones (à environ 5 minutes en voiture). Vous aurez l'opportunité de déguster les créations culinaires de la cheffe et propriétaire Ana Laura Zerpa, qui prépare des plats délicieux tels que le ris de veau à l'émulsion de pomme de terre, les *sorrentinos* à l'avocat ou la burrata au pesto, confiture de tomates cerises et *jamón crudo*. Brunchs et dîners dans un cadre intime et ravissant.

LA PULPERÍA €€

448 Lagunillas
✆ +598 2710 8657
Du mardi au samedi de 19h à minuit et le dimanche de midi à 16h. Compter environ 500 $ par personne pour un repas.

L'adresse est rustique, mais ce côté typique fait tout son charme. Beaucoup d'habitants vous diront que l'on sert ici les meilleures *parrilladas* de la ville. La viande est d'une qualité exceptionnelle, tendre et parfaitement cuite : *vacio* (bavette), *ojo de bife* (faux-filet), *lomo* (filet), *mojellas* (ris), *chinchulin* (intestin), *riñones* (rognons), *morcilla* (boudin noir)… Un délice. On s'assoit sur de grands tabourets face à la *parrilla* ou bien à une table en terrasse. Seul hic : le lieu est souvent plein, vous devrez sûrement attendre un peu avant de vous asseoir.

LA VACA €€

3572 26 de Marzo, esq. Bonavita
✆ +598 2622 5077 - www.lavaca.com.uy
Du lundi au vendredi de 12h à 15h30, du lundi au samedi à partir de 19h30. Compter de 700 $ par repas.

A proximité du Montevideo Shopping Center, cette charmante adresse propose un espace lumineux avec une décoration dominée par le bois et un agréable jardin verdoyant ouvert lors des soirées d'été. Dans ce cadre élégant et chaleureux, savourez de délicieuses viandes 100 % uruguayennes, tendres et goûteuses, avec une mention spéciale pour l'*ojo de bife*. Large choix de garnitures et desserts maison. Profitez également de l'occasion pour déguster un vin uruguayen, notamment le cépage emblématique du pays, le tannat. La cuisine est délicieuse et le service, excellent.

FAIRE UNE PAUSE

Après leur journée de travail, les habitants de Montevideo ont coutume de se réunir dans les vieux cafés historiques, les bistrots branchés ou les bars bondés, afin de prendre la *merienda* (du latin « merere », signifiant « mériter »). Ce goûter quasi-sacré est généralement servi entre 17h et 19h et se compose de pâtisseries salées nommées « bizcochos » ou sucrées appelées « masitas ». Ces espaces sont des lieux centraux d'échanges sociaux et culturels, chacun attirant une clientèle spécifique. On retrouve par exemple des cafés prisés par les politiciens, écrivains et journalistes, ainsi que des bars sportifs ou pour les amateurs de tango. Parmi les joyaux cachés, il ne faut pas manquer l'emblématique Café Brasilero dans le quartier historique ou le superbe café La Farmacia avec son décor enchanteur. Enfin, malheur à celui qui résisterait à la tentation d'une bonne coupe de tannat après avoir passé la journée à explorer la ville !

BAR TASENDE €

1300 Ciudadela
✆ +598 2900 2970
Du lundi au samedi de 10h à minuit. Livraison à partir de 17h. Compter près de 150 $ pour une pointe de pizza.

Inauguré en 1931, ce bar mythique, bien que son service client soit considéré comme l'un des pires en ville, propose sa fameuse *pizza al tacho*, très copieuse, que les *pizzaiolos* concoctent sans sauce tomate ni garniture, en y ajoutant uniquement de la mozzarella grillée. Un régal. Le bâtiment a conservé son cachet d'antan et son mobilier d'origine. Préférez les bières fraîches aux vins maison de piètre qualité, que l'on a souvent critiqués pour leur goût vinaigré. Endroit célèbre à la réputation ternie par ses prix élevés et par son attention indélicate.

BOULANGERIE LA RESISTANCE

2500 Libertad
✆ +598 2707 3001
Ouvert du mardi au dimanche de 8h30 à 19h30.

Difficile de trouver mieux en termes de pains et viennoiseries que cette jolie boulangerie située en plein cœur du centre-ville. De la baguette aux croissants aux amandes, en passant par les brioches aux raisins et les *fugazzeta* au fromage emmental, oignons et huile d'olive et origan, tous les produits respectent les plus hauts critères en matière d'excellence. Tout y est exquis. Une deuxième succursale se trouve dans le quartier de Carrasco, sur la rue Potosí.

CAFÉ BRASILERO

1447 Ituzaingó ✆ +598 2917 2035
www.cafebrasilero.com.uy
Café-restaurant. Cuisine internationale. Ouvert du lundi au samedi de 9h à 19h. Compter environ 800 $ pour un repas.

Véritable emblème culturel de Montevideo, le Brasilero a ouvert ses portes en 1877 et conserve soigneusement son architecture et design initial. Les locaux s'y arrêtent après le travail pour boire un café et manger une bouchée avec les collègues. Sur les murs sont accrochées des archives inédites des écrivains et poètes uruguayens qui fréquentaient autrefois les lieux : Eduardo Galeano, Mario Benedetti et Carlos Onetti. Accompagnez vos plats d'une coupe de malbec et de pain au beurre aux herbes en profitant de l'authenticité historique de cette grande institution.

CAFÉ GOURMAND

1869 Constituyente ✆ +598 2408 3720
www.cafegourmand.com.uy
Ouvert les samedis et dimanches de 8h30 à 16h30. Compter environ 150 $ pour un café et 700 $ pour un brunch.

Pour faire changement des petits déjeuners de l'hôtel, venez faire un tour dans cette boulangerie franco-américaine qui propose d'excellents brunchs, pâtisseries et café de spécialité. Leurs croissants au beurre, pains au chocolat, macarons et œufs Bénédicte sont sans aucun doute les meilleurs du pays. Grégoire et Erica, les patrons des lieux, s'assureront de vous offrir un service hors pair, rapide et chaleureux. Leur menu change chaque semaine et vous pouvez le consulter sur leurs réseaux sociaux. A ne pas manquer pendant votre week-end à Montevideo !

CAFE LA FARMACIA

550 Cerrito

Du lundi au samedi de 8h à 19h.

Cette pharmacie historique bâtie en 1895 et reconvertie en café propose de délicieux cafés de spécialité, soupes, salades et petits déjeuners dont la présentation soignée et le bon goût enchantent la clientèle. Pour décrire leur cuisine, les propriétaires évoquent la mémoire d'Hippocrate, père de la médecine, qui prononça ces paroles il y a de ça 25 siècles : « Que ton aliment soit ta seule médecine. » En effet, le menu comprend des options santé, concoctées avec des produits biologiques et locaux. Le local ancien, truffé d'antiquités, à lui seul vaut le détour.

CANDY BAR

1402 Durazno 1402

✆ +598 2904 3179

Ouvert du mardi au samedi de 12h30 à 0h30. Sans réservation.

Le Candy Bar est situé dans le Parque Rodo, quartier où s'ouvrent le plus d'adresses nocturnes actuellement. Sur le trottoir, des tables en terrasse – une rareté – sont prises d'assaut à l'heure de l'apéro ou du brunch. Tout le monde se régale de délicieuses tapas gastronomiques accompagnées de cocktails sophistiqués, dont on observe la confection en cuisine depuis le bar. A ne pas manquer, le hamburger végétalien, le souvlaki d'agneau avec tzatziki, et pour ceux qui auraient la dent plus sucrée, le pancake aux fruits. Ambiance branchée et *hipster*.

LOS YUYOS

4297 Avenida Luis Alberto de Herrera

✆ +598 2336 3069

Du mardi au samedi de midi à minuit. Le dimanche de midi à 17h.

Situé dans le quartier paisible et verdoyant du Prado, ce bar centenaire est réputé pour ses spiritueux artisanaux à base d'herbes (*yuyos*). On y servait autrefois plus de 200 variétés de ces liqueurs aromatisées, toutes reconnaissables uniquement par leur couleur, avant qu'on ne décide de les étiqueter dans les années 1970. La spécialité de la maison est la « caña », du jus de canne à sucre mélangé à la saveur de votre choix. Aujourd'hui, une *parrilla* servant *chorizos*, pizzas, légumes rôtis ou entrecôtes grillées a été ajoutée à l'espace.

MONTEVIDEO AL SUR

1150 Paraguay

✆ +598 9285 2581

Ouvert du lundi au samedi de 11h à 2h. Réservation par WhatsApp.

Orné de jolies mosaïques colorées, de meubles en bois de rose et d'acajou et de grandes fenêtres à carreaux, ce bar des années 1930 propose un menu de nourriture et boisson raffiné, bien que sans prétention. On y sert entre autres du pain fait maison, de délicieux cafés de spécialité, des tapas et des snacks pour accompagner les superbes cocktails classiques. Options végétaliennes. L'ambiance feutrée convient parfaitement pour une pause café en journée ou pour une soirée entre amis. La musique en direct vous fera voyager dans le temps.

ORO DEL RHIN

897 Colonia ✆ +598 2902 2833

www.orodelrhin.com.uy

Ouvert du lundi au samedi de 8h30 à 20h. Compter 260 $ pour une part de gâteau et environ 130 $ pour un café.

Ce café de tradition européenne a été fondé en 1927 par un pâtissier allemand et plaira assurément aux amoureux de l'ambiance à l'ancienne. Véritable lieu de prédilection pour les amateurs de desserts, son menu comprend de délicieuses tartes au citron, aux pommes, ou aux fraises (la spécialité), des *apfelstrudels*, gâteaux au fromage, mousses au chocolat ou encore des sandwichs chauds ou froids. N'oubliez pas de commander leur fameux café Mozart, préparé avec du cognac, de la crème double, du chocolat et de la cannelle. Coin librairie au fond de la salle.

SOMETIMES SUNDAY

1518 Perez Castellano

✆ +598 9975 2324

Ouvert du jeudi au dimanche de 9h à 16h. Compter près de 400 $ pour un repas complet. Cafés aux alentours de 110 $.

Idéalement situé sur le Peatonal Pérez Castellano, dans le quartier historique de Ciudad Vieja, ce café n'a rien à envier à ses concurrents en termes de menu, de service et de décoration. Il propose des cafés de spécialités et des boissons chaudes et froides à dormir debout, mais aussi des sandwichs au porc effiloché, des œufs bénédictins, des *caponatas* (plat sicilien composé d'aubergines, de poivrons, d'oignons, de câpres et de tomates) et d'irrésistibles desserts. Options végétariennes. Service attentif et amical. A ne pas manquer.

(SE) FAIRE PLAISIR

Sillonnez les rues pavées de cette ville cosmopolite et laissez-vous envoûter par ses nombreux magasins indépendants et boutiques spécialisées. Les échoppes de laine et de cuir vous plongeront dans la richesse des traditions et du savoir-faire ancestral, tandis que les vieilles librairies pleines de charme enchanteront les mordus de bouquins et d'histoire. Les marchés artisanaux tels que la Feria de Tristán Narvaja ou le Mercado de los Artesanos, véritables cavernes d'Ali Baba, dévoilent avec panache le talent des artisans locaux. Montevideo vous réserve aussi plusieurs centres commerciaux, dont le Punta Carretas Shopping (aménagé dans une ancienne prison, rien que ça !) et le Tres Cruces Shopping qui se trouve dans le même bâtiment que la gare routière. Pour finir, les *concept stores*, les boutiques gourmandes et les enseignes de prêt-à-porter témoignent d'un héritage culturel et artistique aussi unique qu'envoûtant.

LA PASIONARIA

587 Reconquista
✆ +598 2915 6852
www.lapasionaria.com.uy
Du lundi au vendredi de 10h à 19h et le samedi de 12h à 18h.

Cette boutique tenue par un duo d'amies est un véritable havre pour les créateurs, où foisonnent d'excellentes idées cadeaux, telles que des objets décoratifs, bijoux, vêtements en laine, accessoires, carnets et livres. Vous y trouverez également une galerie d'art, un restaurant et un studio de design. Participez à des ateliers enrichissants de broderie, de feutrine, de teinture naturelle et d'impression botanique, et laissez-vous inspirer par l'art et la créativité qui règnent en ces lieux, et où la l'imagination s'épanouit sans limites.

MONTEVIDEO SHOPPING CENTER

1290 Luis Alberto de Herrera
✆ +598 2628 7979
www.montevideoshopping.com.uy
Tous les jours de 10h à 22h.

Un immense centre commercial regroupant plus de 200 magasins : mode, bijoux, librairies, sport, beauté, électroménager, informatique, bricolage, téléphonie, supermarché, avec des enseignes nationales et internationales. Sur place également, les bureaux de compagnies aériennes, des banques, bureaux de change... Il dispose aussi d'un grand choix de restaurants, allant des fast-foods aux restaurants gastronomiques, ainsi que des cinémas et des salles de jeux pour enfants.

SANTERÍA PAMPEANA

2784 Av. Gral. Flores
✆ +598 2200 7445
Du lundi au vendredi de 9h à 19h. Le samedi de 9h à 13h.

Entrez dans l'univers des *santerías*, ces boutiques spécialisées dans la vente d'article de dévotion de la religion Umbanda. Vous y trouverez des statuettes de la déesse de la mer (Iemanjá), des bougies, des herbes et de l'encens, des éléments qui sont souvent utilisés lors des rituels Umbanda. C'est d'ailleurs un vrai paradis pour les amateurs de kitsch ! On peut également trouver des *santerías* près de la gare routière de Tres Cruces et le long de la rue Fernández Crespo. Qui sait, peut-être repartirez-vous avec un objet de culte qui fera sensation chez vous ?

FERIA D'ANTIQUITÉS DE LA PLAZA MATRIZ

Plaza Matriz

Le samedi matin dès les dix heures sonnantes, la foire d'antiquités de la Plaza Matriz attire les flâneurs en quête de trésors cachés. Le petit marché ne se limite pourtant pas qu'aux vieilleries puisqu'elle est aussi le lieu de rencontre pour les artistes de rue et les joueurs de *candombe* qui transportent les passants dans un tourbillon de rythmes enjoués. Des peintres y exposent leurs toiles tandis que les artisans rivalisent d'ingéniosité pour proposer des créations uniques.

FERIA DE TRISTAN NARVAJA

Dr. Tristán Narvaja y 18 de Julio

Le dimanche de 7h à 15h environ.

Chaque semaine, le dimanche, une foire se tient sur la *calle* Tristán Narvaja, où l'on peut trouver toutes sortes d'objets hétéroclites. Les stands proposent des articles aussi variés que des costumes de garagiste taché de cambouis, des paniers percés, des chaises anciennes, des aquarelles, des bijoux, des vêtements, des bibelots en tout genre et des livres. Se promener parmi les kiosques et les allées est une activité sans prix, parfaite pour flâner ! Il est recommandé de s'y rendre dès son ouverture afin d'apprécier une visite plus tranquille.

MERCADO DE LOS ARTESANOS

1365 Plaza Cagancha ✆ +598 2901 0887

www.mercadodelosartesanos.com.uy

Du lundi au samedi de 11h à 19h dans le local Plaza Cagancha. De 10h30 à 17h dans le local sur la calle Piedras.

Un marché pour découvrir des artisans locaux qui vendent leurs créations : bijoux, objets décoratifs en bois en métal et en céramique, accessoires en cuir, calebasses (mate), jouets et marionnettes, etc. Un endroit sympa où dénicher des cadeaux à prix raisonnables. Une trentaine de stands au total. Un deuxième marché se trouve dans la vieille ville, sur la rue Piedras, juste en face du Mercado del Puerto. En encourageant ces artisans, vous contribuez à préserver les traditions culturelles de l'Uruguay et à faire connaître leur patrimoine unique à travers le monde.

GALERÍA ACATRAS DEL MERCADO

Yacaré 1595

✆ +598 2915 2492

Ouvert du lundi au samedi de 13h à 19h.

Située tout près du Puerto Mercado, cette galerie qui fait aussi office de boutique vous fera découvrir des œuvres et réalisations d'artistes du pays. Dans ce sympathique capharnaüm, vous tomberez sur de jolies peintures, céramiques, sculptures et joailleries. Depuis près de 20 ans, les propriétaires se dédient à promouvoir l'art uruguayen au grand public en offrant un service chaleureux et attentionné. N'hésitez pas à monter à l'étage pour dénicher la bonne affaire.

ESCARAMUZA LIBROS

1185 Pablo de María

✆ +598 2401 3475

www.escaramuza.com.uy

Du lundi au samedi de 9h à 21h.

Ayant ouvert ses portes en 2016 dans une splendide demeure du début du XXe siècle, cette librairie détient une sélection impressionnante d'ouvrages littéraires, principalement d'auteurs d'Amérique latine. Rendez-vous au fond de la bâtisse pour prendre le déjeuner dans la somptueuse terrasse et pour lire les premières lignes de vos nouveaux romans. Leurs desserts sont faits sur place et leurs cafés sont fantastiques. Leur équipe propose également des activités culturelles, des ateliers de lecture, d'illustration et d'écriture et des activités pour les enfants.

MANOS DEL URUGUAY

350 José Ellauri

✆ +598 2400 4839

www.manos.uy

Tous les jours de 10h à 22h.

Manos del Uruguay est une coopérative de 13 groupes d'artisans uruguayens qui fabriquent des vêtements en laine d'une qualité exceptionnelle, des plaids, des objets de décoration en bois et en céramique fabriqués à la main. Depuis sa création en 1968, elle a offert des emplois à plus d'une centaine d'artisans ruraux dans la production de laine et d'articles en laine. Ils ont plusieurs magasins en ville, à Punta del Este et Colonia. Chaque pièce est unique, avec un écheveau de laine portant le nom de l'artisane qui l'a teint et le village où elle vit.

MAS PURO VERSO

675 Sarandí

✆ +598 2915 2589

www.libreriapuroverso.com

Du lundi au vendredi de 10h à 19h, le samedi jusqu'à 18h.

La librairie s'érige fièrement dans les murs historiques des anciens locaux de l'Optica Pablo Ferrando, un joyau de l'Art déco bâtit en 1917. Ses escaliers majestueux en marbre conduisent les visiteurs à la découverte de précieux trésors littéraires, de romans, d'essais et d'ouvrages philosophiques. Au premier étage, le café-restaurant enveloppe les lecteurs dans une ambiance feutrée propice à la détente et à l'évasion. Le doux murmure des pages tournées se mêle aux effluves du café frais, invitant à prolonger la rêverie dans une bulle littéraire hors du temps.

BOUGER & BULLER

Imaginez-vous voguant sur les eaux scintillantes du *río* de la Plata, profitant d'une panoplie d'activités nautiques qui enflammera votre cœur d'aventurier ! Dans cette terre de contrastes, on ne se contente pas de se mouiller les pieds : on s'élance également sur les flots en pratiquant le kitesurf, cet art de dompter le vent et les vagues pour des sensations fortes garanties. On s'investit aussi dans l'univers du golf, cette noble discipline où l'on cherche à maîtriser la petite balle blanche, la poussant à parcourir de verts horizons. Mais Montevideo ne se limite pas à ces exploits, car ici, le polo est roi ! Ce sport équestre vous fera vibrer au rythme des sabots et des maillets, insufflant un élan de grâce à chaque mouvement. Enfin, hissez les voiles et laissez-vous emporter par les vents du large dans une aventure maritime sans pareil, où l'air frais, le soleil généreux et les embruns vous feront oublier les tracas du quotidien.

CARRASCO POLO CLUB

2749 General Servando Gómez
✆ +598 2600 0045
www.carrascopolo.com.uy

Découvrez ce club de polo fondé en 1949, qui offre bien plus que des installations pour les amateurs de ce sport équestre. Après une partie endiablée, détendez-vous grâce aux équipements variés : piscines, courts de tennis, golf, spa et même une salle de fitness pour les plus assidus. Ne manquez pas le restaurant et le bar sur place. Enfin, participez aux événements sportifs et festifs organisés par le club, comme les tournois de polo ou les compétitions de tennis – car même les joueurs les plus aguerris méritent de faire la fête de temps à autre !

CLUB DE GOLF DEL URUGUAY

379 Bulevar General Artigas
✆ +598 2710 1721
www.cgu.com.uy

Préparez-vous à fouler les greens de cet établissement de renom fondé en 1922 qui séduit les golfeurs du monde entier. Son parcours de 18 trous, signé Alister MacKenzie, offre un défi exaltant dans un cadre pittoresque surplombant la ville et le littoral. Bénéficiez d'une boutique sportive, de vestiaires, d'un restaurant et d'un bar, ainsi que des cours de golf pour tous les niveaux, des compétitions et des événements sociaux. Les dimanches, grâce à un accord avec les autorités locales, l'accès au golf, normalement réservé aux membres, est ouvert à tous.

KITE SURF URUGUAY

Playa Malvín
✆ +598 9910 2746
www.kitesurfuruguay.com

Le cours dure 8 heures au total, réparties en sessions de 1 à 2 heures par jour. Le coût est de 450 US$.

Cette école de kitesurf a plus de 10 ans d'expérience et offre tout l'équipement nécessaire ainsi qu'un instructeur privé pour les cours. Pas besoin d'être un pro ou d'avoir des compétences particulières pour en profiter. Les leçons durent de 1 à 2 heures par jour en fonction des conditions de vent, et sont principalement données à la Playa Malvín, bien qu'il soit possible d'organiser des week-ends à Maldonado ou à José Ignacio. L'école offre des cours tout au long de l'année et propose du matériel de location. Des cours pour les enfants sont aussi offerts.

YACHT CLUB URUGUAYO

Av. República Federal de Alemania
✆ + 598 2622 1221
www.ycu.org.uy

Situé sur le Puerto del Buceo, ce prestigieux Yacht Club a été inauguré en 1939 et propose à ses membres un large éventail d'activités telles que la voile, le tennis et la natation. Le club dispose d'une marina bien équipée (avec services d'entretien et de réparation), d'une école de voile et d'un élégant *clubhouse* avec restaurant et bar. Il est connu pour organiser des régates et des compétitions de voile nationales et internationales. Pour devenir membre, une demande d'adhésion doit être soumise et approuvée par les membres du conseil d'administration.

SORTIR

Amateurs de plaisirs nocturnes, préparez-vous à vivre une expérience inoubliable dans l'antre de la fête et de la convivialité : Montevideo ! Ici, les nuits sont plus éblouissantes que les jours, et la magie des spectacles vous transporte dans un univers où l'ennui n'existe pas. Laissez-vous enivrer par les rythmes envoûtants des clubs de danse, puis déhanchez-vous jusqu'à l'aube dans les discothèques les plus branchées de la ville. Préparez-vous aussi à être témoin de performances qui vous feront trépigner d'enthousiasme et d'émerveillement. Que vous soyez passionnés de théâtre, férus de danse, ou tout simplement curieux de découvrir les talents locaux, Montevideo saura vous en mettre plein les yeux et les oreilles ! Enfin, n'oubliez pas que l'amitié est le pilier de ces folles nuits montévidéennes. Que vous soyez en groupe, en couple ou solitaire, n'hésitez pas à tisser des liens, car ici, la bonne humeur est contagieuse !

LA BODEGUITA DEL SUR

840 Soriano
✆ +598 9900 9465

La Bodeguita del Sur est l'unique *boliche* de salsa et de bachata du pays, situé entre le Centro et la vieille ville. Les cours de danse sont accessibles à tous dans une ambiance très décontractée. Que vous soyez débutant ou danseur expérimenté, vous trouverez un environnement accueillant pour améliorer vos compétences. Cela fait plus de 20 ans que les instructeurs partagent leur passion en enseignant les mouvements de base, les techniques de danse pour vous aider à développer votre propre style. Endroit idéal pour passer un moment agréable en couple ou entre amis.

IL TEMPO

2121 Av. Gonzalo Ramírez
✆ +598 9769 9055
www.iltempoclub.com/
Du jeudi au dimanche de 23h à 6h.

Ce club situé en face du Parque Rodó propose des soirées inoubliables avec des spectacles de *drag queens* à ne pas manquer, le tout dans une atmosphère conviviale et inclusive pour toutes les générations. La musique jouée par les DJ est variée, allant de la cumbia aux genres plus underground comme le disco, l'électro, la house ou encore la techno, de quoi danser jusqu'au bout de la nuit. Pour connaître la programmation des événements, il est conseillé de consulter leur page de réseaux sociaux. Venez découvrir la scène *drag* de ce club, ça vaut le détour !

CHAINS PUB

827 Calle Soriano
✆ +598 9754 3847
Le vendredi et samedi de minuit à 6h.

La discothèque, véritable havre de fête pour la communauté queer, vibre au rythme des DJ locaux qui enflamment les platines. Les noctambules font leur apparition en masse après 2h du matin, prêts à danser jusqu'à l'aube, et les basses tonitruantes de la musique électro résonnent à travers les enceintes, créant une atmosphère électrisante qui unit les danseurs dans une célébration de diversité et d'expression libre. Les lumières et les effets visuels ajoutent à l'ambiance débridée de cette boîte de nuit inclusive, où chacun peut s'épanouir et vivre sa vie à fond.

JOVENTANGO

1235 Aquiles Lanza
✆ +598 2901 5561
www.joventango.com.uy
Du lundi au vendredi de 15h30 à 20h30. Classes entre 100 et 200 $.

A l'étage du marché de la Abundancia, l'établissement consacre une place de choix au tango depuis sa création en 1977. Des pistes accueillent les passionnés de cette danse emblématique, proposant des cours de tous les styles, de la milonga à la valse en passant par le folklore et les variations argentines ou orientales. Le dimanche, les visiteurs peuvent assister à un spectacle dans ce lieu magique, où les murs sont ornés de photographies en noir et blanc de grands maîtres du tango, capturés dans des poses langoureuses (que vous serez tenté de reproduire).

PHONOTHEQUE

Piedra Alta

Du vendredi soir au samedi matin et du samedi soir au dimanche matin, de minuit à 10h. Le prix varie en fonction des DJ.

Inauguré en 2013, ce club est un véritable sanctuaire pour les amateurs de rythmes électroniques, où la passion pour la techno bat son plein toute la nuit. Sans aucun doute l'un des meilleurs de Montevideo, où les DJ locaux et internationaux se produisent régulièrement. Si vous voulez entrer gratuitement avant 1h, n'hésitez pas à vous inscrire sur la *guestlist* via Facebook. Toutefois, sachez que personne ne viendra s'agiter sur le *dancefloor* avant 3h, heure classique d'arrivée en club en Uruguay. Ambiance respectueuse et bonnes vibrations garanties.

SALA ZITARROSA

1012 Avenida 18 de Julio

✆ +598 2901 7303

www.salazitarrosa.com.uy

Située juste en face de la Plaza Pedro Fabini, l'ancienne salle du Ciné Rex, en activité de 1928 à 1980, a été magnifiquement restaurée pour devenir la Sala Zitarrosa. Inaugurée en 1999, elle offre depuis des spectacles de qualité, incluant des concerts de musique traditionnelle, de reggae, de folk et de tango, ainsi que des représentations de danse et de *candombe*. Des documentaires y sont également parfois projetés. La salle a une capacité d'accueil de 530 personnes. Pour découvrir la programmation, consultez leur site Web ou leurs pages sur les réseaux sociaux.

AUDITORIO NACIONAL DEL SODRE

Calle Andes esquina Mercedes

✆ +598 2900 7084

www.sodre.gub.uy

Visite guidée le jeudi 14h30 (150 $). Horaire de la billetterie : de 14h à 18h.

Le siège du Ballet Nacional, de l'Orquesta Filarmónica de Montevideo et de la Compañía Nacional de Danza. Il accueille également d'autres représentations artistiques telles que des concerts de musique classique, des spectacles de danse, des opéras et des pièces de théâtre. Le bâtiment dispose de plusieurs salles et espaces dédiés à la culture et aux arts. La salle principale, appelée Sala Eduardo Fabini peut accueillir jusqu'à 2 000 spectateurs. Billets à prix très abordables.

SOCIEDAD URBANA VILLA DOLORES

1483 Alejo Rosell y Rius

✆ +598 9206 6686

Consultez leurs réseaux sociaux pour vous informer sur les événements à venir et la programmation.

Ce centre culturel est un véritable trésor pour les amateurs d'art et de culture. Avec une programmation riche et variée, il accueille des musiciens et chanteurs locaux pour des performances envoûtantes dans une ambiance intime et chaleureuse. Le jour, les visiteurs peuvent participer à de passionnants ateliers thématiques : chorales, initiation au maquillage artistique, ou encore exploration de l'histoire et de la mise en scène des *murgas*, une tradition musicale captivante.

EL MILONGÓN

1812 Gaboto

✆ +598 9922 0259

www.elmilongon.uy

Du lundi au samedi de 20h à minuit. Compter environ 30 US$ pour le spectacle uniquement. Réservation via WhatsApp.

Vous êtes sur le point de découvrir l'un des meilleurs spectacles musicaux et chorégraphiques de tout l'Uruguay, où des artistes de tango, de folklore ou de *candombe* vous feront vibrer au rythme des tambours, du piano, des accordéons et des clarinettes ! Vous avez la possibilité de réserver votre place uniquement pour assister à la représentation, ou bien de choisir un forfait incluant entrée, plat principal (pâtes, poisson ou viande) et dessert. Assurez-vous d'être installé confortablement avant 21h, lorsque le rideau se lèvera pour une soirée inoubliable !

CASINO CARRASCO

6451 Saez s/n esquina Arocena

✆ +598 2604 6060

www.casinocarrasco.com.uy

Du lundi au jeudi de midi à 4h, le vendredi et samedi de 13h à 5h et le dimanche de midi à 4h.

L'emblématique et ravissant hôtel de Carrasco vous invite à découvrir son casino pour vivre une expérience divertissante unique. Explorez la vaste sélection de jeux proposés, tels que les machines à sous, la roulette, le Black Jack, le Big Six, le Texas Hold'em et bien d'autres encore. Profitez du parking gratuit et détendez-vous au bar sur place (optez plutôt pour les bières, car les cocktails sont loin d'être délicieux). Et qui sait, peut-être repartirez-vous avec le jackpot et de quoi vous offrir une coupe de tannat sur une plage uruguayenne !

ATLÁNTIDA ★

Au XVIIe siècle, la région d'Atlántida était fréquentée par les pirates. Au milieu du XVIIIe siècle, cette zone fut baptisée Santa Rosa en hommage à un navire portugais qui s'approchait des côtes pour commercialiser des marchandises de contrebande produites par les jésuites. En 1909, un groupe d'étudiants en médecine acheta les terrains pour les peupler d'eucalyptus et de pins, et baptisèrent le lieu Atlántida en 1911. Les maisonnettes si typiques furent bâties entre les arbres à partir des années 1920, au moment de l'essor du tourisme. Plus tard, la petite station s'affirme de plus en plus et devient l'une des plus prisées des environs de Montevideo, attirant la classe dite « moyenne supérieure » qui pouvait s'offrir ou louer une résidence secondaire. Il paraîtrait même que Carlos Gardel aimait y passer ses vacances. Lieu de rencontre des Argentins et des Uruguayens, l'ambiance y est familiale et paisible, avec des plages immenses et souvent désertes ; les dunes y débordent sur la route, qui borde le río de la Plata. Depuis quelques années, elle est l'objet d'une lente immigration allemande. On apprécie le paysage, pittoresque et apaisant. On s'y arrêtera au moins en venant de Montevideo pour pique-niquer ou prendre un bain de soleil ! On entre à Atlántida au km 45 sur la Ruta Interbalneario, au carrefour de la route 11. Aujourd'hui, Atlántida est toujours considéré comme la capitale de la Costa del Oro.

PARROQUIA CRISTO OBRERO - IGLESIA DE DIESTE ✞ ★

Ruta 11 km 161

Visites guidées le samedi de 14h à 18h.

L'église Cristo Obrero y Nuestra Señora de Lourdes, classée au patrimoine mondial de l'UNESCO en 2021, est une création innovante de l'architecte Eladio Dieste, construite entre 1958 et 1960. Unique en Amérique du Sud sans poutres ni béton, elle abrite une statue dorée du Christ en bois sculptée par Eduardo Diaz Yepes. L'église Sagrado Corazón, située avenue Artigas y Roger Balet, appartient à la même paroisse et est ouverte au public, bien que moins intéressante.

EL ÁGUILA ★

Calle 3

Perché au bord de l'océan, à quelques kilomètres de la ville, se trouve El Aguila, une mystérieuse demeure en forme de tête d'aigle, construite en 1945 par l'ingénieur uruguayen Juan Torres. Elle appartenait à l'homme d'affaires italien Natalio Michelizzi qui l'utilisait comme un lieu de rendez-vous pour profiter de la vue imprenable et se réunir avec ses amis. Le bâtiment insolite contient un salon, dont les fenêtres sont les yeux de l'aigle, une petite salle de bain, une cuisine et une chambre, mais malheureusement, depuis le décès de son propriétaire, ces pièces ne sont plus accessibles aux visiteurs. Bien que son véritable nom soit La Quimera, elle est aujourd'hui plus connue sous les noms d'El Aguila de Atlantida (l'aigle d'Atlantida) ou d'El Nido del Aguila (le nid de l'aigle). De nombreuses légendes et rumeurs énigmatiques entourent cette structure en raison de son apparence singulière, lui conférant une atmosphère de mystère. Certains prétendent qu'elle aurait été un repaire de contrebandiers, d'autres affirment qu'elle aurait abrité quelques nazis durant la Seconde Guerre mondiale, tandis que d'autres attestent qu'elle était en fait une chapelle dédiée à la Vierge. Quelle est la véritable histoire de cette étrange demeure ? Nul ne le sait vraiment… Mais une chose est sûre, une promenade à El Aguila au moment du coucher du soleil est une expérience à couper le souffle, qui vous laissera des souvenirs indélébiles. On y accède par le kilomètre 43 de la route Interbalnearia, ou par le Paseo Cultural del Águila.

RESTAURANTE DON VITO €€

Calle 11 y 22
✆ +598 4372 7458
Cuisine classique internationale, parrilla, pâtes et pizza. Toute l'année. Autour de 500 $.

Ici, on savoure de succulentes *parrillas* de viandes (bœuf, agneau, porc, saucisses, etc.) et des pizzas, de quoi éveiller les papilles des plus fins gourmets ! Le menu propose des classiques tels que *chivitos*, *milanesa*, poissons grillés et salades composées, sans compter les excellents desserts, le tout à des prix plus que raisonnables. En haute saison, l'endroit se transforme en véritable ruche, surtout lors des jours de matchs, retransmis sur grand écran pour le plus grand plaisir des supporters enflammés. Il est certain que vous passerez un agréable moment.

BAIPA

Gral. Artigas et C. 26
✆ +598 4372 0482
www.baipadeatlantida.com
Tous les jours de 8h à 20h.

Lors de votre visite à Atlantida, ne manquez pas l'occasion de découvrir cette emblématique boulangerie fondée en 1956, célèbre dans tout le pays pour ses *bizcochos*, croissants, pains au chocolat, boules de Berlin, scones et roulés aux raisins et à la cannelle. Vous serez également séduit par leurs savoureuses baguettes, sandwichs, pâtes fraîches et cafés de spécialités. La boulangerie, nommée Balneario Atlántida Industria Productos Alimenticios, tire son nom de son fondateur, M. Amado Hernández, et de son épouse. Un incontournable !

MONTEVIDEO

SANTA LUCÍA ★

Santa Lucía se trouve au nord du département de Canelones (à 11 km), au bord du río éponyme, et à 50 km de Montevideo. Sa population est de 18 000 habitants. Cette petite station balnéaire a conservé sa beauté naturelle qui n'en finit pas de séduire la bourgeoisie de Montevideo. Sachez que c'est la première station balnéaire du pays : le premier hôtel y fut construit en 1872 ; la ville était la destination estivale du président uruguayen Máximo Santos dans les années 1880. On pourra séjourner au camping, dans des bungalows ou à l'hôtel (peu de choix).

QUINTA DE CAPURRO ★★

Federico Capurro, esq. Roosevelt
✆ +598 4334 6137
Tous les jours de 9h30 à 20h en été et de 10h30 à 17h en hiver. Entrée libre. Visites guidées possibles.

Construite en 1873 par Don Francisco Capurro, La Quinta a abrité une partie de l'enfance du célèbre écrivain José Enrique Rodó. Des expositions d'artisanat et de produits locaux y sont organisées deux fois par mois. Les constructions anciennes, les sentiers et les jardins méritent une visite. La Quinta possède sa propre pépinière, abritant une grande variété de plantes et d'arbres, dont des palmiers tels que le *coco chileno* et le *palmera datilera*, des arbres à papier, des platanes, ainsi que des fleurs telles que les camélias et la glycine.

AGUAS CORRIENTES ★

A 7 km de Santa Lucía, à 13 km de Canelones et à 56 km de Montevideo. Entourée de paysages naturels, avec des collines et des forêts, Aguas Corrientes est une petite localité située dans le département de Canelones. Elle doit son nom aux installations – de pompage, filtration et purification – autour du fleuve Santa Lucia. Celui-ci est le plus vaste fleuve du pays et la source d'approvisionnement en eau potable des départements de Montevideo et de Canelones. La ville est donc le site idéal pour les sports nautiques, et on pourra également s'adonner au canotage et à la pêche, un loisir très pratiqué dans le coin. Possibilité de camper sur place.

MUSEO DEL AGUA

Camino de los Ingleses y 18 de Julio
✆ +598 4337 2708
Du lundi au samedi de 9h à 17h.

Classé monument historique national en avril 1988, c'était la première centrale à vapeur de pompage du pays, construite en 1871, suite à une grave sécheresse qui frappa la capitale et entraîna un appel public pour remédier à cette crise. Outre sa valeur architecturale, elle incarne l'essor de l'industrialisation et le développement économique qui en découle. En 2006, le Musée de l'Eau a été inauguré sur ce site, comprenant la maison de l'administrateur, le parc adjacent, ainsi que l'ancienne usine et les salles des machines. Des visites guidées y sont proposées.

CÔTE EST

Bien plus qu'une destination de voyage haut de gamme, la côte Est uruguayenne est une véritable symphonie de beauté naturelle, où chaque bourgade possède son charme unique. Des plages immaculées aux vastes étendues de terres préservées, chaque recoin de cette région regorge de trésors pour les explorateurs en quête d'expériences inoubliables. Le département de Maldonado, avec sa célèbre station balnéaire Punta del Este, est le lieu de rencontre de la *jet-set* sud-américaine, véritable oasis de glamour et de prestige. Ses jolies plages et sa vie nocturne animée vous transporteront dans un univers de plaisirs sans limites. Rocha quant à lui, vous séduira par ses dunes sauvages, où grincent incessamment les girouettes, attirant les voiliers pour l'éternité, offrant une irrésistible invitation à la découverte de soi-même et à l'évasion. Peut-être est-ce le doux murmure du vent qui soupire à votre âme pour la guider vers ce lieu enchanteur…

Pirarajá
Polanco
Colón
8
Mariscala
Los Talas
Aiguá
CERRO AREQUITA
VILLA SERRANA
CERRO VERDÚN
SALTO DEL PENITENTE
MINAS
Edén
Nueva Carrara
9
San Carlos
GARZÓN
LAGUNA DEL SAUCE
PIRIÁPOLIS
MALDONADO
LA BARRA – MANANTIALES
JOSÉ IGNACIO
PUNTA BALLENA
ISLA GORRITI
PUNTA DEL ESTE
ISLA DE LOBOS

BRÉSIL
Lascano
CHUY
PARQUE NACIONAL SAN MIGUEL ★
La Coronilla
PARQUE NACIONAL DE SANTA TERESA ★★★
Laguna Negra
Velázquez
PUNTA DEL DIABLO ★★★
Castillos
AGUAS DULCES ★
LAGUNA DE CASTILLOS ★★
BARRA DE VALIZAS ★★
MONTE DE OMBÚES ★★
CABO POLONIO ★★★
San Bernardo de Rocha
LA PEDRERA ★★★★
Océan Atlantique Sud
LA PALOMA ★★
Côte est
20 KM

PAGES

DÉPARTEMENT DE MALDONADO

158

Bienvenue dans le département de Maldonado, une région enchanteresse située sur la côte sud-est de l'Uruguay, qui abrite l'une des stations balnéaires les plus notoires d'Amérique latine : Punta del Este. C'est ici que vous trouverez des plages de sable fin bordées de yachts de luxe, ainsi que la célèbre statue de la main émergeant du sol réalisée par Mario Irarrázabal. À seulement quelques kilomètres à l'est, les charmantes bourgades de La Barra et de Manantiales, vous invitent à découvrir leurs agréables bistrots peu bondés et leurs divers cafés de spécialité, où la jeunesse uruguayenne aime se retrouver pour refaire le monde. Puis, encore plus à l'est, rejoignez José Ignacio, une destination de villégiature prisée des amateurs d'art en quête d'une atmosphère décontractée et bohème-chic. Ce petit village côtier abrite pléthore de galeries d'art à la mode, *concept stores* tendance, restaurants haut de gamme, sans oublier les *posadas* de prestige, où les millionnaires se la coulent douce à l'abri des regards indiscrets. Enfin, pour ceux qui cherchent à vivre une expérience plus authentique, le pueblo Garzon est un joyau caché, célèbre pour ses marchés fermiers et son ambiance champêtre glamour. Dans ces lieux, l'argent coule à flots (tout comme le maté dans les thermos), mais il est toujours possible de dénicher de bonnes affaires. Que vous aspiriez à vous prélasser sur les plages ensoleillées, à partir à la découverte de la culture locale ou à faire la fête avec l'élite sud-américaine, le département de Maldonado est une étape obligatoire pour les voyageurs en quête d'aventures inédites et d'excellence.

PAGES

185 ## ●● DÉPARTEMENT DE ROCHA

Rocha, l'un des départements les plus fascinants de l'Uruguay, est une destination idéale pour les voyageurs en quête de tranquillité et de contact avec la nature. Vous y découvrirez une variété de paysages spectaculaires, allant des dunes sauvages de sable fin aux forêts verdoyantes, en passant par des falaises abruptes surplombant l'océan Atlantique. Laissez-vous charmer par les adorables villages côtiers de La Paloma et La Pedrera, où la vie s'écoule paisiblement au rythme des vagues. La Paloma, connue pour son phare emblématique et sa promenade en bord de mer, vous offrira une expérience unique avec la plage Anaconda, prisée des surfeurs, ainsi que ses petites infrastructures (hôpital, cinéma, casinos, écoles de yoga, etc.), qui font le bonheur de ses habitants. À seulement 10 km, La Pedrera vous invite à profiter de ses plages infinies et son ambiance bohème propice à la relaxation. Plus au nord, près de la frontière brésilienne, se trouve l'indomptable Punta del Diablo ainsi que le Parc national de Santa Teresa, une véritable merveille naturelle qui abrite un ancien fort militaire, un refuge faunique, et une vieille serre enchanteresse, témoignant du riche patrimoine historique de la région. Enfin, Rocha vous réserve une aventure des plus uniques avec la visite de Cabo Polonio, un petit village de pêcheurs isolé du monde moderne, sans électricité ni liaison routière, où vous pourrez profiter du silence absolu tout en observant la grandeur infinie de la voûte étoilée : une expérience sans pareille qui sans aucun doute vous laissera sans voix.

PIRIAPOLIS ★

Si vous allez en direction de Punta del Este, Piriápolis fera l'objet d'une halte intéressante ; belle promenade en perspective le long de sa *rambla* (5 km), et sur la colline San Antonio depuis laquelle on jouit d'une belle vue sur les environs. A signaler, la présence de vignobles sur les collines (ou *cerros*) qui encerclent la ville. Sachez que c'est l'une des rares villes au monde à être le fruit des visions d'un seul et même homme !

Histoire

La ville de Piriápolis doit son nom à son fondateur, don Francisco Piria. La ville fut bâtie en 1893, mais son nom original était El Balneario del Porvenir (la station balnéaire du futur). En 1890, Piria achète un bout de terre renfermant le Cerro Pan de Azúcar, le Cerro del Inglés et le Cerro del Toro. En 1897 s'achève la construction de sa résidence privée, le château de Piria et en 1905 la construction de l'Hotel Piriápolis, aujourd'hui connu sous le nom de Colonia Escolar de Vacaciones. En 1910 la Rambla de los Argentinos voit le jour et en 1912 Piria commence à vendre les premiers buildings. En 1913, le port de Piriápolis est relié au Cerro Pan de Azúcar par un téléphérique. La construction du port se termine en 1916. De 1920 à 1930, il fait bâtir l'Argentino Hotel, l'un des plus grands d'Amérique du Sud à cette époque, sur son initiative. Il développa l'agronomie à travers l'exploitation de diverses variétés animales ou végétales, en particulier par le boisement d'une grande partie de ces terres. Piriápolis devint rapidement une station balnéaire prisée par les Argentins.

CERRO DEL TORO ★

Suivre la avenida Francisco Piria jusqu'à la rue Ayacucho.

Cette colline s'élève à 250 mètres au-dessus du niveau de la mer. Il est possible de grimper jusqu'à son sommet, mais une partie se fait seulement à pied. En chemin on s'arrêtera d'abord à la fuente del Toro, une source d'eau minérale dominée par une statue de taureau qui serait l'œuvre d'un élève de Rodin. Sachez que ces sources auraient des vertus thérapeutiques ! Ensuite, on emprunte des escaliers creusés dans la roche pour atteindre le sommet, où vous attend une superbe vue panoramique. Le sentier est balisé par des flèches inscrites sur des rochers.

CERRO PAN DE AZÚCAR ★

Ruta 37

C'est la plus haute colline dans le département avec une hauteur de 423 mètres. Il faudra près d'une heure et demie pour rejoindre le sommet, où vous retrouverez une croix en béton armé d'une hauteur de 35 mètres, conçue par l'écrivain, sculpteur et diplomate Juan Zorilla en 1933. La colline est visible depuis n'importe quel recoin de Piriápolis. On y accède en longeant à pied un joli sentier balisé, au milieu de la forêt et de la roche. Une fois en haut, il est possible d'emprunter un escalier en colimaçon jusqu'au sommet de la croix.

Vue sur la ville de Piriapolis.

CÔTE EST

© AFFLAMEN - FOTOLIA

Cerro Pan de Azúcar.

RESERVA DE FLORA Y FAUNA DEL CERRO PAN DE AZÚCAR ★★

Avenida Artigas, puis ruta 37 jusqu'au km 6
✆ +598 4432 3468
Tous les jours de 9h à 17h30. Entrée gratuite.

Cette réserve de 86 hectares a été fondée en 1980 par le conservateur animalier Tabaré González. L'objectif de l'organisation étant la conservation et la reproduction des espèces indigènes, vous retrouverez alors plus de 250 animaux en semi-captivité, dont 53 espèces natives de la région, comme le jaguar, le tatou, l'alligator et le fourmilier. Poursuivre votre balade jusqu'au sommet du cerro où se trouve la croix du même nom (l'ascension peut se faire entre 9 et 15h).

FUENTE DE VENUS ★

25 de Mayo y Rivadavia

Au milieu d'un point d'eau, cette fontaine est la réplique exacte du temple grec érigé dans la Villa Paravicini en Italie, avec au centre Vénus, la déesse de l'Amour. L'endroit est reposant, propice à une agréable promenade en plein air parmi des eucalyptus géants et les palmiers. A quelques pas, des jeux pour enfants sont aménagés à l'ombre. Cette visite peut être jumelée avec l'ascension du Cerro del Indio. La nuit, la fontaine s'illumine d'une lumière bleu-violet, créant une atmosphère féerique parfaite pour une balade nocturne en amoureux.

CERRO SAN ANTONIO (CERRO DEL INGLÉS) ★

Accessible à pied, en voiture, télésiège fermé pour raison de sécurité.

Au sommet de cette colline se trouve une chapelle érigée en l'honneur de San Antonio (135 mètres d'altitude). Il s'agit là du mont le plus caractéristique de la station balnéaire. On y accède au terme d'une sympathique balade. A la moitié du chemin vous croiserez la Virgen de Stella Maris (la Vierge des Pêcheurs) et verrez la Gruta de los Patos (grotte des Canards), accessible par un escalier depuis la Rambla de Punta Fría. Superbe panorama et immanquable coucher de soleil !

TERMINAL DE ÓMNIBUS

Missiones

Depuis le terminal, pas de centrale de réservation, chaque compagnie de bus (COT, Copsa Este, Grupo Agencia et Turismar) est à contacter sur sa ligne personnelle, sur sa page web, ou en achetant directement un billet sur un site ou une application de réservation (par exemple Urubus). De nombreuses compagnies relient la capitale (terminal Tres Cruces), les stations balnéaires de la côte et l'intérieur du pays. Pour Montevideo et Punta del Este, départ toutes les heures environ (en haute saison) en bus directs ou semi-directs. Possibilité d'aller jusqu'à Minas.

PLAGES

Les plages de Piriápolis s'étendent sur près de 25 kilomètres de côtes. En vous dirigeant vers l'ouest, vous trouverez quelques plages des plus agréables pour la baignade (de Playas Grande à Playa Solis), souvent protégées du vent. A l'est de la ville, on pourra se promener vers la Playa San Francisco et sa Punta Fría, la Playa Punta Colorada, Punta Negra avec de beaux paysages de roches et nature.

- **Playa del Centro** : Le long de la rambla, c'est l'une des plus prisées, car elle allie proximité, commodités, sports nautiques, shopping et bain à la carte.
- **La Playa Grande**, qui paradoxalement est assez petite, bénéficie de piscines formées naturellement entre ses roches, idéales pour le bain et la plongée.
- **La Playa Hermosa** avec son sable fin et blanc, grâce à son orientation, est protégée du vent du soir. Quelques kiosques de hamburgers et de glaces en après-midi.
- **La Playa Verde,** à 5 km de la ville, est un havre de quiétude ; mi-sable mi-cailloux, elle est entourée de monts. Pensez à apporter votre déjeuner ainsi que des bouteilles d'eau, car il n'y a ni zone commerciale ni restaurant dans le coin.
- **La Playa de las Flores** (au km 89 de la ruta 10) s'étend de l'Arroyo Las Flores à l'Arroyo Tarariras. Familiale, c'est un havre de tranquillité où l'on peut également pêcher.
- **Playa Bella Vista** est tranquille, bordée par la nature, petits galets et ravines de sables. Moins agréable pour la baignade, à moins que vous vous munissiez de chaussures de plage.
- **Playa Solís**, pour finir côté ouest, découvrez quiétude et pêche sur l'Arroyo du même nom.

© KSENIA RAGOZINA - SHUTTERSTOCK.COM

CABAÑAS DEL POTRERO €€

✆ +598 9922 1274

www.cabaniasdelpotrero.com

Cabañas del Potrero vous invite à venir passer vos vacances dans l'une de ses six *cabañas* merveilleusement bien tenues, située à deux minutes de marche de la plage (si vous empruntez le raccourci secret). Les cabanes sont munies d'une cuisine bien équipée, d'un salon, de deux chambres et d'un barbecue à charbon. Deux piscines, l'une pour les enfants, l'autre pour les adultes, sont installées dans le jardin. Ana Ines et Ruben, les propriétaires, sont d'une gentillesse contagieuse et vous assisteront de leurs conseils tout au long de votre séjour. Une perle d'hôtel.

DUNAS DEL ESTE €€

Playa Punta Colorada

✆ +598 4432 6458

www.dunasdeleste.com

Bungalow ou appartement standard pour 2 personnes à partir de 85 US$ (ajouter 10 US$ par nuit pour l'air conditionné).

Resort familial qui a l'avantage d'être près de la plage de Punta Colorada et de proposer des services taillés pour les familles : immense piscine bordée de pierres naturelles, baignoire à remous, animations pour les enfants et salle de jeux, bungalows et appartements indépendants avec salon équipé d'un canapé convertible, chambre individuelle, cuisine complète et terrasse avec barbecue et poêle à bois pour plus d'indépendance pendant les vacances. Sur place : TV, satellite et wifi pour les plus connectés. Restaurant sur place.

HOTEL BAKARI €€

Rambla de los Argentinos 994 y Piria

✆ +598 4438 1112

www.hotelbakari.com

Selon la saison et la catégorie, de 85 à 150 US$ la double, petit déjeuner inclus.

Situé à quelques pas de la plage, cet hôtel moderne sans grand charme offre néanmoins des prestations intéressantes : salon de massages, petite piscine, hammam et spa pour la détente. Le restaurant-cafétéria sert une cuisine internationale. Les chambres (de la suite Junior à la suite Master), à la déco sobre et soignée, sont de taille moyenne, confortables, avec télévision et salle de bains privative. Belle vue sur la rambla depuis la grande et agréable terrasse. Ambiance familiale et service très professionnel. Petit déjeuner buffet à volonté.

CÔTE EST

LAS QUICAS €€

Julio Herrera y Reissig
✆ +598 9554 0552

Compter 80 US$ de novembre à février ainsi qu'en avril et 90 US$ pour le mois de mars. Pour adultes seulement.

Ces maisonnettes de rêve, dotées d'une grande fenêtre avec une vue époustouflante sur la forêt et la mer, sont le lieu idéal pour des vacances inoubliables en Uruguay. Construites et gérées par un couple argento-uruguayen, elles disposent d'un lit king, d'une salle de bain complète, d'une kitchenette, d'une cheminée avec bois de chauffage, d'un téléviseur intelligent, d'un accès wifi et d'un système de climatisation. A l'extérieur, deux chaises en bois et un grand filet d'habitation sont à votre disposition pour vous détendre et profiter du paysage.

ARGENTINO HOTEL €€€

Rambla de los Argentinos
✆ +598 4432 2791
www.argentinohotel.com.uy

Comptez de 100 à 220 US$ pour une chambre double, selon la catégorie, la saison, tarif semaine ou week-end.

Bâti en 1930, cet établissement dégage toujours un certain charme, bien qu'il soit toutefois un peu désuet à l'heure qu'il est. Il compte 300 chambres et 56 suites, et un grand nombre de services et loisirs à disposition : restaurant, salon de thé, piscines, business centre, Spa, club de sports [terrain de foot, de volley, court de tennis] et même un casino. Mais ne vous attendez pas au standing haut de gamme des hôtels modernes d'aujourd'hui, celui-ci a fait son temps. Cependant, nous apprécions l'ambiance Belle Epoque et l'accueil professionnel.

LA CORNICHE €

Rambla de los Argentinos 1254
✆ +598 4432 0651

Ouvert du vendredi au samedi midi et soir. Mieux vaut appeler pour réserver. Comptez près de 500 $ par personne.

Avec un nom pareil, on s'attend à un restaurant un brin guindé façon cuisine française. Eh bien non : à la Corniche, on mange des pâtes maison, des *tacos* ou des *enchiladas* mexicains, des salades ou des sandwichs *ciabattas* et quelques plats simples et abordables comme la pêche du jour ou le poulet au four à la moutarde et patates douces. Service un peu lent, mieux vaut demander ce qui sort en premier. L'endroit parfait pour se poser en après-midi pour siroter tranquillement une bonne bière fraîche ou une limonade, tout en regardant la mer.

DRAKAR €€

Rambla de los Ingleses
✆ +598 4432 7207

Ouvert tous les jours en haute saison, du vendredi au dimanche en basse saison. A partir de 600 $ le plat.

Un joli cadre près du port pour déguster des produits de la mer frais et bien préparés, dont les fritures de poisson, les moules à la provençale, et la savoureuse paella. Tous les ingrédients sont réunis pour passer un agréable moment. Le midi, on s'y rend pour savourer un délicieux déjeuner tout en profitant de la vue, tandis que le soir, c'est l'endroit idéal pour un dîner tranquille et décontracté. L'excellent rapport qualité-prix pour la région, le service attentionné ainsi qu'une belle carte de vins font de Drakar un restaurant incontournable.

KRAKEN €€

Rbla. de los Ingleses
✆ +598 9121 7883

Comptez entre 300 et 450 $ le lot de sushis. Ouvert de 12h30 à 15h30 et de 20h30 à minuit en haute saison.

Nouveau restaurant de saveurs alliant « terre et mer » comme il aime se définir, mais qui est surtout connu pour ses sushis, travaillés et délicieux. Des entrées telles que le *tiradito* de poulpe et les croquettes d'aubergines et de mozzarella, puis des plats principaux comme le poisson du jour grillé, étonnamment peu cher, la lasagne aux fruits de mer ou encore le poke au saumon. Dans l'ensemble, c'est une expérience culinaire agréable à ne pas manquer. La décoration du lieu est léchée, tout comme les assiettes. Pensez à réserver, les tables sont prisées.

TRATTORIA DA PIERO €€

Playa San Francisco
✆ +598 4432 3356

Ouvert tous les jours de midi à 16h et de 20h à minuit. Compter dans les 800 $ par personne.

Excellent restaurant calme et cosy, situé en face de la plage [de l'autre côté de la route], qui sert une cuisine familiale de spécialités de fruits de mer, poissons et pâtes maison. Plats copieux et préparés avec attention. Le « menu *turistico* », d'une valeur de 725 $, inclut une option d'entrée, de plat principal et de dessert [parfait pour les convives indécis]. Superbe carte de vin du pays, mais aussi du Chili et de l'Argentine : tout cela vous donnera sans doute l'envie de réserver une journée dans un vignoble pour goûter à toutes ces merveilles !

LAGUNA DEL SAUCE ★★

A 15 km à l'ouest de Punta del Este, au km 121 de la Ruta Interbalnearia, la Laguna del Sauce peut se rejoindre par la ruta 12, à peine plus à l'ouest de l'embranchement menant à Punta Ballena. C'est le plus vaste point d'eau du département et un endroit tranquille où il fait bon se balader, entouré de plusieurs monts : El Escondido, Las Cumbres, El Cerro de la Gloria et les *cerros* de los Zorros. De là, on peut découvrir la Sierra de las Ánimas et le cerro Pan de Azúcar. Le cadre est des plus agréables et il est possible d'y pratiquer différentes activités en plein air : pêche, bateau… et farniente ! L'aéroport Laguna del Sauce se trouve à proximité.

CUMBRES ART & SPA €€€

Ruta 12, km 3,5 ✆ +598 4257 8689
www.cumbres.com.uy
Selon la chambre et la saison, compter entre 145 et 800 US$. Petit déjeuner et nombreux services inclus.

Chaque chambre ou suite est personnalisée dans un style élégant et vous plonge dans une atmosphère singulière, à la fois reposante et cosy. L'ensemble épouse des matériaux nobles et un design contemporain. Dans les suites, une tablette multimédia est à votre disposition. Le restaurant, aux spécialités franco-italiennes, est à la hauteur. Piscine spacieuse, solarium, spa (bain turc, bain à remous) et salon de massages, yoga, tai-chi, salle de fitness confirment le standing de cette adresse dédiée aux voyageurs exigeants en quête d'un confort moderne irréprochable.

ALIVE HEALTH SPA RESORT €€€

Rambla Costanera ✆ +598 9574 4508
www.alive.uy
Suite double pour 449 $, suite avec bain à remous 599 $. 3 nuits minimum. Le prix varie selon le choix du programme.

Pour ceux qui ont envie de se faire dorloter, cet élégant hôtel 5 étoiles propose des programmes « perte de poids », « fitness », « detox », « anti-stress », « anti-tabac », et plus encore. Traitements personnalisés, massages, soins exfoliants, drainage lymphatique, mais aussi des activités physiques en plein air ou dans les piscines. Cours de yoga et de méditation. Suivis quotidiens par des coachs santé et services infirmiers. Les suites, épurées et luxueuses, comprennent une baignoire, une terrasse et un espace salon avec vue sur le lac. Excellente gastronomie.

ALTO DE LA BALLENA BODEGA Y VIÑEDOS

Ruta 12 km 16
✆ +598 9441 0328
www.altodelaballena.com

Cette cave pittoresque, nichée dans la Sierra de la Ballena à quelques minutes de la côte, a été fondée en 2001 par ses propriétaires, Paula et Álvaro, et s'est rapidement hissée parmi les meilleures du pays. Ils supervisent la production de vin issue de 8 hectares de vignes cultivées avec du Merlot, Tannat, Cabernet Franc, Syrah et d'autres cépages. Des événements de dégustation et des repas au milieu des vignes permettent aux visiteurs de découvrir leurs produits en personne.

Laguna del Sauce.

PUNTA BALLENA ★★★

À 130 km à l'est de Montevideo et à 10 min de l'aéroport de Punta del Este (et à 30 minutes de cette ville), Punta Ballena est une péninsule rocheuse qui offre des vues imprenables sur la mer. C'est un coin tranquille où les amoureux de la nature auraient raison de séjourner. De grandes fortunes argentines y possèdent des résidences secondaires nichées dans les paisibles forêts. L'immanquable Casapueblo, complexe architectural et artistique du peintre uruguayen Carlos Paéz Vilaró, est à découvrir absolument. C'est de ce point que vous contemplerez les plus divins couchers du soleil du pays.

Histoire

En 1780, Francisco de Medina, fondateur du premier *saladero* de la région s'installe ici. Ensuite, c'est en 1896 que la péninsule fut achetée par Antonio Lussich, richissime magnat du transport maritime. Ce dernier fit construire son manoir sur la pointe de la presqu'île, mais celle-ci était tellement exposée aux vents de l'Atlantique que sa femme lui lança un ultimatum : soit il protégeait la demeure des rafales, soit elle s'envolerait en Europe en emportant toute la famille. Il fit donc planter une quantité phénoménale d'arbres et créa l'actuel Arboretum Lussich, un espace dédié à sa vie et à son œuvre (en plus d'être homme d'affaires, il était aussi un écrivain influent). Des années plus tard, l'artiste abstrait uruguayen Carlos Páez Vilaró acheta un immense terrain à Punta Ballena afin de façonner son atelier et sa maison (à ce moment, un mètre carré de terrain coûtait le prix d'un paquet de cigarettes).

CASA ESCULTURA ★

Playa Portezuelo
✆ +598 9981 4684

La maison est ouverte au public de décembre jusqu'à mars.

Nous sommes prêts à parier qu'en vous promenant sur la playa Portezuela, vous n'avez probablement pas remarqué qu'il s'y trouvait un refuge notoire, dissimulé dans le paysage. Située à dix mètres de la mer, cette maison unique (une grotte, à proprement parler) servit de résidence à l'Argentin Richard Milberg et sa compagne Grisel Maymo Planas durant... 14 ans ! Nichée dans les rochers, cette demeure aménagée sur deux étages accueille aujourd'hui les visiteurs curieux de mettre les pieds dans un endroit aussi insolite. A ne pas manquer !

PLAGES

- **Playa Chihuahua.** Pour les nudistes, voici la première plage naturiste officielle du pays (bien que la nudité soit optionnelle), et un repaire festif en haute saison pour la communauté LGBTQI+. On y retrouve de tout à proximité.
- **Playa Portezuelo.** Très calme, avec du sable blanc pas très fin. Parfaite pour profiter des vacances en famille. Restaurants aux alentours.
- **Playa Las Grutas.** Belle promenade avec de superbes vues sur les formations rocheuses. A l'intérieur de la plus grande caverne se trouvait autrefois une boîte de nuit de luxe dont on peut voir les vestiges.

CÔTE EST

ARBORETUM LUSSICH ★★

Camino Lussich ✆ +598 9796 4457
www.arboretumlussich.uy

Du mercredi au dimanche de 11h à 19h. Entrée : 150 $ (gratuit pour les enfants de moins de 6 ans).

En 1896, Don Antonio Lussich, autodidacte uruguayen, poète et marin, achète 1 800 hectares à Punta Ballena et y introduit des espèces végétales provenant de cinq continents. En 1979, l'Intendencia de Maldonado fait l'acquisition de 182 hectares, puis 192 autres en 1990, pour en faire un arboretum ouvert au public. Celui-ci constitue aujourd'hui une importante réserve forestière (la plus importante en Amérique du Sud selon certains). On y dénombre près de 400 espèces exotiques et 60 espèces autochtones. On y trouve aussi un musée qui aborde la vie de Lussich.

EL LOBO SUELTO €

Del Portezuelo
✆ +598 4225 8121

Ouvert tous les jours de midi à minuit, hors saison du mardi au samedi de 11h à 16h30. Plats aux alentours de 350 $.

Voici un restaurant de fast food typiquement uruguayen qui sert des plats traditionnels tels que des *chivitos* (sandwich de pain ciabatta, avec du filet de veau, des tomates, du jambon York, de la mozzarella et de la laitue), des *milanesas* (fines tranches de veau ou de poulet pané) et des *choripans* (sandwich au chorizo rôti). Leurs hamburgers et salades et jus de fruits sont délicieux, tout comme leur poisson du jour. Le menu d'hiver comprend des ragoûts et des *feijoadas* brésiliennes servies avec du riz blanc. Savoureux et bon marché !

CASAPUEBLO ★★★

Calle Mar Mediterraneo
✆ +598 4257 8611
www.clubhotelcasapueblo.com
Ouvert tous les jours de 10h à 20h30. Entrée du musée : 400 $ par personne. Chambre double à partir de 115 US$.

Dès votre arrivée, vos yeux seront rivés sur cet étrange ensemble architectural aux formes ondoyantes semblant plonger dans l'océan. Il s'agit de la fabuleuse construction utopique de style méditerranéen imaginée par l'artiste multidisciplinaire Carlos Páez Vilaró. Né en 1923 à Montevideo, Páez Vilaró était un peintre, sculpteur, compositeur et écrivain uruguayen, connu pour ses magnifiques fresques murales colorées. Considéré comme l'un des plus importants représentants de l'art populaire uruguayen, il aura, au cours de sa vie voyagé à travers le monde et rencontré des figures marquantes telles que Fidel Castro, Pelé, Brigitte Bardot et Picasso. Il vécut à Casapueblo jusqu'à sa mort en 2014. Aujourd'hui, le bâtiment abrite un complexe hôtelier, un restaurant et un musée-galerie d'art dédié à ce peintre singulier et aux œuvres qu'il a réalisées au cours de 64 années de travail. Le musée dispose de plusieurs espaces, dont une petite salle de cinéma diffusant en continu le film *Arte y Aventura*, sur la vie de l'artiste. Dans les salles d'exposition, les visiteurs peuvent admirer des toiles colorées, fortement influencées par l'art africain, en raison de son engagement pour la culture afro-uruguayenne. En effet, durant sa jeunesse, Páez Vilaró vécut dans le Mediomundo de Montevideo, un espace communautaire afro-montévidéen du quartier de Palermo. Cet univers fut pour lui une véritable source d'inspiration, à tel point qu'il déclara plus tard : « Je dois à la communauté noire mon accès à l'art et une grande partie de mon œuvre rend hommage à la négritude. » En 1967, il présenta un documentaire intitulé *Batouk* au Festival de Cannes, consacré à la danse africaine. En outre, on retrouve une salle dédiée à son fils Carlitos Páez Rodríguez, qui faisait partie de l'équipe de rugby à bord du vol 571 de la Force aérienne uruguayenne qui s'écrasa dans la cordillère des Andes le 13 octobre 1972 (comme si la vie n'était pas déjà assez remplie !). Y sont affichées des lettres profondément émouvantes qu'il avait écrites pour ses parents, pensant qu'il ne les reverrait peut-être jamais (ce qui ne fut heureusement pas le cas, puisque 68 jours après l'accident, lui et 15 autres survivants furent secourus). Enfin, on retrouve plus loin des céramiques confectionnées par nul autre que Salvador Dali et Pablo Picasso, et une section sur la construction de Casapueblo. Il semblerait que le fournier roux (*hornero*), un oiseau typique de la région, connu pour faire son nid en forme de four avec de la boue sèche (*horno* signifiant « four » en espagnol) ait servi d'inspiration à l'artiste qui construisit lui-même ce bâtiment insolite en laissant libre cours à son imagination et son génie. Au cours de la visite, les visiteurs peuvent accéder aux terrasses offrant une vue privilégiée sur la péninsule. Ils peuvent également participer à la fameuse *Ceremonia del Sol* (cérémonie du soleil), qui est le point d'orgue de la soirée et se déroule vers 19h30.

En ce qui concerne l'hôtel, Casapueblo dispose de 72 chambres, suites et appartements uniques avec une vue sur la mer. Ces dernières peuvent accueillir de 2 à 8 personnes et sont équipées d'une télévision câblée, d'une kitchenette (ou d'une cuisine complète) et d'une terrasse. L'établissement dispose également de deux piscines chauffées, d'une salle de fitness, d'un sauna et d'un spa. Son restaurant, Las Terrazas, offre un menu soigneusement présenté ainsi qu'une excellente carte des vins.

Casapueblo.

PACHAMAMA €

Interbalnearia

✆ +598 4257 8777

Cuisine végétarienne. Comptez 700 $ par personne.

Voilà bientôt 25 ans que cette adresse cosy séduit de nombreux touristes et compte une clientèle de fidèles habitués. L'accueil est singulier, vous êtes accueilli comme chez des amis. Adeptes de la communauté Hare Krishna, les propriétaires proposent une cuisine végétarienne de qualité. Pas d'alcool, mais droit de bouchon (sans supplément). Seuls 3-4 plats à la carte : *ñoquis* fourrés, *canelones aux légumes, pasta* et quelques crêpes. Chaque plat est un pur régal ! Et au dessert, ce sera une gourmandise au *dulce de leche*. Très original. À découvrir !

CASA OLIVA €€

✆ +591 9581 6185

Tous les jours sauf le mardi de 12h30 à 15h30 et de 20h à minuit.

Un restaurant de qualité comme on les aime ! En plus de son menu d'inspiration méditerranéenne et ses aliments biologiques d'une fraîcheur irréprochable (puisque cultivés sur place), l'espace est aménagé dans un superbe jardin, et toutes ses tables offrent une vue sur le verger. La plupart du temps, des musiciens viennent jouer de petites ballades, ce qui vous garantit une ambiance chaleureuse et propice à la rêverie. Le menu varie pratiquement tous les jours, mais les plats restent délicieux, notamment ceux de légumes et de poisson pané.

RESTAURANTE CLUB DE LOS BALLENEROS €€

Ruta Interbalnearia, km 129

✆ +598 4257 8816

www.clubdelosballeneros.com.uy

Ouvert le vendredi, samedi et dimanche de 11h à 18h. Repas complet pour environ 1 000 $.

Difficile de choisir quoi manger entre le poisson du jour gratiné à la crème, aux poireaux et au parmesan, les crevettes grillées à l'ail, les raviolis de saumon et le faux-filet (*ojo de bife*) au chimichurri et aux légumes grillés. Et que dire des assiettes de tapas... Le restaurant du club de los Balleneros, ouvert aux membres et au public, a tout pour plaire : une vue paradisiaque sur la côte, une belle carte des vins et cocktail et un service impeccable. Un sans-faute !

MEDIO Y MEDIO

Camino Lussich

✆ +598 4257 8791

medioymedio.com

Tous les jours de midi à 17h puis de 19h à minuit. Plats aux alentours de 600 $.

Ce restaurant qui fait aussi office de club de jazz, organise des concerts de talentueux artistes, surtout latinos (brésiliens, argentins, uruguayens, cubains...), de décembre à fin mars, à partir de 22h30. Ses deux salles de spectacle, l'une intérieure, pouvant accueillir 100 invités, et l'autre, à l'extérieur, d'une capacité de 300 spectateurs, se remplissent rapidement et les soirées affichent souvent complet : réservez donc à l'avance. Le restaurant propose un menu varié : poissons du jour, milanesas, empanadas, pâtes et tapas. Une belle soirée en perspective.

MALDONADO ★

Maldonado est la capitale du département du même nom. En tant que centre gouvernemental et administratif, la ville compte environ 140 000 habitants et est la résidence de nombreux travailleurs dans la région. Située à l'ouest de Punta del Este, la ville propose un style de vie plus tranquille, avec d'agréables promenades, une bonne gastronomie, une vie nocturne animée et des hébergements plus abordables. Les voyageurs l'apprécient en raison de son charme colonial, ses musées et ses places publiques, mais aussi pour son caractère plus authentique. Une escapade loin du *nec plus ultra* des stations balnéaires que sont Punta del Este ou José Ignacio.

Histoire

Comparé à Montevideo, son développement colonial et, par extension, urbain, est tardif. La zone, découverte par Juan Díaz de Solís durant ses expéditions au début du XVIe siècle, était alors peuplée par les populations Charrúas et Guenoas. On ne peut commencer à parler de colonisation de la zone qu'à partir de 1717 lorsqu'un boucanier français, Etienne Moreau, débarque à bord du Saint-François sur ces terres disputées par le Portugal et l'Espagne. S'alliant aux Guenoas, il y installe une *estancia*. Cet établissement n'est pas du goût de tous et le gouverneur de Buenos Aires, Bruno Mauricio de Zabala, défendant les intérêts de son roi, envoie une expédition punitive qui chasse Moreau et capture ses navires. Mais Moreau est tombé amoureux de cette terre et revient en 1719. Il sera à nouveau chassé tandis que ses installations et sa production sont incendiées par les Espagnols qui n'arrivent pas à le capturer. L'obstiné revient alors en 1720, mais s'établit cette fois plus à l'est, à Rocha, près de l'actuelle lagune de Castillos.

CÔTE EST

Cependant, malgré une flotte mieux armée, il sera surpris par l'attaque du capitaine espagnol Pando y Patiño et trouvera la mort pendant le combat final qui s'achèvera par la destruction totale de son *estancia* pour mettre fin à ce premier « rêve français » en Uruguay. Malgré la menace étrangère, il faut plus de 15 ans aux Espagnols pour décider d'envoyer une mission de peuplement de la zone. C'est José Joaquín de Viana qui enverra 13 colons accompagnés de l'ingénieur Domingo Petrarca. Mais ce dernier est pessimiste : les « montagnes de sable » qui composent la côte lui paraissent être un obstacle trop grand à la fondation d'une ville. Cependant, en 1757, le même Viana, devenu gouverneur de Montevideo, se rend sur place accompagné de nouveaux colons, de missionnaires jésuites et d'esclaves indigènes afin de jeter les bases d'une véritable ville de garnison dont il financera de ses propres deniers l'élaboration. La raison de cette brusque motivation se trouve dans le traité de Madrid de 1750 qui lègue la Banda Oriental à celui qui la colonisera le premier. Ainsi, en 1751, Viana sollicite l'aide du vice-roi du Pérou afin d'accélérer le processus. Devant son immobilité, il propose en 1754 un projet de peuplement de Maldonado et Minas au roi d'Espagne en personne. Sans réponse, il prend alors l'initiative de fonder le port de Maldonado en 1755 en se passant de l'autorisation du roi, et paie le projet de sa poche. Ainsi, dès son origine, cette ville sera marquée par le sceau de l'indépendance, caractère qui se répétera au cours de l'histoire. La présence dans la zone d'un haut chef espagnol, Pedro de Cevallos, précipite alors le destin de la ville. Car en effet, ce dernier lui trouve une position clé pour le contrôle de l'accès au río de la Plata, et en 1763 il décide la construction d'un fort devant servir d'abri aux troupes de la conquête du río Grande. Dans la même logique, des batteries de canons sont alors installées sur l'île Gorriti. Le commandement du Cuartel de los Dragones, le fort, est alors confié au brigadier Hilsson et Maldonado, et devient par décret, le 11 octobre 1763, la première autorité territoriale de la région.

L'essor urbain ne débute qu'en 1781 avec l'arrivée de 200 colons originaires des Asturies et de Galice. En 1784, le vice-roi du Pérou, Loreto, donne au peuplement le titre de ville, baptisée San Fernando de Maldonado. Au début du XIXe siècle, Maldonado compte près de 2 000 habitants et l'on commence à bâtir la tour de la Vigie (Torre de la Vigía), la cathédrale de San Fernando, etc. L'année 1806 marque le début d'une période noire pour la ville : 20 années de guerre continue. La ville est d'abord assiégée, bombardée, puis mise à sac par les Anglais, ce qui coûtera la vie à près de la moitié de la population. Ensuite, les habitants affronteront successivement les Porteños (habitants de Buenos Aires), les Brésiliens, les Portugais et finalement les Uruguayens eux-mêmes. Le progrès se fait donc de façon très lente pendant ce siècle et la ville vit essentiellement de l'élevage bovin, d'un peu de commerce et des industries liées au lion de mer que l'on pourchasse pour sa peau et sa graisse sur l'île qui porte son nom, la Isla de los Lobos (l'espagnol traduit en effet lions de mer par loups de mer, *lobos marinos*).

La fin du XIXe siècle est plus dynamique : des industries apparaissent, souvent à l'instigation de pionniers anglais comme les frères Lafone qui continuent le massacre des lions de mer et installent un *saladero*, ou encore le consul sir Henry Burnett. Ainsi, au début de notre siècle, la ville compte près de 7 000 habitants. Plus tard, le foudroyant essor de la voisine Punta del Este rejaillira sur l'économie de Maldonado, l'extension des deux villes les jumelant dans un même tissu urbain.

Cuartel de Los Dragones.

CASA DE LA CULTURA ★★

Rafael Pérez del Puerto y Sarandí
✆ +598 4223 1786
www.cultura.maldonado.gub.uy

Cet édifice public, construit en 1870, a d'abord été le siège du bureau des douanes avant de devenir le conseil économique et administratif du département de Maldonado. Depuis 1984, il est devenu le siège de l'Intendencia Municipal et abrite également la direction de la culture, l'école municipale des arts plastiques, le Museo San Fernando, la bibliothèque municipale et le conservatoire. Chaque été, de nombreuses expositions, spectacles et ateliers sont organisés. Pour connaître leur programmation, rendez-vous sur leur page Facebook.

CUARTEL DE LOS DRAGONES ★★

Rafael Pérez del Puerto y 18 de Julio
✆ +598 4222 5378
Du lundi au samedi de 10h à 18h. Entrée libre.

Cette construction militaire possède une réelle importance historique du fait qu'elle accueillit à partir de 1797, l'unité de cavalerie de la Vice-royauté du Río de la Plata, surnommée le « Régiment des Dragons de Buenos Aires ». Plus tard, deux autres unités militaires s'y établirent, dont le Corps de Blandengues de la Banda Orientale, où le héros national José Gervasio Artigas commença sa carrière. Elle comprend des chambres et une chapelle qui entourent une vaste cour et abrite aujourd'hui le Museo Didáctico Artiguista où se tiennent des expositions à thèmes.

MAAM - MUSEO DE ARTE AMERICANO DE MALDONADO ★

823 Treinta y Tres
✆ +598 4222 2276
www.maam-uruguay.blogspot.fr
Tous les jours de 18h à 22h. Entrée libre.

Cette jolie maison rouge ayant appartenu à Don Enrique Burnett (l'un des pionniers de la côte uruguayenne) abrite une impressionnante collection d'objets d'art précolombien et ibéro-américain. On doit ce musée à Jorge Páez Vilaró, le frère du peintre Carlos Páez Vilaró, créateur de Casapueblo. La demeure dispose d'un agréable jardin, où des concerts sont organisés l'été (entrée libre), ainsi que des expositions temporaires d'art contemporain ou ancien.

MUSEO FRANCISCO MAZZONI ★★

789 Ituzaingó
✆ +598 4222 1107
Ouvert du lundi au samedi de 10h à 20h en haute saison, l'hiver de 13h à 18h. Entrée libre.

Cette demeure coloniale de la fin du XVIIIe siècle fut habitée par l'historien et écrivain Don R. Francisco Mazzoni (1883-1978) qui dédia sa vie à la préservation de vestiges du passé et fit don de sa maison à l'Etat en 1969. À l'intérieur, on peut apercevoir une collection d'ustensiles ayant appartenu à des populations indigènes, des objets et des meubles de l'époque coloniale, des outils de *gauchos* et autres curiosités. Cette visite très intéressante permet de mieux comprendre l'histoire de la région. Agréable patio ombragé par un figuier bicentenaire.

PLAZA SAN FERNANDO ★

Riche en événements culturels, cette place possède au centre une statue du père de la patrie, José Artigas, et une fontaine. En face se dresse la cathédrale du même nom, qui fut inaugurée en 1895, et dont l'autel abrite l'image de la Virgen del Carmen, protectrice des marins. Plus loin, sur la *calle* 25 de Mayo, retrouvez l'œuvre murale *La Diligence*, réalisée en 1957 par le peintre uruguayen Castells Capurro. Cette fresque représente la célèbre diligence surnommée « La comercial del Este » qui faisait le trajet entre Montevideo et Maldonado à la fin du XIXe siècle.

TORRE DEL VIGÍA ★★

Rafael Pérez del Puerto
✆ +598 4222 3333

La Vigia est une structure militaire construite en 1800 par le ministre Rafael Pérez del Puerto pour avertir Montevideo et Buenos Aires de la présence de navires ennemis, notamment britanniques, dans la baie. Elle offre une vue panoramique sur l'estuaire du *río*. Mesurant 13 mètres de haut et avec une base de 5 mètres, elle se trouve à côté du Marco de los Reyes, datant de 1895. Les *marcos* servaient à délimiter les territoires portugais et espagnols selon le traité de Madrid de 1750. Le *marco* de Maldonado est en marbre blanc et rose, fabriqué à Lisbonne en 1753.

CATEDRAL DE SAN FERNANDO DE MALDONADO ★★

18 de Julio y Sarandi
✆ +598 4222 3342

Cette cathédrale de style néoclassique fut érigée en 1801 et sa construction s'étendit sur une période de près d'un siècle, en raison du pillage qu'elle subit durant les invasions anglaises de 1806. En son sein se trouve un autel majestueux, sculpté par l'artiste renommé Antonio Veiga. En 1882, ce dernier présenta son chef-d'œuvre à l'exposition continentale de Buenos Aires, où il remporta un grand succès avant d'être intégré à la cathédrale. Toutefois, cette exposition qui lui fera vivre une aventure tragi-comique puisqu'à son retour en Uruguay l'autel fut stocké durant huit ans aux douanes de Montevideo et faillit être mis aux enchères pour couvrir les frais de garde. C'est grâce à la colère des paroissiens de Maldonado et à l'intervention du président de la République, Maximo Tajes, que l'autel retrouva finalement sa place légitime… Les voyageurs pourront admirer la Vierge de Santander, qui a été sauvée des flots tumultueux de la mer et qui était à bord du *Ciudad de Santander* lorsqu'il sombra en 1829 sur l'Isla de los Lobos. L'équipage ayant été rescapé, le propriétaire du bateau, le marquis de Comillas, fit don de la Vierge à la cathédrale. Sur le piédestal, une toile du peintre uruguayen Carlos de Santiago représente le *Santander*, pour le plus grand émerveillement des visiteurs. À gauche de l'autel se trouve un Christ agonisant polychrome, qui demeure un mystère, car il a été découvert sur les côtes, emballé dans un caisson, sans qu'on connaisse son origine.

© RICARDO BARATA - SHUTTERSTOCK.COM

ESTANCIA CH €€

Camino Antonio Lussich
✆ +598 9223 3220

Cabane pour 2 personnes entre 4 000 et 5 500 $, et pour 4 à 5 personnes entre 6 200 et 7 900 $. Petit déjeuner inclus.

De plus en plus de voyageurs sont à la recherche d'options de voyage durables et écologiques pour leur séjour. Pour répondre à cette demande, une jeune équipe d'Argentins s'est donné comme mission d'ouvrir un hôtel construit à partir de matériaux recyclés et de proposer des aliments provenant de leur propre jardin ou de fournisseurs locaux. Installées dans une forêt de peupliers, ses six *cabañas* comprennent climatisation, kitchenette, salle de bain et terrasse : la combinaison parfaite entre confort et rusticité. Wifi seulement dans les espaces communs.

BAIE DES ANGES APART HOTEL & SPA €€€

Juan Diaz de Solis, esq. Cruz del Sur
✆ +598 4222 2225 - www.apartbda.com

Fermé de début mai à fin septembre. Selon la saison, compter entre 210 et 320 US$ pour une chambre double.

Cet établissement offre un large choix de chambres et suites spacieuses à partir de 45 m² et jusqu'à 170 m² pour les appartements. L'idéal, que l'on soit en couple ou en famille, de 4 à 7 personnes. Les prestations sont à la hauteur, avec un confort moderne et irréprochable : air conditionné, lit *king size*, hydromassage (chambres executive), sèche-cheveux, TV écran LCD, kitchenette, et terrasse avec vue sur la mer pour certaines. Une adresse agréable avec la plage juste en face.

LA CURANDERÍA €

638 Roman Guerra
✆ +598 9254 9154
www.lacuranderia.uy

Du mardi au samedi de 11h à 16h puis de 20h à 2h. Compter près de 150 $ par tapas.

Ce restaurant de tapas est réputé pour son excellent rapport qualité-prix pour la région. Son menu affiché sur de grandes tuiles de céramique est actualisé chaque jour. Il inclut en permanence des options végétaliennes et sans gluten. Sa jolie cuisine ouverte permet aux clients de voir les chefs préparer les plats du jour, ajoutant à l'expérience culinaire. Sa terrasse en bois dotée d'un foyer accueille régulièrement des concerts de musique en direct. La qualité constante des plats et l'atmosphère chaleureuse en font un véritable coup de cœur.

PUNTA DEL ESTE ★★★★

Punta la radieuse, l'excentrique, la superficielle... Punta reine de la *jet-set* (*farándula* en espagnol)... Punta est une ville où il faut avoir été, ou plutôt avoir été vu. Elle constitue le lieu de villégiature préféré des riches familles argentines et brésiliennes. Son développement touristique et même urbain est toutefois relativement récent.

La ville est un véritable aimant, attirant la classe aisée argentine qui en fait non seulement un lieu de villégiature, mais aussi une zone d'investissements des plus stables comparativement à la fébrile Buenos Aires.

Depuis le milieu des années 1960, Punta est devenue *the place to be*, une ville pour les *happy fews* argentins qui aiment se montrer dans les endroits luxueux. Avec plus d'une centaine d'hôtels et autant de restaurants, il y a de la place pour tout le monde ! Et pourtant, ce n'est pas l'impression que l'on a au moment du pic touristique (le carnaval en février). Sa *rambla* est un agréable lieu de promenade au coucher du soleil, heure à laquelle la péninsule jouit d'une atmosphère romantique. Mais à l'instar de Cancun au Mexique, Punta compte aussi une forêt d'immeubles haut perchés, modernes et laids, qui défigurent son centre et son bord de mer. Avec la 2x2 voies devant la *rambla* séparant la plage des barres d'immeubles, on est loin du standard de la station balnéaire chic à la française ! Ici, l'ambiance est plutôt « bling bling », ce qui n'est pas sans rappeler Miami pour les endroits huppés. Certains quartiers d'immeubles vieillissent, en outre, très mal.

Depuis une dizaine d'années, Punta a été délaissée par la *jet-set* qui préfère Barra voire, carrément, le raffinement et l'exclusivité de José Ignacio et Garzón, plutôt que l'ambiance populaire, surpeuplée et verticale de Punta. Les temps changent...

La meilleure saison pour s'y rendre est, évidemment, avant ou après le carnaval, sauf si vous aimez la foule (et la *fiesta*) ! Hors saison touristique les prix sont bien plus raisonnables. Pendant la haute saison, ils grimpent à l'infini.

Histoire

Pendant longtemps Punta, comme on la surnomme, n'était qu'une simple escale, les navires ne la visitaient que sporadiquement, souvent pour réparer leurs avaries ou faire une halte dans leur course effrénée vers la fortune. On ne sait d'ailleurs pas exactement qui, entre le Florentin Amerigo Vespucci en 1502, l'Espagnol Diego Solis en 1512 ou les Portugais Nuño Manuel et Cristóbal de Haro en 1514, fut le premier à apercevoir cette « Pointe de l'Est ». En 1516 toutefois, Solis y fait escale et son équipage chasse le phoque autour de cette *Isla de los Lobos*, comme elle était alors baptisée. En 1520, Magellan vogue à son tour au large de ces côtes. Par la suite, ces parages seront moins fréquentables puisqu'ils représentent un point stratégique remarquable pour bon nombre de pirates, flibustiers et autres corsaires : la Pointe sera ainsi rebaptisée « cap de la Gaîté » (*Cabo de la Alegría*) en 1578 par Francis Drake ; le corsaire écossais David y arraisonna tour à tour un négrier et une caravelle en 1607 puis, en 1680, ce sera le pirate anglais Davis qui en fera l'un de ses repaires.

Ensuite, le sort de la future Punta est intimement lié à celui de Maldonado mais toujours à la traîne car c'est la cité voisine qui accueille le fort espagnol. La Pointe demeure un paysage désertique formé de dunes et de sable... Jusqu'en 1820, date à laquelle on voit arriver le premier véritable pionnier de la zone, Francisco Aguilar. Aux grands maux, les grands remèdes : il fait venir du Proche-Orient des chameaux afin de transformer la terre. Il est donc le précurseur d'une grande lignée de planteurs d'arbres alchimistes qui transforment au cours des siècles le sable en terre accueillante, le jaune en vert : Nunes, Pizzorno, Burmester, Burnett ou encore le célèbre Lussich qui laissa son nom à une réserve végétale. Quelques nouveaux colons débarquent à leur tour, tant et si bien qu'un phare est bâti en 1860. En 1890, c'est un quai qui est construit pour les marchandises et les visiteurs, de plus en plus nombreux.

Au début du siècle, la ville poursuit son essor : les premiers hôtels datent des années 1910 (La Cigale, le British House et le Palace Hôtel, seul survivant), le chemin de fer arrive dans la ville à partir des années 1930, et Lussich crée une compagnie maritime pour unir Punta à Montevideo.

Si l'industrie touristique est encore balbutiante dans les années 1930, la construction d'hôtels comme le San Rafael ou le Playa Hotel dans les années 1940 est la preuve de l'engouement des étrangers pour la station balnéaire. Cet essor est sans doute à mettre en relation avec les énormes subsides que vont tirer les pays du cône sud de la Seconde Guerre mondiale, largesses dont la vente de blé et de bétail aux alliés sera le fer de lance. En décembre 1939, Punta del Este est témoin d'une des plus importantes batailles maritimes de la Seconde Guerre mondiale.

Pour véritablement comprendre l'attrait touristique spectaculaire de Punta, on doit immanquablement se tourner vers sa voisine, la capitale argentine Buenos Aires : cette dernière a créé le mythe, bâti la légende (plus de 70 % des investissements réalisés à Punta seraient argentins). Pour preuve, les décisions politiques du président Perón vont influer considérablement sur le devenir de la ville. Ainsi, entre 1952 et 1954, celui-ci interdit aux Argentins de passer leurs vacances en Uruguay pour raisons politiques et l'économie de la ville en pâtit. Une dizaine d'années plus tard, ce même Perón en décidant d'ouvrir la très sélecte Mar del Plata aux classes moyennes et prolétaires argentines dans le cadre de son programme populiste, fera le bonheur de Punta : désormais Punta sera la perle de l'estuaire de la Plata.

EL FARO DE PUNTA DEL ESTE ★★

Calle 2 de Febrero y Calle 5

Entrée : 50 $.

Construit par Tomás Libarena et mis en service le 17 novembre 1860, ce phare mesure 45 m de haut. Il fut érigé avec un mélange de terre d'origine volcanique provenant de Rome, plus solide que le béton. Les prismes de verre qui composent son système d'éclairage ont été rapportés de France. A l'intérieur, un escalier en colimaçon de 150 marches mène au sommet du phare. La vue en vaut la peine. En face est bâtie la paroisse Notre-Dame de la Candelaria, mère protectrice des marins.

LA MANO ★★

Playa Brava

La Mano (la Main) ou *El Manotazo del ahogado* (la Main du noyé) émerge du sable au niveau de la Parada 4 de la playa Brava. Cette œuvre fut réalisée en 1982 par l'artiste chilien Mario Irrazábal, lorsqu'il fut invité par la Intendencia de Maldonado à participer aux premières rencontres internationales de sculptures modernes en plein air. Durant un mois, l'esplanade fut convertie en un musée à ciel ouvert. Aujourd'hui, cette statue représentant cinq doigts sortant du sable est l'emblème de Punta del Este et peu de gens quittent la ville sans en avoir pris un cliché.

MUSEO RALLI ★★

Los Arayanes s/n ✆ +598 4248 3476

www.museoralli.com.uy

En janvier et février, du mardi au dimanche de 17h à 21h ; en décembre, du mardi au dimanche de 14h à 18h. Entrée libre.

Situé dans le quartier résidentiel de Beverly Hills, ce musée d'art moderne de 6 000 m² abrite une superbe collection de peintures et sculptures d'artistes sud-américains et européens. Inauguré en 1988, il fut fondé sur l'initiative du banquier gréco-italien Harry Recanati. S'il rassemble des œuvres de maîtres des beaux-arts comme Chagall ou Dalí, ce musée sert avant tout à promouvoir l'art sud-américain. Chaque semaine, des événements culturels tels que des concerts de musique, des ateliers d'art ou des activités pour les enfants ont lieu dans le musée.

Plage de Punta Del Este.

© FOTOQUIQUE

Sculpture La Mano, Punta Del Este.

PLAGES ★★

Punta del Este possède deux plages : la playa Brava (plage sauvage), à l'est, au bord de l'océan Atlantique ; et la playa Mansa (plage douce), à l'ouest, au bord du Río de la Plata. Les noms Playa Brava et Playa Mansa désignent en réalité deux zones distinctes de Punta del Este, renfermant plusieurs plages.

▶ **Zone de Playa Brava.** En partant de la pointe de la péninsule (frontière entre le Río et l'océan Atlantique) vers l'est, la première plage atlantique est la Playa de los Ingleses, suivie de la Playa El Emir, très appréciée des surfeurs et qui se termine à la frontière du vieux centre urbain pour céder la place à la Playa Brava. Ensuite on trouve des plages plus branchées : la Chiverta et Playa San Rafael. Cette plage doit son nom au terrible naufrage de la frégate San Rafael le 21 juin 1765.

▶ **Zone de Playa Mansa.** En partant de la pointe de la péninsule (frontière entre le Río et l'océan Atlantique) vers l'ouest, dans le prolongement de l'avenue General Artigas, se trouve le port, puis les plages suivantes : Mansa, La Pastora, Marconi et Marangatu, des plages plutôt familiales. Ensuite, les plages El Grillo et Cantegril, nommée ainsi en référence au Cantegril Country Club fondé dans les années 50, puis celle de las Delicias où se pratique le windsurf.

▶ **À savoir :** le monokini (*topless*) n'est pas en vogue ; les *g-strings* le sont en revanche. Les naturistes, eux, s'en donneront à cœur joie sur la Playa Chiuahua (Bahía de Portezuelo), où la pratique du nudisme est autorisée par le département de Maldonado.

PLAZA DE LOS INGLESES ★★

Rambla General José Artigas

Aussi connue sous le nom de Plazoleta Gran Bretaña, cette place se trouve à Punta de las Salinas, frontière entre le Río de la Plata et l'Atlantique. Son nom fait référence à la bataille historique du Río de la Plata qui eut lieu en 1939, et qui opposa le cuirassé allemand *Admiral Graf Spee* (qui terminera sabordé par son commandant) et les navires britanniques *Ajax*, *Achille* et *Exeter*. L'ancre du navire *Ajax* repose sur la place en mémoire de cet affrontement. Objectif de course idéal pour les joggeurs qui apprécieront courir le long de la promenade du remblai.

BIKE TOURS URUGUAY

Barranca Abajo y Chiverta

✆ +598 9959 1519

www.biketoursuruguay.com

Cette entreprise propose des excursions à vélo autour de Punta del Este. Vélos en très bon état, casques fournis ainsi qu'une bouteille d'eau. Plusieurs itinéraires sont possibles. Le circuit Peninsula (2h) propose la découverte de La Mano, Playa Brava, El Emir, Plaza Gran Bretana, Paseo La Pastora. Le circuit Mistico (2h) comprend la découverte des quartiers de Punta (San Rafael, El Golf, Beverlly Hills et visite du museo Ralli, de l'hôtel San Rafael et de L'Auberge). Circuits Casa Pueblo et La Barra. Une manière ludique et originale de découvrir les environs !

CÔTE EST

PUEBLO GAUCHO

Av. Elías Regules
✆ +598 9837 3808
www.pueblogauchomaldonado.com
Tous les jours de 10h à 18h. Entrée : 250 $.

Ce parc à thème, qui fait la fierté des habitants du département de Maldonado, a été construit par la municipalité de Maldonado au cours des années 2018 et 2019. Il s'agit d'une reproduction temporelle et spatiale des bâtiments, des usages et des coutumes de la vie rurale de la campagne orientale du XVIIIe et du début du XXe siècle. La figure emblématique du *gaucho* – habitant naturel des zones rurales – dont le profil rebelle a été fondamental dans les luttes complexes de l'émancipation a permis de consolider le territoire de la bande orientale, avec l'immigrant européen, les peuples autochtones et la communauté afro-uruguayenne. Vous pourrez vous promener à travers le petit village reconstitué et visiter les différents lieux que fréquentaient autrefois ces cow-boys de la pampa. Entre la pâtisserie et la station de train, l'hôpital de campagne, l'école et les ranchs des villageois, toutes les installations sont merveilleusement bien tenues et contiennent toutes des panneaux d'information (en espagnol) bien détaillés, que vous pourrez télécharger sur votre portable à l'aide d'un code QR, puis traduire au moyen d'une application de traduction instantanée. La salle des carrosses vaut à elle seule le détour, avec une collection impressionnante de véhicules hippomobiles. Décidément, une visite du Pueblo Gaucho plaira à tous ceux qui s'intéressent de près ou de loin à la tradition créole, à l'histoire et à l'identité nationale de l'Uruguay. Il vous faudra près d'une heure pour parcourir le parc en entier.

BIRDWATCHING TOURS

Parque Indígena ✆ +598 9998 4848
www.birdwatching.com.uy
Demi-journée à l'arroyo Maldonado : 50 US$ par personne. Il est nécessaire de réserver au moins 3 jours avant la visite.

Les guides expérimentés de Birding Tours Uruguay proposent aux passionnés d'ornithologie une expérience inoubliable en leur faisant découvrir l'avifaune des zones côtières de Maldonado et Rocha. Les visites sont offertes en demi-journée ou en journée complète et peuvent être effectuées à pied ou en kayak. Les destinations comprennent des lieux tels que l'arroyo Maldonado, la lagune José Ignacio, la lagune Garzón et la lagune Rocha, offrant ainsi une occasion unique d'observer une grande variété d'oiseaux dans leur habitat naturel. En espagnol ou en anglais.

WE WALK FREE TOUR

Parada 1 Los Dedos
✆ +598 9997 9714
wewalkfreetourpde.negocio.site
Le tour n'a pas de valeur fixe, les montants sont à la discrétion des marcheurs.

Pour ceux qui désireraient en savoir plus sur Punta del Este, ce circuit à pied est fait pour vous ! Germán, le guide principal, vous conduira dans tous les points d'intérêt, et plus encore ! Au départ de la célèbre statue La Mano, vous vous dirigerez ensuite vers des musées, des points de vue, des sculptures, les rues principales puis vers le phare. Présentation divertissante mêlant l'histoire à l'humour, sans compter les recommandations et informations générales pour votre séjour. N'hésitez pas à le contacter directement par WhatsApp.

AEROPUERTO INTERNACIONAL CARLOS A. CUBERLO

Ruta 93, km 113
✆ + 598 4255 9777
www.puntadeleste.aero
Aéroport international.

L'aéroport se trouve à 20 km du centre. Construit sur trois étages, il comprend un restaurant avec terrasse panoramique, deux snack-bars et une galerie commerçante avec plus d'une vingtaine de magasins. Les compagnies aériennes qui desservent Punta sont : Aerolineas Argentinas, Paranair et Azul. Sur place, possibilité de louer un véhicule et retirer de l'argent. Les taxis se trouvent aux comptoirs d'arrivée dans le hall principal et des bus publics relient le centre-ville.

TERMINAL DE ÓMNIBUS

Blvar. Artigas
✆ +598 4249 4042
Gare routière de Punta del Este.

Plusieurs compagnies desservent les différentes régions et villes du pays : COT et COPSA principalement. Parmi les destinations : Piriápolis, Rocha, José Ignacio, Montevideo, La Barra, Manantiales, San Carlos (bus toutes les 30 minutes environ), Maldonado, Chuy, Minas... Les horaires varient selon la saison. Pour rejoindre Buenos Aires, le mieux est de faire escale à Montevideo (Tres Cruces) et changer de bus, ou de prendre directement les autobus de la compagnie de ferry Buquebus qui part vers Montevideo et rejoint la capitale argentine en traversier.

AWA BOUTIQUE & DESIGN HOTEL €€

Avenida Pedragosa Sierra y San Ciro
✆ +598 4249 9999
www.awahotel.com

114 US$ la chambre double supérieure, 133 US$ l'executive et 201 US$ la suite. Prix plus élevés en haute saison.

Un hôtel boutique récent qui, comme son nom l'indique, affiche un confort chic. L'ensemble est aménagé dans un style moderne épuré. Au total, 44 chambres et 4 suites au design de prestige (Starck notamment) : lit douillet, air conditionné, écran plasma, salle de bains équipée et connexion Wi-fi. L'hôtel abrite aussi une piscine, une bibliothèque, une salle de ciné, un centre business, une salle de fitness et un spa avec des soins de qualité. Délicieux petit déjeuner.

F&F HOTEL €€

Calle Cántaro Fresco
✆ +598 9696 0834
www.fyfhotel.com

Petit déjeuner inclus. Parking gardé. Bain à remous. Animaux acceptés.

Idéalement situé dans le centre et à deux rues de la plage, voici un hôtel propice à la détente. Les chambres de luxe sont dotées d'une salle de bain privée, d'une vue sur la mer, de climatisation, télévision LED avec chaînes HD, de ports USB et d'un mini bar. Transats et piscine extérieure vous attendent pour un moment de délassement dans un joli jardin, à moins que vous ne préfériez le spa et son bain bouillonnant. Pour une clientèle plus jeune, le F&F hostel, situé à un pâté de maisons, propose des lits en dortoirs et de jolis espaces communs.

HOTEL L'AUBERGE €€€

Rambla Lorenzo Batlle Pacheco, esq. Carnoustie
✆ +598 4248 8888
www.laubergehotel.com

Selon la saison, compter entre 180 et 500 US$ une chambre double classique, entre 250 et 545 US$ avec vue sur mer.

Cette « auberge » de style normand, pleine de charme, date de 1947. Elle possède des chambres élégantes et lumineuses, décorées dans un style classique à la fois raffiné et cosy avec un mobilier d'époque, équipées de l'air conditionné, d'un coffre de sécurité, d'un frigo, d'une télévision, du téléphone et d'un sèche-cheveux. Les plus agréables sont celles avec vue sur la mer. En plus du confort, on apprécie le cadre : demeure de caractère, vaste jardin d'un hectare avec piscine et barbecue. Laissez-vous tenter par les gaufres à l'ancienne du chef, un pur régal !

ZAG COLIVING €

759 El Foque
✆ +598 9402 9379
www.zag.uy

Blanchisserie, lave-linge, magasin d'alimentation, bar, piscine extérieure, piscine intérieure, sauna, coworking.

© ZAG PUNTA DEL ESTE

Pour ceux qui n'auraient pas encore entendu parler du concept de « co-living » le voici : une forme moderne de logement dans lequel les résidents disposent d'une chambre privée et partagent les espaces communs. Dans le cas de ZAG, vous bénéficierez d'une cuisine tout équipée, de salles de travail et de réunion, de deux piscines, un spa, une bibliothèque, une salle de cinéma et un coin buanderie. Parfait pour les étudiants et les nomades numériques qui veulent profiter de la plage et d'une communauté vibrante et active. Cours, ateliers et activités diverses.

THE GRAND HOTEL €€€

Rbla. Lorenzo Battle Pacheco
✆ +598 4249 1234 - www.puntagrand.com

En janvier et février, chambre double vue jardin à 475 US$; vue sur mer à 660 $. En basse saison, 210 $ et 250 $.

Situé en face de la playa Brava (il faudra traverser la rue principale pour s'y rendre), cet hôtel de 136 chambres au décor pop-chic accueille les vacanciers désireux de bon goût et de service haut de gamme. Les chambres disposent d'un mobilier confortable, de la climatisation, d'une télévision, d'une baignoire spa et d'immenses fenêtres donnant sur le jardin ou sur l'océan. Piscines (extérieure et intérieure), bain turc, apéritif de bienvenue le vendredi soir, cinéma, service de location de voiture et un bar panoramique, le Huma, au 9e étage (ouvert de 19h à 1h).

RUSTIC RESTO BAR €

Calle N° 29
+598 9200 7457
Tous les jours de 12h à 15h et de 20h à 23h30.

Tout près de la célèbre *calle* Gorlero se trouve un restaurant très apprécié des locaux qui offre des plats copieux de *milanesa* napolitaine, de raviolis, de poulet Stroganoff et de quesadillas. Mais la vedette du menu est le fameux *chivito de lomo canadiense* pour deux personnes, une recette préparée avec de la viande de bœuf, du jambon, du fromage, du bacon, des œufs, de la laitue, des tomates et des frites croustillantes. Pour vous rafraîchir, une bonne bière froide est toujours à portée de main. Juste à côté, le restaurant La Familia propose une offre similaire.

IL BARETTO €€

La Salina
+598 4244 5565
www.ilbaretto.com.uy
Cuisine italienne. Ouvert du jeudi au lundi de 11h30 à 16h et de 19h à 23h30.

Il Baretto est une affaire familiale qui sert une cuisine italienne moderne et créative, pleine de saveurs. Aucun détail n'est laissé au hasard, que ce soit dans la salle ou dans l'assiette. Parfois des musiciens se produisent le soir, pendant que vous serez peut-être en train de déguster du *carpaccio de bresaola* (fines tranches de bœuf séché à l'air qui se mange cru), des *pasta*, risottos, viandes, poissons et fruits de mer préparés en recettes originales. Tiramisu obligatoire en dessert ! L'été, le jardin offre un cadre romantique parfait pour un dîner en couple.

ATREVIDA €€

Calle El Trinquete
+598 4243 6038
www.atrevidapizzeria.com.uy
Tous les jours de 13h à 15h30 et de 19h30 à minuit. Pizza à 580 $.

Pour les meilleures pizzas napolitaines de la région, c'est bien ici qu'il faut mettre les pieds ! La grande sélection de pizzas de l'Atrevida vous donnera certainement l'eau à la bouche : Margherita, pesto et fior di latte, tomate et *jamón crudo*, sans compter les *fainás* (crêpes de farine de pois chiches et huile d'olive), la *fugazzeta* et la burrata... Certes, il faudra garder de la place pour la délicieuse crème brûlée et le succulent tiramisu. Sélection de vins riche et variée. Arrivez tôt : le restaurant se remplit rapidement.

LA BOURGOGNE €€€

Av. Pedragosa Sierra
+598 4248 2007
www.labourgognepde.com
Ouvert tous les jours de midi à minuit. En haute saison seulement. Environ 2 000 $ par plat.

Ce Relais & Château est une référence incontestée pour les voyageurs exigeants en quête d'une expérience gastronomique mémorable. La cuisine y est à l'honneur et se distingue par la valorisation de produits locaux, tels que la viande, les poissons de rivière et les fromages nationaux, sans oublier les pâtés de campagne, le foie gras et le saumon fumé. Les desserts ne sont pas en reste, avec des pâtisseries, tartes salées et macarons. Pour accompagner ces mets d'exception, une divine carte des vins élaborée en collaboration avec la famille Deicas est proposée.

BUNGALOW SUIZO €€

Av. Roosevelt, esq. Calle Oslo
+598 4248 2358
www.bungalowsuizo.com.uy
Tous les soirs de décembre à mars à partir de 20h ; en basse saison, ouvert du jeudi au dimanche à partir de 20h.

Ce restaurant chic propose depuis 1960 une cuisine raffinée dans un environnement authentique (sorte d'auberge enclavée dans les bois de Punta). Cette escapade en Suisse fait du bien ; au menu : soupe à l'oignon, fondue au fromage et bourguignonne, *jamón crudo*, saumon fumé, mousse de foie de volaille, pommes de terre suisses, apfelstrudel avec une boule de glace et bon vin ! Le moins que l'on puisse dire, c'est que vous devrez sans doute déboutonner votre pantalon en rentrant à l'hôtel, car ici, tous les convives s'en mettent plein la panse.

LO DE TERE €€€

Rambla General José Artigas, esq. Calle 21
+598 4244 0492
www.lodetere.com
De novembre à fin mars, du mercredi au dimanche de 19h30 à minuit. Compter environ 1 000 $ par personne.

Ce restaurant très réputé est tenu par la famille Marfetán, qui a d'abord fait ses preuves à Rocha avant de venir s'installer à Punta. Le menu varie chaque semaine, mais vous retrouverez à tout coup une série de 7 à 8 plats principaux, la plupart incluant des fruits de mer et du poisson local. Les viandes sont toutes aussi délicieuses. Enfin, laissez-vous tenter par le dessert favori de la maison : l'hommage au *dulce de leche*. Vous vous délecterez d'une excellente cuisine pour gourmets, accompagnée d'excellents vins. Service irréprochable et belle vue sur le port.

LA TABLE DE JEAN-PAUL €€€

Av. Pedragosa Sierra
✆ +598 4248 6145
Tous les jours de 10h30 à minuit en haute saison. Réservations recommandées. Compter au moins 50 US$ par personne.

Le chef Jean-Paul Bondoux, qui tient le reste de l'année le restaurant La Bourgogne, à travers sa cuisine, rend ici un succulent hommage à sa Bourgogne natale. Chaque plat est superbement dressé, chaque bouchée est un régal pour les papilles, le menu évolue au gré des saisons et la cave renferme de grands vins et champagnes uruguayens, argentins, chiliens et français. Dans la boutique adjacente, pain, brioches, croissants, viennoiseries et autres produits (huiles, fromages) sont à l'honneur. Le week-end, n'hésitez pas à aller y bruncher.

CAPI BAR

Calle N°27
✆ +598 4243 8103
www.capibar.com.uy
Tous les jours de midi à 3h.

Bienvenue au paradis de la bière. Ici, le patron Diego Tarallo propose des blondes, des IPA, des ales, rousses et ambrées qu'il brasse lui-même, sans compter une quarantaine d'autres bières uruguayennes. On les boit en pression ou en bouteille, et on les accompagne de plats tels que des pizzas, de nachos, du ceviche ou des tacos au poisson. Le menu décrit en détail les arômes de chaque variété, vous permettant de faire un choix éclairé (ou totalement audacieux, c'est selon votre humeur !). Sans aucun doute la formule gagnante pour une soirée arrosée. Santé !

CHURROS MANOLO

Calle N°29
✆ +598 9981 9705
Tous les jours de 15h30 à 6h. 80 $ pour un churro avec dulce de leche.

La marque Manolo a une histoire familiale riche et passionnante, qui a débuté en 1930 à Burgos, en Espagne. Don Manuel Benito, le fondateur, et sa famille durent émigrer en Amérique du Sud durant la guerre civile espagnole. Ils parvinrent à s'établir en Uruguay et c'est à ce moment que l'entreprise commença à prendre forme. Aujourd'hui, Manolo est considéré comme une référence internationale en matière de churros fourrés au *dulce de leche*, au chocolat ou à la crème, et attire les gourmands du monde entier. Une véritable success-story en pâte à churros !

HELADERIA ARLECCHINO

Juan Gorlero
✆ +598 9530 7004
Tous les jours de 11h à 1h. 1 saveur pour 150 $ et 2 saveurs pour 180 $. Argent comptant seulement.

Don Angelo Barcella, originaire de la province de Bergame en Italie, est devenu célèbre en Uruguay grâce à son entreprise familiale de glaciers lancée en 1998. Les ventes ont rapidement explosé entre autres grâce à l'utilisation de fruits locaux, de *dulce de leche* fait maison et de noix importées d'Italie. Parmi ses produits phares figure l'emblématique « Arlecchino », un chocolat à l'orange, ainsi que le « Montebianco », une crème américaine avec des biscuits au chocolat et du *dulce de leche*. Une deuxième succursale a ouvert ses portes en 2021 à Maldonado.

MOBY DICK PUB

650 Rambla General José Artigas
✆ +598 4244 1240
www.mobydick.com.uy
Pub. Tous les jours de midi à 5h en haute saison. Compter près de 600 $ par tapas. Cocktails aux alentours de 400 $.

Le Moby Dick à Punta del Este, c'est un peu comme une fête qui ne s'arrête jamais ! Les fêtards endiablés s'y déhanchent jusqu'au bout de la nuit aux rythmes des musiciens. Même la police installée à côté n'a pas réussi à calmer leur énergie débordante. C'est l'endroit idéal pour siroter des Daiquiris, des Piña Colada et des bières locales tout en admirant la vue sur la baie. Attention cependant, c'est souvent bondé pendant la haute saison et l'addition peut rapidement monter en flèche. Mais qu'importe, c'est un grand classique à ne pas manquer !

PAPIROSEN CAFÉ

Calle N° 20
✆ +598 4244 8880
www.papirosencafe.com.uy
Tous les jours de 9h à 20h.

Vous avez du mal à trouver un bon café de spécialité à Punta del Este ? Ne vous inquiétez plus, car depuis 2018, Papirosen est là pour vous servir les meilleurs *cortados*, cappuccinos, lattes et américano du coin. Et comme accompagnement, choisissez parmi un *alfajor*, une brioche à la cannelle, un croissant ou un délicieux *cheesecake*. Idéal pour ceux et celles qui ont besoin d'un espace de travail de qualité durant la journée, ou simplement un petit coup de *boost* ! Décoration soignée et terrasse extérieure attenante à une jolie boutique de souvenirs.

ISLA DE LOS LOBOS ★★

Cette petite île à 8 km de la côte de Punta del Este est célèbre pour sa réserve naturelle et sa colonie de lions de mer et d'otaries à fourrure, la plus grande de l'hémisphère Sud. Lors de votre visite, observez le phare de 59 mètres de haut, qui figure parmi les plus puissants d'Amérique du Sud, guidant les navires jusqu'à 40 km avec un signal toutes les 5 secondes. Construit en 1906, il utilise l'énergie solaire depuis 2001.

Histoire

Dès 1715, les marins de Solís ont commencé à chasser les lions de mer pour leur viande, tandis que leurs peaux étaient vendues à Séville. En 1774, la vente de peaux est devenue officielle pour le roi d'Espagne. Plus tard, l'île a été partagée entre différents concessionnaires qui ont longtemps empêché la construction d'un phare, malgré les demandes des marins préoccupés par les nombreux naufrages dans les eaux dangereuses de l'île. Mais les concessionnaires devaient payer de lourds impôts et réussirent à bloquer la construction jusqu'en 1906. Entre-temps, deux naufrages importants ont touché les marins : le Eipi en 1833 et le Borba Cato en 1867. Aujourd'hui, c'est institut d'Etat ILPE qui exploite la peau des lions de mer. L'île abrite une population de plus de 180 000 individus de deux espèces, les *lobos finos* et les *leones marinos*.

Transports

Pour accéder à l'île, dirigez-vous vers la marina du port et renseignez-vous sur les horaires auprès de DimarTours ou Catamarán Oceanía. La traversée dure environ 30 minutes et coûte 40 US$.

Isla Gorriti.

ISLA GORRITI ★★

Visible depuis Playa Mansa, cette île s'étend sur une superficie de 21 hectares (1 777 m de long et 674 m de large). En 1909, 1914, 1915 et 1922, on planta des pins maritimes qui donnent maintenant à l'île une allure de petit paradis. L'île se visite à pied, l'occasion d'une balade jusqu'à son extrémité opposée. Les bateaux de particuliers mouillent au Puerto Jardín, une plage aux eaux transparentes, superbe !

Histoire

A l'instar de la Isla de los Lobos, elle fut visitée en premier par Solís. En 1520, elle reçut la visite de Magellan, de Gaboto et de Diego Garcia, qui la baptisa « Isla de los Palmas » du fait de la grande quantité de palmiers qu'elle abritait. Francis Drake s'y cachera en 1578. Puis y débarqueront les Anglais Bicker et Rovenbruck en 1599 et Antonio Fernandez Carnina en 1600 qui l'appelèrent « The Green Island » (l'île verte). Pendant longtemps, l'île va être quasiment oubliée jusqu'à ce qu'une rumeur inquiétante circule à Buenos Aires : un navire hollandais y aurait laissé une carte sur les positions militaires espagnoles dans le río de la Plata et pourrait servir de guide à d'autres navires hollandais en cas d'attaque. Cette rumeur inquiéta le gouverneur Valdés de la Banda qui y dépêcha une expédition. Celle-ci trouva non seulement la carte mais également une pierre frappée des armes du Portugal, preuve de sa volonté de s'établir dans l'île. Aussitôt, le gouverneur décida d'y envoyer des hommes et étudia même la possibilité d'y construire un port. Cette idée rejetée, l'île accueillera toutefois une garnison. Elle fut ensuite fortifiée en 1793 et on installa quatre batteries de canons. Son nom provient du dernier commandant de la place, le capitaine Gorriti. En 1806, Maldonado et l'île subirent les invasions anglaises. Les fortifications furent totalement rasées, avant que de nouveaux bastions soient entrepris. Dès la fin du XVIIIe siècle, l'île devint le siège de la Real Compañía Marítima qui y exploitait la peau des lions de mer et les baleines. La compagnie fermera. Quelques colons s'installèrent sur l'île et on y bâtit également un cimetière. Ce cimetière n'existe plus et les restes furent transférés dans celui de Maldonado.

CRUCERO SAMOA

✆ +598 4244 6166
www.crucerosamoa.com
A partir de 400 $ pour l'excursion à l'Isla Gorriti, 2 100 $ pour l'Isla de Lobos et 1 500 $ pour 3h de pêche.

Depuis plus de 20 ans, Crucero Samoa propose des excursions vers l'Isla Gorriti et l'Isla de Lobos pour découvrir l'immense population d'otaries. Les bateaux naviguent toutes les 30 minutes du port vers les îles. Il est recommandé d'apporter une collation car le *parador* est souvent fermé. Outre les excursions, la compagnie offre également des journées de pêche en haute mer et des services de location de yacht pour des moments privilégiés en mer. Pour les plus aventuriers, il est possible de demander à sauter dans l'eau depuis le bateau !

LA BARRA – MANANTIALES ★★

Dans les années 1940, la Barra n'était qu'un petit village de pêcheurs, jusqu'à ce que les familles aristocrates de San Carlos commencent à y construire leurs résidences secondaires. Depuis, la Barra est devenue un haut lieu de détente estivale, une station balnéaire chic et branchée qui attire les *happy fews* délaissant Punta et ses barres d'immeubles vieillissantes, notamment les touristes fortunés argentins et brésiliens. Par extension, Manantiales, situé tout près de Barra en direction de José Ignacio, est le nouveau *hot spot* du coin. La station compte de nombreux hôtels et restaurants, bars et boîtes de nuit attirant une clientèle fortunée. Il y a un monde fou l'été ! Les établissements sont haut de gamme, et en haute saison les prix sont hallucinants. Les touristes qui viennent ici déambuler entre boutiques de meubles de luxe et galeries d'art ont un portefeuille bien garni… Car la plupart des clients ont des villas à meubler et à décorer sur place. Les restaurants proposent une cuisine assez sophistiquée mais à l'addition très salée. En saison, les concerts et soirées électro rythment les nuits. Si la plage centrale est agréable (et assez prisée des surfeurs locaux), la grande plage Montoya qui sépare Barra et Manantiales le long de la 2x2 voies de la bruyante Ruta 10 manque de charme et se révèle dangereuse. Toute l'animation de la station est concentrée le long de cette même route toujours embouteillée, le Français habitué à de belles promenades piétonnes sera donc déçu. On vient plus pour l'ambiance *bling bling* et festive que pour le cadre naturel à Barra.

FUNDACIÓN PABLO ATCHUGARRY ★★

Ruta 104, km 4.5
✆ +598 4277 5563
www.fundacionpabloatchugarry.org
Ouvert tous les jours en janvier et février (11h-18h). De mars à décembre, du mardi au samedi (9h-18h). Entrée libre.

Pour les amateurs d'art moderne et d'architecture, il n'y a pas de doute, une visite du musée Atchugarry s'impose. Inspiré par la proue d'un navire, avec ses courbes sinueuses et sa spectaculaire charpente en bois d'eucalyptus, le bâtiment principal, conçu par l'architecte Carlos Ott, abrite les œuvres du sculpteur uruguayen Carlos Atchugarry ainsi que celles d'autres artistes contemporains. La fondation a été créée en 2007 par Atchugarry, artiste sculpteur international, dans le but de maintenir un dialogue entre l'art et la nature. Les cinq salles abritent des expositions annuelles d'artistes et de collections majeures. On retrouve également une cafeteria et une jolie boutique de livres d'art. En été, la fondation propose des concerts de musique populaire, de ballet et de théâtre, ainsi que des expositions temporaires rendant hommage à la contribution extraordinaire de l'art contemporain dans le pays. De grands maîtres de la peinture et de la sculpture y sont exposés, tels que Le Corbusier, František Kupka et José Gurvich. Situé en pleine nature, dans un parc de 30 hectares, le musée permet aux visiteurs de se promener librement afin d'observer d'étonnantes sculptures. L'un des points forts de l'endroit est la *Capilla de la Piedad* (chapelle de la miséricorde) où une sculpture d'Atchugarry, La Piedad (1983), se tient au milieu d'un espace où l'atmosphère austère vient percuter le visiteur. Un lieu à ne pas manquer pour sa beauté et sa proposition artistique.

MUSEO DEL MAR ★

Romildo Risso ✆ +598 4277 1817
www.museodelmar.com.uy
Ouvert toute l'année de 10h à 17h30, et jusqu'à 20h30 en été. Entrée : 220 $ (200 $ enfant). Argent comptant seulement.

Ce musée dévoile toute la richesse de la faune aquatique uruguayenne. Découvrez les squelettes de baleines ou d'orques, coraux, langoustes ou araignées de mer, mollusques et hippocampes. Beaucoup d'informations. Chacun pourra s'émerveiller devant le poisson-lune de 2,60 m pêché à Solanas, ou le squelette de baleine de 19 m… Dans trois aquariums, coraux, poulpes, escargots et étoiles de mer vous entraîneront dans leur ballet aquatique. Enfin, on découvrira – photos et textes à l'appui – l'histoire de Piriápolis, Punta del Este et Pocitos (Montevideo).

PLAGES

- **Montoya.** La plage des surfeurs. Beaucoup de vent en après-midi. Attention aux rochers. Services de sauveteurs.
- **Bikini.** En été, la fête bat son plein sur cette plage où il n'est pas rare de croiser des vedettes et des paparazzis. Les DJ arrivent vers 17h et les festivités battent leur plein jusqu'aux petites heures.
- **Manantiales.** Belle plage située à proximité des restaurants, galeries d'art et boutiques de décoration.
- **La Barra.** A l'embouchure de la rivière Maldonado, qui surplombe le pont Leonel Viera, voici une plage plus calme, au sable plus fin.

PUENTE LEONEL VIERA ★★

Av. Eduardo Victor Haedo

En se dirigeant vers l'est, on pourra rejoindre La Barra, Manantiales et José Ignacio en traversant un pont pas comme les autres. En forme de vague, il fut dessiné par Leonel Viera et construit en 1965, avec une extrême ingéniosité étant donné les matériaux de l'époque. Cette prouesse architecturale et artistique inspira même une ode au grand Pablo Neruda. Néanmoins, sa forme originale devint un danger pour les voitures lancées à toute vitesse et l'on dut y créer un rond-point afin de ralentir les automobilistes pressés de goûter aux charmes de La Barra.

CASA ZINC €€

Calle Carlos Gardel

✆ +598 9962 0066

www.casazinc.com

Compter entre 140 et 260 US$ pour une chambre double en basse saison, de 190 à 360 US$ en haute saison.

Cette récente posada chic et rustique conviendra parfaitement aux voyageurs en quête de tranquillité, sensibles au confort et au design. La demeure est spacieuse, bien agencée et surtout aménagée avec du mobilier et des objets élégants, recyclés ou dénichés chez des antiquaires. Le propriétaire est architecte, ce qui explique sans aucun doute l'originalité et la particularité du lieu. On se sent ici comme à la maison, le service est très attentionné, le jardin avec une grande table conviviale très agréable. Beaucoup de cachet !

KALA HOTEL BOUTIQUE €€

Pedregal s/n

✆ +598 4277 3500

www.kalahotel.com

Selon la saison, de 185 à 435 US$ pour une double et de 250 à 535 US$ pour une suite.

Le Kala, « bien-être » en grec, porte bien son nom. Ce très joli hôtel-boutique de style méditerranéen tout blanc et bleu propose 12 chambres doubles et suites sobres et raffinées à la déco très « bord de mer ». Toutes possèdent un balcon et sont équipées de lits king size, de l'air conditionné, d'un coffre de sécurité, d'un frigo, d'un écran plat et d'une vaste salle de bains. Belle piscine avec terrasse et transats où il fait bon… se détendre ! Un bar-cafétéria sert boissons, salades, sandwichs et tapas. Location de vélos, Jacuzzi extérieur. Service impeccable.

AGUAVERDE WINE LODGE €€€

Camino del Cerro Eguzquiza ✆ +598 9480 7766

aguaverde.uy

Chambre double à partir de 195 US$ par personne, petit déjeuner inclus.

Située à 8 kilomètres (10 minutes) du centre de La Barra, au sommet du Cerro Eguzquiza, cette splendide bâtisse coloniale accueille les férus de vin et de gastronomie qui désirent se laisser séduire par l'air de la campagne. On y trouve de grandes chambres confortables dotées d'objets anciens et d'œuvres d'art collectées dans le monde entier, ainsi qu'une piscine, un terrain de foot, des sentiers de marche, une salle de sport, un restaurant et un spa. L'hôtel propose également d'excellents cours d'équitation et de tennis. Un excellent choix.

MEDIALUNAS CALIENTITAS €

Ruta 10, Palmas de la Barra

✆ +598 4277 2347

Cafétéria, boulangerie.

Même les Argentins connaissent cette adresse en Uruguay, où l'on peut acheter une variété de plats tels que des *empanadas*, des pains au fromage (*chipas*), des pizzetas, des sandwichs, des sodas et des boissons chaudes. Mais ce qui rend cet endroit particulièrement spécial, ce sont les *medialunas*, une viennoiserie très populaire servie traditionnellement durant la *merienda* (le goûter). Idéal pour un petit déjeuner, un déjeuner rapide ou si vous avez simplement une petite faim, où vous pourrez profiter de quelques tables en plein air sous les bougainvilliers.

MAHALO BOWLS €

Calle Las Sirenas

Le vendredi de 10h à 19h30 et le samedi et dimanche de 9h30 à 19h. Compter 350 $ pour un bol complet. 40 $ par extra.

A quelques pas de la plage Los Cangrejos en montant la côte, vous tomberez sur ce joli restaurant « déjeuner » qui sert de magnifiques bols de smoothies et d'açai, parfaits pour bien commencer la journée. Vous aurez le choix entre une dizaine de bols, tous garnis de granola maison et de morceaux de banane. Vous pourrez également ajouter un extra amandes, noix de cajou, baies de goji, copeaux de noix de coco, beurre d'arachide et les fruits que vous voudrez. Une option saine et fraîche, qui s'avère idéale autant avant qu'après votre bronzette à la plage.

FISH MARKET €€

Ruta 10

✆ +598 9385 9068

Ouvert de novembre à juin seulement. Du jeudi au lundi de midi à 16h. Compter environ 650 $ pour la pêche du jour.

Ne cherchez pas : voici la meilleure adresse pour déjeuner ou dîner à Manantiales. Si les prix sont très salés, les assiettes du Fish Market ont le mérite d'être à la hauteur du standing affiché. Pour les amateurs de poissons et fruits de mer, c'est un vrai plaisir de voir s'activer les cuistots dans les cuisines ouvertes pendant qu'on sirote un délicat cocktail sur la terrasse chic du lieu. Mention spéciale pour la pêche du jour, pour le poulpe grillé (un délice) et pour les sushis. Les desserts sont aussi très soignés et les vins locaux triés sur le volet.

SANA A ROU €€

Ruta 10

www.sanaarou.com

Du mardi au dimanche de 10h à 18h.

Voici une option de cuisine végétalienne, fraîche et légère, comme on les aime. La merveilleuse équipe du Sana A Rou concocte de succulents *burritos* aux falafels, houmous et tomates cerises ; aux shiitakes, portobellos, quinoa et mozzarella ; aux avocats, pesto, patates douces et tomates séchées et au tempeh et oignons caramélisés. Les portions sont énormes : un sandwich suffit amplement pour deux personnes. Une fois votre commande en main, rendez-vous à la plage du coin pour savourer le tout ! Yaourts glacés, cafés, déserts et produits d'épicerie fine.

LEGUA €€€

Av. Eduardo Victor Haedo

✆ +598 9141 9250

Le jeudi et le vendredi de 20h à 23h30 et samedi de 13h à 15h30 puis de 20h à 23h30. Repas complet pour environ 1 500 $.

Voici le tout premier restaurant de cuisine vietnamienne du pays et le seul et unique représentant de la gastronomie du sud-est de l'Asie de la région. Entre les baos au tempura et aux courgettes, les wontons farcies à la langoustine, le porc à l'aigre-douce et le curry de calamar servi avec de délicieux pains pitas, laissez-vous emporter par l'atmosphère électrisante des lieux, par son ambiance tamisée, théâtre de délices et de belles rencontres. Carte des vins et cocktails variée. Mieux vaut réserver durant le week-end. Un incontournable.

EL POPU

1018 Juan Pedro Lopez

Tous les jours de 9h à 2h.

Le Popu est un projet de cafeteria sociale et autosuffisante, et un véritable lieu de partage pour les jeunes locaux branchés du coin. Son menu végétalien se renouvelle pratiquement chaque jour et les prix sont probablement les plus faibles de la région. Pour environ 500 $, vous aurez droit à un plat copieux, à un jus et à un délicieux café de spécialité. Le restaurant comprend également un espace de travail partagé, une salle de yoga et de thérapie, un joli patio avant. Il organise aussi un tas d'activités culturelles et reçoit souvent des groupes de musiciens.

LALINDA BAKERY

Calle 18 de julio

✆ +598 4277 5224

www.lalindabakery.com

Tous les jours de 8h30 à 19h.

Dans ce décor sublime de beauté, parmi les immenses fenêtres, les arbres fleuris, le parquet de bois et les plantes, cette jolie boulangerie de Manantiales propose un menu frais et varié. Ses croissants aux amandes, ses quiches, ses sandwichs et ses alfajores sont de très bonne qualité, tout comme son service. Qu'on y passe simplement pour acheter des viennoiseries à emporter et à grignoter sur la plage, ou bien qu'on s'y attable en bonne compagnie devant un bon déjeuner, on y trouvera sans aucun doute son bonheur. Une valeur sûre.

WELLNESS CENTER RESERVA MONTOYA

Av. Miguel Jaureguiberry
✆ +598 9297 0439
www.reservamontoya.com
Cours de yoga aux alentours de 500 $.

Si vous souhaitez plonger dans un univers apaisant et empreint de sérénité, ce centre de bien-être offre des cours de yoga, de Pilates de méditation, des ateliers d'art et de danse ainsi que des séances de guérison par le son. Le centre flambant neuf abrite également un restaurant, une piscine et des espaces de relaxation. Pour plus de renseignements sur leurs horaires, consultez leurs pages de réseaux sociaux, ou communiquez directement avec Vivi, la professeure, au +598 9981 9143.

FARO ★★

Calle de los Teros
En été, tous les jours de midi à 20h et en basse saison, le week-end de 17h à 20h. Entrée 25 $.

Le phare de José Ignacio, érigé en 1877, est le symbole emblématique de la ville. Mesurant près de 45 mètres de hauteur et doté d'une portée de 12 miles nautiques, il a été classé monument historique dans les années 1970. Les visiteurs peuvent monter les 150 marches de son escalier en colimaçon pour profiter d'une vue panoramique sur la côte et le village. Les horaires d'ouverture peuvent varier, il est donc recommandé de se renseigner sur place. Non loin de là se trouve un endroit dédié à l'artisanat où l'on peut dénicher des souvenirs.

JOSÉ IGNACIO ★★★★

Sur la Ruta 10 km 182, à environ 35 km à l'est de Punta del Este. José Ignacio est la station balnéaire des classes supérieures, et se situe idéalement entre deux lagunes : la laguna Garzón et celle de José Ignacio. Il s'agit là d'une péninsule qui s'étend sur 2 km de large et 800 mètres de long. José Ignacio a conservé un caractère pittoresque avec sa petite place, son phare, ses côtes rocheuses et sauvages, ses maisons en pierres et en bois, son petit port de pêcheurs où l'on vend du poisson frais. Néanmoins, c'est aujourd'hui une station balnéaire plus sophistiquée, et huppée, qui attire des vacanciers fortunés mais en quête de tranquillité (contrairement à ceux qui vont à Punta del Este). Les hôtels sont tous haut de gamme. On distingue deux plages : Playa Mansa (à l'ouest, à droite à l'entrée du village) avec ses barques de pêcheurs et ses superbes couchers de soleil, et Playa Brava (à gauche) où les surfeurs se donnent rendez-vous. Pour la petite histoire, José Ignacio devait son nom au premier colon de la région. Envoyé au XVIIIe siècle par la monarchie espagnole pour apporter de Maldonado des produits du pays, l'homme s'installa dans ce paisible endroit pour devenir pêcheur, y créant un simple village et une communauté. José Ignacio est un endroit très agréable, une station séduisante qui ne laisse aucun visiteur indifférent. Le choix en matière de restaurants est plutôt intéressant pour un endroit si petit. Il y a aussi de belles boutiques de décoration et des galeries d'art. Une oasis de paix où il fait bon vivre (à condition d'avoir les moyens !).

GALERIA DE LAS MISIONES ★

Las Garzas y las Golondrinas
✆ +598 4486 2645
www.galeriamisiones.com
Ouvert en haute saison uniquement, de 11h à 20h, de décembre à mars.

Les passionnés d'art contemporain pourront découvrir des œuvres d'artistes sud-américains, notamment du mouvement Madí (et pourquoi ne pas les acquérir ?). La galerie propose une grande variété de styles, avec une prédominance de tableaux abstraits géométriques. En janvier 2023, elle a organisé sa première exposition nationale et internationale d'art NFT, offrant ainsi aux visiteurs une première découverte de ce type d'art en Uruguay. Elle dispose également d'un deuxième lieu d'exposition dans un bâtiment Art déco situé dans la Ciudad Vieja de Montevideo.

GALERIA LOS CARACOLES ★

Saiz Martinez y Los Biguá
✆ +598 9981 5352
www.galerialoscaracoles.com
Ouverte en haute saison uniquement, de 11h à 19h, de décembre à mars.

Depuis plus de 15 ans, la Galería Los Caracoles a su s'imposer à José Ignacio comme une référence en matière d'art contemporain. Les œuvres exposées arborent des styles variés et mettent en lumière de nombreux artistes locaux et argentins, tels que Neviller Hechavarria, Ángeles Lynch, Álvaro Luque Fajardo ou encore Andrés Vivo. Les tableaux présentés sont d'une beauté inouïe, allant de représentations marines à des œuvres contemporaines complexes et harmonieuses. Les propriétaires, Miguel et Sebastián, sont d'une grande attention pour leurs visiteurs.

LAGUNA JOSÉ IGNACIO ★★

La Laguna José Ignacio est un lieu privilégié pour observer la faune et la flore locale. Les visiteurs peuvent admirer une grande variété d'espèces d'oiseaux, tels que des flamants roses, des cygnes, des hérons et des spatules rosées. Des promenades en bateau ou en kayak permettent de découvrir la diversité de cette faune fascinante. De plus, le site est également célèbre pour ses vagues générées par l'océan atlantique, ce qui en fait un spot prisé pour les surfeurs, notamment à El Pepe, une pointe côtière située à l'embouchure de la lagune.

SKYSPACE TA KHUT

Paseo del Marinero
www.posada-ayana.com/skyspace
La séance débute à 20h de novembre à avril et à 18h de mai à septembre. Les photos sont interdites. Entrée : 42 $.

Un spectacle hallucinant vous attend à deux pas de la Posada Ayana dans une installation de lumière imaginée par le célèbre artiste américain James Turrell. Durant près d'une heure et demie, vous serez immergé dans une expérience immersive et sensorielle unique, devant un spectacle visuel prodigieux. Pour profiter de la pleine gamme de couleurs, il est conseillé d'arriver à l'heure. Apportez des vêtements chauds, car le lieu est à ciel ouvert. Vous en ressortirez avec un esprit contemplatif, parfait pour bien terminer la journée.

POSADA AYANA €€€

Paseo del Marinero
✆ +598 9192 9262
www.posada-ayana.com
Chambre double à partir de 395 US$. Avec vue sur l'océan : 725 US$ (en basse saison). Accès gratuit au Skyspace.

© MATHILDE GODBOUT

Conçu et administré par une exceptionnelle famille viennoise, cet hôtel-boutique de 17 chambres hautement sophistiquées offre une expérience unique qui combine élégance, confort et nostalgie. Le charme réside dans chaque détail, que ce soit les meubles rétro, les œuvres d'art ou l'atmosphère enveloppante qui rappelle les vacances à la plage, sur la Côte d'Azur, dans les années 70. Transats et piscine extérieure vous attendent pour un moment de détente sur la jolie terrasse, à moins que vous ne préfériez la plage (prêts de draps de plage, transats, bicyclettes).

CASA SUAYA €€€

Ruta 10 km 185,5
✆ +598 4486 2750
www.casasuaya.com
Selon la saison et la catégorie, comptez entre 200 et 1 000 US$ pour une chambre double. Petit déjeuner inclus.

Quel charme, quel luxe ! Les suites de cette grande *posada* moderne disposent de leur propre living, d'une cuisine, d'une cheminée et d'une terrasse privée. Toutes les chambres sont singulières, décorées avec beaucoup de soin dans des tons unis, avec des plantes qui apportent du cachet en plus. Pour les familles, les bungalows offrent une option spacieuse et confortable. Les activités en plein air ne manquent pas, allant de l'équitation à la planche à voile et à la randonnée. Les clients pourront également se rafraîchir dans une belle piscine.

ESTANCIA VIK €€€

Camino Saiz Martínez km 8
✆ +598 9584 4445
www.estanciavik.com
Compter à partir de 520 US$ pour une suite, et 675 US$ pour une master suite. Petit déjeuner inclus.

Cette *estancia* se situe le long de la rive nord de la Laguna de José Ignacio sur un terrain de 1 400 hectares. L'hôtel est bâti sur une colline et offre donc une superbe vue dégagée sur la lagune et l'océan Atlantique. C'est un lieu singulier imaginé par l'architecte Marcelo Daglio et l'artiste Enrique Badaró. De style moderne unique, il dispose de grandes chambres personnalisées au confort irréprochable. Piscine à débordement avec vue sur l'océan, restaurant gastronomique où les plats sont préparés à base de produits organiques cultivés sur place. L'excellence.

CÔTE EST

LAS MUSAS €€€

Camino Ingeniero Sainz Martínez km 2
www.lasmusas.com.uy
Le coût par nuit varie de 350 à 1 500 US$ en fonction de la villa choisie et de la saison.

Ce complexe moderne est l'endroit idéal pour se reposer et se ressourcer. Les villas de 64 m² et 164 m², construites selon des normes architecturales élevées, ont été récompensées à plusieurs reprises pour leur design sophistiqué et avant-gardiste. Les invités apprécient leur cuisine entièrement équipée, leurs draps en coton égyptien, leur cheminée, leur piscine et leur terrasse privée. Le complexe dispose également d'un studio de yoga, offrant un cadre moderniste et époustouflant dans un emplacement inégalé, parfait pour une escapade relaxante.

PARADOR LA HUELLA €€

Playa Brava ✆ +598 4486 2279
www.paradorlahuella.com
Tous les jours de midi à minuit en haute saison. Basse saison du vendredi au dimanche. Réservation indispensable.

Cette icône gastronomique jouit d'une réputation mondiale, autant pour son emplacement face à l'océan que pour l'excellence de sa cuisine. Les spécialités de la maison incluent poissons, crustacés et sushis servis dans un cadre pétillant de vie, particulièrement prisé en période estivale. En effet, malgré ses multiples salles et terrasses, l'établissement est toujours plein à craquer, accueillant quotidiennement quelque 800 convives. C'est d'ailleurs en ces lieux que les étoiles montantes de la gastronomie nationale viennent se forger un avenir prometteur.

LUZ CULINARY WINE LODGE €€€

Camino Escuela 41 ✆ +598 9940 1210
www.luz.com.uy
Suite à partir de 500 US$ en basse saison et 1 000 US$ en haute saison. De novembre à fin avril.

Avec son influence architecturale marocaine, cet établissement exclusif propose six suites luxueuses offrant une vue imprenable sur les vignobles, avec des équipements haut de gamme pour un moment de détente inoubliable. Les installations de l'hôtel incluent une piscine à débordement, une salle de sport, un terrain de tennis, un spa et des sentiers de randonnée. Le restaurant Pop-up, dirigé par le célèbre chef argentin Martín Milesi, suggère une expérience culinaire des plus raffinées autour d'une table unique installée dans une forêt de pins. Divin.

CRUZ DEL SUR FARM €€€

Calle Las Garzas et Eugenio Sainz Martínez
✆ +598 9335 7571
www.cruzdelsurfarm.com
Réservation sur la page Web. Prévoir aux alentours de 1 500 $.

Depuis 2018, la cheffe Paula Segura Mallmann et son mari sommelier Emiliano Cordeiro accueillent les visiteurs dans leur ferme biologique, où ils servent des plats colorés et magnifiques préparés avec des produits de saison cultivés dans leur serre. Le restaurant est ouvert pour le petit déjeuner, le déjeuner et le dîner, avec un menu proposant des plats tels que le poisson du jour avec des légumes grillés et des shiitakes, la burrata servie avec des quartiers de pêches et du basilic, ou encore le carré d'agneau avec sauce Gremolata et patates douces.

LA POSADA DEL FARO €€€

Calle de la Bahia et Timonel
✆ +598 486 2110
www.posadadelfaro.com
Compter entre 250 et 600 US$ pour une chambre standard et 350 et 750 US$ pour une supérieure. Petit déjeuner inclus.

La *posada*, située à seulement 30 mètres de la plage, propose un confort moderne, une atmosphère paisible et un service de qualité supérieure. Elle dispose d'une superbe terrasse offrant une vue imprenable sur l'océan, ainsi que de 12 suites spacieuses à la décoration minimaliste. Chaque chambre est équipée d'un grand lit king size et d'une terrasse privée avec vue dégagée et bien exposée. Un choix idéal pour ceux qui recherchent la tranquillité et l'élégance. Les clients peuvent également louer des bicyclettes et des chaises de plage.

SOLERA BAR DE VINOS Y TAPAS €€€

Eugenio Saiz Martínez
✆ +598 9886 9372
Du jeudi au lundi de 18h30 à 23h30. Prévoir près de 1 500 $.

Depuis quelques années déjà, ce bar de vin et tapas fait grand bruit dans la région, et pour cause ! Attendez-vous à passer une soirée bien arrosée, car la spécialité ici, c'est le vin. Leur carte comprend des appellations contrôlées bien connues et suggère des cépages moins accessibles tels que le Rioja, le Muscat ou encore le Nebbiolo. Ouvert une bonne partie de l'année, c'est d'ailleurs l'un des seuls restaurants qui ouvre le lundi. Difficile de trouver mieux en matière de tapas !

© ALEJO VAZQUEZ

José Ignacio.

RIZOMA

Calle Los Lobos
✆ +958 9503 0549
www.rizomalajuanita.com
Du vendredi au mardi de 9h à 19h.

Situé dans la splendide forêt près de la Ruta 10, le Rizoma est bien plus qu'un simple café. Faisant également office de restaurant, de librairie et de galerie d'art, cet endroit est idéal pour passer un après-midi de détente à l'abri du soleil. L'espace est tout simplement spectaculaire, avec son design épuré, ses matériaux de bois et ses meubles vintage. Son menu est constamment en mouvement, proposant chaque jour des plats uniques pour le petit déjeuner et le déjeuner, ainsi qu'un brunch le dimanche, le tout complété par un service courtois et professionnel.

SENTIDO

Calle de los Cisnes
✆ +598 9213 5532
www.sentidojoseignacio.com
Tous les jours de midi à 21h.

Située juste à côté du célèbre Parador la Huella, cette ravissante boutique renferme mille idées de cadeaux : carnets, bijoux, vaisselle, bougies, tissus, meubles, objets de décoration, livres… L'ensemble provient de sélections faites au cours de voyages au Maroc, au Vietnam et en Indonésie, offrant des assortiments exclusifs, raffinés et délicats aux vacanciers. Une deuxième adresse vous attend plus à l'ouest, à La Juanita, promettant des produits tout aussi distingués (une troisième se trouve également à Buenos Aires). Difficile de ne pas céder à la tentation.

VINOS DEL MUNDO

Ruta 10, km 182
✆ +598 4486 2558
www.vinosdelmundo.com.uy
Tous les jours de midi à 20h en haute saison.

Découvrez cette charmante boutique, déjà présente à Punta del Este et Montevideo, offrant une sélection raffinée de vins et vins pétillants en provenance du monde entier, notamment d'Amérique latine et d'Europe. Vous y trouverez également des bières et des huiles d'olive exclusives, ainsi que des verreries, des accessoires et même des cigares ! Possibilité de boire un verre sur place. Leur équipe organise occasionnellement des dîners gastronomiques avec des accords mets et vins. Restez informé en suivant leurs pages sur les réseaux sociaux.

HARAS GODIVA

Ruta 10, km 183,5 ✆ +598 4480 6112
www.harasgodiva.com
Balade autour de la Playa Brava : 130 US$ par personne. Laguna Garzón : 120 US$. Soir de pleine lune : 230 US$.

Fondé en 2005, ce club équestre offre aux cavaliers débutants ou expérimentés l'opportunité de chevaucher dans les environs pittoresques de José Ignacio. Les participants ont le choix entre plusieurs options, y compris des balades de 2 heures autour de la Playa Brava, des excursions de 5 heures à la lagune Garzón, ainsi qu'une promenade de 3 heures à travers champs et plages durant les nuits de pleine lune. Le club offre également des cours d'équitation et de dressage pour les petits et les grands. Activité agréable pour se connecter avec les chevaux et la nature.

LAGUNA GARZÓN ★★★

Déclarée réserve de biosphère, la laguna Garzón, située après José Ignacio, est une merveille de paysages sauvages préservés, de plages battues par le vent, qui n'est pas sans rappeler la Camargue des années 1950. On y voit beaucoup d'oiseaux et de petits mammifères et, dans l'eau saumâtre, des petites méduses éclairées par des courants électriques. Mais cela risque de changer, car si auparavant elle était accessible par un charmant petit bac en voiture à pied ou à vélo, aujourd'hui le « pont de la discorde » circulaire a été achevé pour 12 millions de dollars, défigurant le paysage et drainant beaucoup plus de véhicules venus de Punta del Este.

GARZÓN ★

Ce petit village, encore fantomatique il y a quelques temps, est devenu l'escapade bucolique à la mode des Argentins et Uruguayens fortunés, car le célèbre chef argentin Francis Mallmann, maître du feu et de la cuisson des viandes, a ouvert sa table gastronomique dans une ancienne épicerie sans âge. Reste le bâtiment en briques, les murs blancs et un intérieur rustique-chic qui incarne bien l'esprit du restaurant, au milieu d'un village de 200 habitants, sa chapelle et ses palmiers. En outre, le village est également devenu un centre pour la production de vin de haute qualité, avec plusieurs vignobles et domaines viticoles à proximité.

BODEGA GARZÓN

Agroland Ruta 9 km 175
✆ +598 4224 1759
www.bodegagarzon.com

Réservez 24h avant la visite guidée de 11h30 ou 15h (durée : 1h15). 1 350 $, gratuit pour les moins de 17 ans.

La Bodega Garzón est un écrin viticole mêlant art de la vinification et beauté naturelle. Surplombant les vignes ondoyantes, ce domaine prestigieux allie passion, expertise et respect de la nature. Les cépages, tels que le Tannat et l'Albariño, s'harmonisent avec le terroir unique, créant des vins d'exception. Les installations modernes et respectueuses de l'environnement témoignent d'un engagement envers la durabilité. La visite guidée est une expérience sensorielle captivante, où les dégustations permettent de savourer les plaisirs de la vie.

RESTAURANT GARZÓN €€€

Calle Costa José Ignacio ✆ +598 4410 2811
www.restaurantegarzon.com

Comptez environ 150 US$ par personne. Ouvert tous les jours en été, puis du jeudi au lundi en hiver.

Francis Mallmann, le célèbre chef argentin spécialiste de cuisine patagonne, propose des plats traditionnels réinventés à sa manière dans son restaurant équipé d'un four à bois d'eucalyptus inspiré d'un modèle inca. La carte est audacieuse et en constante évolution en fonction des produits régionaux disponibles. La salle à manger offre une vue sur le feu. Sélection de vins locaux de la Bodega Garzón. Pour ceux qui souhaiteraient prolonger l'expérience, un hôtel de cinq chambres avec cheminée, lits king size, salle de bain privée et wifi est relié au restaurant.

BLACK GALLERY

Paso del Sauce
✆ +598 9937 3651
www.blackgallery.net

A un pâté de la place principale, cette galerie d'art contemporain a été installée dans une jolie maison épurée et fraîchement rénovée. Depuis 2014, elle invite les visiteurs à venir encourager les artistes latino-américains émergents avec des expositions temporaires de grande qualité. Le projet est né grâce au rêve commun de Mercedes Sader, directrice du Festival international de Film ARCA et de Patricia Fernández Graña, curatrice d'art, qui tombèrent amoureuses du petit village de Garzón et qui décidèrent d'y créer un lieu de partage et de rassemblement.

HILLS AND STONE GARZÓN TEXTILE CO.

Plaza de Pueblo
✆ +1 718 938 8264
hillsandstonegarzon.com

Cette splendide boutique est dirigée par deux amies talentueuses : Nicole Tuvi, originaire d'Uruguay, et Amber Wright, originaire des États-Unis. Leur collaboration remarquable a donné lieu à une sélection unique de produits, tels que des textiles, de l'artisanat, des bijoux, des produits de beauté biologiques, des bougies, ainsi que de la nourriture et des expériences raffinées. N'hésitez pas à leur rendre visite pour trouver les plus beaux souvenirs à rapporter chez vous !

ROCHA ★

Rocha (« champ prêt à être semé », en galicien) compte environ 25 500 habitants, et est la capitale du département éponyme. C'est ici que se concentrent les principales activités commerciales et administratives de la région. La ville est située à l'intersection de la Ruta 9 et de la Ruta 15, au km 70, au nord-est de San Carlos. Ses alentours sont à explorer, notamment ses 180 km de côtes et ses plages sauvages. D'un point de vue touristique, elle n'a pas grand intérêt. On peut y cheminer un après-midi pour goûter à son ambiance de cité coloniale provinciale et visiter l'église Nuestra Señora de los Remedios, construite à la fin du XVII siècle.

© CARINE KREB

Une jolie plage de sable et roches, la Playa del Desplayado.

CENTRO CULTURAL MARÍA ÉLIDA MARQUIZO

Calle 18 de Julio
✆ +59844721955
http://centroculturalmem.blogspot.com/
Du lundi au vendredi de 8h à 19h.

Ce bâtiment qui ne passe pas inaperçu grâce à sa superbe façade, a été édifié en 1896 par José Llana, et restauré en 2010. Il abrite aujourd'hui un espace culturel où sont organisées une multitude d'activités, passant de représentations théâtrales à des cours de chorale, d'ateliers d'écriture à des conférences, et de concerts de musique à des journées thématiques pour les enfants. Sa jolie bibliothèque, ouverte à partir de 8h, vaut à elle seule le détour.

LAGUNA DE ROCHA ★★★

La Laguna de Rocha fait partie de l'ensemble de lagunes du département de Rocha. Depuis 1976, elle appartient à la réserve de biosphère de Los Bañados del Este. Sa spécificité est qu'elle communique avec l'océan via une bande de sable. Avec une profondeur moyenne de 50 cm, son écosystème est particulièrement riche. La lagune étant un lieu de passage de migration, vous pourrez y apercevoir de nombreuses espèces d'oiseaux. On y voit par exemple des flamants roses et des oies blanches. Parmi les espèces aquatiques, on peut citer le pejerrey, le lenguado et la perche. Jolie balade à faire à pied ou à cheval : au crépuscule, c'est un véritable enchantement.

CABALLOS DE LUZ €€

Ruta 109, Sierras de Rocha ✆ +598 9940 0446
www.caballosdeluz.com
Chambre double avec repas et visite guidée à cheval pour 130 US$. Visite guidée à cheval (2h) : 60 US$. Argent comptant.

Autrichienne de naissance, grande voyageuse, musicienne et surtout passionnée d'équitation depuis son plus jeune âge, Lucie s'est récemment établie à Las Sierras de Rocha pour y ouvrir une auberge équestre comprenant 3 chambres d'hôtes merveilleusement bien aménagées, un restaurant végétarien, des balades à cheval et des cours d'équitation de plusieurs jours. Une chose est sûre, il suffira de quelques heures en sa compagnie pour puiser une énergie positive contagieuse ! Vous pouvez la rejoindre directement par courriel pour connaître les prochaines dates de cours.

COCINA DE LA BARRA €

Au bord de la Laguna de Rocha, qui sépare l'Atlantique par une étroite bande de terre.
✆ +598 91841211
Appeler ou envoyer un message via WhatsApp pour réserver avant d'y aller. Comptez 300 $ par personne.

Ce nouveau petit restaurant au bord de la lagune est tenu par une coopérative de femmes de pêcheurs ; le rêve de tout amateur de ceviche, boulettes de crabe, palomitas de pejerrey et poissons à la plancha… La balade à la belle lagune de Rocha doublée d'un bon déjeuner ici est mémorable. Tous les hôteliers, locaux et voyageurs ayant déjà visité le pays vous suggéreront cet endroit. Ce n'est, bien sûr, ni un étoilé *Michelin* ni le plus beau restaurant du monde, mais la richesse de ses arômes et la fraîcheur des produits ragaillardiront tous ceux qui s'y attableront !

LA PALOMA ★★

À 244 km de Montevideo, La Paloma est une station balnéaire située au sud du département, à une trentaine de kilomètres de Rocha mais non loin de La Pedrera. Comme ses voisines, elle s'anime principalement entre décembre et mars, mais hors pic touristique, la station compte tout de même 3 200 habitants et bénéficie d'une vraie vie locale. Elle compte un port de pêcheurs, Los Botes, ainsi que des magasins, des restaurants et de nombreux hébergements.
Ce n'est pas la plus belle ville de la côte d'un point de vue esthétique, mais l'atmosphère y est très agréable. On peut même être fasciné par son aspect presque stalinien, sa route principale bordée d'édifices complètement désuets des années 1950 à 1970 qui raviront les amateurs d'architecture, son fameux skate park daté de la même époque dressé comme un monument, entièrement graffé, qui fait face à son petit phare blanc charmant. Station très prisée dans le passé, elle a plutôt mal vieilli et compte de nombreux édifices à l'abandon. Elle est plus populaire que ses voisines de José Ignacio) ou La Pedrera.
Ce n'est plus tellement son centre défiguré par le béton qui est recherché par les plus aisés mais sa partie baptisée La Serena. En effet ici, les pins ombragent des petites routes de sable, la plage est magnifique et très sûre, contrairement à pratiquement toutes celles de la région. Elle est donc idéale pour les familles. Les surfeurs préfèrent quant à eux les plages de La Balconada, La Aguada et Los Botes. Attention, en période de carnaval, La Paloma est pleine à craquer : il est indispensable de réserver un hébergement (les prix explosent).

TERMINAL DE BUS

Solari y Sirio
✆ +598 4479 9423

Bus Montevideo (3h30, environ 650 $) et Punta del Este (1h30, 300 $), et dans l'autre sens, vers La Pedrera (30 min, 80 $), Cabo Polonio (30 min, 165 $), la Barra de Valizas (1h, 170 $), Punta del Diablo (1h, 360 $), Chuy (3h, 450 $) et d'autres villes de la côte. Départs très fréquents en haute saison. Les compagnies Cynsa, COT et Rutas del Sol assurent ces trajets. Pour rejoindre Montevideo, plusieurs départs quotidiens avec la compagnie COT qui opère entre 5h et 19h30. Il existe aussi deux services locaux – La Paloma-La Pedrera et La Paloma-Playa Serena.

PLAGES ★★

Les plages bordant La Paloma possèdent chacune leurs caractéristiques spécifiques. Les baigneurs y trouveront certainement leur bonheur, puisque la région offre une très grande variété de paysages et d'activités. Il y en a vraiment pour tous les goûts, des plages aux infrastructures sécurisées et modernes, à celles plus sauvages et moins fréquentées. Entre juillet et novembre, il est possible d'observer les baleines directement depuis le rivage. N'oubliez pas d'apporter vos jumelles !

- **Playa La Balconada.** La plage de La Balconada est l'une des plus célèbres et des plus fréquentées, non seulement à La Paloma, mais aussi dans le département de Rocha. En été, il dispose d'un service de surveillance et d'une connexion Wi-Fi gratuite.
- **Playa La Aguada.** Plage en pleine mer surveillée en haute saison. Idéal pour l'observation des baleines.
- **Playa Los Botes.** À moins d'un kilomètre du centre, cette plage est très populaire auprès des familles, mais aussi des pêcheurs. On la reconnaît grâce à sa sculpture Cristo de Lucho qui sert de protection aux marins.
- **Playa Bahía Grande et Bahía Chica.** Playa Grande est la première plage accessible de Rocha. Les personnes handicapées peuvent profiter de chaises équipées pour l'eau, de déambulateurs, d'une large passerelle en bois et d'un parking réservé pour les personnes à mobilité réduite. Vagues très calmes. Possibilité de louer des kayaks qui vous permettront de traverser jusqu'à l'île de La Tuna. Plus au sud, la Playa Chica est située dans une crique abritée, faisant aussi face à l'île.
- **Playa Costa Azul.** Plage populaire pour le kitesurf et la planche à voile. Sa vaste étendue de sable permet aussi la pratique de sports tels que le foot, le volley-ball et même la pétanque. Lever du soleil spectaculaire.
- **Playa La Serena.** Plage la plus éloignée du centre. Idéale pour le surf et la course à pied (elle est bordée d'une passerelle en bois).
- **Playa El Cabito.** Située entre la Balconda et Los Botes, cette plage peu profonde possède de petites piscines rocheuses plus sécuritaires pour les enfants. Bon point d'observation des baleines.
- **Playa Del Faro.** Comme son nom l'indique, cette plage abrite le phare du Cap Santa Maria qui a été construit en 1874 que l'on peut gravir tous les jours de 10h à 13h et de 15h jusqu'au coucher du soleil. Le prix du billet est de 30 $. La plage, elle, est entourée de rochers dans lesquels on peut ramasser des escargots et pêcher.
- **Playa Anaconda.** La plage des surfeurs. Un paradis de sable blanc et fin qui s'étend sur des kilomètres et qui devrait vous inciter à prendre des leçons.

PARQUE ANDRESITO €

Ruta 15, km 1,5

✆ +598 4479 6081

Bungalows pour 2/3 ou 4/5 personnes. Selon la saison et le type de bungalow, compter de 950 à 2 550 $.

Des bungalows pour 2 à 5 personnes de type A, B et C répartis dans un vaste parc, au milieu d'une forêt de pins. Très populaire, ce parc qui se trouve un peu à l'écart du centre, à 300 mètres de la plage Bahía Grande, promet un séjour agréable. Le terminal de bus se trouve juste en face. Il est possible de planter sa tente pour un prix raisonnable. Les bungalows sont équipés d'une cuisine, de chambres, d'une salle de douche, d'un *parrillero* extérieur, d'une télévision câblée. Femme de ménage (changement de draps toutes les 72 heures) et draps fournis.

LA MAISON B&B €€

Calle Doraditos

✆ +598 4479 8148

www.lamaison-serena.com

De 120 à 170 US$ la chambre double, selon la saison, en B&B.

Patrick et Magali ont tout quitté pour venir s'installer ici avec leurs enfants et bâtir de leurs mains ce magnifique B&B au cœur de la forêt de pins. Bons vivants et épicuriens, ils proposent une table d'hôtes à la française pour les papilles nostalgiques et exigeantes, mais donnent aussi d'excellents conseils pour visiter la région. Les bungalows modernes, indépendants comptent deux chambres dotées d'une terrasse privative avec vue sur la forêt. Une petite cuisine extérieure permet de faire des salades ou réchauffer quelques plats. Location de vélos.

HOTEL PROA SUR €€€

Avenida Nicolas Solari

✆ + 598 4479 6860

www.uyhoteles.com

Compter entre 75 et 160 US$ pour une chambre double. Petit déjeuner inclus.

En plein cœur de la Paloma, cet hôtel tout récent est situé au bord de la rambla, à proximité du casino, du Faro et de la plage. Il compte 36 chambres Superior ou Deluxe de taille moyenne aménagées dans un style moderne. Tout le confort désiré est à portée de mains : lit king size, terrasse avec vue dégagée sur l'océan, télévision écran plat câblée, coffre de sécurité, sèche-cheveux, air conditionné, minibar, connexion Wi-Fi. Pour se détendre, piscine intérieure, sauna, salle de fitness... Cafétéria et restaurant viennent compléter l'offre des prestations.

ALOE VILLAGE €€

Playa Serena ✆ +598 9823 1468

www.aloevillage.com

Appartement pour 2 : selon la saison, compter de 80 à 180 US$ pour une nuit ; pour 4 : de 70 à 170 US$ pour une nuit.

Un concept pratique avec ces locations d'appartements entièrement équipés pour 2 à 4 personnes, situés à 200 mètres de la plage Serena. 8 appartements de 32 m² pour deux personnes avec salle de bains, lit double, kitchenette, télévision et parking à disposition. Moins récents, les 6 appartements familiaux de 43 m² pour 2 adultes et 2 enfants disposent de deux chambres, d'un salon, d'une cuisine équipée et d'une terrasse privée. Pour la détente, une piscine (éclairée la nuit) avec solarium et coin lounge est à la disposition des résidents. Location de vélos.

BUNGALOWS DEL PIEMONTE €€

Parada 11

✆ +598 4479 6096

www.bungalowsdelpiemonte.uy

Pour un bungalow (4 pers), compter à partir de 95 US$ pour une nuit et 265 US$ pour un appartement pour (6 pers).

Une bonne option si vous voyagez en famille et/ou si vous comptez séjourner plusieurs jours à La Paloma. Location d'appartements tout équipés pour 2 à 6 personnes, très fonctionnels, avec vue sur la mer. Ces derniers contiennent une kitchenette, des chambres, une salle de bains, une connexion wi-fi, des placards, une télévision câblée et de la literie. Bungalows aux murs peints à la chaux avec toit de chaume. Le prix varie en fonction de la période et de la superficie. Ensemble très convenable. Pratique. Se renseigner sur le site pour obtenir les tarifs.

ARRECIFE €

Av. Solari y de la Virgen

✆ +598 4479 6837

Ouvert tous les jours de midi à 16h et de 20h à 1h. Compter autour de 300 $ pour un plat.

Ce joli restaurant de cuisine internationale est situé à quelques pâtés de maisons de la Playa Bahía Chica. Il dispose d'une grande terrasse de style tiki, qui se remplit rapidement et où il fait bon s'asseoir entre amis pour partager des tapas. Des produits frais et une carte pour tous les goûts avec pizzas, calamar frit, tacos de viande, crevettes à l'ail, *sorrentinos*, *chivitos*, *milanesas* et *parrillas*. Pensez à vous garder une petite place pour les délicieux desserts. Idéal pour tous les budgets. Service rapide et amical. Carte de vins et de cocktails variée.

LA CANTINA MEXICANA €

Calle Botavara
✆ +598 9943 1358
Du jeudi au vendredi à partir de 19h et le week-end à partir de 12h. Comptez 350 $ le plat. Argent comptant seulement.

Ce nouveau restaurant un peu excentré à la décoration branchée propose des plats authentiques et copieux tels que des *burritos*, des *tacos* de *cochinital pibil* (porc mariné et braisé), des *nachos* et *quesadillas*, mais aussi des boules de crabe au fromage et *pico de gallo*, des cocktails à base de mezcal et de tequila et des bières artisanales. Les prix sont tout à fait raisonnables pour la qualité de la prestation et des ingrédients. Pratique pour manger rapidement sur place ou à l'hôtel, puisque leur équipe assure les services de livraison. A ne pas manquer.

PETECO SURFSHOP

Avenida Solari
✆ +598 9201 0101
www.petecosurfshop.com
Tous les jours de 10h à 20h.

Pour les amateurs de surf ou pour ceux qui en seraient tombés amoureux durant leur séjour, voici l'endroit où vous pouvez vous procurer tout le nécessaire, de la planche elle-même au paddleboard, de la combinaison en néoprène aux lunettes de soleil et des ailerons aux palmes… Voilà un véritable lieu de rencontre et d'échange, et ce, surtout si vous voyagez seul et que vous désirez en connaître davantage sur les meilleurs spots pour surfer. N'hésitez surtout pas à leur demander si vous pouvez vous joindre à l'une de leurs séances ! Services de location.

CÔTE EST

ALAIA ESCUELA DE SURF

✆ +598 9954 6582
www.alaialaaguada.wixsite.com

Depuis 2009, Julieta García, propriétaire et instructrice de surf, dirige l'école de surf Alaia située sur la plage de La Aguada, en face de l'hôtel Palma de Majorque. En tant que formatrices officielles de l'International Surfing Association, elle et ses collègues vous offriront des cours adaptés à vos besoins individuels. Pour ceux qui souhaitent prolonger leur expérience, une escapade de surf de trois jours est proposée, comprenant les transferts, les repas, cours de yoga et de cuisine indonésienne, des séances de photographie et, bien sûr, des leçons de surf.

LA PEDRERA ★★★★

Ce *balneario* se trouve au niveau du km 277 sur la route 10, à 30 minutes de La Paloma. Plus petit, plus huppé et mieux conservé, il a le charme d'un village des Landes planté au milieu des pins. On apprécie qu'aucune route ne vienne cisailler le village, qu'aucune construction ne vienne enlaidir le paysage. On circule dans des allées de sable ombragées pour se rendre à l'une des deux plages : la playa del Barco à gauche, où comme son nom l'indique une carcasse de bateau est échouée là, ou la playa del Desplayado à droite qui s'étire jusqu'à Punta Rubia. Au milieu, un ensemble rocailleux où il fait bon pêcher et se baigner dans des piscines naturelles, surplombé par la seule route goudronnée qui fait office de promenade avec des bancs pour admirer le paysage et les baleines à l'horizon entre juillet et octobre.

Tourisme

Toute l'activité de La Pedrera est centrée sur la rue principale où il est agréable de cheminer à toute heure pour flâner entre les bars, restaurants, boutiques, supérettes et marché hippie. Sachez qu'on peut faire du surf à La Pedrera. La baignade est d'ailleurs assez dangereuse, soyez vigilant et préférez les zones surveillées.

Plus au nord, Punta Rubia est presque totalement résidentielle. Poussez la balade jusqu'à la « Valle de la Luna » et ses concrétions géologiques surprenantes, vous ne serez pas déçu du voyage !

▶ **Carnaval à La Pedrera.** Ce village, si paisible d'ordinaire, vit à un rythme effréné les trois derniers jours du carnaval, fin février. La fête dure 3 jours, mais c'est le lundi qu'elle bat vraiment son plein. Chaque année, jusqu'à 25 000 fêtards (surtout des jeunes entre 18 et 30 ans) viennent ici, déguisés ou non, pour danser et s'amuser ! A tel point que certains habitants désertent La Pedrera à ce moment-là. L'alcool coule à flots, la musique bat son plein, les hébergements sont tous pris d'assaut, les rues ensablées et la plage se transforment en un véritable champ de débauche.

▶ **Chaque année, le 2 février, c'est le *Día de Iemanjá***, une fête d'origine afro-brésilienne Umbanda qui honore la déesse *orixas* de la mer, et qui se répand en Uruguay surtout à Montevideo. Des bougies en cercles illuminent la nuit, sur la plage et le long des escaliers de bois face à la rue principale tandis que des bateaux sont lancés à la mer avec des offrandes pour la déesse pour obtenir sa protection pour l'année.

VALLE DE LA LUNA ★★

Situé entre les localités de Punta Rubia et Santa Isabel de La Pedrera, à seulement quatre pâtés de maisons de la route.

✆ +598 9474 9068

De mars à décembre. Entrée : 250 $.

Concrétion géologique rouge, ocre et jaune sculptée par l'érosion, la Valle de la Luna est un ensemble de monticules pointus, pour certains assez imposants, sillonnés par de régulières coulées de pluies, qui par leur aspect et leur panorama minéral rappellent un peu les paysages lunaires. Attention à ne pas vous égarer car on perd vite son chemin. Un guide local hippie qui vit dans la forêt avec sa femme et ses enfants vous en fera découvrir les secrets. Il vous invitera volontiers à prendre un *mate* dans sa maison de gnome. Une jolie découverte.

CAMPING ECOLÓGICO PUNTA RUBIA €

Ruta 10 km 229 Rocha

✆ +598 2604 2164

www.puntarubia.com.uy

Camping ouvert toute l'année. Par personne et par jour : 280 $ à 360 $ selon la période de l'année.

Ce camping est d'une simplicité agréable avec de vastes parcelles pour installer sa tente ou son camping-car. Il est possible de louer des barbecues et des parasols pour se détendre. Aires de jeux pour enfants. Pour vos courses, un supermarché est disponible sur place, et la Rostisería est idéale pour une restauration rapide à toute heure de la journée, que ce soit pour le déjeuner ou le dîner. Avec des tarifs abordables, ce camping est un excellent choix pour les petits budgets.

EL MERO €€

Avenida Principal

Le vendredi de midi à 20h, le week-end de midi à 16h et de 20h à 1h. Compter près de 500 $ pour un repas complet.

En passant par la Pedrera, vous vous arrêterez sans aucun doute dans ce restaurant chaleureux qui propose des assiettes variées, et dont le personnel cosmopolite assure un service amical et compétent. Le poisson du jour servi avec une purée de pommes de terre, le ceviche et les sushis font partie des spécialités de la maison. En haute saison, leur équipe organise des spectacles de jazz, de bossa-nova, de reggae et des soirées électro, en collaboration avec le club social situé dans le même bâtiment. Endroit idéal pour les travailleurs à distance.

© OLAFSPEIER

La Pedrera.

BRISAS BOUTIQUE HOTEL €€€

calle Santa Teresa ✆ +598 9395 5795

www.brisasdelapedrera.com

A partir de 130 US$ pour une chambre double. Petit déjeuner inclus. Wi-fi, air conditionné, room service.

© BRISAS DE LA PEDRERA

Situé à deux pas de la superbe Playa del Desplayado, cet hôtel est le plus luxueux de la Pedrera. Les chambres meublées avec goût sont épurées, spacieuses, modernes et lumineuses. On apprécie les lits king size, la déco ethnique, les somptueux tapis de peau et de cordes, ou les délicates couvertures en coton égyptien. Profitez également de la piscine extérieure aménagée au milieu d'une belle oasis de verdure. Personnel courtois et attentionné. Réservez à l'avance l'une des suites du deuxième étage afin de bénéficier d'une vue spectaculaire sur la mer.

CÔTE EST

La Pedrera.
© OLAFSPEIER

CABO POLONIO ★★★

Voici le lieu rêvé pour tous ceux qui recherchent le calme (quoiqu'en pleine saison, le calme est relatif) et veulent vivre au ralenti en mode « bohémien uruguayen ».Voici le lieu rêvé pour tous ceux qui recherchent le calme (quoiqu'en pleine saison, le calme est relatif) et veulent vivre au ralenti en mode « bohémien uruguayen ». On y vient pour se dorer sur des plages sauvages, faire un peu de surf, effectuer des randonnées dans un paysage intact de forêt de pins et de grandes dunes, pêcher devant la colonie de loups de mer apathiques sur les rochers... Mais aussi faire la sieste dans son hamac devant son *rancho* rustique, cuisiner sur un vieux fourneau sans âge le poisson glané auprès des pêcheurs le jour même, agrémenté des quelques légumes choisis consciencieusement dans l'une des deux épiceries sans âge du village, passer les soirées à la bougie le long de la petite rue principale, explorer les maisons des habitants transformées en restaurants et bars bohémiens extravagants où des musiques acoustiques résonnent toute la soirée, prolonger la fête sur la plage jusqu'au petit matin en contemplant le ciel étoilé mémorable sans pollution lumineuse... Aujourd'hui, ce village est comme un petit secret, très prisé des vacanciers hippies-chics de Montevideo en quête de tranquillité et par les touristes qui ont entendu parler de son existence. Car c'est incontestable : un vent de liberté souffle sur Cabo Polonio. Ce petit village de maisons colorées en bois, plantées de manière anarchique sur des dunes de sable blanc et des pelouses vertes nourries par des ruisseaux, est un lieu mythique de la côte atlantique uruguayenne. Il rappelle davantage un village irlandais perdu sur une côte déchiquetée qu'un village latino à la frontière du Brésil. Dominé par son phare blanc au cap qui fait le lien entre ses deux anses habitées, la playa Sur et La Calavera (ou playa Norte), son climat est rude en été car ici il n'y a pas d'arbre, le soleil tape et le vent souffle fort. Encerclé par un écrin naturel constitué par un parc national de forêt de pins et de dunes protégé depuis 2009, le village a su préserver son authenticité, avec ses *ranchos* de bois et son environnement : il n'y a ni eau courante (un *tanker* passe pour approvisionner les maisonnettes) ni électricité (générateur, énergie solaire ou hydraulique pour les plus confortables). Ici, pas de béton (que du sable), des bicoques en bois ou en dur mais toujours très minimalistes, pas de voitures, motos ou autres engins motorisés (à l'exception des buggies qui déposent les touristes). Vous traverserez tout le village en seulement quelques minutes. Le site abrite également une particularité remarquable : des colonies de loups de mer y ont élu domicile à l'année, offrant ainsi aux visiteurs une occasion unique d'observer ces animaux majestueux dans leur habitat naturel.

Argent

Nous vous conseillons d'apporter beaucoup d'argent liquide, puisque le village ne compte aucun guichet automatique (il y a un distributeur automatique à l'entrée du parc national, mais il ne fonctionne pas toujours), et que la plupart des établissements n'acceptent ni les paiements par cartes de crédit, ni les transferts électroniques.

Faune et Flore

Durant votre séjour, assurez vous de passer par le phare, puisqu'au pied de celui-ci se trouve une colonie de phoques. Ces derniers sont pour la plupart des mâles qui ont été expulsés des autres îles par leurs rivaux, durant la période de reproduction en novembre et décembre. Attendez-vous à assister à des combats incessants, mais sachez qu'ils ne représentent aucun danger, à moins d'être provoqués.

Histoire

Le nom du cap, Polonio, provient du nom du capitaine d'un navire qui fit naufrage ici en 1753. Au début du XXe siècle, les premiers habitants arrivent peu à peu sur le site, mais sont freinés par la barrière naturelle du sable. Ils se consacrent à la pêche artisanale, au trappage de phoques et vivent de manière rustique. Ce village a été relativement épargné par l'afflux touristique, notamment parce qu'il fait partie d'une aire protégée ; ses dunes sont, dit-on, les plus hautes d'Amérique du Sud. Dans les années 1970 néanmoins, les hippies font de ce lieu hors du commun leur repaire d'été.

Cabo Polonio.

CÔTE EST

Pratique

Depuis Valizas, la balade à travers les dunes est inoubliable (et vice-versa). L'aller-retour est néanmoins épuisant, pensez à prendre un bus dans un sens ou dans l'autre. Prévoyez d'y rester plusieurs jours, il serait dommage de ne pas profiter pleinement de la beauté sauvage du cap à peine arrivé.

Pour ce qui est de l'électricité, quelques entreprises chargent appareils électroniques pour un coût modique, mais elles ne sont pas toujours ouvertes. Préparez-vous à couper le courant et à éteindre votre portable, ou bien munissez-vous d'une batterie externe avant d'arriver. Il est aussi conseillé d'apporter une lampe frontale, car il s'avère parfois complexe de cuisiner à la lueur tremblante de la bougie.

Se loger

Les *backpackers* seront ravis, puisque Cabo Polonio compte de nombreuses adresses bon marché. Les maisons les plus bourgeoises sont situées sur la butte baptisée ironiquement « Beverly Hills ». Néanmoins l'isolement bobo-chic a un prix : les villas à louer, comme les bungalows ou nuitées en *hostels*, sont très onéreuses, car les places limitées, et les prix explosent en été. En effet, les constructions sont aujourd'hui gelées sur ce site protégé, seuls les *ranchos* s'effondrant peuvent être retapés. Le succès toujours grandissant du Cabo pousse chaque année nombre de propriétaires à sous-louer des chambres au noir dans leur propre maison ou à la transformer en *hostel* informel. L'été, il s'agit d'un tourisme sauvage dans tous les sens du terme !

Transports

Pour se rendre à Cabo Polonio, c'est déjà une aventure. Les voitures ne peuvent pas y circuler, car il n'y a pas de route. Pour s'y rendre, vous avez deux options : soit vous marchez depuis Valizas par une épuisante randonnée de 4 heures dans le sable (donc sans valise ni gros sac), ou vous prenez un buggy géant qui mène au cap à travers 8 km (30 minutes) de dunes et de végétation. On le prend à l'entrée du parc où se trouvent le parking, le terminal de bus et même un petit écomusée présentant la biodiversité de la région. Pensé par un Français ingénieux, il a le surnom de « El Francés », et ses places en hauteur sont très prisées pour admirer le paysage, mais réservées aux plus aventureux car ça tangue et ça bouge beaucoup. Vous aurez l'impression d'être dans une autre dimension !

FARO DE CABO POLONIO ★★

Ouvert tous les jours sauf entre 13h et 15h, accès libre.

© EMILIANO CARRACEDO - SHUTTERSTOCK.COM

Le joli phare blanc qui domine le Cabo du haut de ses 26 mètres fut inauguré en 1881 lorsque le village vit le jour. Plusieurs navires firent naufrage au large de ce lieu singulier, et son nom provient d'ailleurs de Polloni, le capitaine du navire *Nuestra Señora del Rosario*, qui s'y échoua en 1753. On peut y monter pour admirer la vue sur le Cabo, ainsi que la colonie de loups de mer somnolant sur les rochers. Prenez le temps d'écouter la chanson populaire *Doce segundos de oscuridad* de Jorge Drexler (seul lauréat d'un Oscar en Uruguay).

PUERTA DEL POLONIO

Ruta 10, km 264

✆ +598 9564 3217

Aller-retour : 320 $. Gratuit pour les enfants de moins de 5 ans. Parking 270 $ par jour. Argent comptant seulement.

Le terminal Puerta del Polonio est le seul terminal d'accès au site et centralise différents services : bus, camions, stationnement, centre d'information, cafétéria, musée sur la biodiversité du parc et espace d'artisanat. En été, les camions partent pour Cabo toutes les 30 minutes, entre 7h et 22h, et reviennent entre 8h30 et 21h. En basse saison, seulement 6 départs sont assurés chaque jour. Le dernier camion entrant de la soirée attend le dernier bus de Montevideo. Veuillez consulter les horaires sur la page Web www.turismorocha.gub.uy/horarios-cabo-polonio

VIEJO LOBO €

Playa La Calavera

✆ +598 9141 3013

www.viejolobohostel.com

De 620 à 800 $ par personne en dortoir (4 ou 6 lits), et de 1 500 à 2 300 $ la chambre double, selon la saison.

Bienvenue au paradis des hippies ! Une maison très sommaire, en bois et en pierres, avec cuisine (et four) à disposition, barbecue, poêle, 2 salles de bains avec douches et eau chaude, connexion Wi-Fi, éclairage LED, chauffage pour l'hiver, prise de courant pour recharger les batteries... L'hostel propose deux chambres doubles, une chambre pour quatre personnes et deux autres pour six. Accueil sympathique. Le point fort de votre expérience à Viejo Lobo sera sans aucun doute les dîners entre voyageurs, on ne peut plus conviviaux et surtout, délicieux !

NARAKAN €€

✆ +598 9928 5259

www.narakan.com

Entre 30 et 35 US$ par nuit pour un dortoir de 6 personnes, et 100 et 120 US$ pour la suite double avec balcon. Wifi.

Bienvenue au Narakan, situé à quelques pas de la magnifique Playa de la Calavera. Les chambres en bungalow, tout en bois, offrent une ambiance cosy et une vue imprenable sur l'océan. Chacune est équipée d'une salle de bains privée, d'une terrasse ou d'un balcon avec vue, d'un bidet - une rareté à Cabo Polonio - ainsi que d'une connexion wifi gratuite. Le bar avec musique *live* et le feu de camp garantissent des soirées animées. Le petit-déjeuner continental est inclus dans le séjour, tout comme un dîner romantique aux chandelles. Location de planches de surf.

LA PERLA DEL CABO €€

Camino Posadas

✆ +598 4470 5125

www.laperladelcabo.net

Ouvert toute l'année. En haute saison, 170 US$ pour une chambre avec vue sur la mer. En basse saison, 100 ou 120 US$.

L'hôtel le plus ancien de Cabo Polonio a les pieds dans l'eau et offre un superbe panorama. Les chambres sont simples mais bien tenues, équipées d'un bon matelas, d'une douche avec eau chaude, d'une jolie terrasse et de quelques agréments décoratifs. Faites-vous plaisir et réservez une chambre avec vue sur l'océan, et en basse saison si vous en avez la chance. Restaurant réputé pour sa cuisine créative, mais bien qu'assez onéreuse. Les CB Visa sont acceptées, ce qui peut dépanner si vous n'avez plus d'espèces pour finir votre séjour. Wifi (rare au Cabo).

POSADA MARIEMAR €€

Camino Posada

✆ +598 9987 5260

www.posadamariemar.com

Ouvert toute l'année. Compter 120 ou 150 US$ pour une chambre double, petit déjeuner inclus.

Les six chambres (3 au rez-de-chaussée, 3 au deuxième étage, doubles, triples et quadruple) de cet établissement sont confortables et comptent chacune une salle de bain privative avec eau chaude, ce qui est très appréciable dans cet environnement spartiate. Celles du haut ont une vue plus dégagée, et sont donc plus chères. Belle vue sur la plage et la mer depuis les fenêtres et la terrasse du restaurant. Le service et l'accueil chaleureux en font un excellent lieu de séjour, bien que la propreté pourrait être améliorée davantage. Service de visites guidées. Wi-Fi.

LO DE DANI €€

Camino Posadas

✆ +598 9987 5584

Comptez 500 $ le plat par personne. Ouvert tous les jours de 9h à minuit, en haute saison.

Ce restaurant a bonne réputation au Cabo, car il propose une cuisine familiale uruguayenne typique (*chivitos*, *milanesa*, pizzas, poisson du jour, beignets d'algues...). Cependant les assiettes sont rustiques et sans grande originalité, et les prix sont un peu plus élevés qu'ailleurs. Quant aux patrons, ils ne sont pas très enthousiastes. En revanche, le bar avec ses cocktails créatifs bien dosés et concoctés avec des fruits frais par un barmaid dynamique est un bon plan pour bien commencer la soirée. Magnifique vue sur l'océan.

LO DE JOSELO

Chemin principal

Celui qui vient au Cabo doit goûter à l'ambiance nocturne de cette taverne modelée dans un vaste bosquet de plantes exubérantes. L'endroit ne s'anime que tard après le dîner, vers minuit. Vous ne rêvez pas : ici les murs sont végétaux, des branches entrelacées formant des grottes vertes éclairées à la bougie autour du zinc de José, personnage emblématique du Cabo. L'échange est toujours passionnant. Chez José, on boit bien sûr, mais surtout on refait le monde et on philosophe jusqu'au petit matin, souvent au son de quelques guitares et percussions de passage.

BARRA DE VALIZAS ★★

Cette petite station balnéaire d'environ 350 habitants se trouve à 8 km au nord de Cabo Polonio, séparée de cette dernière par un immense cordon de dunes de sables puis par le cours d'eau *arroyo* Valizas. Résidentielle et assez hippie, elle ne connaît pas une grande animation. Une foire artisanale accueille chaque jour des jongleurs désinvoltes, de modestes artisans et des restaurateurs qui viennent mettre de la vie dans l'atmosphère décontractée du village. Des cours et retraites de méditation et de yoga ont lieu tous les jours. Enfin, devant la pénurie des logements au Cabo, Barra de Valizas connaît un fort développement ces dernières années.

MONTE DE OMBÚES ★★

Cette forêt insolite, déclarée réserve naturelle, se situe entre Cabo Polonio et la laguna de Valizas (entourée par la Laguna de Castillos et traversée par le cours d'eau Valizas). Il s'agit de la plus vaste étendue d'*ombúes* au monde ; l'un d'entre eux aurait plus de 500 ans ! L'*ombú* est une sorte de plante gigantesque (qui ressemble à un arbre) qui croît habituellement en solitaire.
A Monte de Ombúes, vous pourrez effectuer une excursion guidée de 2 heures 30 environ à la découverte de ce vaste et rare écosystème. Au km 267 de la Ruta 10, est installée l'agence Monte Grande qui offre ses services aux visiteurs. La visite se fait en barque.

© FOTOEMBER

Barra de Valizas.

LAGUNA DE CASTILLOS ★★

La Laguna de Castillos est située dans le département de Rocha, à 15 km au sud de Castillos et à 50 km au nord de la ville de Rocha. C'est un endroit stratégique pour observer les 200 espèces d'oiseaux recensées, qui fut déclaré « Refuge de faune » en 1966 et aujourd'hui considéré comme une aire protégée. Autre spécificité, la lagune est entourée par une forêt de *ombúes* unique en son genre ; certaines espèces ont plus de 500 ans. Il faut savoir qu'il est extrêmement rare de voir autant d'espèces regroupées en un seul et même lieu. L'*arroyo* Valizas (cours d'eau) qui se jette dans la lagune la relie également à l'océan Atlantique. Sachez qu'il est impossible d'y naviguer, de chasser et de camper au bord de la lagune.

CABALGATAS VALICERAS

Calle Tomás Cámbre s/n
✆ +598 9957 4685
www.cabalgatasvaliceras.com.uy
Randonnées équestres à partir de 65 US$.

Que vous soyez débutant ou confirmé, vous pourrez profiter de votre séjour sur la côte pour faire des promenades à cheval exceptionnelles. Cette expérience vous permettra de découvrir les splendides paysages de dunes environnants d'une manière différente. Situé à quelques kilomètres au nord de Cabo Polonio, Cabalgata Valiceras propose plusieurs itinéraires pour des promenades de plusieurs heures ou sur plusieurs jours, adaptés à tous les niveaux. Les itinéraires comprennent des randonnées à Cabo Polonio (10 heures), à Las Calaveras (2h30), et à Luna Llena (4h).

ESTANCIA GUARDIA DEL MONTE €€

Ruta 9 km 261,5 ✆ +598 9987 2588
www.guardiadelmonte.com
Selon la saison, compter entre 100 et 150 US$ par jour et par personne, en pension complète. Balades à cheval incluses.

Au bord de la lagune, cet ancien *casco* (maison principale) de garde espagnole faisait partie des fortifications édifiées par les Espagnols pour contrôler la région. Les parties les plus anciennes de la bâtisse datent de 1800. Sur place, on peut y observer des centaines d'oiseaux, se promener dans une forêt d'*ombúes* et faire d'inoubliables virées à cheval en pleine nature. La salle à manger rappelle les anciennes *pulperías*, et les chambres, meublées à l'ancienne, sont très confortables.

AGUAS DULCES ★

Cette paisible localité fut fondée à la fin du XIXe siècle. Il ne s'agissait alors que de huttes sur pilotis disséminées çà et là. Son nom proviendrait de l'époque coloniale : la zone était en effet une aubaine pour les navires en provenance du Vieux Monde, qui pouvaient se ravitailler ici en eau fraîche. Le village est entouré de lagunes d'eau potable, telles que Las Lisas, Clotilde Brioso et Los García qui font partie de la zone protégée déclarée « zona reserva de la biosfera » par l'Unesco. Au large, on peut observer les vestiges de nombreux bateaux naufragés, comme le brigantin hollandais *Junior* (29 juin 1869) et *L'Arinos* (9 octobre 1875). Depuis ces naufrages, pléthore de légendes circulent…

PUNTA DEL DIABLO ★★★

Situé à quelques kilomètres de la frontière brésilienne, Punta del Diablo n'existe en fait en tant que village que depuis les années 1960, époque à laquelle l'endroit fut occupé illégalement par des pêcheurs venus capturer des requins dans les eaux voisines (l'huile de foie de requin était une exportation lucrative). Ces dernières années, la localité a vu son tourisme se développer considérablement. Elle comprend aujourd'hui près de 1000 habitants permanents et reçoit 20 000 vacanciers, dont une grande partie de jeunes « baba cool ». L'afflux touristique est à son comble entre décembre et février. On trouve alors des campings, *hostels*, hôtels de charme ou de luxe, et une pléthore de restaurants. Nombreuses sont les échoppes de pêcheurs qui vendent leur prise du jour et des *empanadas* aux fruits de mer. Profitez de votre shopping pour leur demander de vous conduire à la Isla de la Coronilla, où vivent des loups de mer. Del Diablo possède un cachet unique sur la côte de Rocha : depuis le sommet des collines de sable situées au cœur du village, ou depuis les rochers où s'installent les pêcheurs, on admire la plage sauvage à perte de vue et les dunes préservées. Entre juillet et fin octobre, on peut y apercevoir les baleines qui migrent vers le sud. Une excursion de longue haleine le long de la Playa Grande, la Playa del Barco et la Playa Achiras vous conduira au somptueux parc national de Santa Teresa, abritant les plages les plus sublimes du pays.

Transports

Sachez qu'il est important de planifier son voyage en fonction de la saison touristique, car certaines routes peuvent être bondées et les bus affichent souvent complets.

- **En voiture.** Depuis Montevideo, empruntez l'IB et la R9 jusqu'au km 298. Depuis La Pedrera ou Cabo Polonio, prenez la R10 jusqu'à la R9.
- **En autobus.** Comptez 4h depuis le terminal Tres Cruces de Montevideo (COT, Rutas del Sol et Cynsa). Le billet aller simple coûte 600 $. Depuis Punta del Este, vous devez vous rendre d'abord à la gare routière de La Paloma ou de San Carlos pour embarquer sur un second bus en direction de Punta del Diablo. Dans le terminal de bus de Punta del Diablo se trouvent les bureaux de COT, Rutas del Sol et Cynsa. Également, un petit office de tourisme et un kiosque proposant nourriture et boissons à emporter.

Punta del Diablo.

PLAGES ★★

Les plages de Punta del Diablo : un havre pour les pêcheurs, les amateurs de nature et les surfeurs.

La playa de los Pescadores (plage des pêcheurs) est située tout près du centre. C'est de là que partent les bateaux de pêche artisanale le matin. Les pêcheurs reviennent juste avant le coucher du soleil pour hisser leurs embarcations sur la plage et pour décharger et nettoyer leurs prises du jour. C'est alors le meilleur moment pour venir acheter des fruits de mer, des sardines, du poisson-chat, des roussettes et d'autres délicieuses pêches du jour à de très bons prix. N'hésitez pas à leur demander leurs recettes !

La playa de la Viuda est la plus sauvage des trois plages de Punta del Diablo. Cette plage de sable plus épais, et de 4 km de long, se termine au niveau du phare (lequel a donné son nom à la plage). Plus fréquentée par les jeunes, surtout l'été avec des bars de fortune qui sont dispersés le long de la côte. Belles vagues, mais prudence car le courant est fort !

La playa de los Botes (ou Pescadores) est la plus traditionnelle des plages de Punta del Diablo. Plage familiale, elle est protégée par des rochers et se trouve à côté d'une jetée.

La playa del Rivero débute après la Playa de los Botes et se termine à la pointe rocheuse du Rivero, frontière avec le Parque Nacional Santa Teresa (à noter : la beauté de la première plage du parc, l'une des plus belles du pays). Il s'agit en fait d'une baie fermée où les vagues font le bonheur des surfeurs. Allez y admirer les magnifiques couchers de soleil.

CAMPING DE LA VIUDA €

Playa de la Viuda

✆ +598 9441 8801

Camping 300 $/nuit par personne. Cabañas 1 800 $/nuit. Réservez par email ou WhatsApp.

A 800 mètres des plages, ce vaste site peut accueillir 300 personnes, en camping ou dans 5 *cabañas* équipées (pour 4 personnes). Il possède un terrain de volley et de football, des jeux pour les enfants, un accès Internet gratuit, et des *parrilleros* avec chaises et tables. S'y trouvent également une supérette où faire ses courses, des salles de bains (douche avec eau chaude) et des espaces barbecue. Le camping est toujours surveillé. L'arrêt de bus se trouve à 500 mètres. Ouvert toute l'année. Equilibre parfait entre nature et confort.

LA CASA DE LAS BOYAS €

Playa El Rivero

✆ +598 4477 2074

www.lacasadelasboyas.com.uy

Chambre double à partir de 45 $ en basse saison et 90 $ en haute saison. Piscine. Wifi.

Cette maison unique décorée de bric et de broc offre de superbes studios et lofts privés pouvant accueillir de 2 à 6 personnes. Les appartements sont équipés d'une cuisine équipée, de la climatisation, d'une TV et d'une vaste terrasse extérieure avec vue sur la mer. Sont proposées des activités telles que des cours de surf, des excursions guidées à pied, en 4x4 ou à cheval, des safaris photo (observation d'oiseaux), location de vélos, etc. Piscine extérieure. Paisible et convivial, c'est l'endroit idéal pour vous détendre et profiter de votre séjour.

HOSTAL DEL DIABLO €

Calle N° 8 y Aldea del Mar

✆ +598 9289 7695

www.hostaldeldiablo.com

Ouvert de fin octobre à fin février. A partir de 4 200 $ pour une chambre double. Petit déjeuner inclus.

A quelques pas du centre du village et à 150 mètres de la plage, cette jolie bâtisse qui ressemble à une chaumière abrite 16 chambres avec climatisation, DirectTV et salle de bains privée. Certaines chambres ont vue sur la mer. Un superbe jardin et une piscine sont les atouts du lieu. L'hôtel dispose également d'une cuisine équipée, d'un salon TV, d'une salle de jeux, d'une bibliothèque, d'un bar 24/24, d'un petit déjeuner buffet, d'un ordinateur et d'une connexion wifi. Parking disponible. Le personnel amical sera toujours prêt à répondre à tous vos besoins.

MARADENTRO APART HOTEL & SUITES €€€

Gral. San Martín

✆ +598 9412 3444

www.maradentrohotel.com.uy

Suites et lofts à partir de 140 US$ par nuit (hors taxes). Petit-déjeuner inclus.

Ce somptueux établissement hôtelier propose des appartements, duplex, suites et lofts pouvant accueillir de 2 à 8 personnes. Ces derniers offrent une vue imprenable sur la plage et l'océan, une kitchenette avec micro-ondes, mini bar, vaisselle et électroménager, la climatisation, une terrasse et du wi-fi. Quelques-uns comprennent un bain à remous et un barbecue à gaz. Piscine et solarium. Petit déjeuner copieux. Réception 24h. L'une des meilleures options de la région.

KIOSCO ALBA €

Feria Artesanal
✆ + 598 9976 1335
Toute l'année.

Ce kiosque situé à l'entrée du marché artisanal est la solution parfaite pour une pause-repas rapide et abordable. Avec des *buñuelos de algas* (beignets d'algues) frits à la perfection, des empanadas aux fruits de mer, viande, jambon et fromage, des tartes et des boissons, vous pourrez découvrir des saveurs locales authentiques. Vous ne pouvez tout simplement pas quitter Punta del Diablo sans visiter cette échoppe. Juste à côté, le Kisoco Noel, ouvert lui aussi toute l'année, vend *empanadas*, pâtisseries et *tortas fritas*. Incontournable.

EL HONGO LUMINOSO €

Avenida y calle N° 32
✆ +598 9879 0339
Ouvert tous les jours de 20h à 23h30.

Qui aurait pu penser que planifier un séjour en Uruguay pourrait conduire à une expérience aussi magique qu'un dîner dans un gigantesque champignon lumineux ? Pas vous ? Eh bien, préparez-vous à être agréablement surpris ! Ce restaurant atypique à l'architecture inhabituelle est le résultat d'un pari d'entrepreneurs uruguayens qui cherchaient à offrir une expérience unique à leur clientèle. C'est avec une ingéniosité étonnante qu'ils produisent aujourd'hui leur propre bière artisanale et cuisinent des pizzas et pâtisseries cuites dans un four en argile. Insolite.

BON AMOUR €€

Avenida Central ✆ +598 9221 6562
www.bonamourpuntadeldiablo.com
Comptez 120 US$ durant la haute saison et 70 US$ pour la basse saison. Pour adultes seulement. Animaux acceptés. Wifi.

© ZAG PUNTA DEL ESTE

Appartenant autrefois à un Français, ce ravissant hôtel-boutique a récemment été racheté puis rénové par la superbe Fiamma et son mari Nicolas, qui décidèrent de tout redécorer selon un style plus épuré, plus « *tranqui* » (leur devise). Situées à quelques pâtés de maisons de la Playa Grande dans un cadre tout à fait charmant, les 6 *cabañas* sont aménagées autour d'une piscine chauffée et disposent chacune d'une cuisine tout équipée, d'un bureau, d'une télévision, d'une salle de bains privée, d'un lit gigogne et, bien sûr, d'une *parrilla*. L'idéal pour les couples.

LA TERRACITA €€

Av de los pescadoresFeria Artesanal
✆ +598 9840 6036
Tous les jours de 13h à 17h puis de 20h à minuit. Compter environ 600 $ pour un plat principal.

Bienvenue au paradis des pâtes fraîches ! Luca, chef italien expérimenté ayant fait ses armes dans des destinations du monde entier, a fondé La Terracita il y a plus de 7 ans. Il suffit de passer devant son restaurant pour se laisser tenter par les arômes alléchants de ses plats. Les options incluent des tortellinis farcis à la ricotta et aux épinards, des gnocchis aux shiitakes, des tagliatelles aux crevettes ou encore un risotto aux champignons, tous préparés avec des ingrédients frais. Pour finir en beauté, optez pour un tiramisu, panna cotta ou gelato.

IL TANO CUCINA €€€

Núm 5
✆ +598 9658 9389
https://iltanorestaurant.com/
Tous les jours de 12h à 15h30 et de 19h à 23h30. Dîner seulement en basse saison. Comptez 1 000 $ pour un repas complet.

Tenu par le chef argentin Luciano et sa partenaire Ximena, ce restaurant situé à quelques pâtés de maisons de la plage propose un menu diversifié combinant saveurs authentiques et ingrédients locaux. Découvrez les brochettes de crevettes et calmar, le carpaccio de pieuvre, les *rotolos* de fruits de mer sans oublier la pêche artisanale servie avec salade de couscous et légumes grillés. Pour le dessert, ne manquez pas le pancake de *dulce de leche*. Un régale. Vins uruguayens et bières artisanales. Sans conteste l'une des meilleures tables de la région.

CÔTE EST

FERIA DE ARTESANOS

Pour les voyageurs en quête de poisson frais, de beignets aux algues, de bibelots en tout genre, de rencontres imprévues ou simplement d'une jolie vue sur la mer, la foire artisanale de Punta del Diablo est l'endroit à ne pas manquer. Chaque stand propose des produits uniques fabriqués à la main par des artisans locaux passionnés qui partageront avec vous leur savoir-faire et leur histoire. Déambulez au hasard entre les échoppes de pêcheurs et laissez-vous emporter par l'ambiance décontractée des chaudes soirées d'été. A deux pas de la *playa de los Pescadores*.

PARQUE NACIONAL SAN MIGUEL ★

Le Parc national de San Miguel mérite véritablement le détour et pas seulement pour la forteresse qu'il abrite. Ce parc est en réalité une réserve faunique et florale, un lieu mystique qui appelle à l'introspection et à la contemplation. Certains disent même qu'on y a senti des flux magnétiques, à l'instar de ces corbeaux qui virevoltent au-dessus des sommets des monts Vigia et Picado. Ces deux collines s'élèvent à une centaine de mètres au-dessus du niveau de l'océan et offrent une vue dégagée sur les vastes plaines de Rocha et de Rio Grande do Sul (au Brésil). En traversant le parc, vous apercevrez des troupeaux de vaches et de chevaux *criollos*. Vous pourrez effectuer une excursion en 4X4 et monter jusqu'aux deux collines. Ce lieu est hallucinant, mystique, couvert d'un amas de pierres volcaniques issues, paraît-il, de la fusion du magma (c'est pourquoi nous vous parlons de mysticisme et d'ondes magnétiques). Face à un tel spectacle, vous regarderez peut-être aussi du côté de la laguna Merín, souvent embrumée et au contour très flou. Pour poursuivre la découverte du parc – bien sur terre, cette fois – allez visiter le magnifique Fortín (ou Fuerte) de San Miguel.

FUERTE DE SAN MIGUEL ★★

Ruta 19

✆ +598 4474 6541

wwwf.ejercito.mil.uy

Tous les jours de 10h à 20h en haute saison et de 10h à 19h en basse saison. Entrée : 50 $.

Ce joli fort en granit orangé ou rosé fut construit en 1734 par les Espagnols pour lutter contre les Indiens et conquérir l'Amérique. Les Portugais l'ont occupé en 1737 et ont achevé sa construction avant que les Espagnols ne le récupèrent en 1763. Ayant récemment été rénové, il est plus petit que celui de Santa Teresa, mais conserve le fossé et le pont-levis. Les salles contiennent des meubles et objets d'époque. À proximité se trouve le musée Criollo, qui abrite des pièces et objets de la région. Il est possible de louer des chevaux pour explorer le parc.

Fuerte de San Miguel.

PARQUE NACIONAL DE SANTA TERESA ★★★

Situé à 10 km au nord de Punta del Diablo, ce parc de plus de 3000 hectares vous invite à découvrir ses zones de loisirs tout au long de l'année et à admirer les lieux mémorables qui en font sa réputation. Tenu par des militaires très accueillants, il abrite deux magnifiques serres, un refuge pour animaux, de superbes plages (certains affirment que ce sont les plus belles du pays), des aires de camping, un musée et la Forteresse Santa Teresa. Accessible aux personnes à mobilité réduite.

Faune et Flore

À quelques minutes de la forteresse se trouve le Refugio Silvestre, un refuge pour animaux gratuit et accessible au public. Au milieu des palmiers et de la végétation exubérante, on y croise des troupeaux de vaches et différentes espèces d'oiseaux. Dans la volière, on peut apercevoir paons, *caranchos* (un rapace qui mange sa proie encore vivante), corbeaux à tête rouge, hiboux *ñacurutu* (étrange bête), cygnes noirs australiens et bien plus encore. On croisera peut-être un *gato de Monte* (un chat sauvage), ainsi que plusieurs animaux en semi-liberté : ragondins, autruches, capybaras, lamas et sangliers (ces derniers, en les approchant, se jetteront au sol pour que vous les flattiez). À 2 km au sud, vous trouverez la serre de granit (*el invernáculo*) et l'ombrière (*el sombraculo*), construites en 1939, qui abritent près de 90 espèces de plantes tropicales, dont des monsteras, strelitzias, lotus et bonsaïs. Un peu plus, loin, une roseraie recèle une collection de plus de 300 espèces de roses. On se croirait alors entrer dans l'univers mystérieux et féérique des films de Tim Burton ou de Guillermo del Toro. Pour compléter votre visite, dirigez-vous vers le poste d'observation de baleines à l'extrémité de la Playa Grande. D'août à octobre, la baleine franche australe (également appelée baleine noire) parcourt des milliers de kilomètres depuis les eaux de l'Antarctique pour s'accoupler et donner naissance à ses baleineaux dans les eaux plus calmes et plus chaudes de Rocha. Munissez-vous alors de vos jumelles et allez les observer tôt le matin ou durant le coucher du soleil.

Histoire

Les premières fondations du parc remontent à l'époque où le territoire de l'actuel Uruguay était disputé entre les Portugais et les Espagnols. En 1762, la couronne espagnole commanda la construction d'une forteresse destinée à empêcher toute invasion du Brésil et le long de la côte atlantique. Avec la fin de la guerre du Pacifique en 1828, la République orientale de l'Uruguay fut établie et la forteresse devint propriété de l'État. Elle resta cependant abandonnée jusqu'à ce que son site soit redécouvert par l'historien Horacio Arredondo qui entreprit alors sa reconstruction en 1928. Avec le soutien du président de la République Baltasar Brum et alimenté par un sentiment patriotique, Arredondo s'engagea à restaurer ce monument militaire en créant une réserve naturelle et en y ajoutant des zones de loisirs. Aujourd'hui, un petit musée sur sa vie a été installé près des serres.

Pratique

L'accès au parc est gratuit, mais il faut payer 60 $ pour entrer dans la forteresse Santa Teresa. En haute saison, le parc est ouvert tous les jours de 10h à 19h, tandis qu'en basse saison, il est ouvert du mercredi au dimanche de 13h à 19h. Vous trouverez plusieurs services tels que des restaurants, un garage, un distributeur automatique de billets, une boulangerie et un supermarché. Interdiction d'emmener des animaux. Pour s'y rendre en voiture, prenez la R9 jusqu'au km 306. Des bus COT et CYNSA partent de Montevideo, La Pedrera, La Paloma et Punta del Diablo.

Se loger

Pour ceux qui souhaiteraient passer quelques nuits au parc, il est possible de réserver des parcelles sauvages pour camper. Ce camping est le plus grand du pays, et l'un des plus populaires. Rendez-vous à la *Capatacia*, le bureau d'information situé à l'entrée du parc, afin que l'on vous assigne un emplacement. Toilettes publiques, douches à eau chaude et eau potable comprises. Comptez 250 $ par nuit pour une parcelle. Santa Teresa propose également des chalets à louer pouvant accueillir entre 2 et 10 invités. Les cabanes sont munies d'un lit double, d'une kitchenette tout équipée avec réfrigérateur et cuisinière à gaz, d'une salle de bain et d'un barbecue. Elles ne disposent pas de système de chauffage ni de literie ni de connexion wifi. Certaines disposent d'une vue sur l'océan. Leurs tarifs varient selon la saison. De décembre à février, un chalet pour 6 personnes coûte entre 3 530 et 6 050 $ en fonction de la qualité de la résidence. Le reste de l'année, ils reviennent à 2 650 $ et 5 030 $. En raison de la forte demande, il est suggéré de réserver plusieurs mois à l'avance via le formulaire de contact de la page Web (www.serviciodeparquesdelejercito.com.uy).

FORTALEZA SANTA TERESA ★★

Ruta 9 km 302 ✆ +598 4477 2101

Tous les jours de 10h à 18h30. Le musée est ouvert du lundi au vendredi de 10h à 14h. Entrée : 80 $ par personne.

La forteresse de Santa Teresa se situe dans le parc tout près de la route 9. Zone de convoitise commune aux deux grands Empires espagnol et portugais du XVIIIe siècle, cette région pouvait être contrôlée par la construction d'un fort sur ce petit mont qui possédait une bonne vue. Le colonel T. de Osorio fit édifier quelques bâtiments en terre en 1762, mais ils ne tinrent pas face à l'ardeur espagnole. De 1762 à 1775, trois autres fortifications furent construites. C'est un ingénieur français, capturé par les Espagnols ou les Portugais, qui sera l'initiateur de l'architecture du fort actuel qui fut achevé en 1791. Au cours du temps, il fut le théâtre de différents conflits jusqu'aux guerres civiles du XIXe siècle. Le traité de San Ildefonso confirma en 1777 la possession espagnole de Santa Teresa et San Miguel. Le périmètre de cette forteresse mesure 652 mètres. Ses remparts ont une forme irrégulière et ses cinq angles se terminent par des bastions saillants, rendant impossible l'escalade des murs. Ces derniers, gigantesques, ont été taillés dans d'énormes blocs de granit, et mesurent 11,5 mètres de hauteur à certains endroits. La forteresse comprend 41 ports de canon et 5 guérites. On peut aujourd'hui y visiter un musée, ouvert de 9h à 17h, qui reconstitue la vie du fort et qui présente différentes collections d'armes anciennes, d'écussons et autres objets étranges et traditionnels de l'époque. Dernière chose intéressante, une série de maquettes des différents forts existant en Uruguay.

© GDSFX - FOTOLIA

LAGUNA NEGRA ★

Sur la ruta 9 avant l'entrée du parc de Santa Teresa. La route 14 ou « Ruta del Indio » y mène aussi.

Plus grande des lagunes côtières du pays, la Laguna Negra jouit d'un superbe environnement naturel. C'est un lieu très paisible dédié à l'observation des oiseaux et des flamants roses. Des collines couvertes d'arbres au feuillage bas comblent le promeneur. On peut effectuer la promenade à pied depuis Punta del Diablo ou à cheval. De nombreuses autres lagunes plus petites bordent cet écosystème exceptionnel : lagunas Verde, Blanca, del Bicho, qu'il peut être intéressant de découvrir si l'on est motorisé (ou en kayak). Superbes couchers de soleil.

MANOS MÍAS

A l'entrée du Parque de Santa Teresa
✆ +598 9446 4518

Ouverte tous les jours de 9h30 à 21h. CB non acceptée.

Située à quelques pas de l'*invernáculo* (la serre) devant une magnifique cascade, cette petite boutique plutôt kitsch propose une variété d'articles locaux tels que des liqueurs, des gâteaux et des souvenirs. Vous pourrez y admirer l'artisanat en bois, les bijoux, les céramiques, les petites figurines appelées *llamadores de ángeles* qui sifflent dans le vent ainsi que les attrape-rêves. Ne manquez pas de goûter les délicieuses glaces artisanales. Sandra et son mari Gabriel se feront un plaisir de vous conseiller pour vos achats.

CHUY

Chuy est une petite ville frontière étrange et animée de 12 000 habitants. En son centre, un côté de la rue principale se trouve en Uruguay, l'autre partie au Brésil (Chui). Réputé pour être le théâtre de trafics plus ou moins légaux, Chuy est surtout connue comme un vaste centre commercial, où les Uruguayens viennent faire des courses bon marché dans les boutiques *duty-free*, situées dans la rue principale et sur l'avenida Brasil : cuir, vêtements, chaussures, multimédia... Les prix sont assez attractifs et l'on peut y faire de bonnes affaires. Sur la côte, la localité Barra del Chuy est l'une des stations balnéaires les plus prisées du littoral océanique.

CÔTE EST

Laissez-vous émerveiller par la splendeur du département de San José, où les merveilles naturelles et le charme pittoresque vous transporteront dans un monde à part. San José de Mayo, sa capitale, est une cité historique qui regorge de monuments architecturaux datant du XIXe siècle, témoins du riche passé de la région. Aux alentours, les estancias historiques, les terrains verdoyants, les écuries et les vieux bâtiments en pierre sauront vous plonger dans un univers paisible et hors du temps. Les paysages spectaculaires des environs offrent une multitude de possibilités pour l'aventure en plein air, des randonnées pédestres aux balades à cheval, en passant par des excursions en bateau sur les rivières voisines.

Côte ouest
Nueva Palmira
El Faro
Carmelo
Isla Martín García
Conchillas
Parque Anchorena
Real de San Carlos
Colonia del Sacramento
Riachuelo
Rosario
Nueva Helvecia - Colonia Suiza
Colonia Valdense
Los Pinos - Playa Fomento
Puerto Arazatí
Kiyú
Sierra de Mahoma
San José de Mayo
Santa Lucía
Aguas Corrientes
Florida
Montevideo
Cardona
Ombúes de Lavalle
Ismael Cortinas
Tarariras
La Horqueta
El Semillero
Juan Lacaze
Cufré
González
Juan Soler
La Boyada
Puntas de Valdez
Libertad
Ciudad Del Plata
Canelones
Los Cerrillos
Las Piedras
Pintado
La Cruz
Río de la Plata
Buenos Aires
Berisso
Argentine

●● DÉPARTEMENT DE SAN JOSÉ

Laissez-vous émerveiller par la splendeur du département de San José, où les merveilles naturelles et le charme pittoresque vous transporteront dans un monde à part. San José de Mayo, sa capitale, est une cité historique qui regorge de monuments architecturaux datant du XIXe siècle, témoins du riche passé de la région. Aux alentours, les estancias historiques, les terrains verdoyants, les écuries et les vieux bâtiments en pierre sauront vous plonger dans un univers paisible et hors du temps. Les paysages spectaculaires des environs offrent une multitude de possibilités pour l'aventure en plein air, des randonnées pédestres aux balades à cheval, en passant par des excursions en bateau sur les rivières voisines.

●● DÉPARTEMENT DE COLONIA

Plongez au cœur d'un voyage dans le temps en explorant le département de Colonia, une région pittoresque d'Uruguay qui évoque le charme authentique d'une époque révolue. La ville historique de Colonia del Sacramento, joyau emblématique de l'Uruguay, est un véritable enchantement pour les sens. Sa beauté incomparable vous transportera dans un autre monde, où l'architecture coloniale côtoie les rues pavées et les jolis petits musées d'histoire. Ne manquez surtout pas la vue imprenable offerte par les rives du *río* de la Plata, où se dessine l'Argentine voisine, pour une expérience visuelle à couper le souffle. Mais Colonia ne se cantonne pas uniquement à sa ville principale. Il regorge également de trésors cachés, tels que Colonia Valdense, un village fondé par des immigrants européens où différentes traditions se mélangent pour créer une symphonie culturelle unique. Au nord-ouest, la merveilleuse ville de Carmelo vous invite à explorer les plus beaux vignobles du pays, tandis que Nueva Palmira, ville portuaire dynamique, vous convie à savourer les plaisirs de la navigation et de la pêche sur les rives du fleuve Uruguay. Quelle que soit la raison de votre voyage, le département de Colonia est une étape incontournable qui émerveillera tous les voyageurs en quête de charme, d'authenticité et d'histoire.

Sierras de Mahoma.

© RPBMEDIA - STOCK.ADOBE.COM

Colonia del Sacramento.

SAN JOSÉ DE MAYO ★

Le peuplement de la ville date d'une expédition venue de Montevideo en 1783, qui comptait 52 familles espagnoles et 200 indigènes. Les colons étaient originaires en majorité des Asturies en Espagne et d'une région de León, appelée Maragatería. C'est pourquoi on appelle aujourd'hui les habitants les Maragatos. Selon la légende, c'est de San José que partit le fameux exode du Pueblo Oriental, dirigé par Artigas et qui, en 1825, a culminé la croisade des Treinta y Tres Orientales. La ville devint ensuite temporairement la capitale de la Provincia Cisplatina, quand l'Uruguay fut annexé par le Brésil. On recense environ 40 000 habitants à ce jour.

PLAZA DE LOS TREINTA Y TRES ORIENTALES ★

Située juste en face de la cathédrale, on y observe sur ses bancs en céramique les peintures réalisées par l'artiste Hugo Nantes. Se dresse aussi une œuvre du sculpteur italien Juan Ferrari, la *Pirámide de La Paz de Abril* (pyramide pour la paix d'avril), monument en marbre inauguré en 1873 célébrant la fin des hostilités entre *blancos* et *colorados*. Ses quatre lions (un brin singuliers) symbolisent la loyauté de chaque parti et les boucliers affichent les dates importantes du pays.

BASÍLICA DE SAN JOSÉ DE MAYO ★★

Sur la Plaza Independencia en face de la Intendencia Municipal

Amorcée en 1858, l'église ne fut inaugurée qu'en 1898. De style roman, elle possède deux tours, dont une avec une horloge suisse mise en marche en 1900, toutes deux sont dotées de coupoles en céramique culminant à 60 m de hauteur de style azulejos du Pas-de-Calais. Elle est aussi formée de huit colonnes de marbre, construction unique en Uruguay. A l'intérieur, admirez les huit araignées de cristal de Murano, les sculptures de Domingo Mora et les fresques de l'Italien Lino Dinetto.

TEATRO MACCIO ★★

529 18 de Julio

✆ +598 4342 2723

Classé monument historique en 1984, ce théâtre fut inauguré en 1912. Il se place par ordre d'importance juste après le Teatro Solís de Montevideo. Outre son architecture de qualité, il est le lieu d'une riche tradition de mise en scène. Il a été rouvert en 1973 après avoir été fermé assez longtemps. Et, pour les amateurs de musique et les nostalgiques, c'est ici que Carlos Gardel chanta pour la dernière fois en Uruguay avant de perdre la vie dans un accident d'avion en Colombie. L'acoustique y est tout simplement spectaculaire.

MUSEO DEPARTAMENTAL ★

Becerro de Bengoa 462

✆ +598 4342 3672

Ouvert de 14h à 20h.

Cette petite maison datant de l'époque coloniale fut construite vers 1800 par la famille Ortuño. Elle fut le témoin d'affrontements du temps d'Artigas. En effet, c'est ici en 1811 qu'eurent lieu ses premières opérations révolutionnaires. Elle renferme des œuvres de Figari, Cúneo, Barradas, Torres García, Barradas, Solari. Expositions historiques et préhistoriques, activités de promotion éducative et culturelle, ateliers, conférences, cours d'art et bibliothèque. L'un des grands musées de peinture uruguayenne de l'intérieur du pays.

ESTANCIA DON JOAQUIN €€

Ruta 1 km 94 ✆ +598 4349 2007

www.donjoaquin.com

Selon la saison, compter entre 105 ou 175 US$ la nuitée. Petit déjeuner inclus. Tarif sans hébergement : 55 à 80 US$.

Cette *estancia* située près de la Ruta 1 constitue une halte très agréable à mi-chemin entre Colonia et Montevideo. Grande piscine climatisée, sauna, hydromassage. Toute la famille pourra s'adonner aux activités qui incluent des promenades à vélo, à pied ou à cheval à travers le domaine de 600 hectares, ainsi que des cours de tennis ou de pêche. Dans cette belle bâtisse rouge dotée d'un confort moderne, on y concocte de délicieux plats traditionnels préparés avec des ingrédients de première qualité. Chambres très soignées, décorées dans un style classique raffiné.

HOTEL CENTRO €€

407 25 de Mayo
✆ +598 4342 3901
www.hcentro.com
Compter 40 ou 50 US$ pour une chambre double. Wi-fi. Cafétéria.

Comme son nom l'indique, l'hôtel est situé au centre de la ville, près des musées, du théâtre et des places publiques. L'ensemble est standard, bien tenu, mais quelque peu désuet. Les chambres sont plutôt obscures, mais bien équipées : salle de bains privée avec sèche-cheveux, air conditionné, service aux chambres, télévision câblée, frigo, coffre de sécurité. Le petit déjeuner buffet est très complet. Probablement la meilleure offre de San Jose de Mayo en matière d'hébergement, bien que le niveau de qualité vous laissera moyennement épaté.

KIYÚ

Le Balneario Kiyú (« grillon » en guarani) se trouve à environ 60 km de Montevideo ; si vous êtes sur la route 1, prendre un chemin au niveau de Punta de Valdéz menant à la côte. Ce chemin conduit aux falaises escarpées de San Gregorio, qui s'élèvent à 40 mètres au-dessus du sol. En bas s'étend une large bande de sable blanc bordée d'une riche végétation. Le río de la Plata y est ici peu profond, serein, limpide, parfait pour les enfants et idéal pour la baignade en toute tranquillité. Le village même est niché sur les falaises, formé de maisonnettes. On y retrouve diverses installations touristiques : deltaplane, sports nautiques, camping, équitation…

CAMPING ATRAPASUEÑOS €

Los Aromos
✆ +598 9918 1984
Ouvert dès le 23 décembre. Prix d'une nuitée pour adulte : 280 $. Enfants 6-12 ans 140 $ et gratuit pour les -6 ans.

Dans la zone du *parador* Grande, à quelques minutes de la plage, ce camping est considéré comme le plus complet, et celui offrant les meilleurs services dans les environs. Il dispose d'une salle de bains commune avec douche et eau chaude (pas les plus propres, mais on fait avec ce qu'on a !). Des espaces de grillades et des lignes électriques pour se connecter avec une rallonge sont mis à disposition des campeurs. Terrain de foot et aire de jeux pour enfants. Ambiance chaleureuse qui favorise la convivialité et les moments de partage. Parfait pour les familles.

PARADORES €

En espagnol, le mot « parador » signifie un établissement hôtelier offrant des services et installations touristiques, généralement situé sur les plages. Il en existe quatre à Kiyú :

- **Parador Grande** : meilleure offre gastronomique.
- **Parador La Familia** : petits restaurants et possibilité de louer des appartements avec vue sur le río (agence immobilière El Grillo).
- **Parador Chico** : on y retrouve un bar connu pour ses pizzas. Espaces de camping.
- **Parador Suri** : espace réservé à l'art, aux spectacles de musique, situé sur la plage d'Ordeig. Idéal pour la pêche.

TEQUILA PLAYA BAR €

Mbiguá
✆ +598 9850 3908
Tous les jours de 9h à 2h.

Bienvenue au bar du village, là où on s'arrête pour siroter de délicieux mojitos entre amis, où l'on se pose pour contempler le coucher du soleil et où l'on dîne en famille jusqu'à la tombée de la nuit. Le menu offre des salades, des *milanesas*, des rondelles d'oignons, hamburgers, crêpes et flans con *dulce de leche*. Excellents cocktails. Faites comme les locaux et venez-y vers 19h pour prendre la *merienda* (le goûter latino-américain), pour commander des espressos, du jambon serrano, du fromage et spécifiquement des *alfajores*. Musique live.

PUERTO ARAZATÍ ★

C'est le caractère sauvage et solitaire qui constitue la particularité de ce lieu. Les pins s'étendent ici jusqu'à la plage. La pêche y est excellente et abondante, et il est possible d'y camper même s'il n'y a aucune installation. La localité se situe sur la ruta 1 au niveau du km 72, dans une zone forestière située à l'angle du río de la Plata et de l'arroyo Sauce. Il est n'est pas recommandé d'y accéder sans voiture, car la zone est difficilement accessible à pied. En novembre 2022, un projet d'infrastructure hydraulique a été approuvé par le président Lacalle Pou malgré une forte opposition de la part des habitants de la région.

SIERRAS DE MAHOMA ★★

Les Sierras de Mahoma ne doivent pas leur nom au prophète musulman, mais en raison d'une déformation du surnom donné aux Indiens par les Espagnols qui les nommaient « ohma ». Ces formations géologiques étonnantes situées au cœur d'une végétation sauvage font sans aucun doute partie des sites les plus surprenants du pays, idéal pour l'observation des oiseaux. Avec une superficie de 28 km^2, elles sont composées de granite et comprennent des murs de pierres imposants de plus de 170 mètres de hauteur, faciles à escalader. L'entrée principale se trouve sur la route nationale 23 au kilomètre 126. A 37 km de San José et 131 km de Montevideo.

Balade

Une excursion d'une journée est suffisante pour découvrir cet endroit hors du commun. La randonnée se fait facilement, à l'aide des panneaux indiquant les principaux points d'intérêt. Les chemins balisés de flèches bleues sont destinés aux cyclistes tandis que ceux balisés de flèches rouges sont réservés pour les randonneurs. Il vous faudra près de deux heures pour rejoindre le sommet.

Histoire

Les Guenoas (population indigène) ont peuplé la région avant l'arrivée des Espagnols. Ont été trouvées sur les lieux des reliques indigènes, dont certaines sont exposées à la Posada (où l'on peut séjourner). D'autres objets retrouvés datent de l'époque de Aparicio Saravia, lorsque ses disciples se cachaient dans des grottes pour échapper à l'armée qui persécutait les révolutionnaires. Des inscriptions sur les pierres et les pièces d'armes de la période révolutionnaire (1904) ont été découvertes dans plusieurs grottes. Plus tard, à la fin du XIXe siècle, c'est Pietracarpina, un Italien, qui est littéralement tombé amoureux des Sierras et a acheté le terrain. Ce dernier y a tracé un chemin entre les rochers pour que l'on puisse accéder au site en voiture et a même construit un mirador sur un côté de la sierra. Il est donc possible de gravir le sommet, d'où la vue est splendide.

POSADA SIERRA DE MAHOMA €

Ruta 23, km 126
✆ +598 9934 0345
Compter 25 US$ par personne sans petit déjeuner.
Ambiance familiale dans cette auberge située au cœur des Sierras de Mahoma. Environnement naturel agréable, cadre rustique, mais convivial. Le lieu peut accueillir jusqu'à 60 personnes. Service de restauration. Chambres très basiques (TV, poêle à bois, réfrigérateur et salle de bain privée) pouvant loger entre 2 et 6 personnes. Possibilité d'utiliser le *parillero* (barbecue) ou le four (*horno a leña*) pour préparer un bon *asado*. Services d'équitation et de visites guidées (coordonner au préalable). Possibilité de camper sur le site. Piscine.

ESTANCIA FINCA PIEDRA €€

Route nationale 23
✆ +598 4340 3118
www.fincapiedra.com
Construite en 1930 dans le cœur de la campagne uruguayenne, cette *estancia* de 13 grandes chambres convie les voyageurs dans un cadre bucolique. La propriété s'étend sur 600 ha et dispose d'une piscine avec bain à remous. Les hôtes parlent français et anglais, ce qui facilite les échanges. Large variété d'activités et de services, tels que des balades à cheval ou en carrosse, des visites guidées dans le vignoble, de la pêche sportive et même des cours de tango. Une expérience unique pour les amoureux de la nature et de la culture sud-américaine.

VIGNOBLE BARRAS DE MAHOMA

Camino Guaycúru
✆ +598 9934 0481
www.barrasdemahoma.com.uy
Cette ferme familiale qui se consacre à l'élevage, à l'agriculture et à la viticulture vous invite à découvrir leur superbe domaine viticole afin de vous partager leur passion pour la nature et le vin. Durant la dégustation, y savourerez du cabernet franc, du tannat et du cabernet sauvignon (considéré comme le meilleur d'Uruguay, selon le prestigieux guide Descorchados) le tout accompagné de délicieux pâtés, saucissons secs et fromages. Atmosphère authentique et conviviale.

NUEVA HELVECIA - COLONIA SUIZA ★★

Colonia Suiza possède un charme particulier qui rappelle un peu la Vieille Europe. Au-dessus de la route, un grand portique en bois, tel un chalet suisse, annonce l'entrée dans la ville. Et pourquoi ne pas rester une nuit dans l'un de ses hôtels typiques, dont le fameux Hotel Suizo, l'une des premières entreprises touristiques du pays fondé en 1872 ? Excellent point de chute pour profiter de la campagne et de ses produits agricoles « version suisse ».

Histoire

Colonia Suiza, aussi appelée Nueva Helvecia, est à l'origine d'une « colonie suisse » fondée le 25 avril 1862 dans le département de Colonia par un contingent d'immigrés suisses, mais aussi français, allemands et autrichiens. Dès son origine, la ville s'est caractérisée par l'esprit très entrepreneur de ses habitants. Elle est le fruit de la fusion de nationalités européennes, lesquelles ont apporté leur savoir-faire et ont su cohabiter dans un esprit communautaire. On est surpris de trouver ici, au cœur de l'Amérique latine, des noms de rue en allemand, et de voir des écussons de cantons suisses apposés à certaines maisons, rappelant ainsi l'origine des familles. Cette région fut longtemps une grande pourvoyeuse de blé à Montevideo et a très tôt développé son industrie agroalimentaire, en particulier par la construction d'un moulin à vapeur puis d'un moulin hydraulique en 1875, plus connu sous le nom de Molino Quemado. Aujourd'hui, la zone est mécanisée. Avec la principale exploitation laitière du pays, ici, l'activité essentielle est sans aucun doute la fabrication du fromage que l'on ne manquera pas de goûter et qui représente un tiers de la production nationale.

Tourisme

La Bierfest (fête de la bière) se tient chaque année le 2e week-end de décembre : animations, feria artisanale et expositions s'y déroulent dans un joli parc de la ville, où la bière coule à flots.

MOLINO QUEMADO

La vie de ce moulin fut courte en tant que producteur de farine. Son activité commença en 1876 et se termina le 7 mars 1881, suite à un incendie. Il fonctionnait à l'énergie hydraulique grâce au flot de l'*arroyo* Rosario. Pour parfaire la légende de ce bâtiment maudit, il paraîtrait que la femme du contremaître se noya le lendemain de l'incendie. En apprenant sa mort, son mari se suicida la semaine suivante ! On le surnomme depuis, le Molino Quemado (moulin brûlé). Il est aujourd'hui déclaré monument national. Surtout un prétexte pour une jolie balade.

MUSEO Y ARCHIVO REGIONAL ★

1231 Federico Gilomen
✆ +598 9948 1298
Ouvert le vendredi, samedi et dimanche de 15h à 18h. Entrée libre.

En honneur aux colonies d'immigrants fondateurs, voici une exposition permanente de différents objets qu'ils apportèrent jusqu'à la « terre promise » : vêtements, bibles, livres, cartes, instruments et outils... On retrouve aussi de vieux portraits de familles, des photographies décolorées et articles de journaux datant des années 1920. De plus, le musée organise parfois des expositions éphémères sur des thèmes de la région, par exemple le Bierfest, ainsi que des activités sociales. Possibilité de réserver une visite guidée en espagnol. Très complet.

PLAZA DE LOS FUNDADORES ★

Centre-ville

Dessinée par l'architecte Luis Mazzini, cette place est l'unique place publique de Nueva Helvecia. En son centre, on aperçoit le monument El Surco (le sillon), réalisé en 1944 par le sculpteur italien Arístides Bassi en l'honneur des colons fondateurs et qui rappelle les origines agricoles de la colonie. C'est d'ailleurs assez rafraîchissant de voir un héros différent de ceux que l'on retrouve sur 99 % des statues dans le pays, à savoir les libérateurs. Enfin, c'est ici que se tient la fête nationale du chocolat qui a lieu chaque année en juillet.

TANQUE DE OSE

Ce réservoir d'eau potable de 600 000 litres a été construit en 1948 et imaginé par l'architecte L. Boggiani. Il atteint 35 mètres de hauteur. Aujourd'hui, le réservoir OSE alimente à la fois Nueva Helvecia et Valdense, située à 7,5 km. Et pour les touristes les plus téméraires, un belvédère a été aménagé sur son sommet pour admirer la vue. En bref, ce réservoir est un monument emblématique de la ville, tellement célèbre qu'on le trouve même sur les cartes postales des boutiques de souvenirs (bien plus intéressant qu'un mug « J'aime Nueva Helvecia »).

EL GALOPE HORSE FARM & HOSTEL €

Camino Concordia ✆ +598 9910 5985
www.elgalope.com.uy

Chambre lits jumeaux 40 US$, double salle de bain partagée 50 US$. Dîner 16 US$. Balade à cheval 70 US$. Petit déjeuner.

Voici une adresse intéressante, car à mi-chemin entre hostel et estancia. C'est une auberge de jeunesse à la ferme avec les activités d'*estancia* habituelles, mais avec des prix plus raisonnables pour séjourner sur place, et un environnement plus « jeune ». Miguel et Monica accueillent leurs invités aussi bien dans de jolis dortoirs que dans des chambres privatives avec salle de bain partagée ou privée. Une vraie bonne adresse où l'accueil est en prime chaleureux et francophone.

GRANJA HOTEL SUIZO - RESTAURANT BUNGALOW SUIZO €€

355 Federico Fischer ✆ +598 4554 4002
www.hotelsuizonuevahelvecia.com

A partir de 90 US$ la chambre double et 185 US$ la suite supérieure. Petit déjeuner inclus. Parking.

Cet établissement inauguré en 1872 fut le tout premier hôtel de la ville. Les photos à la réception témoignent de cette époque. Plus petit et plus modeste qu'il y a 100 ans, l'hôtel propose des chambres qui témoignent d'une autre époque, simples mais confortables (climatisation, TV) et d'autres supérieures. Le restaurant propose une bonne cuisine suisse traditionnelle et les produits locaux les plus représentatifs de la région (vin, fromage, viande). Piscine extérieure et vaste parc.

POSADA DE OFELIA €€

Calle Federico Fischer
✆ +598 4554 5408

A partir de 35 US$ la simple, 65 US$ la double, 90 US$ la triple et 125 US$ la familiale, avec petit déjeuner.

Cette nouvelle *posada* est une jolie maison qui dispose d'une piscine exceptionnelle dans un beau jardin, son meilleur atout. Mais pas le seul ! La maison est joliment décorée, pimpante, les hôtes sympathiques et les dix chambres confortables (chauffage, climatisation, télévision, wifi), récentes et avec des touches de couleur, un joli plancher en bois et une terrasse privative. Joli salon convivial avec une cheminée pour les soirées d'hiver et des meubles anciens. Une bonne adresse très abordable pour les prestations proposées.

ESTANCIA DON MIGUEL €€€

Ruta 52 y Guayabo km 6
✆ +598 4550 2041

Comptez 80 US$ la chambre double avec petit déjeuner et 170 US$ en pension complète. Wifi.

Cette *estancia* développe l'agrotourisme naturel, organique, et le *slow tourism*. Voici l'endroit parfait pour ceux qui veulent échapper à l'agitation urbaine, se reposer et profiter de la campagne. Vous logerez dans l'une des deux chambres avec climatisation (sans TV). Possibilité de faire des balades à pied, ou à cheval au clair de lune, se baigner à la cascade (à 2 km). Tous les produits utilisés pour préparer les plats sont bio et locaux : l'occasion de se régaler de bonnes petites recettes maison. La belle traction Ford de Hugo date de 1928 – un bijou !

HÔTEL NIRVANA €€€

Avenida Batlle y Ordóñez km 122
✆ +598 4554 4081 - www.hotelnirvana.com

Selon la catégorie (standard, superior, junior suite, appartement), compter entre 155 et 225 US$ pour 2 personnes.

L'hôtel date de 1948 et est entouré d'un parc de 25 hectares où règne Dame Nature. Chambres et appartements disposent d'une terrasse panoramique avec vue sur le parc. L'ensemble est équipé de l'air conditionné, d'un minibar et d'une connexion Wi-Fi. La demeure ne manque pas de cachet, mais les prix sont tout de même un peu exagérés. De multiples loisirs dans un superbe cadre : prairies pour les promenades à cheval, Spa et piscine chauffée, piscine extérieure, terrain de tennis et paddle, de football, volley, parcours sportifs, location de vélos ou de motos...

COLONIA VALDENSE ★★

Ruta 1 km 121 km, à environ 10 km au sud-est de Nueva Helvecia. Ici, vous serez étonnés de voir que chaque maison possède un jardin verdoyant et fleuri, qui vaut à la ville son surnom de « Ciudad Jardín ». La population de Colonia Valdense est d'environ 4 000 habitants, et la ville compte plusieurs lieux d'intérêt touristique, comme l'église protestante de style gothique, qui est la plus ancienne d'Uruguay. Vous pourrez rapporter des produits agricoles de la région : produits laitiers, miel, vin… De grandes festivités autour du fromage ont lieu au mois de novembre.

Histoire

A la fin du XIIe siècle apparaît en France un nouveau courant religieux, fondé sur une lecture de la Bible dont les postulats ne suivent pas ceux de l'Eglise catholique traditionnelle. Le fondateur de ce mouvement est Pedro Valdo et ses disciples s'appellent les Valdenses (Vaudois). La communauté vaudoise (valdense en castillan), persécutée en France, dut alors se réfugier dans une zone montagneuse du Piémont, qui forme aujourd'hui les vallées vaudoises. Ils réussirent ainsi à survivre jusqu'en 1848, lorsque, le 17 février, le roi Carlos Alberto proclama l'édit d'Emancipation qui leur rendit leurs droits. En raison de la misère et de la faim qui les confinait dans leurs montagnes, ils commencèrent à la même époque à émigrer et le premier contingent d'environ 600 Vaudois arriva dans la région de Colonia Valdense en 1857. Le premier établissement vaudois, à quelques kilomètres de là, se situe en fait à Colonia Piamontesa, « La Paz », au niveau des km 123 et 127 de la *ruta* 1.

MUSEO Y ARCHIVO VALDENSE ★★

Av. Armand Ugón 1465 ✆ +598 4558 9346

Ouvert du vendredi au dimanche de 15h à 18h. Entrée libre. Téléphoner pour confirmer l'ouverture.

Le Museo Valdense a été inauguré lors de la Conférence annuelle des Eglises de 1926 dans le but de rassembler tous les objets rappelant les us et coutumes des Valdenses. La collection inclut des documents écrits, des photographies témoignant de l'histoire de cette colonie, ainsi que des pièces de monnaie et des médailles ayant une importance historique. Le musée est installé dans les salles latérales du temple de la ville et abrite une collection exhaustive d'objets et d'archives. Super pour les visiteurs intéressés par l'histoire de la région.

PARQUE 17 DE FEBRERO ★

Prendre la ruta 1 au km 118, puis la ruta 51

Sur les rives de río de la Plata, à 14 km du centre de Colonia Valdense, entre Los Pinos et Playa Fomento, se trouve le Parque Forestal, Centro de Campamentos, Actividades Recreativas y Capacitación. Il appartient à l'Eglise évangélique vaudoise. Son nom fait référence à l'édit de l'Emancipation dans lequel le roi Charles-Albert de Savoie a proclamé, en 1848, que les vaudois auraient les mêmes droits civils et politiques que les citoyens italiens. On pourra se promener à travers 7 hectares de bois, riche de multiples essences d'arbres et de plantes autochtones.

PUENTE NEGRO

Sur la rivière Rosario

Inauguré en 1902, ce pont en fer, en pierre et en bois reliant les villes de Rosario et Colonia Valdense permettait jadis aux habitants de traverser le río Rosario. Aujourd'hui, il est seulement accessible aux marcheurs les plus courageux, car certaines planches ont été endommagées ou manquent carrément. Seuls les adultes avertis sont encouragés à le visiter. Toutefois, ne vous inquiétez pas trop : il est probable que vous y croisiez quelques locaux flânant paisiblement avec leur *matecito* dans une main, et leur thermos dans l'autre. *Todo tranqui*.

TEMPLO EVANGÉLICO VALDENSE ★

Av. D. Armand Ugon

Le temple évangélique de l'Eglise vaudoise, situé dans le village de La Paz à proximité du Puente Negro, a été érigé en 1898 sur son emplacement actuel. Il est le premier temple vaudois construit en Amérique du Sud, et le seul à disposer de deux tours et d'un clocher. Déclaré monument historique, il peut toutefois être fermé à certaines occasions, il est donc recommandé de se renseigner au préalable. A ne pas confondre avec l'Iglesia Valdense située sur l'Avenue D. Armand Ugon.

ESTANCIA LA VIGNA €€€

Ruta 51 km 120 ✆ +598 9947 8717
www.lavigna.com.uy
Selon la catégorie, compter entre 180 et 300 US$ pour une chambre double. Petit déjeuner inclus. Wifi.

Une *estancia* typique construite par des immigrés italiens installés dans la région en 1880 afin d'y produire du tannat. L'ensemble a été superbement restauré par Augustin, architecte de profession qui en a fait un hébergement exclusif. Chacune des 6 chambres est personnalisée dans un style à la fois rustique et moderne. Rien n'est laissé au hasard, chaque objet semble avoir une histoire. Le lieu est empreint de sérénité et plonge le visiteur dans une autre dimension, où l'heure tourne au ralenti, où l'on a le temps de vivre, de se reposer, de profiter de la vie.

CLUB NÁUTICO CONCORDIA

Ruta 52
✆ +598 4558 8330
www.clubnauticoconcordia.blogspot.com

Ce club de trois hectares a été établi en 1941 sur le site historique de Puerto Concordia, où les premiers colons ont accosté. Il propose une gamme d'activités, notamment la pêche, le camping et les sports nautiques sur la rivière Rosario. Les emplacements de camping sont dotés d'installations modernes telles que l'électricité, l'eau courante, des espaces de barbecue et une salle à manger, et sont maintenus en excellent état. Joli parc boisé où il fait bon se promener. Canoës et jet-skis sont disponibles à la location. Idéal pour un week-end en famille.

LOS PINOS - PLAYA FOMENTO ★★

Charmante petite station balnéaire qui ne compte pas plus de 100 habitants. Pour y arriver, rien de plus simple : prenez la ruta 51 depuis Colonia Valdense et suivez la route côtière. En voiture, vous y serez en moins d'un quart d'heure. Ici, la pêche et les sports nautiques sont au programme. C'est l'occasion d'apprendre le kitesurf dans une école dédiée ! Et si vous préférez un bon pique-nique, sachez que les plages sont équipées d'un camping avec tout le nécessaire : tables, douches et toilettes. Les supermarchés ne manquent pas non plus pour faire les courses de la journée. Cerise sur le gâteau, les couchers de soleil y sont époustouflants !

INDARÉ ESTANCIA TURÍSTICA €€

Ruta 52 km 14
✆ +598 9380 7898
indare.webnode.com.uy
Maison pour 7 personnes : 3 000 $ par nuit, pour 10 personnes 5 000 $.

C'est en 1888 que cette entreprise a vu le jour et qu'elle s'est mise à exporter du sable et des pierres concassées qui étaient ensuite transportées par des locomotives à vapeur. En 1998, elle a pris un nouveau tournant et s'est transformée en Estancia offrant des visites guidées des locomotives, des usines et de l'atelier naval. Les invités peuvent profiter des charmantes maisons de campagne convenablement équipées, et tout ça à quelques pas de la plage !

POSADA DE BRITOPOLIS €€

Guanabara
✆ +598 4587 2221
www.britopolis.com
Chambre simple 59 US$, double 89 US$, triple 119 US$, quadruple 129 US$, petit déjeuner buffet inclus.

Plutôt un hôtel de charme qu'une *posada*, cette adresse est située en bord de fleuve à quelques kilomètres de Colonia Valdense. Les chambres, toutes calquées sur le même modèle, disposent de climatisation, d'un mini bar, d'un micro-ondes, d'une bouilloire, d'une TV et du Wi-Fi. Le jardin est doté de deux piscines (enfant et adulte), tandis que la plage à proximité est sûre pour la baignade. Joli et appétissant petit déjeuner buffet. Leur équipe organise régulièrement des soirées de musique live. Très sollicité par les Uruguayens en saison, pensez à réserver.

CAFÉ DEL BOSQUE

Tout près de la ruta 51 avant d'arriver à Playa Fomento.
Billet aux alentours de 500 $. De 22h aux petites heures du matin.

Vous avez entre 18 et 20 ans et vous cherchez un endroit où passer une bonne soirée ? Venez vous déhancher dans cette boîte de nuit qui garde tout le monde éveillé. C'est la discothèque la plus branchée de la région où les jeunes aiment venir danser. Vous pourrez écouter du reggaeton, du hip-hop ou du trap. Et le meilleur dans tout ça ? Les billets sont à des prix raisonnables, alors vous pourrez vous amuser sans vous ruiner ! Vous pourrez vous y rendre facilement à pied depuis Playa Fomento. Grand parking ouvert pour ceux qui viennent en voiture.

ROSARIO ★★

Cette petite ville de 9 500 habitants ne possède pas de réel intérêt touristique. On peut y faire un saut, mais y passer la nuit n'est vraiment pas nécessaire, vu la proximité avec Colonia et d'autres stations balnéaires plus agréables. Ses origines remontent à l'arrivée de l'évêque Manuel Antonio de la Torre en 1772. Voyant le vide spirituel dont s'était emparée la région, il décida d'y faire bâtir une chapelle. Sous son impulsion, la ville fut créée le 24 janvier 1775 sous le nom de Nuestra Señora del Rosario. Le río Rosario était la voie de communication utilisée par les colons suisses et piémontais qui venaient s'installer dans la région.

MON PETIT HOTEL €€

Ruta 1, km 127
✆ +598 4552 3016
www.monpetithotel.com
Chambre simple à partir de 60 US$, double à partir de 90 US$, supérieure 95 US$, triple 125 US$ et quadruple 140 US$.

Ouvert en 2014, ce « petit hôtel » est une excellente adresse de charme. D'abord pour sa belle piscine rafraîchissante en été, à la forme originale, nichée dans un ravissant jardin verdoyant, mais aussi pour ses chambres tout confort, claires, impeccables et gaies, dont les détails sont soignés (salle de bain privative, produits de douche, équipement, climatisation, TV, Wi-Fi). Le petit déjeuner est très copieux et l'attention est agréable et bienveillante. Le seul hic est que le bâtiment est situé juste à côté de la route, ce qui peut être gênant.

IGLESIA DE NUESTRA SEÑORA DEL ROSARIO ★★

Agraciada et Zorilla de San Martin

Située face à la Place Benito Herosa, la petite chapelle construite en 1774 a été à l'origine de la fondation de la ville de Rosario. C'est l'architecte Elzeario Boix qui conçut la nouvelle église, dont les travaux débutèrent en 1900 et se terminèrent en 1922. L'intérieur renferme l'un des Treinta y Tres Orientales, Gregorio Sanabria, qui perdit la vie en 1825. En 2022, des fonds ont été recueillis par la communauté catholique de la région pour restaurer certaines parties de l'édifice.

BALNEARIO SANTA ANA ★

Cette station balnéaire se trouve à mi-chemin entre Juan Lacaze et Colonia Sacramento, à 22 km de la capitale du département. Elle fut fondée en 1946 par les frères Greissing. On y entre au km 155 de la Ruta 1, où il faut ensuite effectuer 4 km jusqu'à la station. Un camping municipal se trouve sur la plage. Sur place, on peut pêcher, se baigner et se prélasser sur les plages de sable blanc et fin. Au niveau de l'hébergement, chaque maison est séparée par une végétation luxuriante, protégeant ainsi l'intimité des voyageurs. Promenez-vous le long de la rive sous les majestueux eucalyptus et assistez à de fantastiques couchers du soleil.

PASO ARBALLO ET LAGUNA DEL BOTE ★★

A 2 km du centre-ville.

Charmante petite plage située à l'endroit où l'*arroyo* Colla s'élargit et se calme. De sable épais, elle est entourée d'une végétation forestière luxuriante, et comme l'eau y est peu profonde, c'est un lieu adéquat pour se rafraîchir, ou pique-niquer à l'ombre des saules comme le font les riverains. Non loin de là, en descendant le cours d'eau, celui-ci rejoint le *río* Rosario, au niveau de la lagune del Bote. Un endroit où les amateurs pourront s'adonner à la pêche.

QI CASAS DE RÍO €€

Calle Arachanes
✆ +598 4483 4566
www.elensuenio.com/qi-casas-de-rio
Studio pour 2 personnes à 60 US$, pour 4 personnes à 90 US$ et 6 personnes à 90 US$.

Les gîtes les plus prisés de Santa Ana sont sans conteste ces cinq chalets qui offrent une vue sur le fleuve et qui comportent une, deux ou trois chambres avec mezzanine (57 m^2 79 m^2 et 93 m^2). Équipés du wifi, d'une alarme de sécurité, de la climatisation, d'une cuisine complète et d'un barbecue, ils se caractérisent par leur architecture moderne et épurée, avec de très hauts plafonds et de vastes fenêtres. Qui plus est, ils sont situés à deux pas de la Playa Ensueño, du marchand de glaces artisanales Bajo Cero et des restaurants. Que peut-on espérer de mieux ?

RIACHUELO ★

Située entre Santa Ana et Colonia del Sacramento, cette station balnéaire doit son nom au personnage célèbre qui, le siècle passé, en plus d'avoir développé son estancia et les activités agricoles de la région, donna une grande impulsion à l'exportation de sable et de pierre de construction vers Buenos Aires. Aujourd'hui, les amateurs de navigation peuvent profiter de la beauté naturelle de la région grâce au club nautique *Parque Embarcadero de Yates Riachuelo*, situé près de l'embouchure de la rivière Riachuelo. Ce club dispose d'une aire de jeux pour enfants, d'un terrain de golf, ainsi que de salles de bains et de douches pour l'équipage des bateaux.

GRANJA ARENAS - MUSEO DEL LAPIZ

Ruta 1, km 167
✆ +598 4520 2025
www.granjacolonia.com.uy
Tous les jours de 9h30 à 18h.

La famille Arenas perpétue depuis 1949 la tradition de la fabrication et de la vente de produits artisanaux, notamment de bonbons. En visitant leur ferme, vous aurez aussi l'occasion de découvrir une collection de plus de 46 000 porte-clés, 24 026 crayons, et 4 800 cendriers. Avec des guides pour vous accompagner dans les quatre salles d'exposition, vous pourrez admirer le fruit de nombreuses années de dévouement. Qui aurait cru que les cendriers pouvaient être si captivants… Insolite.

COLONIA DEL SACRAMENTO ★★★★

Faisant face à Buenos Aires et marquant l'entrée vers les *ríos* Uruguay et Paraná, Colonia del Sacramento, classée au Patrimoine mondial, représente une enclave géographique et politique stratégique. Il y a plusieurs siècles les Portugais l'avaient déjà deviné, et c'est pourquoi ils décidèrent de s'emparer du territoire oriental au cours du XVIIIe siècle à partir du Brésil, afin de créer une cité au bord du río de la Plata. Aujourd'hui, Colonia est bien plus qu'une simple ville touristique. Elle abrite un port important, véritable porte d'entrée dans le pays, pour les produits en provenance d'Argentine ainsi que pour les Argentins eux-mêmes !

Histoire

Au XVIIIe siècle, la construction de cette ville par les Portugais, en plein milieu des possessions espagnoles, n'a pas plu à ces derniers. Les Portugais étaient alors commandés par don Manuel de Lobo, reconnu pour son courage, et ils étaient accompagnés d'un grand nombre de civils venus peupler la région. Mais les Espagnols réagirent vite et, en 1683, envoyèrent des troupes pour déloger les Portugais. La ville n'en continua pas moins à prospérer, profitant du commerce qu'elle pratiquait en contrebande avec la toute proche Buenos Aires. La ville passa ensuite de main en main entre Espagnols et Portugais selon le destin des conflits qui affectaient les métropoles européennes et les interventions étrangères, comme celle des Anglais dans le río de la Plata. Ce n'est qu'au début du XIXe siècle, avec l'indépendance de l'Uruguay, que la situation se stabilise. Colonia del Sacramento sera finalement uruguayenne...

Vieille rue pavée du centre de Colonia del Sacramento.

Pratique

Colonia est une excursion d'une journée très prisée des visiteurs de Buenos Aires. Évitez donc d'y aller le week-end si vous voulez découvrir la ville en toute quiétude. Quant à l'exploration du quartier historique, vous serez ravi d'apprendre que la plupart des sites et établissements historiques sont dotés de codes QR spécialement conçus pour être lus par un smartphone, ce qui vous permettra d'accéder facilement aux informations les concernant.

▶ **Museos de Colonia.** En achetant votre billet à l'Espace B. Rebuffo situé au calle Del Comercio 77, vous aurez accès à huit musées de Colonia (Espacio Portugués, Museo Casa Nacarello, Archivo Histórico, Museo del Azulejo, Espacio del Télégrafo, Espacio Indígena, Museo Español et Espacio Paleontológico). 150 $.

Transports

Plusieurs options pour rejoindre Colonia depuis Buenos Aires.

▶ **Buquebus Turismo** (✆ +54 911 2493 5214 - www.buquebus.com) propose jusqu'à 3 liaisons quotidiennes, entre Colonia et Buenos Aires. La traversée dure 1h15 heure en bateau rapide (un bateau lent met 3 heures et dans ce cas la traversée coûte moins cher). Acheter son billet à l'avance en ligne ou dans l'une des agences. Horaires disponibles sur le site web. La gare routière se trouve juste à côté du port.

▶ **Colonia Express** (✆ +54 911 6411 9465 - www.coloniaexpress.com) propose les tarifs les plus avantageux et assure elle aussi quotidiennement la liaison entre Buenos Aires et Colonia.

CÔTE OUEST

ARCHIVO HISTÓRICO REGIONAL ★

115 Misiones de los Tapes
✆ +598 4523 1237
www.museoscolonia.com.uy

Du lundi au vendredi de 11h30 à 16h30. Billet à acheter au préalable à l'Espace B. Rebuffo (77 del Comercio) : 150 $.

Aussi appelé *casa de Palacios*, ce musée est installé dans une maison portugaise d'origine datant de la première moitié du XVIIIe siècle dont les murs, le sol et le plafond ont été préservés. La demeure appartenait à la famille Palacios depuis le siècle dernier et abrite aujourd'hui des archives sur la ville. L'histoire locale et l'évolution du quartier historique dans le processus d'inscription au patrimoine mondial sont valorisées. On y accède par un joli patio au nord de l'édifice.

CALLE DE LOS SUSPIROS ★★

Los Suspiros

Cette rue pavée emblématique date de la première moitié du XVIIIe siècle. Auparavant, elle se prénommait Calle Ansina et était plus petite et plus étroite. Selon certains, son nom actuel, rue des soupirs, proviendrait du fait qu'autrefois une maison close se trouvait dans la rue... Aux dires d'autres personnes, elle a été nommée ainsi en hommage aux esclaves ; ces derniers, punis et attachés au bout de la rue près du fleuve, poussaient des lamentations. Vous y verrez des maisons aux façades colorées vieillies par le temps. Plusieurs films y ont été tournés.

FARO ★★

Henriquez de la Peña

Entrée : autour de 2 US$. Ouvert tous les jours tant qu'il fait jour.

La structure de ce phare est unique en Uruguay (base carrée puis forme cylindrique). Il est possible de monter au sommet du phare, 118 marches, prenez votre souffle avant l'ascension ! Au sommet on découvre une jolie vue du centre et du río de la Plata. Il a été construit sur les ruines du couvent de San Francisco en 1857 à l'initiative de Venancio Flores. Ce couvent fut construit en 1694 sous domination portugaise et détruit dans un incendie en 1704. Aujourd'hui, on peut encore voir les murs hauts et larges ; plus en avant se trouve la chapelle de la Concepción.

IGLESIA MATRIZ - BASÍLICA DEL SANTÍSIMO SACRAMENTO ✞ ★★

Vasconcellos

Entrée libre.

C'est l'église la plus ancienne du pays puisque sa construction a débuté en 1695. Elle fut ensuite reconstruite à partir de 1800 selon les plans de l'architecte espagnol Tomás Toribio. Elle renferme un retable du XVIe siècle. L'histoire de la ville est gravée dans les murs de cet édifice, dont l'aspect extérieur est très simple, dépouillé, à la différence de ce que l'on peut voir à Buenos Aires par exemple. Charles Darwin évoque cette église dans son journal de bord du HMS Beagle.

MUSEO CASA NACARELLO ★★

67 Calle del Comercio
✆ +598 4523 0615
Ouvert du mercredi au lundi de 11h15 à 16h45. Entrée valable pour tous les musées.

Cette maison, faisant partie intégrante du musée municipal adjacent, est un exemple représentatif de l'architecture de l'époque coloniale. Elle a été construite lors de la troisième phase de la ville en 1790, et après avoir subi des rénovations en 1993, elle est maintenant un lieu de visite qui offre aux touristes une véritable expérience de la vie dans une demeure coloniale portugaise grâce à son mobilier et sa décoration typique. Remarquez ses murs en pierre et son toit à poutres, caractéristiques notables témoignant de son histoire.

MUSEO MUNICIPAL - ESPACIO DR. B. REBUFFO ★★

77 Del Comercio, esq. Misiones de los Tapes
✆ +598 4522 7031
www.museoscolonia.com.uy
Tous les jours de 11h30 à 16h30.

Cette maison portugaise construite en 1795 abrite le premier musée de la ville, qui a été inauguré en 1951. Elle donne sur la plaza Mayor et on y accède par les rues pittoresques Misiones de los Tapes et de las Flores. Elle renferme objets, pièces et documents d'archive ayant trait, notamment, au Real de San Carlos et à la vie sociale de l'ancienne colonie. Cet endroit est également votre point de départ pour obtenir votre billet d'entrée pour les autres musées de la ville.

MUSEO DEL AZULEJO ★★

104 Misiones de los Tapes
✆ +598 4522 1065
www.museoscolonia.com.uy
Ouvert le vendredi, samedi et dimanche de 11h30 à 16h15.

Cette maison en pierre datant de l'époque portugaise offre une vue ravissante sur le río de la Plata. Bâtie dans un style architectural typiquement portugais, elle abrite actuellement une collection de plus de 5 000 objets en céramique (azulejos) datant de la fin du XVIIIe au XIXe siècle. Il est intéressant de noter que ces *azulejos* ne proviennent pas du Portugal, mais de la ville de Desvres dans le Pas-de-Calais, connue pour sa production de faïence. Des tableaux, sculptures et poteries font également partie de l'exposition, ce qui en fait une visite charmante.

MUSEO NAVAL ★

Henriquez de la Peña, esq. San Francisco
✆ +598 4522 1064
Du mercredi au lundi de 11h à 17h. Entrée à partir de 20 $.

Ce petit musée, qui a commencé à accueillir des visiteurs en 2009, propose une exploration rapide du rôle clé de la ville en tant qu'enclave maritime. Son objectif principal est de présenter et d'expliquer les étapes marquantes de l'histoire de la Colonia, y compris les différentes luttes pour l'indépendance. Pour ce faire, il expose une variété d'objets antiques liés à la navigation, tels que des cartes, des maquettes de navires, des canons anciens et des photographies historiques. Avec à peine trois salles, la visite est vite complétée.

CÔTE OUEST

MUSEO ESPAÑOL ★★

Calle de San José, esq. España
✆ +598 4522 6055
Ouvert de 11h15 à 16h15, fermé le jeudi et jours fériés.

Construction portugaise datant de 1720, reconstruite dans le style néoclassique en 1840, toujours en très bon état. On peut y voir les très grosses pierres qui ont servi à sa construction. Le musée comprend deux bâtiments qui étaient à l'origine une résidence, puis un commerce avant de devenir un musée. Celle maison fut habitée par Juan del Aguila, un général espagnol. Le musée abrite une collection de pièces, objets et œuvres relatant l'époque coloniale de la ville. On remarquera notamment des toiles du célèbre peintre Carlos Páez Vilaró.

MUSEO PORTUGUÉS ★

180 Enríquez de la Peña
✆ +598 4522 9240
Ouvert tous les jours, sauf le jeudi, de 11h30 à 16h30.

Cette maison portugaise typique date de 1720 et renferme aujourd'hui des meubles, uniformes militaires, écussons, objets en céramique, ustensiles et vêtements datant de la première époque coloniale. L'exposition nous transporte à travers les différentes périodes de l'histoire de Colonia et nous permet de comprendre les tensions récurrentes qui ont opposé les gouvernements des deux couronnes qui cherchaient à contrôler la région. En outre, elle aborde la création de la vice-royauté de Río de la Plata ainsi que la fin de la présence portugaise en 1777.

PLAGES ★

Centre et alentours proches de Colonia

Colonia est fréquentée aussi pour le charme de sa côte. Les courants ont créé de sublimes plages de sable fin, l'idéal pour se détendre et prendre quelques couleurs. Restez tout de même dans le périmètre de baignade, car le Río de la Plata connaît des courants qui pourraient parfois s'avérer dangereux. La playa Fernando, moins peuplée et plus ombragée que sa voisine, la playa Honda, est accessible en 45 minutes de marche. Très belle plage de sable fin bordée de forêts de pins et d'eucalyptus. Ses eaux cristallines permettent également la plongée.

PORTON DE CAMPO ★

Manuel Lobo

Aujourd'hui restaurée, la porte située face à l'actuelle Plaza de 1811, a été inaugurée en 1745 durant la régence du gouverneur portugais Vasconcellos. Celui-ci fut, en outre, le grand instigateur de la construction de la ville et du développement de ses activités. Conjointement à la porte et au pont, les piliers, le fort et les autres murs et dallages sont un centre d'intérêt historique notable. Les ruines de l'ancienne forteresse (*fortaleza* ou *ciudadela*) qui entouraient la ville peuvent être admirées tout le long de la Rambla.

PLAZA DE ARMAS MANUEL DE LOBO ★

Plaza de Armas

L'apparence actuelle de la place Manuel de Lobo, baptisée ainsi en l'honneur du fondateur de la ville, date de 1911, mais c'est sur cette ancienne Plaza de Armas que se dressait jadis la forteresse San Gabriel, l'église principale et la Casa de los Gobernadores, édifiée par les Portugais entre 1731 et détruite par les Espagnols vers la fin du XVIIIe siècle. Les ruines de ces édifices se trouvent encore au centre de la place, ainsi que des éléments d'architecture espagnole et créole.

TEATRO Y CENTRO CULTURAL BASTIÓN DEL CARMEN

232 Rivadavia

✆ +598 4522 4079

Tous les jours de 13h à 18h. Prix et programmation sur la page www.colonia.gub.uy dans la section PROGRAMACIÓN TEATROS.

Il s'agit d'une construction datant de 1880 qui faisait auparavant partie des fortifications. Elle a été utilisée comme usine de jambons, puis a été la propriété d'Argentins. Aujourd'hui, le site a été transformé en théâtre et centre culturel et artisanal. Difficile de manquer l'endroit, car une grande cheminée industrielle domine les lieux. Des expositions et pièces de théâtre y sont organisées, mais vous pouvez également vous y rendre pour vous détendre dans le jardin.

PLAZA MAYOR ★★

Située au cœur du Casco Antiguo, cette place existe depuis la fondation de la ville et est le premier espace vert de Colonia, avec de jolis arbres et palmiers. A l'époque coloniale, elle servait de base pour effectuer des manœuvres militaires et était connue sous le nom de Plaza 25 de Mayo. Il s'y déroule parfois une fería d'artisanat où il est possible d'acheter des bijoux ou des objets en céramique. Bien qu'il n'y ait pas grand-chose à y faire, c'est un endroit agréable pour profiter de l'ambiance et se mêler aux habitants qui s'y rassemblent en fin de journée.

CAMINA COLONIA ★★

✆ +598 9937 9167

Promenades tous les jours à 11h ou à 15h. Point de rencontre : Centro de Información Turística. 250 $ par personne.

L'association des guides professionnels propose aux visiteurs des excursions d'une heure et demie à travers le *barrio historico* de Colonia. Visites en espagnol, en anglais et éventuellement en français (faire une demande préalable). Plusieurs circuits sont proposés en fonction de vos intérêts, comme le circuit des musées, le circuit religieux, le circuit de la zone est-ouest ou du quartier historique (à pied ou en minivan), de la Plaza de toros Real de San Carlos et même un circuit nocturne. Un parcours en voiture ancienne est également offert.

EL VIAJERO HOSTEL €

Gral. Flores 440
✆ +598 4522 2683
https://viajerohostels.com/
Autour de 12 US$ la nuit en dortoir. A partir de 22 US$ la chambre simple. Sans petit déjeuner.

Comme à Montevideo, Punta del Este ou La Pedrera, El Viajero est implanté à Colonia. A 700 m du terminal et du port, à deux pas de la vieille ville, l'hostel est aménagé dans une vaste demeure du XIXe siècle, au charme certain. Il offre un confort séduisant pour les voyageurs à petits budget. Sur place, connexion Wi-fi et ordinateurs, cuisine équipée, espaces communs, location de vélos, balade à cheval. Ambiance jeune et cosmopolite. Des soirées sont régulièrement prévues (barbecues, soirée à thème...). Propice aux rencontres.

LE MOMENT POSADA BOUTIQUE €€

Ruta 21, km 186, San Pedro, Colonia
✆ +598 092 00 10 63
www.lemomentposadaboutique.com
En basse saison, de 150 à 250 US$ par nuit pour une double selon la chambre, haute saison de 170 US$ à 270 US$.

Adresse design tenue par un couple de Français, Sylvaine et Bruno passionnés d'architecture. Ils proposent 8 chambres luxueuses, toutes aménagées dans un édifice moderne blanc aux lignes épurées. On apprécie sa piscine, son restaurant de fine gastronomie, le petit déjeuner de qualité, et surtout ses chambres où les détails ont été étudiés. Les propriétaires adorent chiner le mobilier et le rendu est absolument unique. Une belle adresse pour séjourner dans la campagne de Colonia.

POSADA DEL ÁNGEL €€

59 Washington Barbot
✆ +598 999 513 13
www.posadadelangel.net
Chambre double standard à partir de 80 US$. Chambre simple autour de 60 US$.

Une adresse charmante dans une demeure datant de 1920, à la jolie façade cachée sous la verdure, située à l'entrée du quartier historique. Très tranquille, la posada dispose d'un jardin avec piscine, d'une salle de séjour invitant à la détente et de chambres soignées. L'endroit a du caractère, on s'y sent bien ! Surtout que le personnel est vraiment charmant et souriant. Les chambres simples sont cependant un peu étroites. Petit déjeuner simple, mais correct. Un excellent rapport qualité-prix pour le service fourni. Recommandé.

POSADA DEL VIRREY €€

217 Calle de España
✆ +598 4522 2223
www.posadadelvirrey.com
A partir de 80 US$ la chambre double. Petit déjeuner inclus. Wifi.

Cette adresse de caractère est la promesse d'un séjour réussi. Les 13 chambres, aménagées avec goût et sobriété, sont confortables, lumineuses, hautes de plafond, et disposent de tout le confort moderne : air conditionné, minibar, télévision câblée. Les meilleures chambres, comme la terrasse panoramique, jouissent d'une vue sur la baie. Dès l'entrée dans le bâtiment, vous êtes accueilli par un charmant patio carrelé, dont la luminosité apportée par son dôme vitré est très appréciée tout en offrant un excellent rapport qualité-prix.

POSADA DON ANTONIO €€

232 Ituzaingó
✆ +598 4522 5344
www.posadadonantonio.com
Selon la catégorie et la saison, compter entre 100 et 250 US$ pour une chambre double. Petit déjeuner inclus.

Un charmant hôtel de 37 chambres de taille moyenne offrant un confort moderne de bon standing, entre la ville nouvelle et le quartier historique. Les chambres de différentes catégories (standard, deluxe, superior et suites) sont lumineuses, les murs peints à la chaux. Toutes sont équipées de l'air conditionné, de la télévision câblée, d'une salle de bains privée, et d'un téléphone. Le plus ? Le patio intérieur avec piscine et solarium. Un snack-bar est également à votre disposition. L'ensemble est aménagé dans une bâtisse coloniale de caractère.

POSADA PLAZA MAYOR €€

111 Calle del Commercio
✆ +598 4522 3193
www.posadaplazamayor.com
Compter entre 100 et 175 US$ pour une chambre double (standard à suite). Wi-fi, service de laverie, baby-sitter.

Cette *posada* comprend 15 chambres (dont 12 au rez-de-chaussée et 3 à l'étage) décorées dans un style classique avec salle de bains privée, air conditionné, téléphone et télévision. Certaines d'entre elles donnent l'impression de passer la nuit dans un château. Les suites sont équipées d'un bain hydromassant. Le bâtiment date de 1860 et renferme un agréable patio où on remarquera les murs en pierres apparentes qui confèrent un certain cachet aux lieux. Très belle vue sur le *río* et la plage, toute proche. Le service est plaisant. Une bonne adresse.

COSTA COLONIA RIVERSIDE BOUTIQUE €€€

Rambla de las Américas, esq. Pedro Figari
✆ +598 4522 3097
www.costacolonia.com
Trois catégories de chambres avec ou sans vue sur le fleuve, de 90 US$ à 150 US$. Promotions sur le site internet.

Deux types de catégories : avec ou sans vue sur le río de la Plata (avec, c'est beaucoup mieux, surtout pour être aux premières loges pour le coucher de soleil sur le fleuve, en dégustant un cocktail depuis votre terrasse). Les chambres sont pourvues d'un mobilier design avec un lit king ou queen size, dont les matelas sont extrêmement confortables, TV LCD, une kitchenette avec micro-ondes et frigo/bar. Spa, salle de sport, piscine couverte, prêt de bicyclettes, etc.

HOTEL LA MISIÓN €€€

171 Misiones de los Tapes
✆ +598 4522 6767
www.lamisionhotel.com
Compter 135 US$ pour une chambre simple ou double, 220 US$ pour une chambre supérieure.

Au cœur du quartier historique, voici un bel hôtel mêlant charme d'antan et confort moderne. On apprécie la décoration stylée et soignée des 12 chambres aux murs de pierres apparentes. Chacune d'entre elles est personnalisée avec un goût et en accord avec la structure originale de la maison. En hiver, il arrive cependant que les chambres soient un peu froides et qu'elles mettent du temps à se chauffer. Pour l'été, elles sont équipées de l'air conditionné, télévision, frigo et d'une belle salle de bains. De quoi passer un séjour douillet, de charme et de quiétude !

CARRITO EL COLONIAL €

Washington Barbot
✆ +598 4522 2207
Sur place ou à emporter. Ouvert de 15h à 1h. Fermé le mercredi. A partir de 135 $ le « chivito ».

Une « baraque à frites » proposant tous types de spécialités pour faire plaisir à tout le monde : *chivitos*, hamburgers, *milanesas*, hot-dogs, frites, *choripanes*, pizzas... A déguster en terrasse ou à emporter, vous y trouverez donc de quoi manger rapidement ou bien de quoi faire votre pique-nique pour passer l'après-midi en vadrouille. C'est un lieu très fréquenté des locaux. Pas de la grande gastronomie, mais un bon rapport qualité-prix et des portions généreuses. Les produits sont frais et les plats sont faits dans l'instant.

BUEN SUSPIRO €

90 Los Suspiros
✆ +598 9976 9098
Tous les jours, à partir de 17h, en été. En basse saison, du jeudi au dimanche de 10h à 18h.

Au menu : du fromage, du vin, des confitures et des liqueurs ; rien de tel pour ravir les papilles ! Ce restaurant authentique est installé dans la calle de los Suspiros (la rue des Soupirs), la rue la plus emblématique de la vieille ville, dans une maison datant du XVIIIe siècle. Le cadre est enchanteur, rustique, parfait pour apprécier les délicieux produits du terroir (que vous pouvez également acheter et rapporter chez vous) fabriqués dans le département de Colonia. Vous pouvez également vous y rendre pour le brunch. A ne pas manquer.

CALMA COCO €€

214 Rivadavia
Ouvert du mercredi au dimanche de midi à 20h. Compter environ 400 $ par plat.

Ce petit bijou de restaurant fondé par un couple d'Argentins qui ont élu domicile dans l'Uruguay tranquille est une véritable aubaine pour les locaux et les touristes. Tout le menu est délicieux, alléchant et savoureux à souhait. Vous serez accueilli avec chaleur par Federico, Noelia et leur fidèle compagnon Coco, la mascotte des lieux, qui vous convieront à goûter leurs plats de pâtes fraîches, salades, croquettes de risotto aux champignons et succulents sandwiches. Pour un brunch, un déjeuner ou une *merienda*, ne cherchez pas plus loin.

CHARCO BISTRO €€

116 San Pedro
✆ +598 4523 5000
www.charcohotel.com
Entre 10 et 15 US$ une entrée, entre 15 et 20 US$ un plat. Ouvert tous les jours de 8h à 16h et de 18h à 23h.

Cet hôtel aux chambres élégantes propose une table de cuisine de bistrot qui change des restaurants traditionnels du centre colonial. A la carte : des petits déjeuners en formules, des entrées originales, comme le *crostini* de crème d'asperge avec du jambon de pays, du pain de campagne et des légumes, des plats copieux et savoureux. Cuisine raffinée et service impeccable, on vient ici pour un dîner élégant. Une excellente table à réserver de préférence sur la jolie terrasse face au fleuve, où le soir, vous pourrez profiter du coucher du soleil.

RIO ANCHO GOURMET LODGE €€

Tula Suarez de Cutinella

✆ +598 4520 2205

www.rioanchocolonia.com

Comptez au moins 15 US$ le plat. Ouvert du jeudi au samedi de 11h30 à 22h30 et le dimanche jusqu'à 18h.

Cet hôtel de luxe soigne autant son gîte que son couvert au milieu des vignes au bord du Rio de la Plata, à 10 minutes du centre en voiture. À la table, une cuisine de haute volée qui ravira les palais exigeants. Élégante cuisine à la française avec un menu dégustation de 7 petits plats pensés avec des ingrédients nobles et locaux (viande de première qualité cuite à la perfection, poissons, fromages, légumes, etc.), décorés de fleurs fraîches et servis avec une esthétique remarquable et des accompagnements très originaux. Délicieux et dépaysant.

VIEJO BARRIO €€

169 Vasconcellos

✆ +598 4522 5399

Cuisine traditionnelle et spécialités de pâtes. Ouvert de 10h à 15h et de 20h à 23h. Compter environ 400 $ par personne.

Au cœur du quartier historique, voici un restaurant qui attire fréquemment les voyageurs pour sa délicieuse cuisine maison, incitant bon nombre d'entre eux à y retourner pour une deuxième visite. Ici, la viande – porc, veau, bœuf – est à l'honneur, et c'est tant mieux, car elle est très bien préparée. Les poissons à la plancha et les pâtes constituent également un excellent choix. Un menu simple et sans prétention. De plus, le service est sympathique et rapide. On peut aussi s'asseoir en terrasse. Un bon rapport qualité-prix ; vivement recommandé.

CASA VIERA €€€

65 Gral. Flores

✆ +598 9849 9129

www.casaviera.com

Tous les jours de 19h30 à 23h. Compter environ 500 $ le plat principal.

Décidément, il semblerait que Colonia soit en train de se transformer en une destination gastronomique de premier plan, et ce, en particulier depuis l'ouverture de Casa Viera en novembre 2019. Situé dans le centre historique, ce restaurant attire une clientèle fidèle qui le fréquente non seulement pour son ambiance conviviale et intime, mais aussi pour la qualité de sa cuisine. Accompagné de son équipe, le propriétaire Serafín Viera propose une sélection de plats tels que les empanadas au porc mariné, les *milanesas* et le mérou cuit à la plancha. Un sans-faute.

ALBERTINE PAN Y CAFÉ

233 Calle 18 de Julio

✆ +598 9335 9554

Ouvert le jeudi de 16h à 21h et le vendredi et samedi de 9h à 13h et de 17h à 21h.

Derrière cette bâtisse coloniale au charme discret se cache un café-boulangerie artisanale branché, où on sert de succulents croissants, baguettes, brownies, pains dorés et cafés de spécialité dans une atmosphère bon enfant et un décor vintage, le tout servi dans de jolies porcelaines. Son seul problème est qu'il ne soit pas ouvert tous les jours ! C'est un peu comme si la visite à Colonia elle-même était moins joyeuse sans le boulanger d'Albertine… Le voyageur est alors condamné à chercher désespérément un substitut à la hauteur de leurs attentes, en vain.

BARBOT

160 Washington Barbot

✆ +598 4522 7268

Ouvert tous les jours de 18h à 2h et jusqu'à plus tard le week end. Entre 130 $ et 240 $ le verre et la pinte.

Ici, on brasse sa propre bière ! Le Barbot présente une sélection impressionnante de 20 bières artisanales à découvrir, dont certaines ont remporté des prix nationaux et internationaux. Quelques alcools forts et du vin à la bouteille sont aussi proposés. Ce qui est super, c'est que les serveurs vous permettent de goûter leurs produits avant que vous les commandiez. En plus des boissons, on peut y grignoter un morceau : pizzas, fromage et de charcuterie (*tablas*), cuisine tex-mex, *chivitos*… L'endroit est agréable et convivial, avec de la musique live les week-ends.

ALMACEN LA CARLOTA

150 Real

✆ +598 4522 6717

Objets artisanaux. Tous les jours de 11h à 19h. Paiement en espèces seulement.

De bonnes idées de cadeaux dans cette boutique aux portes jaunes qui attire de nombreux touristes. Cette dernière vend des objets d'artisanat, sculptures colorées, peintures d'artistes uruguayens, céramiques, vêtements et souvenirs en tout genre... Sans le moindre doute, elle se distingue des autres boutiques grâce à la qualité supérieure et à l'originalité de ses produits. Difficile de repartir les mains vides ! En plus, son personnel est connu pour son accueil chaleureux et ses recommandations avisées pour trouver le cadeau parfait.

REAL DE SAN CARLOS ★

À quelques kilomètres au nord de Colonia del Sacramento se trouve Real de San Carlos, une ancienne base militaire nommée en l'honneur du roi Carlos III d'Espagne. Sur place, ne manquez pas la chapelle de San Benito et sa représentation du Santo Negro, le premier saint noir de l'Eglise catholique. De plus, rendez-vous au complexe touristique développé par l'homme d'affaires croate Nicolás Mihanovich qui, en 1908, construisit un hôtel-casino, un port ainsi que la célèbre arène Plaza de Toros. Bien que ce site soit aujourd'hui abandonné, il est tout de même possible d'y faire un saut lors d'une visite guidée proposée par une agence de la région.

CAPILLA SAN BENITO DE PALERMO ✞

Cnel. Lorenzo Latorre

✆ +598 9367 3279

La chapelle a été érigée en 1761 sur ordre de Pedro de Cevallos pour soutenir les troupes espagnoles. La chapelle abrite une statue du Santo Negro, le premier saint noir de l'Eglise catholique. Saint Benoît de Palerme, également connu sous le nom de Benito Manasseri, était un religieux italien qui a été canonisé en 1807 par le pape Benoît XIV. Il était réputé pour sa tolérance envers les préjugés raciaux et portait l'habit brun en tant que disciple de saint François d'Assise.

PLAZA DE TOROS REAL DE SAN CARLOS 🏛 ★

Av. Mihanovich

✆ +598 9139 5727

www.colonia.gub.uy/plazadetoros

Tous les jours de 12h15 à 17h. Pour les visites guidées, réservez sur WhatsApp au +598 9139 5727

Inaugurée en 1910, cette magnifique arène est classée monument historique national et a une capacité d'accueil de 4 500 spectateurs. Les corridas y ont été organisées pendant deux ans, jusqu'à ce que le président José Batlle y Ordóñes les interdise en 1912. Depuis, l'arène a été transformée en un centre d'événements culturels et sportifs. Enfin, ne manquez pas les visites guidées d'une heure qui vous dévoileront toutes les anecdotes croustillantes liées à cet endroit emblématique !

PARQUE ANCHORENA ★★

Situé à une trentaine de kilomètres au nord de Colonia de Sacramento, ce parc national de 1 370 hectares abrite la Casa Presidencial, un manoir de style Tudor autrefois propriété de l'aristocrate argentin Aarón de Anchorena et qui est actuellement utilisée comme résidence de repos présidentielle. Aujourd'hui, le parc abrite une espèce de cerf tacheté originaire d'Asie appelée cerf axis, introduite par son fondateur, ainsi que des sangliers. Parmi les cinquante espèces à découvrir, on peut observer des renards, des belettes et une grande variété d'oiseaux ainsi que des chênes, des érables japonais et de nombreuses espèces d'eucalyptus.

Histoire

Né en 1877, Anchorena était le huitième fils d'une riche famille appartenant à l'élite de Buenos Aires. En 1908, après avoir parcouru l'Europe et l'Asie à bord du navire El Pampa et traversé le río de la Plata en ballon dirigeable, il établit une ferme de 11 000 hectares près de l'embouchure du fleuve San Juan, qu'il légua entièrement à l'État à sa mort en 1965. Conformément à ses dernières volontés, sa dépouille fut enterrée au pied de la tour *Torre de Gaboto*, nommée en l'honneur de l'explorateur Sebastián Gaboto. Cette construction de 75 mètres de hauteur offre une vue imprenable sur le parc, avec une possibilité d'apercevoir les gratte-ciel de Buenos Aires par temps clair.

Pratique

Pour visiter le parc d'Anchorena, il est obligatoire de réserver à l'avance une visite guidée via l'adresse courriel suivante : cvisitantesanchorena@presidencia.gub.uy. Les visites sont organisées du jeudi au dimanche à 10h et à 14h30. Au moment de la réservation, il sera nécessaire de communiquer les noms de chaque visiteur, les numéros de passeport, le pays d'origine et un numéro de téléphone portable. La visite s'effectue en bus et couvre une distance d'environ 8 km avec des arrêts et des descentes, ainsi qu'une promenade le long de la côte. Sa durée est de deux heures, mais en cas de mauvais temps, elle peut être annulée. Son coût est de 50 $ par personne, payable uniquement en espèces. Les visiteurs doivent se présenter 20 minutes avant l'heure de départ à l'adresse Ruta 21 km 197. Le parc propose une aire de loisirs équipée de tables et de jeux pour enfants, cependant, il ne dispose pas de services de restauration. Il est donc conseillé d'apporter sa propre nourriture et ses boissons.

CONCHILLAS ★★

En empruntant la route de Carmelo, après le Parque Anchorena, au niveau du km 223 de la Ruta 21, on peut prendre une déviation menant à un petit village paisible, construit à la fin du XIXe siècle par la même entreprise anglaise qui a érigé le port de Buenos Aires. On peut y admirer quelques maisons anciennes avec une certaine influence européenne, en plus du cimetière anglais où est enterré David Evans, l'un des grands instigateurs du tourisme local (sa maison peut également être visitée). Situé à quelques kilomètres au sud-ouest du village, visitez le vieux port de Puerto de Conchillas qui a été classé comme patrimoine historique national.

CASA EVANS

David Evans

Tous les jours de 10h à 16h.

En 1910, la société anglaise Walker & Co. Ltd. (entreprise industrielle d'extraction et d'exportation de pierre vers Buenos Aires) fonda la Casa Evans, unique magasin général de la ville de Conchillas. Très rapidement, cet établissement est devenu un centre de collecte de grains, équipé de vastes hangars en tôle pour charger les wagons à destination de Puerto Inglés, avant de les acheminer vers l'Europe. Après avoir été soigneusement restaurée par un groupe de résidents locaux, la belle maison en pierre est aujourd'hui ouverte au public. Visites guidées.

COLONIA WEST HOTEL €€

Calle Tala

✆ + 598 4577 2500

www.coloniawesthotel.com-hotel.com

À partir de 70 US$ pour une chambre double. Petit-déjeuner inclus.

Cet hôtel propose une variété d'installations, notamment une piscine extérieure, deux piscines intérieures chauffées, un centre de remise en forme et un spa. Les chambres sont sobrement décorées et équipées de la climatisation, d'une télévision, d'un minibar et d'une salle de bains privative. Certaines d'entre elles disposent également d'un coin salon et d'un patio privé. Petit-déjeuner buffet servi tous les jours, avec une variété de fruits, fromages, viandes et confitures. Service de location de voiture. Une bonne option pour la région.

CARMELO ★★★

Carmelo est renommée pour sa production de vin et son tourisme viticole. Elle doit cette réputation à son sol calcaire riche en minéraux et en fossiles qui avait fasciné Charles Darwin lors de son passage. La ville est entourée d'un splendide paysage naturel, comprenant des collines, des forêts et des plages de sable blanc. En février, ne manquez pas la fête nationale du raisin qui dure quatre jours et propose de nombreux concerts.

Histoire

Carmelo fut fondée par Artigas en 1816, à un endroit occupé jadis par les jésuites. En 1758, la localité comprenait seulement une chapelle et quelques *estancias*, et était destinée à disparaître étant donné le caractère inhospitalier du lieu. Le père Larrañaga fit circuler une pétition demandant le déplacement du village à l'embouchure de l'*arroyo de las Vacas*, et le 12 février 1816, Artigas accepta. L'exploitation bovine domina son économie jusqu'au milieu du XIXe siècle, avant que l'agriculture ne prenne de l'importance. À partir de 1875, l'activité d'extraction de pierres et de sable a stimulé l'essor de l'exportation dans la ville. Carmelo connut dès lors un développement significatif avec la fondation de la première école, la création de conseils de quartier, l'inauguration de la chapelle de San Roque et la publication d'un premier journal local. En 1896, les travaux de canalisation de l'*arroyo de las Vacas* furent lancés dans le but de faciliter la navigation dans les passages les plus difficiles. Ils furent menés à bien en 1905.

Carmelo.

ARCHIVO Y MUSEO DEL CARMEN ★★

208 Ignacio Barrios
✆ +598 4542 5835
Du lundi au vendredi de 14h à 18h. Entrée gratuite.

Construit en 1847 sur ordre du président don Manuel Oribe, ce bâtiment qui était autrefois une école pour garçons a été transformé en musée en 1973. Il abrite une collection exceptionnelle d'objets archéologiques et historiques ainsi que des documents officiels du village et de la Calera de las Huérfanas. La bibliothèque de Monseigneur Ruben Irurueta, qui renferme 5 000 volumes offerts par des librairies, des institutions et des particuliers, est également située dans l'édifice.

CANTERAS DEL CERRO DE CARMELO

Empruntez la Ruta 97 et tournez à droite sur la calle Las Tunas. Ensuite, il suffit de continuer tout droit jusqu'à la dernière intersection, puis de tourner à gauche

Le granit de cette carrière située à 12 minutes du centre a été utilisé pour construire, entre autres, une centaine d'édifices et de rues de la capitale argentine, Buenos Aires. De nos jours, ses pierres sont encore exportées, mais à moindre niveau. La carrière inondée est aujourd'hui assidûment fréquentée par les écoles et clubs de plongée qui profitent de sa profondeur (30 m environ) pour y pratiquer des exercices de décompression. En été, elle attire également quelques baigneurs.

CAMPAMENTO DE GIUSEPPE GARIBALDI ★

Grito de Asencio

C'est ici que Giuseppe Garibaldi, alors marin du côté des Colorados, établit son campement en 1845 lorsque Carmelo était le centre des opérations de la Guerra Grande, la guerre civile ayant opposé les Colorados dirigés par Fructuoso Rivera aux Blancos de Manuel Oribe entre 1839 et 1851, après l'indépendance du pays. Né en 1807 à Nice (Empire français) et mort en 1882 à Caprera (royaume d'Italie), Garibaldi était un général italien considéré comme l'un des pères de la patrie italienne.

CASA DEL CORONEL

Ignacio Barrios y 19 de Abril
Du lundi au vendredi de midi à 18h.

Déclarée monument national en 1975, elle est aujourd'hui la maison de la Culture (où est installé l'office du tourisme) et accueille régulièrement des spectacles de musique, des ateliers, des troupes de théâtre et des expositions. C'est ici que vécut Don Ignacio Gregorio Barrios, né à Polancos le 31 juillet 1785. Ce dernier est célèbre pour avoir traversé les Andes avec San Martin, s'être battu à Chacabuco, avoir été présent à Talcahuano, Cancha Rayada ainsi qu'à Maipú. Il a surtout participé à la signature de la déclaration d'indépendance de l'Uruguay à Florida.

© EBONE - SHUTTERSTOCK.COM

Carmelo.

© ALFREDO CERRA - SHUTTERSTOCK.COM

Calera de Las Huérfanas.

CALERA DE LAS HUÉRFANAS ★★★

Ruta 21, camino Juan de San Martín

Le petit musée «Sala de presentación» est ouvert du mercredi au dimanche de 14h à 18h.

Également connue sous le nom d'*Estancia del río de las Vacas*, la Calera de las Huérfanas fut en son temps le signe d'une grande avancée pour le monde rural. Pour bien en comprendre les raisons, il faut savoir que les temps qui suivirent la découverte du río de la Plata se caractérisèrent par un désintéressement total pour le territoire de la Banda Oriental qui ne contenait pas de métaux précieux. Les Espagnols se dirigeaient droit vers les pays de l'argent (d'où le nom Argentine !), empruntant les *ríos* Paraná et Paraguay et utilisant comme base de départ Asunción. De cette ville viendra Hernando Arias de Saavedra, surnommé Hernandarias, qui inventera la richesse de l'actuel Uruguay : les vaches. Dans le désordre et l'anarchie qui dominaient en grande partie les campagnes du pays, l'exploitation du bétail était loin d'être optimale. Au début de la seconde moitié du XVIIIe siècle, par décret accordé en 1741, l'ordre des Jésuites obtint la jouissance et la propriété des terres situées entre les *arroyos* de las Vacas, de San Juan et le río de la Plata, et jusqu'au *cerro* de las Armas. L'*Estancia del río de las Vacas* était née, son centre se situant près de l'*arroyo* Juan Gonzalez. Il s'agissait d'une sorte d'*estancia*-oasis où environ 200 travailleurs s'occupaient des vignobles ou des troupeaux. De nombreux patios, logements, forges, charpenteries, menuiseries, fromageries et autres *ranchos* pour les paysans, les autochtones et les esclaves noirs furent construits. Cette situation fut cependant modifiée par l'expulsion des Jésuites dans le pays en 1797, ordonnée par le roi d'Espagne. L'*estancia* dépendit alors du pouvoir municipal de Buenos Aires qui délégua la direction à Juan San Martín. L'homme d'armes en question n'est autre que le père du célèbre général José de San Martín, futur libérateur de l'Argentine. En plus de ses compétences militaires, il s'est également avéré être un excellent gestionnaire et a réussi à développer considérablement l'établissement. En 1777, suite au départ trois ans plus tôt de San Martín, le roi d'Espagne avait donné cette charge aux religieux de la *Caridad*, qui devaient envoyer les profits de l'*estancia* au Colegio de las Niñas Huérfanas de Buenos Aires (Collège de jeunes filles orphelines) dont ils étaient aussi responsables. Mais ces religieux ne réussirent pas à faire face aux troubles, guerres et banditisme qui affectaient la région et la ruine fut vite proche. Avec l'arrivée d'Artigas au pouvoir en 1815 puis avec la domination argentine, l'*estancia* dut subir plusieurs ventes et fractionnements de sa propriété. Le général Laguna, héros de l'indépendance, acquit la résidence en 1829. Elle souffrit ensuite de très nombreux dommages graves dus à des guerres, des facteurs climatiques, des démolitions et des abandons, jusqu'à parvenir à l'état où elle est aujourd'hui, c'est-à-dire, n'ayons pas peur des mots : piteux. On ne voit de nos jours que l'esquisse d'un vestige de ruines de larges parois en briques de la chapelle et son autel, restes de murs ou de fours… En 1938, ces vestiges ont cependant été déclarés monument national historique, à l'initiative du Comité patriotique de Carmelo. L'objectif final du projet de valorisation du site est d'intégrer l'*estancia* jésuite Calera de las Huérfanas dans le circuit culturel de la route des Missions jésuites des Guaranis, qui réunit jusqu'alors les ruines des missions jésuites du nord-est de l'Argentine, du Paraguay et du sud du Brésil et dont les principales sont inscrites au patrimoine mondial de l'UNESCO.

CÔTE OUEST

MUSEO DE MADERA ★

373 Zorrilla de San Martin
✆ +598 4542 2749
www.museodelamadera.blogspot.com
Du lundi au samedi de 9h à 18h30. Le dimanche à partir de 10h.

La galerie de sculptures en bois de José Castro González est un endroit fascinant qui mérite d'être découvert. Nichée dans une quincaillerie, elle est accessible par une petite porte derrière laquelle se cachent plus de 1 500 pièces de bois sculpté représentant une variété de scènes dramatiques, comiques et fantastiques. La visite est passionnante et permet d'apprécier le talent de l'artiste dans toute sa splendeur. De plus, il est possible de rencontrer José en personne et de discuter avec lui, ce qui ajoute une dimension supplémentaire à l'expérience.

PLAYA SERE ★★

La plage de Carmelo sans laquelle la ville ne serait pas ce qu'elle est. Cette étendue de sable fin est tranquille et calme. Elle est idéale pour la pratique de sports et d'activités nautiques. La rivière coule un peu plus au-dessus et les arbres offrent de l'ombre, créant une atmosphère idéale pour une promenade. Bien que l'eau puisse sembler trouble en raison de la présence de limon, décourageant certains visiteurs, les baigneurs estivaux se laisseront facilement charmer et ne voudront plus sortir de l'eau une fois qu'ils auront plongé dedans.

PUENTE GIRATORIO ★

Au-dessus de l'*arroyo de Las Vacas*, ce pont « tournant » importé d'Allemagne et inauguré le 1er mai 1912 permet de laisser passer les grands navires. C'était le premier du genre en Uruguay et l'un des rares à être actionnés manuellement par des êtres humains. Après sa construction, le pont est devenu si célèbre auprès des Carmelitanos qu'ils le surnommèrent « *la obra* » (l'œuvre). Un panneau sur le pont annonce que ceux qui le traversent auront toujours la chance de revenir à Carmelo. Depuis, plusieurs ponts de ce type ont vu le jour en Uruguay.

PUENTE CASTELLS ET CAPILLA DE NARBONA ★★★

Km 263 ruta 21, franchir le pont Castells au-dessus de l'arroyo de las Viboras.
✆ +598 4540 4154

Au km 263 de la route 21, surplombant une rivière appelée *arroyo de las Viboras*, on franchit un pont, le Puente Castells, qui a été construit en 1853. Le 5 juillet 1853, le gouvernement de la République autorise la société Progresso de Montevideo, représentée par Jaime Castells, à utiliser l'eau de la rivière Viboras afin de faire fonctionner un moulin pour le blé.

L'année suivante, la même entreprise est chargée de construire une route entre Carmelo et Nueva Palmira ainsi qu'un pont sur la rivière précédemment citée. Le moulin une fois construit ne resta en fonction que peu de temps, sa capacité étant bien trop importante pour la production locale. Ses murs sont tout de même restés debout, pleins de charme. On peut aussi voir les restes d'une déviation de la rivière afin d'alimenter le moulin en eau. Pour sa part, le pont avec ses 5 arcs de pierre impressionne par son élégance et sa solidité. Il fut inauguré en 1858. Un chemin de pierre et de sable nous emmène, trottinant doucement sur la droite, vers les ruines coloniales de l'estancia et chapelle de Narbona, situées au sommet d'une petite colline entourée de ombúes et talas. Au retour, la vue vous permet d'apercevoir la plaine, la route et, au loin, le río de la Plata. L'estancia de Narbona est un des témoignages les plus anciens de l'époque coloniale. Elle est classée aujourd'hui monument historique.

- **La Casona** (la résidence). L'édifice, construit dans la longueur d'est en ouest, est une succession de grandes pièces comprenant des fenêtres ouvertes sur le sud et les portes sur le nord. Son toit, auparavant couvert de tuiles, est haut. Les murs, dont la taille est proportionnelle à l'édifice, sont faits de tuiles aussi et atteignent un mètre de largeur. Le bâtiment est surmonté d'une tour de trois étages située en son centre, dont les murs avaient une épaisseur initiale de deux mètres.

- **La Capilla** (la chapelle). La chapelle, construite dans un style missionnaire très ancien, vous accueille depuis son patio, offrant une vue sur ce qui reste de sa nef, la Vierge de la Candelaria, aux grands yeux fixant les murs humides, et enfin sur le temple caché dans les ténèbres. Elle a été érigée le 16 août 1870 par plusieurs citadins de Montevideo qui ont été contraints de quitter la ville en raison d'une épidémie de fièvre jaune. Ces derniers, reconnaissants d'avoir échappé à la maladie, ont construit la chapelle en signe de gratitude. Depuis, une messe est célébrée tous les 16 du mois.

RAMBLA DE LOS CONSTITUYENTES ★

12 de Febrero

Œuvre réalisée par le Comité patriotique féministe de Carmelo et inaugurée le 7 décembre 1930 en commémoration du centenaire de la 4e Constitution du pays. C'est ici que Hernandarias introduisit le bétail en Uruguay. D'une grande beauté, elle imprime un charme certain à la ville. Il faut absolument se promener sur ses terrasses et sa rotonde qui renferme la fontaine de las Tentaciones. Elle se prolonge vers le port par la calle José de San Martin.

TEMPLO DEL CARMEN ★★

Lavalleja y Carmen

Bâti à l'origine, comme le reste du village, à partir de briques crues et de paille, ce temple fut reconstruit en 1830 à l'initiative des habitants. Sa reconstruction fut impulsée par le père Sancho, qui fit transporter des matériaux de l'ancien temple de Las Viboras qui se trouvait dans la Calera de las Huérfanas. Le travail fut achevé en avril 1848. On peut y admirer objets et œuvres de valeur, et notamment *El sueño de San José*, une toile réalisée par Juan Manuel Blanes, ainsi qu'une sculpture de José L. Zorilla de San Martin représentant José Sancho.

AHLO POSADA HOSTEL BOUTIQUE €

270 Treinta y Tres

✆ +598 4542 0757

www.ahlo.com.uy

Dortoir 30 US$, double avec salle de bains partagée 75 US$, avec salle de bains privée 90 US$.

Jolie maison coloniale toute rose transformée en hostel. C'est le meilleur plan de la ville pour les jeunes qui ont les moyens et qui aiment le confort et les chambres *arty*. Beau jardin avec terrasse et barbecue, cuisine commune impeccable et dortoirs spacieux. Salon avenant avec cheminée pour les soirées d'hiver. Néanmoins un brin cher pour des dortoirs ou chambres avec salle de bain partagée, aussi pimpants soient-ils. Qui plus est, on entend dire que le parquet grince un peu trop...

BODEGA BOUTIQUE EL LEGADO €€€

Ruta 97

✆ +598 9866 6001

www.bodegaellegado.com.uy

Compter à partir de 198 US$ la nuit pour une suite double. Dégustation de vins : 25 US$.

Bernardo Marzuca, propriétaire de cette splendide *posada*, vous invite à découvrir son vignoble qui ne propose que trois types de vins : un tannat, une syrah et un assemblage. Sa *posada*, embellie de murs en pierre, de grandes fenêtres avec vue sur la campagne et d'un décor champêtre, est un lieu de séjour formidable. Pour les groupes de huit personnes, Bernardo peut préparer un *asado* complet pour 50 US$. Des bicyclettes peuvent être louées pour ceux qui souhaitent explorer les environs.

CARMELO RESORT & SPA €€€

Ruta 21 km 262 ✆ +598 4542 9000

www.fourseasons.com/carmelo

Compter à partir de 350 US$ pour une chambre double, petit déjeuner inclus.

Situés au cœur d'une forêt luxuriante de pins et d'eucalyptus de 45 hectares, ces 20 bungalows de luxe, dont 6 surplombent la rivière, offrent un confort irréprochable et empreint de charme. Tous sont parfaitement équipés : terrasse privée, lit king size, télévision câblée et lecteur DVD, air conditionné, connexion wifi... La décoration de style chalet raffiné crée une ambiance chaleureuse et cosy. Les hôtes pourront se détendre et se ressourcer dans un superbe spa, ou profiter du parcours de golf. Cette retraite paisible est l'une des plus agréables du pays.

NARBONA WINE LODGE €€€

Ruta 21 km 268

✆ +598 4544 6831

www.narbona.com.uy

A partir de 200 US$ la chambre double avec petit déjeuner. Journée dégustation à partir de 50 US$.

Relais & Châteaux qui propose des suites luxueuses et un restaurant gastronomique au cœur de ses vignes. Le corps de ferme est transformé en magnifique salon avec belle cheminée et des meubles anciens, où il fait bon profiter du paysage et dîner dans un cadre élégant. Les chambres, disposées dans un bâtiment moderne qui se fond harmonieusement avec le paysage, sont décorées avec finesse. Pour ne rien gâcher, une piscine invite à la baignade. Côté vignoble, on peut bien sûr s'adonner à une séance de dégustation et acheter de bons crus racés.

POSADA CAMPOTINTO €€€

Camino de los Peregrinos, Colonia Estrella
✆ +598 4542 7744
www.posadacampotinto.com
Chambre double à partir de 200 US$. Pique-nique gastronomique : 65 US$. Du mercredi au dimanche de 12h à 17h.

À la fois vignoble, hôtel de luxe et boutique, cette adresse haut de gamme propose des tours de son vignoble aux visiteurs avec dégustation de vin. Côté restaurant, la carte est de haute volée, d'inspiration italienne et de campagne. La cuisine est préparée avec des produits frais cultivés dans la région. Un pique-nique gourmet est proposé entre les vignes pour les épicuriens amateurs de paysages bucoliques. Les chambres luxueuses sont dotées d'une terrasse privée et donnent sur la chapelle ancienne de San Roque, certaines étant agrémentées d'un salon.

BASTA PEDRO €€

Ruta 21 km 260
✆ +598 4542 9258
Ouvert tous les jours de 9h à 23h30. Compter environ 400 $ par plat.

Ce restaurant est tout simplement remarquable ! Dès que vous franchissez les portes, vous êtes transporté dans un château espagnol au bord d'une baie paisible (qui est en fait la baie de Puerto Camacho...), avec des vues incroyables sur les bateaux qui passent. On y sert de délicieux plats tels que des *milanesas*, des raviolis, des *chivitos* ainsi qu'une grande variété de pizzas. Si vous avez encore de la place pour le dessert, ne manquez pas de goûter leurs pancakes au *dulce de leche*. Enfin, le service est vraiment au top avec une équipe attentionnée et souriante.

ALMACÉN DE LA CAPILLA - BODEGA CORDANO

Camino de los Peregrinos
✆ +598 9954 4255
Ouvert tous les jours de 11h à 20h. Dégustation de 5 vins, picada, dessert et café : 25 US$.

L'Almacén de la Capilla est le plus ancien vignoble de Carmelo, fondé par Antonio Cordano dans les années 1870. Aujourd'hui, Ana Paula Cordano, de la cinquième génération de viticulteurs, dirige l'établissement après avoir réalisé son rêve de gérer le vignoble à la suite de la mort de son père. L'Almacén est un endroit agréable pour passer l'après-midi, avec de nombreux espaces pour s'asseoir. Découvrez les anciens pressoirs à vin et, pendant les vendanges, foulez le raisin pieds nus.

ISLA MARTÍN GARCÍA ★★★

Cette île fluviale argentine est l'endroit où débarquèrent pour la première fois Juan Diaz de Solís et ses hommes en 1516. Elle tire son nom de Martín García, membre de l'expédition de Solís sur le Río de la Plata, qui y fut enterré cette même année. Outre son importance historique, la Isla Martín García est également un lieu de promenade agréable où l'on profite d'une nature subtropicale au milieu de laquelle s'élèvent de jolies maisons coloniales et un ancien théâtre-cinéma à l'architecture Art déco intéressante. Environ 200 personnes – soit 50 familles – cohabitent ici sur les quelque 184 km² de l'île.

Histoire

En 1850, le président argentin Sarmiento imagina la fondation sur cette île de la ville d'Argirópolis, qui serait devenue la capitale des États-Unis d'Amérique du Sud réunissant l'Argentine, l'Uruguay et le Paraguay. Une utopie destinée à stabiliser cette région conflictuelle du Río de la Plata autour d'une capitale neutre. Le président Juan Domingo Perón y a vécu en 1945, car l'île était un lieu de déportation politique pour les prisonniers argentins. Plusieurs présidents argentins y séjournèrent : après Hipólito Yrigoyen en 1930, ce fut le tour de l'ancien président Marcelo Torcuato de Alvear en 1933, de Perón donc en octobre 1945 pour seulement 8 jours juste avant d'être appelé à régner, puis, le 29 mars 1962, Arturo Frondizi fut fait prisonnier par les militaires, puis déporté sur l'île.

PUNTA GORDA ★★

Entourée de plages de sable fin et de forêts d'eucalyptus, Punta Gorda est une destination populaire en raison de son cadre pittoresques. Des sentiers de promenade longent la plage, dont un sentier menant à une colline abritant un jardin botanique. En bateau, vous pourrez profiter de l'Isla Juncal, située au confluent de trois grands fleuves, le *río* Uruguay, le *río* Paraná et le *río* de la Plata. Les amateurs de pêche pourront y pêcher différents types de poissons tels que l'anchois et le poisson-chat. Enfin, le kilomètre zéro du *río* de la Plata est considéré comme étant le parallèle de Punta Gorda, en vertu du Traité du *río* de la Plata de 1973.

BATERÍA DE RIVERA ★

Érigée en 1841 pour protéger l'Uruguay contre une possible invasion brésilienne, cette installation militaire était équipée de canons, de casernes et de tunnels souterrains et était stratégiquement située près d'un vaste canyon qui permettait de surveiller l'approche des navires ennemis pendant la *Guerra Grande*. Elle fut classée monument historique en 1976. Les visiteurs peuvent explorer ses différents bâtiments et profiter de la vue panoramique depuis les remparts. Un sentier partant de la plage mène au sommet d'une colline où se trouve un joli jardin botanique.

PIRÁMIDE DE SOLÍS ★

De la Concepcion

La Pyramide de Solís a été construite en mémoire des grands navigateurs qui découvrirent les principales voies fluviales de la région en cherchant un itinéraire vers les Indes. Le monument, qui est également appelé *Monumento a los Descubridores* (Monument aux Découvreurs), a été nommé d'après l'explorateur espagnol Juan Díaz de Solís, en honneur de son expédition dans la région de Nueva Palmira en 1516 (vous connaissez la suite...). Il a été érigé en 1888 par les résidents de Nueva Palmira et Agraciada, et offre une vue panoramique sur les paysages environnants.

RINCÓN DE DARWIN ★

Entrée libre.

En 1833, lors de son fameux voyage en Amérique, le scientifique britannique Charles Darwin a mené des recherches en botanique, géologie et paléontologie pendant une période de six mois dans la région de Nueva Palmira. Ces recherches ont été utilisées pour élaborer sa théorie sur l'évolution. Pour commémorer son passage, une stèle ainsi qu'un escalier en colimaçon de 120 marches (15 m) ont été érigés. L'escalier, appelé « Escalera de Darwin », permet d'observer les différentes couches géologiques étudiées par le célèbre naturaliste.

AL NATURAL POSADA €€€

Punta Gorda y Laguna Solís

✆ +598 4544 8881

www.alnatural.com.uy

Compter à partir de 180 US$ pour une chambre double, petit déjeuner inclus.

Cette très belle *posada* est bâtie au cœur d'une forêt, au bord de la *laguna* Solis, dans un environnement naturel des plus reposants. Le credo de la maison : « L'excellence en toute simplicité. » Les chambres sont modernes et uniques ; à chacune sa couleur. Elles disposent d'une terrasse privée avec vue privilégiée sur la lagune. Toutes sont équipées d'un grand lit, de mobilier design et sobre, d'une télévision écran plat, de la connexion wifi, bouilloire avec thé/café à volonté. Jolie piscine extérieure avec solarium. Service de cafétéria toute la journée.

NUEVA PALMIRA ★★

Petite ville située près de l'embouchure du *río* Uruguay, face au delta du *río* Paraná en Argentine. Elle compte un peu plus de 9 000 habitants et est surtout connue pour son port fluvial qui est l'un des plus importants du pays, pouvant accueillir des cargaisons transatlantiques ainsi que des marchandises en provenance de Bolivie ou du Paraguay. En plus de son activité portuaire, Nueva Palmira propose diverses attractions touristiques telles que ses plages et ses musées. Parmi les sites d'intérêt, on peut citer son cadran solaire, la Fuente de los Españoles, l'épave de l'Eolo (ancien navire qui reliait la ville à Montevideo) et le quai General Flores.

Histoire

La ville fut fondée le 26 octobre 1831 par le prêtre Felipe Santiago Torres Leiva, dans l'ancienne juridiction d'Higueritas, juste à côté du port appelé Puerto de Las Higueritas, sur les berges du *río* Uruguay. Les terres appartenaient à l'estancia de Narbona. Mais cette fondation n'était pas la première : en effet la première vit le jour en 1809 à l'initiative du Señor Torres Leiva sans remporter le succès espéré, en grande partie à cause des guerres que subissait alors la région. Deux autres tentatives furent lancées en 1815, puis en 1816 sous l'impulsion d'Artigas et les bons soins de Don Manuel Durán. Le père Torres Leiva réussira donc enfin à implanter une colonie, soutenu par les habitants de Las Viboras (où il était curé) qui désiraient depuis longtemps déménager.

MUSEO MUNICIPAL PROFESOR ROSELLI ★

Lucas Roselli 1130
✆ +598 4544 8143
En hiver, du mercredi au vendredi de 10h à 15h et le week-end de 8h à 13h. En été, du mercredi au dimanche de 8h à 13h.

Ce musée vous invite à venir découvrir une incroyable collection de fossiles et d'artefacts archéologiques offerts par le paléontologue Lucas Roselli. Les pièces les plus impressionnantes incluent le squelette presque complet d'un indigène préhispanique, des découvertes étonnantes réalisées par la communauté palmyrène, mais aussi des céramiques anthropomorphes et zoomorphes, des fossiles de nids d'insectes et des pointes de flèches conçues par les populations autochtones de la région.

PORT ET ZONE FRANCHE

Du fait de son emplacement à la confluence de trois grands fleuves, *le río* Paraná, *le río* de la Plata et *le río* Uruguay, on surnomme cette zone « la porte du cône sud » (*Puerta del Cono Sur*). Le port de Nueva Palmira joue un rôle majeur en tant que point de connexion entre l'intérieur des terres sud-américaines et le reste du monde. Grâce à sa franchise industrielle, la ville profite de la croissance du Mercosur. Elle est en outre le grenier du pays par l'importance de ses réserves en grains, et un port de pêche considérable à l'échelle nationale.

PLAGES ★★

Le littoral de Nueva Palmira est ponctué de magnifiques plages de sable fin longeant le fleuve. Il est possible d'y pratiquer des sports nautiques. A proximité, vous pouvez apercevoir le vieux port toujours en activité, abritant un célèbre navire naufragé dont la partie émergente tranche avec les infrastructures modernes. A quelques kilomètres de la ville, près de l'Estancia de Ordoñada, se trouve la Playa La Agraciada, qui est souvent considérée comme l'une des plus belles plages de la région et propose un camping pour les visiteurs.

PUERTO HIGUERITAS

Torres Leiva
✆ +598 4544 6368

Le quai Higueritas est un véritable havre de paix pour les touristes qui recherchent la tranquillité et pour les amateurs de voile cherchant un port sûr et bien équipé. Les bateaux peuvent y bénéficier d'électricité, de carburant, d'eau potable, d'une salle de bains et même d'une assistance médicale si besoin. Pour les voyageurs souhaitant prolonger leur séjour sur place, un camping avec douche est également à disposition. Que vous soyez marin aguerri ou simple vacancier en quête de sérénité, ce petit port de 64 amarres saura combler toutes vos attentes.

RAMBLA ★

La Rambla de Nueva Palmira est une promenade agréable qui s'étend sur environ quatre kilomètres le long de la rive ouest du *río* Uruguay, depuis le bassin de Las Higueritas jusqu'à la réplique de la pyramide de Mayo de Buenos Aires. Elle débute au cadran solaire, qui a été offert à la communauté de Nueva Palmira par la Société italienne en 1981 à l'occasion du 150e anniversaire de la fondation de la ville. En chemin, les visiteurs peuvent admirer le buste d'Artigas et une fontaine. Des festivals et des activités culturelles y sont organisés en été.

CLEMENTE RESTO BAR €€

786 General Oribe
✆ +598 4544 6137
Du mercredi au dimanche de 11h à minuit, le mardi de 20h à minuit. Compter à partir de 300 US$ pour un plat.

Cette vaste maison de style colonial aux murs crème ornés de rouge et de vert abrite un restaurant traditionnel qui est le seul digne de ce nom dans la ville. Au milieu de la population locale, vous pourrez manger une cuisine régionale et internationale : calamars, poisson au roquefort, brochettes de poulet sauce orientale, *parrillas, chivitos,* viande à la sauce au miel avec purée de potiron, pizzas et salades… C'est une adresse incontournable, qui organise également des spectacles de musique live pour agrémenter votre soirée.

Laissez-vous séduire par la beauté du littoral en explorant ses trésors le long du majestueux *río* Uruguay, où les départements enchanteurs de Soriano, Río Negro, Paysandú et Salto vous attendent. Embarquez pour un voyage pittoresque à travers des collines verdoyantes et des plaines fertiles à perte de vue, où chaque département révèle sa propre personnalité unique et authentique. Imprégnez-vous de l'histoire et de la culture du département de Soriano, le berceau du pays, tandis que Río Negro vous invite à déguster les saveurs de ses vignobles et à apprécier la richesse de sa production agricole. Plongez également dans l'univers de Paysandú, où les sources thermales revigorantes, les sites historiques fascinants et l'artisanat local rendent chaque moment inoubliable. Enfin, laissez-vous choyer à Salto, où des sources d'eau chaude apaisantes et des parcs aquatiques ludiques promettent une expérience de détente ultime pour tous les âges.

LITTORAL

Littoral
ARGENTINE
TERMAS DEL ARAPEY
Sequeira
Pueblo Lavalleja
Los Charrúas
SALTO GRANDE
SALTO
TERMAS DEL DAYMAN
TERMAS DE SAN NICANOR
Puntas De Vale
San Salvador
MESETA DE ARTIGAS
Ubajay
Villa Clara
TERMAS DE GUAVIYU
El Eucaliptus
Quebracho
Cuchilla De Fuego
Colón
PAYSANDU
TERMAS DE ALMIRÓN
Guichón
Caseros
Concepción Del Uruguay
SAN JAVIER
Young
ARGENTINE
Grecco
NUEVO BERLÍN
PARQUE BARTOLOME
Gualeguaychu
PALMAR
FRAY BENTOS
Sacachispas
HIDALGO
LAS CAÑAS
MERCEDES
El Tala
ANDRESITO
GRUTA DEL PALACIO
VILLA SORIANO
Ceibas
Palmitas
Dolores
TRINIDAD
LA CONCORDIA
Villa Paranacito
LA AGRACIADA
NUEVA PALMIRA
CARMELO
50 KM

Bienvenue à Soriano, un département pittoresque situé dans le sud-ouest du pays, qui offre une destination parfaite pour ceux qui cherchent à allier histoire, culture et jolis paysages. La ville de Mercedes en est le cœur, avec son ambiance chaleureuse, ses spécialités culinaires locales et ses quelques sites touristiques d'intérêt. Villa Soriano, quant à elle, est une petite ville historique où l'on peut découvrir de magnifiques panoramas fluviaux, un musée d'archéologie captivant, ainsi qu'une collection de masques des plus remarquables. Pour les plus aventuriers, la région propose également des activités telles que le rafting, le canoë-kayak et la pêche.

Laissez-vous envoûter par les terres méconnues du département Río Negro, où le passé industriel dynamique de l'Uruguay se révèle dans toute sa splendeur. Imaginez-vous foulant les pavés de l'usine de Fray Bentos (l'ex-Frigorífico Anglo), témoin majestueux de l'ère industrielle, et inscrite au patrimoine mondial de l'Unesco. Plongez dans l'histoire de l'industrie alimentaire moderne et son influence profonde sur notre monde actuel en parcourant les allées de son musée interactif et passionnant, puis poursuivez votre odyssée en explorant le Musée Luis Alberto Solari, où l'art et la culture se mêlent harmonieusement. Embarquez ensuite pour un voyage captivant à travers les villages pittoresques de Nuevo Berlín et San Javier, où les traditions russes perdurent toujours, reflétant l'incroyable et surprenante diversité qui caractérise ce pays.

Le río Negro à Mercedes.

PAGES

LITTORAL

Meseta de Artigas.

LA AGRACIADA ★★

La Playa de la Agraciada est un banc de sable qui s'étend sur 13 km le long du *río* Uruguay. C'est à cet endroit que l'expédition militaire des Treinta y Tres Orientales, dirigée par Juan Antonio Lavalleja et Manuel Oribe, a débarqué le 19 avril 1825 pour expulser les Brésiliens qui occupaient la Province orientale, alors appelée *Provincia Cisplatina*. Selon certaines sources, le site aurait été nommé d'après une belle paysanne surnommée «la agraciada» (la gracieuse).. Depuis 1862 y est érigée une pyramide commémorant l'épopée des Treinta y Tres Orientales que Blanes représente d'ailleurs dans son œuvre El Juramento de los Treinta y Tres Orientales.

ESTANCIA LA ORDOÑANA

Prendre la ruta 21 qui relie Nueva Palmira à Dolores. Quelques kilomètres après avoir quitté Nueva Palmira, prendre la gauche.

La demeure abandonnée de Domingo Ordoñana, connue initialement sous le nom de « Casa Blanca » est un exemple typique de ranch du milieu du XIXe siècle. Originaire du Pays basque, Ordoñana arriva à Montevideo en 1842 et consacra sa vie à l'élevage, devenant rapidement un pionnier du progrès rural. Lorsque Blanes décida de peindre le célèbre tableau *El Juramento de los Treinta y Tres Orientales*, c'est chez Ordoñana qu'il fut accueilli pour prendre des croquis de la région. Il a également commandé et payé la pyramide commémorative du débarquement des 33 Orientaux.

MERCEDES ★★

Mercedes est la capitale du département de Soriano et abrite une population d'environ 50 000 habitants. Elle est aujourd'hui un centre régional important pour l'agriculture, étant notamment le plus grand producteur de soja du pays.

Histoire

Mercedes est né à l'emplacement du lieu-dit Paso de la Calera, sur un méandre du *río* Negro. Alors que ce n'était encore qu'un village, le vice-roi Loreto lui octroya en 1791 le titre de *Villa de Nuestra Señora de las Mercedes*. En 1788, le prêtre Manuel Antonio de Castro y Careaga posa la première pierre de la chapelle nouvelle (Capilla Nueva). Les habitants de Mercedes furent parmi les premiers à se rallier à la guerre d'indépendance et la *Revolución de Mayo*. De même, le fameux *Grito de Asencio* fut lancé tout près de la ville, « inaugurant » le cycle révolutionnaire. Ensuite, Artigas lancera lui aussi une fameuse proclamation le 11 avril 1811 dans la cité même. Mais, au XIXe siècle, la ville commence à souffrir des désordres de la guerre et en 1843, elle est incendiée durant le conflit opposant Rivera et Oribe. Ce n'est qu'ensuite qu'elle va véritablement se développer, profitant d'une forte immigration surtout d'origine argentine (ceux qui fuyaient la dictature de Rosas), mais aussi basque, portugaise et italienne. La ville prit son visage actuel au début du siècle avec la construction de la cathédrale et de *la rambla*. Le train arriva en 1901, la reliant à Montevideo, et la route suivit en 1930. Le port fluvial construit au XIXe siècle fut aussi une importante source de revenus pour Mercedes qui put profiter ainsi de la navigation à vapeur sur le *río* Uruguay et du commerce induit.

Tourisme

En plus de la possibilité de louer des barques pour naviguer sur le *rio* Negro, la ville mérite une visite pour son architecture coloniale, ses rues pavées et son charme rustique. Deux sites historiques notables à ne pas manquer sont le château du vicomte de Mauá, avec son grand parc, sa cave à vin artisanale et son musée paléontologique, ainsi que la cathédrale Nuestra Señora de Mercedes, située en plein centre-ville.

CASA DE LA CULTURA ★

Wilson Ferreira Aldunate et Ituzaingó

✆ +598 4532 2201

Du lundi au vendredi de 7h à 14h30 puis le samedi de 7h30 à 11h30. Fermé le dimanche.

La Casa de la Cultura vous invite à prendre part à une variété d'expositions temporaires d'art, de photographie et d'artisanat, ainsi que des pièces de théâtre, des spectacles de danse et de musique, sans oublier le festival de jazz annuel. En outre, il ne faudrait pas manquer l'occasion d'assister à la conférence d'un écrivain lors de la *feria de libros* (salon du livre) qui a lieu chaque mois tout au long de l'année. À noter que ce bâtiment, datant de 1885, était à l'origine un temple maçonnique appartenant à l'Harmony Chapter Lodge.

CASA DE LA SOCIEDAD ITALIANA ★

382 Colón

La Société italienne de Mercedes, qui a été inaugurée en 1894, est l'un des bâtiments les plus emblématiques de la ville. Son fronton est orné de la gravure *Societa Italiana di Mutua Protezione, Unione et Laboro* (Société italienne de protection mutuelle, d'union et de travail), reflétant les caractéristiques propres à la communauté italienne qui vivait à Mercedes à cette époque. A l'intérieur, une salle accueille divers événements tels que des fêtes, des concerts et des conférences.

CATEDRAL NUESTRA SEÑORA DE LAS MERCEDES ★★

Plaza Independencia

Siège du diocèse de Mercedes (Soriano et Colonia) depuis 1960, la cathédrale fut bâtie à la demande de Juan XXIII, et arbore un style néoclassique conçu par l'architecte suisse Antonio Petrochi. Ses tours exposent des bas-reliefs du baptême du Christ et de la Dernière Cène. Son dôme central est orné d'*azulejos* du Pas-de-Calais. A l'intérieur, l'autel principal est orné de représentations de Nuestra Señora de la Merced et de San Pedro Nolasco, fondateur de l'Ordre de la miséricorde.

MUSEO PALEONTOLÓGICO ALEJANDRO BERRO ★

✆ +598 4532 2201

Tous les jours de 13h à 17h. Visite guidée possible. Entrée libre.

Le musée, qui était autrefois la propriété du baron de Mauá au XIXe siècle, est communément appelé le « château de Mauá ». Il abrite l'une des collections paléontologiques les plus riches du pays, grâce à l'initiative du paléontologue Alejandro Berro. Celle-ci compte près de 4 000 pièces provenant principalement de Soriano et du río Negro, dont seulement quelques-unes sont présentées au public. Les pièces les plus notables incluent le squelette de Gliptodonte et des œufs de dinosaures.

PARQUE Y CASTILLO BARÓN DE MAUÁ ★

Camino Luis Tuya

✆ +598 4532 2201

Ouvert du lundi au vendredi de 13 à 19h, et les samedis et dimanches de 13h à 17h. Entrée libre.

Le château, qui abrite actuellement une *bodega* (vins Maua), une galerie d'art et un musée de paléontologie, a été construit par l'homme d'affaires et banquier brésilien, Eliseu Evangelista de Souza qui devint plus tard le vicomte de Mauá. Le parc environnant la propriété avait autrefois une étendue de près de 16 000 hectares, mais elle a depuis été réduite à seulement trois hectares. Néanmoins, c'est toujours un endroit agréable pour se promener et pour admirer la vue sur le *río Negro*.

PINACOTECA-MUSEO EUSEBIO GIMÉNEZ ★

723 Eusebio Giménez

✆ +598 4532 2294

Ouvert du lundi au samedi de 8 à 18h. Visite guidée possible. Entrée libre.

Ce musée-pinacothèque caché au deuxième étage de la bibliothèque municipale expose de grandes œuvres d'artistes uruguayens tels que José Cúneo, Pedro Figari, Rafael Barradas, César Pesce Castro, Luis Scolpini, Carmelo Rivello, Gilberto Bellini ou encore Juan Luis Blanes. On peut y admirer des toiles de l'époque romantique et postimpressionniste, notamment *La Pobreza* de Pedro Blanes Viale. Le musée ainsi que la bibliothèque sont des dons du philanthrope Eusebio Estaquio Giménez.

PLAZA INDEPENDENCIA ★★

La ville, même si son architecture n'est pas aussi intéressante qu'à Colonia, mérite tout de même le coup d'œil. En plein centre, la Plaza Independencia abrite depuis 1942 un monument rendant hommage au gaucho de Asencio, une œuvre de Juan Zorrilla de San Martín. En face, la cathédrale de Nuestra Señora de las Mercedes, érigée en 1868, vaut le détour pour son style architectural et les œuvres artistiques qu'elle renferme. La place est célèbre pour sa belle fontaine, ses espaces verts et pour être un lieu de rencontre et de détente pour les habitants de la ville.

GRAN HOTEL BRISA DEL HUM €€

209 AV. Artigas ✆ +598 4532 9794
www.granh.com
Selon la saison et la catégorie, compter de 84 à 140 US$ pour une chambre double, petit déjeuner inclus.

Cet établissement hôtelier moderne dispose d'une soixantaine de chambres confortables, dont des chambres doubles, matrimoniales, supérieures et des suites. Toutefois, le tarif pratiqué est plutôt élevé pour le standing un peu vieillissant de l'hôtel. Elles sont équipées d'un bon matelas, de l'air conditionné, d'un mini bar et d'une TV câblée. L'atout majeur de l'hôtel est sa piscine (bien que de taille modeste) située dans le patio intérieur, ainsi que la salle de sport et le restaurant. Les clients peuvent également profiter d'une salle de jeux sur place.

ESTANCIA NINETTE €€€

Prenez la route 14 et continuez jusqu'au kilomètre 5.4, puis tournez à gauche pour arriver à votre destination
✆ +598 4532 2497 - www.estancianinette.com
Compter 140 US$ par jour et par personne en demi-pension, activités pêche et chasse incluses. Wifi.

Idéalement posée sur les rives du río Negro, au cœur d'un site naturel luxuriant, cette charmante *estancia* en bois et en pierres compte une magnifique piscine rafraîchissante qui offre une vue sur le fleuve en contrebas. L'environnement est sublime et la vue l'est encore plus depuis la terrasse, avec des levers de soleil inoubliables… Les 8 chambres sont spacieuses et bien équipées, tout comme le salon qui dispose de murs en pierres apparentes et de meubles en bois, faisant de cet endroit un lieu convivial aussi bien en hiver qu'en été. Bonne cuisine du terroir.

LOS CEDROS €

Oribe et la rambla
✆ +598 4532 1424
Ouvert du mardi au dimanche de 18h à minuit. Comptez 200 $ par personne.

Endroit qui propose des pizzas et de la musique live. Un super concept pour les visiteurs de passage qui veulent s'imprégner d'une ambiance locale agréable, des concerts et manger sur le pouce des pizzas et autres *minutas* uruguayens en buvant une bonne bière fraîche. Les spectacles de musique commencent plutôt tard (22h), donc n'hésitez pas à prendre la *merienda* avant de vous rendre sur place, afin de pouvoir profiter pleinement de la soirée. Pour connaître la programmation de la semaine, consultez la page Facebook du restaurant.

SIMONE €€

401 Juan Antonio Lavalleja
✆ +598 9795 7262
Tous les jours de 19h à 23h. Compter environ 300 $.

Ce petit restaurant ultra convivial sert une variété de plats allant du traditionnel *chivito* au *wok*, du poisson du jour à la casserole de crevettes à l'espagnole (et que dire de leurs pommes de terre rôties au four…). Vous pourrez même commander des sushis et des *pokes*. Mais ce n'est pas tout ! Le petit plus qui fait toute la différence, ce sont les spectacles de musique et de danse chaque week-end. Quoi de mieux pour digérer qu'un peu de divertissement ? L'attention est excellente et l'accueil chaleureux. Vous devriez sans aucun doute y faire un tour !

PALMAR ★★

A Palmar, on est en contact avec la nature : un site privilégié pour les amateurs de pêche et de sports nautiques. Possibilité de louer des barques pour aller pêcher ou vous balader sur le lac. Beaucoup d'espèces peuplent les eaux, comme la tararira, la capucette, le poisson-chat et la bogue. Il est important de se renseigner sur les permis nécessaires pour la pêche à la dorade, qui est réglementée. Avant d'atteindre le barrage de Palmar, vous distinguerez le village qui fut créé à l'origine par les travailleurs de la retenue d'eau. À 72 km de Mercedes. Suivre la *ruta* 14 puis dévier au niveau du lac artificiel pour prendre la *ruta* 55.

VILLA SORIANO ★

Villa Soriano, surnommée « La Historica » se situe dans le département de Soriano, en bordure du *río* Negro, à seulement 5 km de son embouchure dans le fleuve Uruguay, et à 45 km de Mercedes, la capitale départementale. Sa fondation remonte à 1624, ce qui en fait la première ville établie par la Couronne espagnole dans la région de la Banda Oriental. Avant l'arrivée des Espagnoles, la région était peuplée par les Indiens Chanás. L'un de ses fondateurs, le frère Bernardin de Guzmán, avait nommé la localité Santo Domingo de Soriano ; le saint patron étant Santo Domingo de Guzmán. Aujourd'hui c'est un bourg tranquille où il fait bon vivre.

CASA DE LAS MASCARAS ★

Ituzaingó, esq. Cabildo

Sur l'artère principale de la ville, découvrez les murs colorés de jaune et de bleu de la très populaire « Maison des masques », construite en 1887, où sont accrochés des masques confectionnés par le légendaire Juan Artega, surnommé « Don Paco ». Maçon de profession, ce dernier utilisa des escargots, des coquillages et de pierres pour créer ces œuvres dont les expressions étaient sculptées selon son état d'esprit. Aujourd'hui, la maison est entretenue par les proches de Don Paco et abrite de nombreuses pièces toutes aussi uniques les unes que les autres.

IGLESIA SANTO DOMINGO DE SORIANO ★

Selon les écrits de Dámaso Antonio Larrañaga dans son récit de voyage de 1815, cette église située sur la Plaza Artigas serait le premier lieu de culte dédié au « vrai » dieu dans la Banda Oriental. Construite en 1718, elle est dotée de murs en briques épais et d'un toit en tuiles. A l'intérieur, l'autel est orné d'une image de Santo Domingo de Guzmán, ainsi que d'une sculpture articulée en bois représentant le Christ, qui est descendue de sa croix chaque Vendredi saint.

MUSEO « CASA DE MARFETÁN » ★

Lavalleja

✆ +598 4530 4144

Du mardi au dimanche de 11h à 17h. Entrée libre.

La demeure de la famille Marfetán, datant de 1805, a été reconstruite en 1966 par le colonel Carlos Marfetán tout en conservant sa structure originale. Une curiosité de cette maison est qu'elle renferme un tunnel secret qui mène à l'église. Aujourd'hui, elle abrite le musée régional de Santo Domingo Soriano ainsi que la bibliothèque Dámaso Antonio Larrañaga, inaugurée en 1988. Le musée contient des objets historiques tels que des pièces de monnaie de la région, des archives militaires, des céramiques indigènes, de vieilles photographies et des médicaments.

MUSEO MAESO

Lavalleja et 25 de Agosto

✆ +598 4530 4002

Tous les jours de 11h à 17h. Entrée libre.

Situé à quelques pas de la place Artigas, le musée a été inauguré en mai 2017 et abrite la collection de Carlos Maeso Tognochi, considérée comme la deuxième plus importante du pays, avec plus de 70 000 pièces archéologiques. Auparavant exposée à Montevideo en tant que collection privée, l'exposition met en lumière les modes de vie des habitants préhistoriques de la région, notamment leur gestion des ressources naturelles pour l'alimentation, la création d'outils pour divers usages domestiques, ainsi que l'utilisation d'objets symboliques et rituels.

STATION FLUVIALE - HÔTEL OLIVERA

Río Negro et Cabildo

✆ +598 4530 4815

Du mardi au dimanche de 8h à midi, puis de 15h à 19h.

Durant le XIXe siècle, cette construction était connue sous le nom de « Hôtel Olivera », bien qu'elle n'ait jamais servi d'établissement d'hébergement. Elle était plutôt utilisée comme logement pour les personnes qui venaient se baigner dans les eaux médicinales du *río* Negro. Le bâtiment, qui a récemment subi des travaux de rénovation, accueille aujourd'hui un centre d'information touristique, un café, un espace d'exposition ainsi que la préfecture navale.

LA CONCORDIA ★★

La station balnéaire de La Concordia, découverte en 1520 par le capitaine Juan Rodríguez de Serrano lors de l'expédition Magallanes, se situe au km 305 sur la ruta 21. Depuis la route principale, un sentier mène à la côte du río Uruguay. Le petit village de La Concordia est assez typique, principalement formé de maisons secondaires appartenant aux habitants de Mercedes, et offre une douce tranquillité. Sous le soleil, vous profiterez de la plage et vous adonnerez à la pêche, ou à diverses activités nautiques. Vous y trouverez un camping et des établissements municipaux (*paradores* et *cabañas*). A voir, l'ancien petit port tout en bois, Puerto Aldao.

FRAY BENTOS ★★

Ville portuaire d'environ 25 000 habitants, et capitale du département du Río Negro. Elle se situe sur la rive est du *río* Uruguay, qui sépare l'Uruguay de l'Argentine (un pont international, situé à 5 km de la ville, permet de franchir le fleuve). Bien qu'elle ne s'apparente ni à une destination touristique évidente ni à une beauté qui puisse rivaliser avec les sites classés au patrimoine mondial, elle possède néanmoins un charme énigmatique qui attire plus de 5 000 visiteurs chaque année. Son économie reposait traditionnellement sur la production de viande jusqu'à la fermeture de l'usine de conditionnement la plus importante de la région en 1975.

Histoire

Avec son immense richesse en bétail et en pâturages naturels, ainsi que son port en eau profonde accessible directement depuis l'étranger, la région entourant Fray Bentos s'est révélée être le lieu idéal pour établir une industrie alimentaire à grande échelle au niveau mondial. En effet, en 1859, une société commerciale composée d'Allemands d'Anglais et d'Irlandais fit l'acquisition de ces terres qu'ils nommèrent « Villa Independencia ». Son tout premier citoyen fut le basque José Hargain qui, voyant que l'activité portuaire était en pleine expansion dans la région, décida d'y installer une auberge. D'autres entrepreneurs suivirent son exemple, dont la société anglaise Liebig Extract of Meat Company qui, en 1863, commença à édifier une usine sur les rives du *rio* Uruguay. Quelques années plus tard, cette entreprise devint une puissance de renommée mondiale dans l'industrie alimentaire, qu'elle domina pendant près d'un siècle.

La ville aujourd'hui

A 3 km à l'est de Fray Bentos, le groupe industriel finlandais UPM (ex-Botnia) exploite une importante usine de papier. Annoncé en 2005, le projet s'est d'abord heurté à l'hostilité de l'Argentine, qui craignait la pollution du fleuve, et le 30 avril 2005 quelque 40 000 Argentins ont bloqué le pont international. Le 20 décembre 2005, une étude de la Banque mondiale conclut que l'usine n'aurait aucun impact négatif sur l'environnement et le tourisme. Malgré une crise diplomatique grave, en mars 2006, entre les deux pays, l'usine est finalement entrée en service le 13 novembre 2007. Elle consomme annuellement 3,5 millions de m^3 de bois d'eucalyptus de la région, dont 70 % fournis par Forestal Oriental, une filiale d'UPM, et le reste par des propriétaires privés. L'usine UPM de Fray Bentos est le plus important investissement privé de l'histoire de l'Uruguay et produit une mégatonne de papier par an. Après l'élection de José Mujica en 2009, les groupes finlandais Stora Enso et chilien Arauco avaient annoncé un consortium dénommé Montes del Plata pour s'installer en Uruguay avec le projet d'installer cette deuxième usine à Fray Bentos. Ils décidèrent finalement de l'installer à Paso de los Toros dans le département de Tacuarembó.

Museo de la Revolución Industrial.

BARRIO ANGLO ★

A 10 minutes du centre de Fray Bentos

Possiblité de visites guidées pour les touristes.

Durant la Seconde Guerre mondiale, ce quartier industriel, aujourd'hui classé monument historique, a joué un rôle crucial en tant que fournisseur de viande pour les forces alliées. Planifiée par des architectes allemands (ironie de l'histoire !), son usine fut récupérée par la société britannique Vestey Group, qui la rebaptisa Frigorífico Anglo del Uruguay. En 1943, pas moins de 16 millions de boîtes de corned-beef furent expédiées en Europe depuis celle-ci. N'oubliez pas de visiter La Casa Grande avec ses jardins et les maisons des ouvriers qui entourent l'usine.

BIOPARQUE M'BOPICUÁ ★

Ruta 24 km 0

✆ +598 4560 2860

Située à une vingtaine de minutes de voiture du centre de la ville, cette réserve naturelle de 150 hectares vous invite à parcourir ses sentiers ombragés bordés d'espèces indigènes ainsi qu'à observer la faune locale. Parmi les 60 espèces animales présentes dans le parc se distinguent des alligators, des coatis, des cerfs des champs et des pécaris à collier (ces derniers affectionnent particulièrement les caresses). Le parc a pour objectif principal de protéger et d'élever des espèces sauvages afin de les réintroduire dans leur habitat naturel.

PARQUE ROOSEVELT ★

18 de Julio

Le parc fut inauguré en 1942 par don Guillermo Ruggia selon la structure du sol dont la formation géologique eut lieu, selon les spécialistes, il y a plus de 35 millions d'années. Il comprend d'agréables sentiers que l'on peut arpenter et qui peuvent facilement être combinés avec une promenade sur la Rambla. On peut aussi y admirer une statue représentant le buste du poète uruguayen Dr Juan Zorilla de San Martín. Et pour couronner le tout, le Teatro de Verano, qui évoque l'architecture des théâtres grecs antiques, ne manquera pas de vous éblouir.

MUSEO DE LA REVOLUCIÓN INDUSTRIAL ★★★

Ruta Panorámica

✆ +598 4562 2918

Ouvert du mardi au dimanche de 9h30 à 17h. Les horaires peuvent changer ; se renseigner. Entrée et visite guidée : 90 $.

Le musée de la Révolution industrielle est installé dans ce que fut la Liebig Extract of Meat Company (1863-1924) et le Frigorífico Anglo (1924-1979). Inscrit au patrimoine mondial de l'UNESCO depuis 2015, il permet aux visiteurs de comprendre l'impact considérable que cette usine a eu sur la transformation alimentaire et l'exportation de produits à travers le monde. Certains historiens considèrent que son arrivée dans la région a marqué le début de la révolution industrielle dans le Río de la Plata. C'est même à cet endroit que la première ampoule électrique d'Uruguay a été allumée, le 10 août 1883, trois ans avant celle de Montevideo. Surnommée « la grande cuisine du monde », la Liebig Extract of Meat Company fut fondée en 1863 par l'ingénieur belge George Giebert, qui utilisa la technique brevetée par le chimiste allemand Justus von Liebig pour lancer son projet de production d'extraits de viande. Liebig, bien qu'il n'ait jamais mis les pieds en Uruguay, occupa le poste de directeur scientifique de la société jusqu'à sa mort en 1873. Durant sa carrière, il mit au point la technique de conservation du corned-beef en boîte ainsi que des cubes de bouillon Oxo. Ces produits se sont rapidement imposés comme des éléments indispensables de la cuisine populaire dans toute l'Europe, alors que la viande était auparavant considérée comme un produit de luxe pour les ouvriers. Ils acquirent une telle notoriété qu'ils furent choisis par Jules Verne comme petit-déjeuner pour les personnages de son célèbre roman *De la Terre à la Lune*, paru en 1865. En 1924, la société fut rachetée par le groupe britannique Vestey qui la renomma Frigorífico Anglo del Uruguay. Durant les années 1930, l'abattoir était capable de traiter jusqu'à 1 500 vaches par jour, sans compter les milliers de moutons, de porcs et de poulets qui étaient ensuite transformés, emballés et envoyés aux quatre coins du globe. Au sommet de son activité, l'usine avait une main-d'œuvre de 4 000 employés, chargés d'abattre pas moins de 6 000 animaux par jour. Cependant, elle ne réussit pas à s'adapter aux changements du secteur au cours de la seconde moitié du XXe siècle, et dut mettre la clé sous la porte dans les années 1970. Aujourd'hui, il est toujours possible de se procurer les tourtes et boulettes à la viande de la marque Fray Bentos, qui appartient désormais au groupe écossais Baxters. Cette visite pourrait bien être le moment le plus marquant sur le plan historique de votre voyage.

MUSEO LUIS ALBERTO SOLARI ★★

Treinta y Tres Orientales
✆ +598 4562 1057
Du mardi au vendredi de 9h à 17h ; les samedis, dimanches et jours fériés de midi à 18h. Entrée libre.

Musée et exposition d'arts plastiques de grands artistes uruguayens, et notamment une importante rétrospective des œuvres du peintre Luis Alberto Solari, d'origine lituanienne, mais arrivé tout jeune en Uruguay. Le musée fut inauguré le 17 août 1989 en l'honneur de ce célèbre peintre qui vécut à Fray Bentos et dont la renommée est internationale. L'édifice de style classique gréco-romain date de 1879 et abritait à l'origine la Sociedad Cosmopolita de Socorros Mutuos qui avait pour but d'apporter une aide aux migrants. Il servit ensuite de cinéma, le Cine Doré, où étaient projetés des films muets, mais accompagnés par l'orchestre de Serafín D'Agosto. Au milieu du XXe siècle, le lieu accueillit des manifestations sociales et des fêtes organisées par la société La Armonía y la Juventud Unida. Plus tard, jusqu'en 1987, c'est la Radio Rincón qui occupa le lieu. C'est finalement grâce à l'initiative du Dr Mario Carminatti que la municipalité racheta l'édifice pour le convertir en musée. Aujourd'hui, une salle principale expose de façon permanente les toiles du peintre, et la visite se poursuit dans deux autres salles latérales dédiées à différents artistes nationaux et étrangers. En outre, le musée offre des visites guidées et une exposition vidéo comprenant des entretiens avec Solari. Enfin, trois salles ont été aménagées pour accueillir des expositions itinérantes. Le programme annuel prévoit que ces salles seront utilisées deux fois par mois.

PLAYA UBICI ★★

Ferreira Aldunante
✆ +598 4562 4915

Sur la route de Puente à Puerto, à 2 km de Fray Bentos, se trouve la Playa Ubici, sur la côte du *río* Uruguay. De là, on peut aisément voir le pont international General San Martín et la sulfureuse usine à papier UPM, qui a enflammé les relations diplomatiques entre l'Argentine et l'Uruguay entre 2007 et 2010. A deux pas, sur la hauteur du *mirador*, est érigée une statue de la Vierge de Iemanjá (une déesse africaine de la mer, très célébrée au Brésil). Le 2 février, les croyants s'y pressent pour y déposer des offrandes. Camping pour tentes, caravanes, et bungalows.

PLAZA CONSTITUCIÓN ★

En plein centre-ville

La place centrale de Fray Bentos a été érigée en 1873 et rénovée en 1983. Le kiosque central en fer forgé et en bois a été offert à la ville en 1902 par Liebig Company. Il est entouré de pelouses et de fleurs, et serait une reproduction de celui du palais de Cristal à Londres, où la reine Victoria écoutait des concerts de musique. Aujourd'hui, il est considéré comme l'un des symboles les plus emblématiques de la ville. De l'autre côté de la place se trouvent l'Intendencia Municipal du Río Negro, le musée Solari et l'église de Nuestra Señora del Pilar.

Eglise Nuestra Señora del Pilar, Fray Bentos.

© CARINE KREB

La Playa Ubici au bord du río Uruguay.

PUENTE INTERNACIONAL GENERAL SAN MARTÍN ★

A 9 km de la ville

Le pont San Martin permet de franchir le *río* Uruguay, frontière entre l'Uruguay et l'Argentine, pour rejoindre la ville argentine de Gualeguaychú, célèbre pour son carnaval haut en couleur en janvier et février. Les douanes se situent à ce niveau. Durant ce que l'on a appelé la « guerre du papier » entre 2007 et 2010, le pont fut bloqué à de nombreuses reprises. L'Argentine s'insurgeait contre l'installation d'une usine de pâte à papier à Fray Bentos, susceptible de polluer le fleuve.

TEATRO MIGUEL YOUNG ★★

25 de Mayo

✆ +598 4563 6303

Déclaré monument historique national, ce théâtre fut construit entre 1910 et 1912 sur l'initiative du propriétaire terrien Miguel Young, puis inauguré en 1913. La ville le racheta en 1930. Sa scène accueille pièces de théâtre, opéras, ballets et comédies. C'est ici que le célèbre poète Juan Zorilla de San Martin récita sa Leyenda Patria pour la dernière fois. Remarquez le style éclectique du bâtiment, ses ornements raffinés, ses moulures laminées d'or pur ainsi que sa façade ornée de sculptures faisant allusion à la musique et à la poésie.

RAMBLA COSTANERA ★★

La Rambla Costanera du *río* Uruguay part du côté nord du Parque Roosevelt, longe les rives du fleuve et se termine au Barrio Anglo où se trouve le nouveau pont traversant le cours d'eau Laureles (construit en 1966). Conçue en 1940 par les architectes Carlevaro et Abella Trías, elle a été rénovée en l'an 2000. Cette promenade pittoresque est un lieu de détente et de loisirs, idéal pour la pêche ou la course, tandis que le fleuve est propice à la pratique de la voile et de l'aviron, avec des compétitions organisées chaque année.

LA POSADA DEL FRAYLE BENTOS €€

3434 25 de Mayo ✆ +598 4562 8541

www.posadadelfraylebentos.com.uy

La chambre double est proposée à partir de 2 860 $ tandis que la chambre triple est à partir de 3 970 $.

L'hôtel Posada del Frayle Bentos est très bien situé au centre de la ville, aménagé dans une charmante demeure coloniale joliment rénovée, dotée de patios agréables où il fait bon bouquiner ou discuter. Les chambres sont spacieuses et équipées de grands lits, tout en étant impeccables en termes de propreté. L'hôtel dispose d'une petite piscine et d'un jardin relaxant, ce qui en fait un point fort. Le petit déjeuner sous forme de buffet est copieux et les prix sont raisonnables.

LITTORAL

RESTO PIZZERÍA AL TIMÓN €

Rambla

✆ +598 4563 5520

Ouvert tous les jours midi et soir. Comptez 300 $ par personne.

Bar-pizzeria convivial avec une jolie terrasse extérieure donnant sur le fleuve et offrant une vue imprenable sur les plus beaux couchers de soleil. Sert les habituels *chivitos*, pizzas, *minutas*, pâtes fraîches et burgers en quantités gargantuesques. Il n'y a rien de plus agréable que de savourer un délicieux flan *casero* au *dulce de leche* ou une gaufre aux fruits et à la crème fouettée tout en admirant les bateaux voguer tranquillement. Jus d'orange pressé naturellement, bières locales et cafés de spécialité ne font que compléter parfaitement votre dîner.

CAMPING DEL BALNEARIO LAS CAÑAS

✆ +598 4562 2224

www.lascañas.com

Ce camping propose plusieurs types d'hébergements tels que des appartements près de la plage El Naranjo (Wi-Fi, climatisation, télévision, garage et barbecue), des *cabañas* et des parcelles de camping. Ces dernières ont été aménagées sur un terrain de 60 hectares et disposent d'excellentes infrastructures (électricité à proximité, eau courante, barbecue, épicerie, animations, clinique). Des terrains de pétanque, de foot et de volley sont aussi mis à disposition des campeurs.

LAS CAÑAS

A 8 km au sud de Fray Bentos, Las Cañas se trouve au sein d'un environnement privilégié. Le site est ouvert toute l'année, et inclut un camping en bordure de la petite route, qui propose de bonnes prestations. Cette station balnéaire est formée d'une plage de sable fin, où les eaux du fleuve sont calmes. L'été, le lieu est très prisé des vacanciers uruguayens et argentins qui viennent se baigner et piqueniquer au milieu d'une végétation clairsemée et verdoyante. Beaucoup d'activités en plein air peuvent se faire ici et toutes les infrastructures sont prévues pour : balades, windsurf, kayak, natation, course à pied, foot ou beach-volley.

NUEVO BERLÍN ★

Nuevo Berlín est une petite station balnéaire située sur les berges du *río* Negro, sur le littoral du *río* Uruguay, frontière naturelle avec l'Argentine.

Histoire

Les origines de cette localité remontent à l'arrivée d'immigrants allemands, les frères Wendelstadt, qui édifièrent à cet emplacement l'une des plus grandes estancias du pays dénommée Nueva Mehlem. Ils sont venus ici en quête d'une meilleure qualité de vie au XIXe siècle.

Tourisme

On profite ici de la plage El Sauzal qui est entourée de parcs et d'espaces verts. On peut pique-niquer, faire du canot, pêcher, et même partir à la découverte des îlots du fleuve.

Le long du Río Uruguay.

Autre option : traverser la frontière par le pont international pour rejoindre Gualeguaychú en Argentine et remonter jusqu'à Concepción pour visiter le Palacio San José. Cette excursion peut facilement être réalisée en une journée, en voiture du moins. En janvier, le Festival de la Costa attire de nombreux visiteurs.

Histoire

La fondation de San Javier remonte au début du XXe siècle, avec l'arrivée de 300 familles d'immigrants russes en juillet 1913. Ceux-ci, persécutés dans leur pays pour motif religieux, furent accueillis par le gouvernement uruguayen. Débarqué par bateau à Puerto Viejo, une petite plage du *río* Negro, le premier groupe de Russes commença à construire la ville autour de la rue principale, la *calle* José Batlle y Ordóñez (président de l'époque). Ils étaient menés par un dénommé Basilio Lubkov, et fondèrent une colonie agricole. Enfin, le passé russe de la colonie les a condamnés pendant la dictature : les habitants de San Javier étaient surveillés et considérés comme suspects et possibles communistes en raison de leur origine.

CAMPING PUNTA PIEDRAS €

Calle Republica Argentina
✆ +598 4568 2706
Téléphoner de 8h à 14h. 100 $ par personne et par jour.

Un camping de 100 emplacements, tranquille, bien ombragé, avec plage, sur les bords du fleuve. Cafétéria, boutiques, activités sportives, piscines, etc. Possibilité également de séjourner dans des bungalows ou au Motel municipal. Ce dernier dispose de mini-appartements pour quatre personnes maximum, avec salle de bains privée, *parillero* extérieur (tables et chaises), cuisine équipée. Du camping, une petite promenade peut se faire pour rejoindre El Mangrullo, où se trouve une tour de quatre étages qui offre une vue panoramique sur les environs.

SAN JAVIER ★★

Située à 95 km au nord-ouest de Fray Bentos, cette ville de 2 000 habitants mérite d'être visitée pour son caractère culturel plutôt inhabituel. Joignez-vous à l'assemblée municipale appelée « Sabraña », où les gens se rassemblent le dimanche en buvant du thé… et de la vodka ! Sinon, rendez-vous au restaurant dans la rue principale où vous pourrez déguster des spécialités russes telles que le *kúas* (vin de miel) et le *chachlik* (brochettes). Le 29 juillet est marqué par la célébration de l'arrivée de colons, qui inclut des chevaux et des charrettes d'époque, des spectacles de danse, des kiosques d'artisanat et de cuisine traditionnelle.

ESETUR

Calle 18 de julio
✆ +598 9895 3974
Le moyen le plus efficace de les joindre est via WhatsApp.

Une fois dans la région Rio Negro, il est facile de se sentir perdu quant aux activités à entreprendre. Nous vous recommandons donc vivement de faire appel à cette agence de voyages professionnelle spécialisée dans le tourisme d'aventure dans les environs du parc national Esteros de Farrapos et des îles du *río* Uruguay. Leurs circuits comprennent une variété de séjours thématiques pour satisfaire tous les goûts : pêche récréative, observation des oiseaux, randonnée (à pied ou à cheval), camping en pleine nature, et visites de la charmante ville de San Javier.

POSADA DONNA BAVARIA €€

Calle Manuel Oribe
✆ +598 9175 1932
Chambre double à 30 US$ par nuit.

Jolie *posada* gérée par la superbe Gabriela (ou Gabi, pour les intimes), qui fera de votre séjour une expérience mémorable. Avec sa personnalité pétillante et son sens de l'hospitalité, Gabi se fera un plaisir de vous guider dans votre exploration des environs en vous prodiguant des conseils pratiques et indispensables. Qui plus est, elle vous conviera peut-être à un dîner russe traditionnel, pour vous faire découvrir les subtilités culinaires locales. La maison en elle-même est un havre de paix, d'une propreté immaculée et d'une chaleur réconfortante.

LITTORAL

PAYSANDÚ ★★

Située à l'ouest du pays, près des côtes du *río* Uruguay, Paysandú est la capitale du département éponyme, à une distance de 379 km de Montevideo. Avec une population d'environ 76 000 habitants, elle se positionne comme la quatrième plus grande ville d'Uruguay. Paysandú est renommée pour la richesse de son histoire, de sa culture et de son architecture, et offre à ses visiteurs plusieurs espaces d'exposition, notamment le musée historique et le musée régional de Colón et le musée des sciences naturelles. Plusieurs visites guidées à pied sont également proposées pour explorer les sites emblématiques et découvrir les anecdotes qui y sont associées.

Histoire

D'après les recherches archéologiques, la zone aurait été habitée il y a déjà plus de 2 000 ans par des tribus de chasseurs-cueilleurs. Ils auraient été suivis par les Guaranis puis par les Charrúas. L'arrivée des premiers Européens eut lieu en 1542 quand deux bateaux de l'expédition d'Alvar Nuñez Cabeza de Vaca empruntèrent par erreur le *río* Uruguay pensant arriver directement à Asunción. Par la suite, la région ne reçut que des visites sporadiques essentiellement espagnoles : d'abord par les pères jésuites allant rejoindre leurs missions au Paraguay puis, malheureusement, par la soldatesque allant mater la rébellion de ces mêmes missions insoumises. On doit ainsi aux missionnaires les premières descriptions cartographiques de la région, notamment au père Cayetano Cattaneo qui remonta le fleuve dans une embarcation en balsa en 1729, puis au père Sigismondo Baur qui entreprit le voyage inverse, accompagné de guerriers guaranis, et qui tenta de chasser les Portugais installés à Colonia del Sacramento.

Il faut attendre 1772 pour voir une première mission, composée d'une douzaine de familles et conduite par le capucin Policarpo Sandu, s'installer à environ 5 km de ce qui serait la future ville, établissant l'*estancia* de Yapeyu. L'économie de cette colonisation va alors surtout reposer sur l'élevage du bétail importé par les Espagnols, ce qui donnera lieu à de nombreux affrontements avec les Indiens charrúas.

Néanmoins vers la fin du XVIIe siècle et surtout tout au long du XVIIIe siècle, ce qui n'est encore qu'un petit village commence à prospérer et à exporter vers le sud ses viandes crues ou salées. On bâtit alors un *saladero* (terme désignant en français la viande de bœuf salée, et en espagnol son lieu de fabrication). Les rébellions indiennes se faisant plus pressantes, une expédition menée par Jorge Pacheco sera envoyée par le vice-roi depuis Buenos Aires en 1801. La répression sera terrible et « nettoiera » la zone de la majorité des Indiens charrúas, notamment par la technique très cruelle du *enchalecamiento*, inventée par le tortionnaire Pacheco : elle consiste à recouvrir le corps d'un prisonnier de cuir mouillé puis à le laisser sécher au soleil, tandis que le cuir, en se contractant, étouffe et asphyxie le malheureux !

Paysandú sera également témoin de l'exode du peuple oriental, l'épisode fondateur de l'indépendance uruguayenne menée par le héros Artigas. Suite à l'abandon de ses alliés indépendantistes argentins, Artigas et ses fidèles partent de San José et de Montevideo pour une marche vers le nord qui dans l'histoire uruguayenne prend une connotation d'exode biblique. De nombreux sympathisants se joignent à la marche et quand Artigas arrive à hauteur de Paysandú, il est à la tête d'un groupe de près de 6 000 soldats et de 5 000 civils parmi lesquels des esclaves et quelques Charrúas alliés. Il établit son quartier général dans la ville qu'il baptise lui-même Purificación. La suite de l'histoire de Paysandú fait couler des flots de sang en ce milieu du XIXe siècle : elle voit la fin de la campagne d'extermination des Charrúas et des guerres intestines multiples entre *blancos* et *colorados*. Pour donner une petite idée de ces affrontements, on se référera seulement à la mort du dernier grand chef indigène de la région, Javier Amarillo, connu comme « El Indio Amarillo ». Celui-ci vint protester pacifiquement sur les mauvaises conditions infligées aux Indigènes en octobre 1853. En décembre, il tombera dans un piège tendu par la garnison uruguayenne et sera fusillé malgré les promesses de paix. Cinq ans plus tard, durant l'été 1858, aura lieu l'hécatombe de Quinteros. Il s'agit d'une insurrection *colorada* menée en janvier par le général Diaz, contre un gouvernement également *colorado*, qui s'embarque avec 2 000 hommes depuis Buenos Aires. Comme il ne peut s'emparer de la capitale, il fait marche vers le nord et se fait surprendre dans le Paso de Quinteros par les troupes gouvernementales, de loin supérieures en nombre. Plus de 150 de ses soldats dont lui-même seront littéralement étripés après avoir été faits prisonniers. Bien sûr, les *colorados* imputeront ce massacre aux *blancos*.

Parallèlement à toutes ces gauloiseries fort réjouissantes, la ville, qui ne compte qu'un peu plus d'un millier d'habitants en 1829, commence à se développer, grâce à l'essor des transports à la fois fluviaux (apparition des bateaux à vapeur sur le *río* Uruguay) et

LITTORAL

terrestres (compagnie de diligences Las Mensajerías de Paysandú, les « messageries de Paysandú »). Mais l'essor de la ville va être freiné par un des épisodes les plus tragiques de son histoire qui s'achèvera par sa quasi-destruction. En 1864, le président argentin, Bartolomé Mitre, allié des *colorados*, décide de leur donner un coup de pouce en envoyant contre le président uruguayen Berro (parti blanco) des troupes chargées de le renverser. Elles sont conduites par le général Venancio Flores qui essuiera deux échecs successifs en 1862 et 1863. Ces revers vont alors décider le Brésil, allié de Mitre et des *colorados*, à intervenir directement en lançant des troupes qui rapidement contrôleront les villes de Durazno, Florida, Porrongos et le sud de Salto. Seule Paysandú, avec à sa tête le vaillant Leandro Gómez, résiste, avec ses quelque 800 hommes. La ville sera assiégée par une coalition brasilo-argentino-colorada de 20 000 hommes pendant un mois entier entre le 2 décembre 1864 et le 2 janvier 1865. Le 1er janvier, Gómez demande une trêve pour panser ses blessés et enterrer ses morts. Elle lui est refusée et on le somme de se rendre avec pour garantie un traitement correct pour lui et ses hommes. Quand il est conduit au camp des vainqueurs, il est lâchement criblé de balles et de coups de couteau ; il s'effondrera, tenant dans sa main le sauf-conduit qui lui garantissait la vie sauve. Plus de 100 des défenseurs vont également être fusillés et, le 20 février, les troupes brésiliennes entrent dans Montevideo. Cette mainmise argentino-brésilienne allait conduire peu de temps après à la guerre de la Triple Alliance (Argentine-Uruguay-Brésil) contre l'expérience « socialo-utopique » du Paraguay. Après ce sanglant épisode, il fallut rebâtir la cité qui ne tarda pas à se remettre grâce à l'industrie bovine et ses *saladeros*.

L'essor de Paysandú est aussi dû à l'arrivée d'étrangers, spécialement britanniques, qui révolutionnent l'élevage bovin. Cette arrivée massive d'Européens, dont bon nombre d'entre eux sont aussi français, allemands et italiens, s'explique par la situation géographique de Paysandú qui permet le commerce avec le Brésil, ainsi que par l'instabilité politique en Argentine et les guerres civiles. La famille Liebig va y installer une prospère *estancia* et on y construira le plus grand *saladero* d'Uruguay, El Nuevo Paysandú, qui fonctionnera jusqu'en 1913. En 1900, elle compte près de 14 000 habitants ce qui en fait la 3e ville d'Uruguay. Centre intellectuel et d'innovation, il s'y produit au début de notre siècle un boom industriel et commercial avec l'installation de nombreuses usines : textile, bière, raffineries de sucre, industrie d'acide citrique.

Quant à l'origine du nom « Paysandú », celle-ci est soumise à plusieurs controverses étymologiques. Il pourrait dériver du guarani *paï* (monsieur), *mbai* (étranger) et *arandú* (sage). Une autre source guarani affirmerait que le mot dérive de *Y-Pausando* ou *Ypaazandó* qui signifierait « île au milieu du fleuve ». Pour d'autres, ce terme proviendrait tout simplement de l'un des premiers missionnaires ayant officié dans la ville, le père Policarpo Sandu.

LITTORAL

Paysandú.

MUSEO DE LA TRADICIÓN ★

Av. de Los Iracundos
✆ +598 4722 6220
Du lundi au samedi de 9h à 17h, le dimanche de midi à 17h. Visites guidées possibles. Entrée libre.

Inauguré en 1981, le Musée de la Tradition rassemble des éléments de la vie, urbaine et rurale, d'autrefois : armes, vêtements, ustensiles de gaucho, jouets, décorations, etc. Principal intérêt : un chariot d'époque, une reproduction de *pulpería*, une section sur la musique *sanducera* (de Paysandú) et le *Parque Indígena*. Expositions d'art temporaires dans les salles latérales. Le bâtiment est installé sur une propriété voisine de l'ancien hôpital Galán y Rocha. Remarquez la cloche antique jadis utilisée pour signaler l'arrivée imminente d'une ambulance.

NUESTRA SEÑORA DEL ROSARIO Y SAN BENITO DE PALERMO ★★

Plaza de la Libertad

Face à la Plaza Constitución s'élève la basilique de Nuestra Señora del Rosario y San Benito de Palermo dont la construction commença en 1860. D'inspiration néoclassique, celle-ci fut en grande partie détruite par l'artillerie brésilienne pendant le siège de 1864-1865 et finalement achevée en 1879. En 1906 un orgue Walker y fut introduit, ainsi que 6 cloches fondues en Italie par la maison Poli d'Udine. Dans l'atrium, on trouve une autre cloche, donnée par le général Rivera en 1829.

MUSEO HISTÓRICO ★★

874 Zorrilla de San Martín
✆ +598 4722 6220
Ouvert du mardi au vendredi de 9h à 17h, le samedi de 9h à 14h. Entrée libre. Visite guidée à réserver au préalable.

Le musée présente l'histoire de la ville depuis sa fondation jusqu'à nos jours, à travers une collection impressionnante de pièces et d'objets de valeur. On y trouve notamment une collection numismatique remarquable ainsi que des armes et des sculptures. L'édifice du musée est très important d'un point de vue historique et architectural puisqu'en 1911, il servit de siège du *Colegio del Huerto*, une congrégation de religieuses. En 1988, le bâtiment a été officiellement reconnu comme Monumento Histórico Nacional et a été transformé en musée l'année suivante.

TEATRO FLORENCIO SANCHEZ ★

926 19 de Abril
florencio.montevideo.gub.uy

Monument historique national et propriété de l'Etat depuis 1980, ce théâtre est un joyau architectural inauguré en 1876. A l'ère de prospérité de Paysandú, il accueillit des artistes tels que Rubén Dario, Nicolas Guillen, Rafael Alberti ou encore Jules Supervielle. C'est sur sa scène que fut interprétée pour la première fois la partition complète de l'hymne uruguayen, le 12 octobre 1915. Fait curieux, le pays peut se vanter d'avoir l'hymne national le plus long au monde, qui s'étend sur environ 5 à 6 minutes et comporte pas moins de 105 mesures.

MUSEO MONUMENTO A PERPETUIDAD ★

Montecaseros entre Artigas y Av. Soriano, face au terminal de bus
✆ +598 091 218 387
Du mardi au samedi de 9h à 17h, et le dimanche de 9h à 20h. Entrée libre.

Egalement appelé le *Cementerio Viejo* (vieux cimetière), ce monument a été érigé entre 1835 et 1853 et renferme les restes des grandes figures tombées pendant le siège de la ville. Il a été désigné Monument historique national en 2004. Sa chapelle de style néoclassique, dont certains éléments sont néogothiques, fut construite en 1959 par le maître d'œuvre Francisco Poncini. On remarquera notamment les tombes de la famille Stirling et du général Francia. Visites guidées disponibles.

ESTANCIA LA PAZ €€

Ruta 24 km 86,5 ✆ +598 4720 2272
www.estancialapaz.com.uy
Séjour d'une nuit pour 65 US$ par personne en chambre double. Chambre simple à 75 US$/pers. Balade à cheval : 800 $.

Cette *estancia* rustique et élégamment décorée avec du mobilier d'époque dispose de huit chambres confortables, dont celles situées à l'étage bénéficient de leur propre balcon. Le restaurant, qui se trouve dans une ancienne *pulpería*, utilise des produits de la propriété tels que le miel, les noix de pécan et le pain fait maison. Pour un prix modique, les clients peuvent profiter d'un bain à remous et d'un sauna. Demeure d'exception, émanant d'un charme authentique, où une majestueuse piscine trône au sein d'un vaste jardin, offrant à ses hôtes un cadre enchanteur.

© MATYAS REHAK - SHUTTERSTOCK.COM

Nuestra Señora del Rosario y San Benito de Palermo.

GRAN HOTEL PAYSANDÚ €€

958 19 de Abril
✆ +598 4723 2295
www.granhotelpaysandu.com.uy

A partir de 80 US$ pour une chambre double et de 155 US$ pour une suite avec lit king size. Petit déjeuner compris.

Cet hôtel de charme a ouvert ses portes en 2016 et est rapidement devenu l'une des meilleures adresses de la ville. Ses chambres joliment décorées et douillettes, avec leur plancher de bois, sont dotées de la climatisation, d'un bureau, d'une télévision, d'un coffre-fort, d'un grand lit et d'une vaste salle de bain avec baignoire pour certaines. Excellent petit déjeuner buffet. En outre, l'établissement dispose d'un stationnement, d'une salle de fitness, de salles de réunion et d'un service de blanchisserie. Accueil chaleureux, souriant et attentionné.

HOTEL CASAGRANDE €€

1221 Florida
✆ +598 4722 4994
www.hotelcasagrande.com.uy

A partir de 90 US$ pour une chambre double, petit déjeuner (buffet) inclus. Service de laverie. Wi-Fi. Parking.

Laissez-vous séduire par l'atmosphère envoûtante de cet hôtel-boutique exceptionnel, où la subtile alliance des styles anciens et modernes vous transportera dans un univers à la fois familial et raffiné. Un hébergement d'un confort incomparable, avec des chambres charmantes, équipées de tout le nécessaire, de la TV câblée aux draps en coton égyptien en passant par les peignoirs de flanelle et une somptueuse salle de bain en marbre. Chacune d'entre elles dispose d'un balcon donnant sur la place principale. L'ensemble est agrémenté d'un ravissant jardin.

DOÑA MARUJA RESTAURANT €€

833 18 de Julio ✆ +598 4724 1711

Ouvert du lundi au jeudi de midi à 15h, et le vendredi et le samedi de midi à 15h et de 20h à 23h30.

Si vous êtes en quête d'une expérience gastronomique de qualité, ne manquez pas de réserver une table dans ce restaurant qui est sans doute l'une des options les plus raffinées de la ville. Dès que vous franchirez le seuil de l'établissement, vous serez séduit par son cadre chaleureux, avec son parquet de chêne et ses murs en briques créant une atmosphère élégante et conviviale. La carte propose une sélection de plats saisonniers soigneusement élaborés, qui raviront les palais les plus exigeants. Mention spéciale pour les belles salades et les pâtes artisanales.

PAN Z €€

950 18 de Julio
✆ +598 4722 9551

Tous les jours de 9h à minuit. Comptez 200 $ par personne.

Cuisine traditionnelle. En raison de son succès, le restaurant est régulièrement pris d'assaut. Il vaut cependant la peine d'attendre pour goûter à ses délectables pizzas, *chivitos*, *parrillas*, pâtes, poissons et salades. Les desserts sont tout aussi délicieux, notamment le tiramisu que vous ne devez pas manquer (toutefois, ne vous privez pas de choisir vous-même votre dessert au comptoir à gâteaux). Les végétariens ne sont pas oubliés. Les prix restent raisonnables. Il est recommandé de réserver à l'avance si vous voulez vous assurer d'avoir une table.

LA PULPERIA €€

Casablanca ✆ +598 4724 2627
www.fricasa.com.uy/lapulperia
Comptez 1 500 $ par personne. Tous les jours de 11h à 23h à l'exception du mardi. Les pourboires ne sont pas acceptés.

Installé dans un ancien magasin général doté de plafonds voûtés, ce restaurant élégant est une expérience sensorielle à ne pas manquer. Les assiettes présentées sont à la fois esthétiques et savoureuses, offrant une alternative aux *parrillas* locales. Les ingrédients proviennent du potager et de la ferme, incluant notamment du lapin, des piments, des fraises et des fleurs comestibles. Parmi les plats recommandés, on peut citer la soupe de poisson et le gigot d'agneau émincé. Le menu à la carte a un prix fixe et peut être répété autant de fois que vous le souhaitez.

ALFA PARAPENTE

Aeropuerto de Paysandú ✆ +598 9972 0051
www.alfaparapente.com.uy
2 200 $ par personne. Formules vidéos et photos à 500 $. Réservation sur WhatsApp, par courriel ou sur la page Facebook.

Il s'agit d'une école spécialisée dans le parapente, le paramoteur et le paratrike, offrant également des vols panoramiques. L'activité dure environ 30 minutes et commence par une phase de préparation pendant laquelle vous vous attachez à l'équipement avec le professeur. Ensuite, vous prenez votre envol et profitez des vues incroyables sur la ville avant de terminer par un atterrissage en douceur. Si vous souhaitez conserver un souvenir de votre expérience de vol, vous pouvez opter pour une formule photos et vidéos. Instructeur certifié par ASUP Uruguay.

CAFE DEL TEATRO

19 de Abril 928
✆ +598 4722 9100
Ouvert du jeudi au samedi de 20h à 2h.

Ce café-bar est un lieu de bon goût qui organise des concerts de musique en *live* pratiquement tous les soirs. Au menu, une sélection de bières artisanales, de chouettes cocktails, d'excellents tacos et de très bonnes pizzas. Les serveurs offrent souvent des promotions sur la bière. La scène est minuscule, ce qui permet aux musiciens de communiquer directement avec le public, ajoutant ainsi une touche personnelle et intime à chaque spectacle. C'est l'endroit idéal pour ceux qui cherchent à profiter d'une ambiance animée le soir, en particulier le week-end.

ANFITEATRO RÍO URUGUAY

Rambla Costanera Norte

Inauguré le 22 mars 1997, cet amphithéâtre est un lieu emblématique de la région. Avec une capacité d'accueil de plus de 20 000 spectateurs, il est le principal théâtre d'été pour les événements sociaux et culturels. Vous pourrez assister à des concerts, des spectacles de danse, des pièces de théâtre, des compétitions sportives, des tombolas ainsi que des concours officiels comme ceux du carnaval et de l'« Elección de la Reina » (élection de la reine). C'est aussi ici que se tient la semaine de la bière qui a lieu en avril (son prix d'entrée est de 250 $).

BODEGA BERTOLINI Y BROGLIO

Ruta 3 km 468
✆ +598 9973 5056
Il est conseillé d'envoyer un message sur WhatsApp à l'avance pour annoncer votre visite.

Si vous êtes un amateur de vignobles ou que vous cherchez simplement à acheter du vin, la *bodega* Bertolini y Broglio, qui se trouve à environ une heure de route au nord de Paysandú, est un endroit à ne pas manquer. Leur bouteille de tannat a remporté plusieurs médailles d'or, ce qui témoigne de la qualité de leur produit. Pour rendre votre excursion encore plus agréable, vous pouvez combiner votre visite avec une escapade aux Termas del Daymán qui se trouvent juste à côté.

TERMAS DE ALMIRÓN ★

A 90 km de la ville de Paysandú et à 5 km de Guichón se trouve le centre thermal de Almirón. Au milieu d'un paysage de collines ondulées, le centre dispose de deux piscines à jets (hydromassages), de bains à 34°C dont les vertus thérapeutiques sont reconnues dans tout le pays, de bains d'eau salée et d'une piscine d'eau ambiante (selon la saison et la température extérieure). Le centre est ouvert toute l'année. L'entrée est payante (80 $ par personne). Camping d'environ 80 places. Dans ce vaste terrain verdoyant, des maisons privées gérées par des agences immobilières locales sont vouées à la location et disposent de tout le confort moderne.

HOTEL SALINAS DEL ALMIRÓN €€

Ruta 90 km 82.3 ✆ +598 4742 3620
www.salinasdelalmiron.com
Chambre double avec lit king size à partir de 165 US$ (pension complète). Suite à partir de 220 US$. Parking.

Cet hôtel sophistiqué classé 4 étoiles offre une expérience de détente et de loisirs dans la région, avec 60 chambres confortables entièrement équipées pour garantir un confort optimal. Outre la proposition gastronomique complète qui comprend le petit déjeuner, le déjeuner et le dîner, les clients peuvent profiter de la piscine d'eau thermale et de l'accès aux thermes, ainsi que d'une salle de massage, d'un centre de fitness, d'une aire de jeux aquatiques pour enfants et d'un cinéma.

ESTANCIA SAN NICANOR €€

Ruta 3 km 475 ✆ +598 4730 2209
www.sannicanor.com
Chambre double à 180 US$ en basse saison, 230 US$ en haute saison. Camping 250 $. Cabanes 450 $.

L'Estancia San Nicanor propose un camping avec des emplacements spacieux équipés d'électricité, d'eau potable, de barbecue, ainsi que de douches chauffées par les sources chaudes. Des mobil-homes peuvent être loués pour 200 $ de plus, avec accès aux piscines thermales. Des cabanes pour 4 ou 6 personnes sont également disponibles avec deux chambres, une cuisine, une salle de bains privée et une cuisinière à bois. Supérette et *parador* sur place. Les piscines sont ouvertes en permanence, ce qui permet d'admirer les étoiles la nuit tout en se baignant.

MESETA DE ARTIGAS ★

Au sud de Salto, sur la ruta 3 au niveau du km 463, s'étend la Meseta de Artigas (littéralement le « plateau d'Artigas »), un lieu stratégique choisit par le fameux général pour rassembler ses troupes. Du haut de ses 37 mètres, le buste d'Artigas (en granit) contemple une plaine bordée d'eucalyptus. Sur la Meseta, on trouve également la Casona del Patriarca (maison du patriarche) qui permet au visiteur d'en apprendre davantage sur le célèbre *libertador*. Chaque année, à la mi-septembre, des milliers de cavaliers arrivent de tout le pays pour rendre hommage au héros, dans le cadre d'une fête traditionnelle appelée «Encuentro con el Patriarca».

TERMAS DE GUAVIYÚ ★★

Le Centro Termal Guaviyú est situé sur la ruta 3 au km 431,5, dans un cadre naturel privilégié. La qualité de ses eaux, riches en minéraux, sulfates de calcium, magnésium, potassium et fluor, attire de nombreux visiteurs. L'entrée est payante, mais gratuite si vous séjournez dans le complexe. Au total, il y a 8 piscines (extérieures et intérieures), dont 4 avec des jets hydromassants. La plus chaude atteint les 40 degrés. Autour des thermes, une véritable petite ville s'est érigée renfermant des motels, un supermarché, des restaurants et des commerces. C'est souvent bondé le week-end : l'endroit attire des familles (uruguayennes et argentines).

TERMAS DE SAN NICANOR ★

Situé à 20 km de Salto et à 10 km des thermes del Daymán, ce magnifique parc offre un cadre bucolique enchanteur. Moins fréquentées que certaines autres sources thermales, ces eaux paisibles du nord de l'Uruguay sont aménagées dans un décor rural où deux piscines donnent sur une vue agréable. L'un des bains est chauffé à 37°C, tandis que l'autre, plus chaud, atteint les 40°C. Les bâtiments, héritage d'une ancienne estancia, ajoutent un charme particulier au site. Vous pourrez profiter d'un restaurant proposant des plats à des prix très raisonnables. Les eaux des piscines proviennent de l'aquifère Guarani, situé à plus de 1100 mètres de profondeur.

QUEGUAY AVENTURAS DEL URUGUAY

✆ +598 9285 8079

Depuis 1997, cette agence de tourisme d'aventure propose des excursions à la Cascada del Queguay, à la Isla Grande del Queguay, ainsi que des safaris de pêche d'une à trois journées, avec ou sans bateau, le long d'un cours d'eau ou dans un camp de base. En outre, des circuits ornithologiques, des balades en canoë, en paddle board ou en kayak, des randonnées, ainsi que des séjours de camping dans plus de 15 destinations, incluant les tentes, matelas gonflables et repas.

TERMAS DEL DAYMÁN ★★

Ruta 3 km 482, à 10 km au sud de la ville de Salto. Ces thermes furent révélés lors d'une recherche infructueuse de pétrole en 1957. Le complexe hydrothermal est ouvert toute l'année, de 8h à 23h, et est équipé de 8 piscines pour adultes, 3 pour enfants, d'un sauna, de salles de massage, de gymnases, de bains hydromassants et d'une douche à ozone. Pour les familles, le parc aquatique Acuamanía est à considérer, avec ses toboggans et sa panoplie de jeux pour enfants. L'avantage de ces thermes – et l'inconvénient en même temps – est leur proximité avec Salto : le week-end, ils sont bondés. Plusieurs hôtels s'y trouvent si vous souhaitez y séjourner.

GRUTA DEL PADRE PÍO - ESTANCIA LA AURORA ★

Ruta 3

À noter que l'Estancia est une propriété privée, contrairement à la Gruta del Padre Pío.

Ángel María Tonna, propriétaire de l'*estancia* La Aurora, ne s'imaginait probablement pas que sa propriété deviendrait un jour un lieu de pèlerinage pour les passionnés d'OVNI. En effet, cette terre mystique qui abrite la grotte de Padre Pío attire chaque année des milliers de visiteurs qui espèrent y observer des phénomènes extraterrestres, suite à une histoire abracadabrante qui s'est produite ici durant la nuit du 7 août 1976. Nous vous laissons tirer vos propres conclusions !

PARQUE ACUÁTICO ACUAMANÍA

Ruta 3, km 487 ✆ +598 4736 9222

www.acuamania.com.uy

De septembre à mai, du mardi au dimanche de 10h30 à 18h30. Entrée : 650 $ plus de 11 ans, 480 $ moins de 11 ans.

Situé juste à côté des piscines municipales de la station thermale, ce parc offre toutes sortes d'activités amusantes pour les petits et les grands. Toboggans, douches, piscines, tout y est pour vous faire glisser et vous rafraîchir sous le soleil. Les deux principales attractions sont la rivière de 400 mètres que vous pouvez explorer en canots pneumatiques, ainsi que le toboggan El Kamikaze de 18 mètres de hauteur, où vous pouvez atteindre des vitesses allant jusqu'à 60 km/h !

POSADA DEL SIGLO XIX €€

Los Molles y los Sauces

✆ +598 4736 9955

www.posadasigloxix.com.uy

Selon la saison, compter entre 2 790 et 5 460 $ pour une chambre double dans la posada, petit déjeuner inclus.

La Posada del Siglo XIX abrite un hôtel et ses propres sources d'eau thermale. Moins vaste que ses voisins, ce parc de trois hectares renferme des piscines couvertes et extérieures, un miniparc aquatique, un spa, un sauna, un hammam, une cafétéria et une aire de jeux pour les enfants. Les chambres ont une salle de bains privée, la télévision câblée, un frigo-bar, la climatisation et le petit déjeuner y est servi. Contrairement aux autres hôtels de la région, celui-ci a un charme à l'ancienne, une décoration d'époque. Là aussi, formule *all inclusive*.

EL RANCHO €€

Ruta 3 km 488

✆ +598 4736 9942

Ouvert tous les jours de 11h30 à 15h30 et de 20h30 à 1h. Compter près de 500 $ par personne.

Idéalement positionné à proximité des sources chaudes de Daymán et à quelques pas du parc aquatique Aquamania, ce restaurant est un incontournable pour votre séjour. On y trouve de savoureux plats typiquement argentins, dans un cadre confortable. Un menu enfant est proposé aux plus petits. Excellente *parilla* et vaste choix de viande (poulet, *pamplonas*, brochettes, ris de veau, *chinchulines*), salades et délicieux desserts. Vins nationaux et internationaux. Bon rapport qualité-prix. Aire de jeux pour enfants. Vivement recommandé !

COMPLEJO TERMAL MUNICIPAL

Ruta 3, km 487

✆ +598 4736 9711

www.termasdayman.com

Tous les jours de 7h à 23h. Entrée adulte : 120 $. Entrée enfant/retraité : 60 $. Gratuit pour les moins de 6 ans.

Ce complexe thermal public propose une grande variété de piscines thermales et de services, mais n'offre pas d'hébergement. Il dispose de onze piscines, dont huit sont d'eau chaude et trois d'eau froide, certaines étant couvertes pour se protéger du soleil. Les températures des piscines peuvent atteindre jusqu'à 44 °C. Le parc est bien entretenu, avec des aires de pique-nique, des espaces de détente, un restaurant et des aires de jeux pour enfants.

SALTO ★★

Bienvenue à Salto, la charmante capitale du département éponyme située au nord-ouest de l'Uruguay, à environ 498 km de Montevideo. Les eaux thermales de Salto sont connues à travers le monde et attirent chaque année de nombreux visiteurs en quête de détente et de bien-être. Les thermes sont dotés d'infrastructures modernes, offrant une expérience de qualité pour tous les goûts. L'économie locale repose principalement sur l'élevage bovin, faisant de Salto la 3e région productrice du pays. Mais ce qui distingue vraiment la région de Salto, c'est sa production d'agrumes de qualité supérieure, qui représente 90 % des exportations d'agrumes du pays.

Histoire

C'est sans doute pour ses terres fertiles, comprises entre la rivière Dayman et le *río* Uruguay, que Salto a attiré ses premiers habitants venus du Brésil. Les Ibayarás et les Yaros ont été les premières communautés à s'y installer, suivies des Chanuas-Timbúes et des Charrúas. À l'arrivée des Européens, la zone était connue sous les noms d'« Arrecife » ou « Itú », d'origine guaranie. Les jésuites se sont implantés dans la région en fondant la mission Puesto de Jesús, qui dépendait de la mission de Paysandú, Yapeyú. En octobre 1756, le gouverneur du *río* de la Plata, José de Andonaegui, chargea le gouverneur de Montevideo, José Joaquim de Viana, à la tête de 400 hommes, de s'établir dans le lieu-dit Salto Oriental. Là, il établit une fortification et un village de *rancheros* (fermiers). Le lieu sera stratégique pendant les guerres des *misiones* et servira de base de ravitaillement aux troupes chargées de chasser les jésuites.

En 1768, tous les jésuites de Salto furent arrêtés par le gouverneur Francisco de Paula Bucarelli. La ville fut ensuite utilisée comme lieu de détention pour les jésuites capturés aux frontières du Paraguay, de l'Argentine et du Brésil avant leur transfert à Buenos Aires. Au début du XIXe siècle, Salto connut un renforcement de son peuplement grâce à l'arrivée d'une centaine de familles et à l'exode du peuple oriental. En 1834, la population de la ville s'élevait à 1 315 habitants. Vingt ans plus tard, Salto fut le théâtre d'une épopée héroïque : la remontée victorieuse de tout le *río* Uruguay par Giuseppe Garibaldi à bord de son voilier *le Fama*.

L'essor de la ville de Salto fut stimulé par le développement de la navigation à vapeur sur le *río* Uruguay, ce qui attira des centaines de colons étrangers. La navigation commerciale débuta en 1860, avec la fondation de la société Compania Salteña de Navegación. Un chantier fut construit, et de nombreux ingénieurs, notamment anglais et français, choisirent de s'installer dans la région.

Chaque communauté étrangère semblait exceller dans un domaine précis : les ingénieurs, techniciens et banquiers étaient français ou britanniques ; les Italiens étaient fermiers, maçons ou ferronniers et les commerçants, basques. En 1890 le recensement dénombrait 21 610 Uruguayens, 4 039 Brésiliens, 1 885 Italiens, 1 680 Argentins, 1 152 Espagnols, 373 Français et 72 Anglais. Cette année même, l'ouverture d'une compagnie de chemins de fer reliant la ville à Paysandú à Montevideo, la Ferrocarril Midland, ouvrit ses portes. Salto acquit alors une renommée internationale pour son travail en ferronnerie et devint un site militaire stratégique qui accueillit les troupes pendant la guerre du Paraguay. En 1865, la coalition uruguayo-brasilo-argentine établit sa base dans les environs, avec près de 40 navires de guerre. Plus tard, lors de la *Guerra Grande* entre les partis politiques *Colorados* et *Blancos*, la ville fut assiégée à deux reprises par les forces de Timoteo Aparicio et d'Inocencio Benítez.

Le fer forgé était travaillé de manière artisanale et les maîtres artisans donnèrent leurs lettres de noblesse à la ville, notamment l'ingénieur Michel Paccot, d'origine française, qui construit l'horloge astronomique qui orne encore le sénat à Buenos Aires. La ville poursuivit son développement, qui fut marqué par la construction du barrage de Salto Grande en 1974. En 1996, Salto comptait plus de 120 000 habitants.

LITTORAL

IGLESIA DE NUESTRA SEÑORA DEL CARMEN ✝ ★

Plaza de los Treinta y Tres Orientales

Déclaré monument historique national, cet édifice de style néoclassique du début du XIXe siècle est surmonté de deux coupoles recouvertes d'azulejos. Il s'agit de la plus vieille église chrétienne de la région. Ses cloches, fabriquées en 1686 par les missions jésuites, ont été apportées par le général Rivera vers les années 1830. En outre, on y retrouve la Virgen Misionera de Río Negro, la vierge missionnaire qui faisait partie de la dévotion des premiers habitants du Salto Oriental.

MUSEO DE BELLAS ARTES Y ARTES DECORATIVAS ★★

1067 Uruguay
✆ +598 4733 9577
Du mardi au samedi de 13h à 19h. Entrée libre.

Au musée des Beaux-Arts et des Arts décoratifs, vous découvrirez des toiles d'artistes de Salto et uruguayens : José Cuneo, Vicente Martín, Adolfo Pastor, José Cziffery, Julio Verdié, et d'autres ! On peut y admirer également une urne sculptée par Stephan Erzia contenant les cendres du plus grand écrivain de la région, Horacio Quiroga. Ce musée est installé dans une ancienne maison seigneuriale du début du siècle dont l'escalier en bois a été sculpté par le fameux artisan Paccot.

MUSEO DEL HOMBRE Y LA TECNOLOGÍA ★★

511 Brasil
✆ +598 4732 9898
Du lundi au samedi de 14h à 19h. Entrée libre.

Le musée est situé dans l'ancien marché central, construit entre 1909 et 1915. Il expose les principales inventions et œuvres entreprises par l'homme pour domestiquer l'espace. Des panneaux explicatifs retracent les différentes étapes de la colonisation de la région. On y trouvera pêle-mêle une reconstitution d'une ancienne *pulperia*, diverses machines, dont la locomotive *El Criollo*, un pendule de Foucault ainsi que des découvertes archéologiques datant de 2 000 ans.

MUSEO DEL TEATRO LARRAÑAGA ★

39 Joaquín Suárez
✆ +598 4732 9898
Ouvert du lundi au samedi de 14h à 20h. Entrée libre.

Ce théâtre de 550 places assises, doté d'une fosse d'orchestre, a été fondé en 1882 pour les opéras. Il conserve toujours sa scène, ses décors et ses meubles d'époque. Aujourd'hui, les visiteurs peuvent découvrir son histoire à travers une exposition présentée dans l'une des salles du bâtiment. Cette dernière met en lumière la création, la construction et la programmation du théâtre, en exposant d'anciens accessoires, costumes, affiches et billets de spectacle.

MUSEO EDMUNDO PRATI

1293 Artigas
✆ +598 4732 4180
Du lundi au vendredi de 8h à 18h. Le samedi de 8h à 13h. Entrée libre.

Le musée présente une exposition d'œuvres en plâtre, en bronze et en bas relief d'Edmundo Prati (1889-1970), un sculpteur originaire de Paysandú s'étant formé en Italie dans les années 1930. Les visiteurs pourront y admirer certaines de ses pièces les plus illustres, comme « La Cabeza del Caballo » et « El Ciudadano y el Gaucho », présentées sur la Plaza Artigas, ainsi que d'autres créations installées au Palais législatif et à la cathédrale de Salto. Prati est également l'auteur du monument Luis Alberto de Herrera situé sur l'avenue General Flores à Montevideo.

PALAIS DES SERVICES PUBLICS ET DU COURRIER ★

Calle Artigas y Treinta y Tres
✆ +598 4733 2239
Du lundi au vendredi de 9h à 17h, et le samedi de 8h à 12h.

Cet édifice original entouré de charmants palmiers fut construit en 1924 par l'architecte florentin Giovanni Veltroni à l'occasion du centenaire de la déclaration de l'indépendance. Depuis, l'imposant bâtiment est devenu un symbole emblématique de la ville de Salto. Déclaré monument historique, il a été conçu pour accueillir différents services publics tels que le Palais de Justice, les agences fiscales, les bureaux des revenus, ainsi que ceux de la poste.

ART HOTEL DECO €€

145 Sarandí
✆ +598 4732 8585
ww.arthoteldeco.com
Comptez de 100 à 150 US$ la chambre double ou la suite, avec petit déjeuner.

Dernier petit bijou de Salto, cet étonnant hôtel a été aménagé dans une maison bourgeoise tout simplement sublime. Mosaïques au sol, hauts plafonds, fenêtres à vitraux originaux et surtout, chambres confortables, décorées avec élégance, et équipées de la climatisation, d'un bureau et d'une bonne connexion internet. Salon avec canapés et cheminée pour les soirées d'hiver, donnant sur une cuisine ouverte ainsi qu'un magnifique jardin. Tout a été aménagé avec soin telle une jolie maison de famille, pour que les clients se sentent comme chez eux.

SALTO HOTEL Y CASINO €€

5 25 de Agosto ✆ +598 4733 7037
www.saltohotelcasino.com

Chambre simple à partir de 55 US$, double à partir de 62 US$, triple à partir de 105 US$ et suite à partir de 121 US$.

Inauguré en 1946, cet hôtel 4 étoiles a longtemps joué le rôle d'hôtel principal de la ville, et a même accueilli quelques présidents ! Construit sur 5 étages, il propose des chambres standards, classiques et supérieures confortables, bien que la décoration soit un peu démodée. Salle de fitness avec entraînement personnalisé (yoga, musculation, cardiovélo, cours de danse), terrasse en *rooftop* avec vue sur la ville, bar-restaurant servant une belle cuisine créative, piscine, petit déjeuner buffet et, bien entendu, casino pour les amateurs de machines à sous.

LA 2000 PIZZERÍA €

Blandengues 195 y 19 de Abril
✆ +598 4733 0684

Ouvert tous les jours de 11h30 à 15h puis de 18h30 à minuit. Compter 300 $ par repas.

Véritable institution dans la ville de Salto, cette pizzeria propose un large choix de pizzas, *chivitos*, et *minutas*, mais aussi des plats tels que la suprême de poulet au bacon, poivrons et pommes de terre à la crème, la dorade royale à la napolitaine, l'entrecôte accompagnée de légumes rôtis, et pour les plus courageux, le filet de porc à l'ananas, aux cerises et à la purée de pommes. Ambiance authentique et service chaleureux. Accompagnez votre repas d'une bonne bière bien fraîche et laissez-vous séduire par l'ambiance authentique et chaleureuse des lieux.

LA CALDERA €€

221 Uruguay
✆ +598 4732 4648

Du mardi au dimanche de midi à 15h et de 20h à 1h. Seuls les paiements en espèces sont acceptés. Prévoir environ 500 $.

Depuis plus de 25 ans, cet établissement propose ce qui est probablement la meilleure *parrilla* de la ville, bien que cela puisse être sujet à débat. Leur spécialité : des *asados* grillés d'une qualité exceptionnelle, le tout dans un décor champêtre charmant. Le menu offre une variété de plats tels que l'aiglefin au roquefort, les crêpes aux poireaux et à la ricotta, les légumes grillés, les lasagnes et une savoureuse soupe aux lentilles. Large sélection de vins. Options sans gluten. La terrasse située le long de la rue Uruguay est un atout non négligeable.

LA TRATTORIA €€

754 Uruguay
✆ +598 4733 6660

Tous les jours de midi à minuit.

Ce restaurant de cuisine traditionnelle uruguayenne et de spécialités italiennes propose un menu très copieux : des pizzas de toutes les sortes, des pâtes maison, des brochettes et biftecks, mais aussi des sandwichs, *milanesas* et *chivitos*. Bons vins de *bodegas* locales. Recommandé pour son caractère typique et pour les âmes qui savent apprécier les choses simples, car ici, l'accent est mis sur l'authenticité plutôt que sur les artifices. Par ailleurs, attendez-vous à ce que votre conversation soit interrompue par un « Gooooooool ! » à tout moment !

SALTO GRANDE

Construit entre 1974 et 1979, le barrage de Salto Grande est un projet conjoint entre l'Uruguay et l'Argentine qui a eu un impact positif sur l'économie de la région en permettant l'irrigation de près de 130 000 hectares de terres. Il comprend une retenue d'eau de 69 m de hauteur, qui a engendré la formation d'un lac de 78 000 hectares. Ce dernier est bordé de plages où il est possible de se reposer et de pêcher. A côté du lac, un vaste parc de 600 hectares offre un cadre idéal pour un après-midi bucolique. En outre, un pont routier et ferroviaire international relie les systèmes de transport en Argentine, en Uruguay et au Paraguay.

Balade

De Salto Grande, on peut aisément faire une escapade en Argentine, de l'autre côté du lac, dans la ville de Concordia. Il faut donc traverser le pont international surplombant le barrage pour ensuite gagner le parc Rivadavia. Outre ses arbres foisonnants, celui-ci abrite le château San Carlos construit en 1888 par un comte français. Le site fut d'ailleurs visité par Antoine de Saint-Exupéry qui consacra l'un des chapitres de *Terre des hommes* aux expériences qu'il a vécues ici même (« C'était près de Concordia, en Argentine [...]. J'avais atterri dans un champ et je ne savais point que j'allais vivre un conte de fées »). Au sud de Salto Grande, à 5 km très exactement, au bout de la Costanera Sur, se trouve Arenitas Blancas ; le coucher de soleil y est somptueux et la plage est divine.

LITTORAL

HORACIO QUIROGA SPA TERMAL €€€

Parque del Lago ✆ +598 4733 4411
www.hotelhoracioquiroga.com
Selon la période et la catégorie, entre 141 et 267 US$ pour une chambre double, petit déjeuner inclus.

Un beau complexe installé au cœur d'un parc avec un lac artificiel, qui renferme sa propre source thermale. Chaque chambre est irriguée par de l'eau de source et les « Superior » sont équipées d'un bain bouillonnant. Les chalets conviendront aux familles, équipés d'une kitchenette et pouvant accueillir de 4 à 8 personnes. En tout, trois piscines thermales dont une à 45 °C, un parc aquatique avec un circuit de remise en forme (sauna, douches écossaise, danoise et finlandaise, massages).

TERMAS DE ARAPEY ★

A 19 km de Salto, par la *ruta* 3 (km 552). Cette source thermale a été mise à jour en 1945 par l'Institut géologique d'Uruguay, alors que l'on cherchait du pétrole. Depuis, un complexe thermal a été construit avec 5 piscines extérieures et intérieures de 26 à 38°C, dont une piscine olympique et une piscine privée réservée aux cures. Ces thermes sont très réputés pour leurs vertus curatives, et permettent entre autres de faire cicatriser des plaies, des blessures et de traiter les rhumatismes. L'eau y est vendue en bouteille, utilisée comme diurétique et calmant stomacal. On peut camper ou séjourner dans des établissements de différentes catégories.

ARAPEY THERMAL RESORT AND SPA €€€

Termas de Arapey
✆ +598 4768 2005
www.arapeythermal.com.uy
Compter à partir de 160 US$ pour une chambre double, all inclusive. Promotions sur le Web.

Un vaste complexe de 14 000 m² qui propose un service « tout compris ». Au total, pas moins de 202 chambres, 6 piscines d'eau thermale, 2 restaurants, 4 bars, un Spa (soins, traitements, épilation), un salon de coiffure, des salles de fitness, une salle de jeux pour les enfants, et une garderie. Multiples activités à pratiquer en plein air (vélo, cheval, piscine, minigolf), le tout dans un bel environnement. La liste des prestations est interminable !

INTÉRIEUR

L'intérieur de l'Uruguay, une région méconnue et pourtant fascinante, offre une plongée dans l'authenticité et la richesse culturelle qui font la singularité de ce pays. Le département d'Artigas, situé au nord, est réputé pour ses carnavals colorés et sa production d'améthystes. Rivera, quant à lui, est le carrefour des cultures, avec une frontière partagée avec le Brésil, offrant une expérience biculturelle unique. Cerro Largo, à l'est, est marqué par ses vastes plaines, tandis que Treinta y Tres est connu pour ses parcs naturels. Quant à Tacuarembó, il est considéré comme le berceau de la culture gaucho et des traditions équestres. Plus au sud, Flores se distingue par sa richesse en art rupestre, alors que Durazno est le centre géographique du pays, où les rivières Yí et Negro se rencontrent. Florida est célèbre pour son histoire et son rôle dans la déclaration d'indépendance, et enfin, Lavalleja abrite la charmante ville de Minas.

Intérieur nord
50 KM
BRÉSIL
ARTIGAS
PIEDRA PINTADA
Paso Campamento
La Bolsa
Sequeira
Cati
Campo Sêco
Caçapava do Sul
Dom Pedrito
RIVERA
Tranqueras
Bagé
Canguçu
Paso del Cerro
MINAS DE CORRALES
Lapuente
GRUTA DE LOS CUERVOS
BALNEARIO IPORÁ
TACUAREMBO
Pinheiro Machado
Pelotas
VALLE EDÉN
Vichadero
Tambores
CERRO BATOVÍ
Ansina
Isidoro Noblía
La Hilera
Herval
Rio Grande
Curtina
Las Toscas
Arroio Grande
Clara
MELO
Merinos
Achar
Rincón de Pereira
POSTA DEL CHUY
Taim
Jaguarão
SAN GREGORIO DE POLANCO
Arbolito
Lagoa Mirim
Océan Atlantique Sud
BALNEARIO LAGO MERÍN

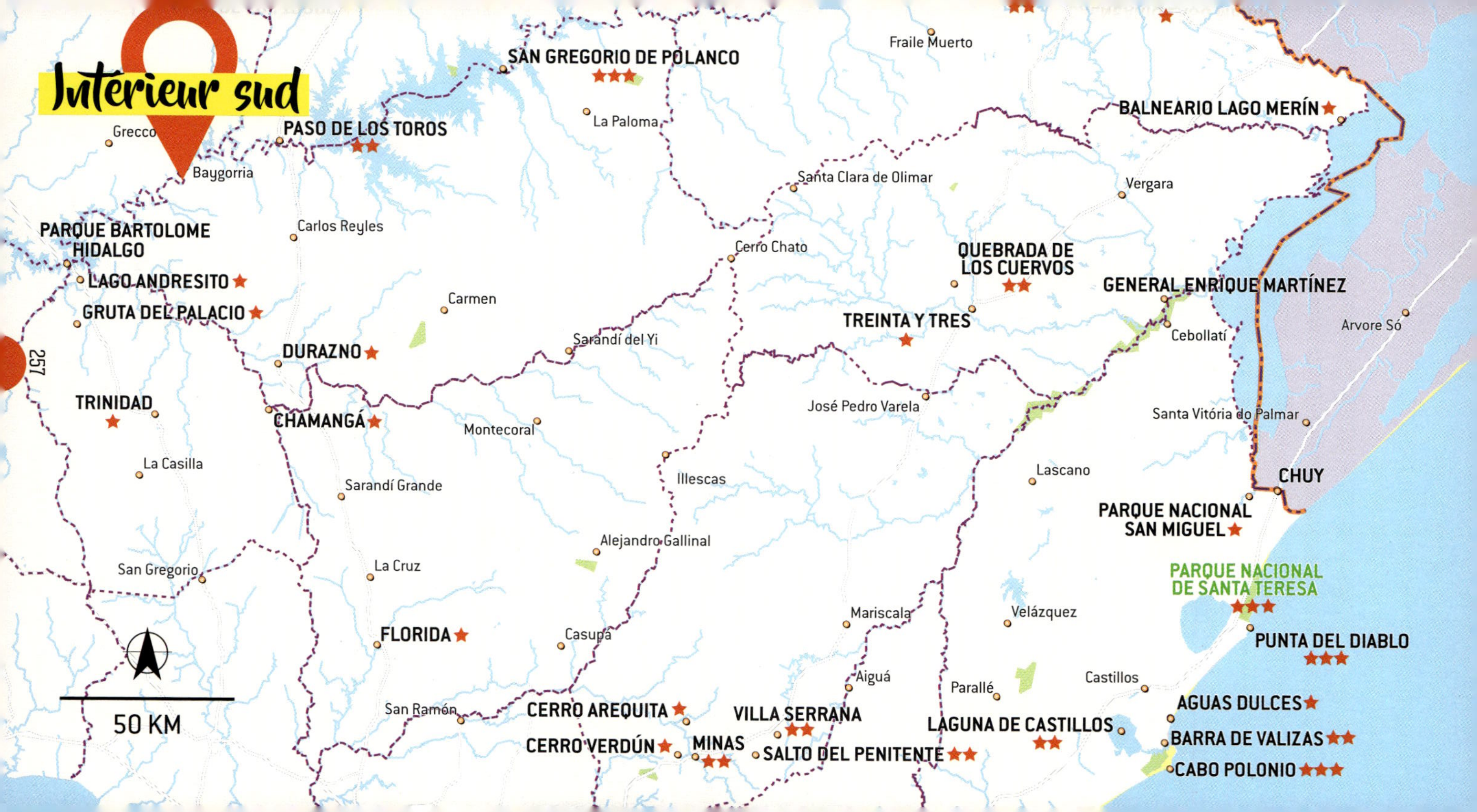
Intérieur sud
SAN GREGORIO DE POLANCO
Fraile Muerto
BALNEARIO LAGO MERÍN
La Paloma
Grecco
PASO DE LOS TOROS
Baygorria
Santa Clara de Olimar
Vergara
Carlos Reyles
PARQUE BARTOLOME HIDALGO
Cerro Chato
QUEBRADA DE LOS CUERVOS
LAGO ANDRESITO
GENERAL ENRIQUE MARTÍNEZ
Carmen
GRUTA DEL PALACIO
TREINTA Y TRES
Arvore Só
Sarandí del Yi
Cebollatí
DURAZNO
TRINIDAD
José Pedro Varela
CHAMANGÁ
Santa Vitória do Palmar
Montecoral
La Casilla
Lascano
CHUY
Illescas
Sarandí Grande
PARQUE NACIONAL SAN MIGUEL
Alejandro Gallinal
La Cruz
San Gregorio
PARQUE NACIONAL DE SANTA TERESA
Mariscala
Velázquez
FLORIDA
Casupá
PUNTA DEL DIABLO
Aiguá
Castillos
Parallé
AGUAS DULCES
50 KM
San Ramón
CERRO AREQUITA
VILLA SERRANA
LAGUNA DE CASTILLOS
BARRA DE VALIZAS
CERRO VERDÚN
MINAS
SALTO DEL PENITENTE
CABO POLONIO

PAGES

●● DÉPARTEMENTS D'ARTIGAS ET DE RIVERA

262

Le département d'Artigas séduira les voyageurs avec ses paysages naturels et son atmosphère détendue. Explorez la charmante ville d'Artigas en vous promenant dans ses parcs, puis partez à la découverte des spectaculaires mines d'améthyste pour en apprendre davantage sur cette pierre précieuse locale. En juin, participez à la Fête de San Cono pour découvrir les traditions culturelles régionales, et si vous êtes plutôt du genre sportif, ne manquez pas les nombreuses activités nautiques proposées le long du fleuve Uruguay. Petit conseil : attendez que les habitants se réveillent de leur sieste avant de vous y aventurer !

262 **ARTIGAS ★**

Amateurs de lithothérapie, préparez-vous à être ébloui par les fabuleuses mines d'améthystes, de quartz et d'agates du département d'Artigas, et lancez-vous dans une expédition digne d'un Indiana Jones à la recherche de la pierre précieuse parfaite.

INTÉRIEUR

●● DÉPARTEMENT DE CERRO LARGO

266

Le département de Cerro Largo est un petit bijou de la campagne uruguayenne, où la faune et la flore locales rivalisent avec des paysages à couper le souffle. Préparez-vous à découvrir des terres fertiles, des collines ondulantes et surtout, des âmes vibrantes qui peuplent ces contrées encore inexplorées. La capitale, Melo, est le genre d'endroit où les habitants se saluent encore par leur prénom et où les vaches sont considérées comme des membres honoraires de la communauté. Ici, il n'est pas rare de se retrouver à danser la cumbia avec les locaux au milieu d'une fête de village, ou à échanger des histoires autour d'un feu de camp sous les étoiles.

●● DÉPARTEMENT DE TREINTA Y TRES

268

Niché dans l'est sauvage et somptueux de l'Uruguay, Treinta y Tres se présente comme un département verdoyant et fertile, propice à la découverte de la nature. Sa capitale, qui porte le même nom, a été baptisée en l'honneur des 33 Orientales les héros courageux qui ont libéré l'Uruguay de l'oppression. Venez explorer une ville chaleureuse, où les habitants rivalisent de générosité avec les copieuses portions de viande servies lors des *asados*. Laissez-vous impressionner par les ravissants paysages, qui alternent entre collines luxuriantes et rivières étincelantes. Vous pourriez même croiser des *gauchos* sur votre chemin, prêts à partager avec vous un maté et quelques anecdotes cocasses.

PAGES

● ● DÉPARTEMENT DE TACUAREMBÓ

Bienvenue à Tacuarembó, le Texas de l'Uruguay ! Vous êtes ici dans le plus grand département du pays, qui regorge de surprises et de traditions. Promenez-vous dans les rues pavées de la capitale, Tacuarembó, et admirez les magnifiques maisons coloniales ainsi que la majestueuse cathédrale de San Fructuos. Savourez un succulent *asado* dans l'une des *parrillas* locales et laissez-vous charmer par le doux accent chantant de ses habitants. Chaque année, la célèbre Patria Gaucha est célébrée dans cette ville, animant le département de joie et d'enthousiasme. Au cœur de cette région, vous découvrirez également la mystérieuse Vallée d'Edén, qui abrite le musée Carlos Gardel. Certains disent qu'il est né ici, d'autres en Argentine, d'autres en France… Quoi qu'il en soit, ce musée est dédié à la vie et l'œuvre de cette légende du tango et vous fera voyager dans le temps. N'oublions pas la ville de Paso de los Toros, célèbre pour sa production de boissons gazeuses. L'usine se visite et, qui sait, vous pourriez repartir avec quelques bouteilles pour agrémenter votre séjour. Enfin, laissez-vous charmer par San Gregorio de Polanco, la petite perle du département. Cette ville est un véritable musée à ciel ouvert où les artistes ont laissé libre cours à leur imagination. Peintures murales et sculptures ornent les rues, créant un univers coloré et enchanteur. Vous aurez l'impression de vous promener dans une galerie d'art géante… sans les gardiens pour vous surveiller ! Alors, chaussez vos bottes de cowboy, enfilez votre poncho et préparez-vous à embarquer pour une aventure mémorable !

Bienvenue à Tacuarembó, le Texas uruguayen, où traditions et surprises vous attendent au sein de ses villes pittoresques, de ses festivités animées et de ses sites culturels captivants. Préparez-vous pour une aventure mémorable !

© WIRESTOCK CREATORS - SHUTTERSTOCK.COM

Río Negro, San Gregorio de Polanco.

INTÉRIEUR

●● DÉPARTEMENT DE DURAZNO ET FLORES

Bienvenue dans le département de Durazno, où la capitale du même nom vous invite à explorer ses nombreux musées, tels que la célèbre Casa de Rivera, pour les passionnés d'art, d'histoire et de culture. Si vous êtes plutôt adepte des promenades en pleine nature, le Bioparque Durazno est l'endroit parfait pour vous ! Poursuivez votre périple vers Trinidad, située dans le département de Flores, une ville charmante qui mérite le détour. Ne passez pas à côté de la superbe cathédrale Immaculada Concepción lors de votre visite. Rendez-vous ensuite au Lago Andresito pour pratiquer vos activités nautiques préférées, telles que le kayak, la pêche ou tout simplement profiter d'une sieste paisible au bord de l'eau. C'est également ici qu'a lieu chaque année en janvier le Festival Andresito le canta al país, célébrant la musique folklorique uruguayenne. Pour conclure votre aventure, ne manquez pas les sites naturels exceptionnels de la Gruta del Palacio et Chamanga, où vous pourrez enrichir vos connaissances sur la géologie et l'histoire de la région, ainsi que découvrir d'intrigantes peintures rupestres.

●● DÉPARTEMENTS DE FLORIDA ET LAVALLEJA

Si vous pensiez que la Floride n'était qu'un État ensoleillé aux États-Unis, détrompez-vous ! L'Uruguay possède également sa propre version, tout aussi radieuse et attachante. Ici, tout commence par la San Cono, une fête religieuse qui attire des foules immenses chaque année. Les habitants célèbrent cet événement avec une ferveur contagieuse, en arborant fièrement des chapelets et des bougies, dans une ambiance chaleureuse et colorée. La capitale, Florida, est truffée de jolis bâtiments historiques, de splendides *palacios* et d'agréables parcs où les visiteurs peuvent se détendre et admirer la beauté architecturale des lieux. De l'autre côté, le département de Lavalleja vous en mettra plein la vue avec le Cerro Arequita et le Cerro Verdun. Laissez-vous séduire par la charmante ville de Minas, un centre culturel important, avec un grand nombre de musées, de galeries d'art et de théâtres. En plus de sa riche histoire, Minas est également connue pour sa beauté naturelle, avec des collines verdoyantes, des rivières et des cascades. Enfin, reposez-vous dans la magnifique Villa Serrana, un havre de paix niché dans les montagnes.

Plongez au cœur de la ville de Minas, où les collines verdoyantes, les rivières paisibles et l'architecture pittoresque vous transportent dans une atmosphère magique et authentique, propice à l'évasion et à la découverte. Soit dit en passant, la majorité affirme que c'est à cet endroit que vous dégusterez les alfajores les plus exquis qui soient…

Statue de la Liberté dans la ville de Florida.

ARTIGAS ★

Artigas est aujourd'hui la capitale du département qui porte le même nom. Fondée en 1852, elle s'appelait alors Villa San Eugenio del Careim jusqu'en 1915, lorsqu'elle devint une « ville ». Avec ses maisons basses, ses larges rues et ses boutiques détaxées, elle ne présente pas de grand intérêt touristique si ce n'est peut-être sa forte influence brésilienne qui se ressent jusque dans la langue parlée où, à l'espagnol, s'ajoute un accent portugais. On appelle ce dialecte étrange « portuñol ». Par ailleurs, cette zone renferme les plus importants gisements de minéraux du pays (agates et améthystes, notamment) et il est possible de visiter les mines.

PLAZA ARTIGAS ★

Av. Coronel Carlos Lecueder

Avec la plaza Battle, elle est l'un des pôles majeurs de la ville. On y découvre l'immanquable statue du Père de la Nation et de son cheval, réalisée lors d'un concours par Armando Gonzalez en 1953. Elle fut transportée pendant 48 heures depuis la capitale avec beaucoup de précautions pour ne pas endommager les 6 000 plaques d'agate du piédestal fabriquées par les artisans d'Artigas. Trois ans plus tard, un coffre contenant des photographies et des écrits sur l'Indépendance a été enterré sous la statue. La capsule temporelle sera ouverte en 2052.

ÁRBOL IBIRAPITÁ

A l'angle de calle Luis Alberto de Herrera et calle Manuel Oribe

Cet immense arbre a une histoire particulière : il fut importé du Paraguay en 1915 par Baltazar Brum, puis déplacé de la Plaza Battle jusqu'ici en raison des forts vents et gels qui s'abattaient sur lui avant de lui constituer un abri (des feux de joie ont même été allumés la nuit pour lui fournir la chaleur nécessaire à sa survie). D'après certains témoignages historiques, l'arbre aurait assisté aux dernières années de la vie du héros uruguayen José G. Artigas au Paraguay, c'est pourquoi une statue de son buste a été aménagée juste à côté. Curieux…

TURISMO MINERO AMATISTAS ★★

✆ +598 9872 1379

La visite débute à 9h et se termine vers 13h. Son prix dépend du nombre de personnes et de la possession d'un véhicule.

Pour découvrir les mines les plus importantes du pays, situées à 60 km de la ville, il faut désormais réserver une visite guidée à la journée, car on ne peut plus les visiter librement comme auparavant. Cette agence de guides spécialisés propose une visite culturelle complète liée au processus. On y extrait principalement des améthystes, des agates, du quartz et d'autres pierres semi-précieuses. On découvre la mine, dans laquelle on peut emporter les pierres précieuses que l'on trouve (une fois payées), les étapes de taille, le ponçage et le montage sur bijoux.

MUSEO SANTA ROSA DEL CUAREIM ★

1164 Enrique Ferreira

✆ +598 4779 2589

Ouvert du lundi au samedi de 10h à 18h30. Entrée 20 $.

Ce petit musée tenu par le sympathique voisin Julius César vaut le détour pour sa collection d'agates, d'améthystes et de pierres semi-précieuses, mais ses silex, pointes de flèches, céramiques et autres objets du quotidien excavés par les archéologues dans la région, témoignant de la vie des indigènes il y a 12 000 ans. Rassemblées depuis plus de trente ans dans la région, les pièces de l'exposition vous permettront d'en apprendre davantage sur les trésors cachés d'Artigas.

VIOLETA HOTEL BOUTIQUE €€

438 Dr. Luis Alberto de Herrera

✆ +598 9977 2500

Avec sa façade et ses murs violets rappelant les magnifiques améthystes que l'on retrouve dans la région, ce petit hôtel est sans doute la meilleure option pour les voyageurs qui voudraient passer la nuit à Artigas. Bien que mal illuminées, les chambres sont propres et comprennent la climatisation, un mini bar, une TV et une vue sur la ville ou le jardin. Bon petit déjeuner continental. Connexion Wi-Fi médiocre. En outre, le personnel est accueillant et serviable, offrant un service de qualité pour répondre aux besoins des clients.

BOI BRASINO €€

298 Dr. Luis Alberto de Herrera
✆ +598 4773 0707
Ouvert tous les jours de 11h30 à 15h, et de 19h30 à 23h30. Comptez 500 $ par personne.

Le restaurant de l'hôtel Casino d'Artigas est une *parilla* réputée et populaire, un peu plus chère que la moyenne, mais la qualité des viandes est excellente. Vaste choix de buffets de salades et de desserts en prime (île flottante, flan, et salade de fruits). A regret, le restaurant ressemble à une salle de congrès terne, dotée de chaises de bureaux et d'une décoration, qui a l'air d'avoir été achetée dans une boutique de surplus militaire. Bien que l'ambiance ne soit pas au top, les saveurs sont définitivement les plus authentiques que vous puissiez trouver.

MUSEO DEL PATRIMONIO REGIONAL ★

1019 Artigas
✆ +598 4623 1900
Du lundi au vendredi de 8h30 à 15h. Entrée libre.

Fondé en 1946, le musée du patrimoine régional abrite une collection de pièces archéologiques, préhistoriques et historiques offertes par des habitants du département. Les visiteurs peuvent y admirer une variété d'objets tels que des outils lithiques, des céramiques, des urnes funéraires, ainsi qu'un ensemble d'accessoires ayant appartenu à des gauchos et à des militaires. En outre, une collection de plus de 3 000 photographies retraçant l'histoire de Rivera depuis sa fondation.

PIEDRA PINTADA ★

On dit que c'est dans cette région que la culture aborigène la plus ancienne du pays, appelée catalane, s'est développée. Le lieu en lui-même, isolé et donc préservé, est joli mais il est plutôt difficile d'accès si vous n'êtes pas motorisé. La Piedra Pintada est une pierre volcanique basaltique imposante d'une douzaine de mètres de hauteur qui doit son nom à sa couleur verdâtre, perdue au milieu d'un parc, gravée par les visiteurs de passage dont le plus ancien, un certain Villar, est passé en 1883. Sur place on trouve trois piscines, un camping, une aire de barbecue, un lieu taillé pour les familles et surpeuplé en été.

PARQUE GRAN BRETAÑA

Parque Gran Bretana

Ce parc de 50 hectares a été inauguré en 1939 en tant que don de l'ambassade britannique. Il est situé à une distance de 7 km de Rivera et peut être atteint en suivant le chemin menant à l'Abasto Municipal. Il offre une vaste forêt, plusieurs sentiers de randonnée, une cascade naturelle et une lagune artificielle de sept hectares où les visiteurs peuvent se baigner en été. En outre, le parc possède un camping qui propose des parcelles pour environ 80 $, bien que leurs installations sanitaires ne soient pas bien entretenues. Endroit idéal pour aller courir.

INTÉRIEUR

RIVERA ★

Rivera, qui compte environ 78 000 habitants, est la capitale du département du même nom. Elle a été nommée en l'honneur du colonel Bernabé Rivera et fondée entre 1862 et 1867 dans le but de freiner la progression brésilienne vers le sud. La ville est plutôt calme et ennuyeuse, sans grands attraits touristiques. Elle se situe à la frontière avec le Brésil, où elle est jumelée avec la ville de Santana do Livramento. Ensemble, les deux villes forment une zone urbaine d'environ 200 000 habitants. À l'image d'Artigas, les cultures des deux pays se mélangent fortement dans cette agglomération, donnant lieu à une langue spécifique, le portuñol.

RIVERA CASINO RESORT €€€

1010 Avenida Treinta y Tres Orientales
✆ +598 4624 1111
www.riveracasinoresort.com
A partir de 60 US$ la chambre double, 100 US$ la suite. Petit déjeuner et accès au spa inclus.

L'hôtel le plus haut de gamme de la ville avec son casino, son spa et une vaste piscine sur le toit-terrasse. Moderne et standardisé (plutôt bling-bling), il offre un vrai confort et des prestations de qualité. Les chambres sont spacieuses, parfaitement équipées (wifi, écran plat, minibar, coffre et une très belle vue). Une salle de jeux pour les enfants et une autre, dans un autre style (casino) pour les adultes. En tout, trois restaurants, dont un, le Gaucho, qui propose une cuisine internationale de qualité (libanaise, italienne, allemande, portugaise).

LO DE BETO €€

1175 Ceballo
✆ +598 4624 6511

Ouvert du mardi au samedi de 19h à minuit, et du vendredi au dimanche de midi à 15h. Comptez 400 $ par personne.

Cette *parillada* typique est la plus réputée de Rivera, non sans raison. On y déguste de délicieuses viandes grillées, toutes les pièces de bœuf qui vous tentent, en quantités gargantuesques ça va de soi. On apprécie la cuisson (vraiment) saignante de la viande, comme demandée. Excellent boudin noir sucré (*morcilla*) et *Ojo de bife* et rognons. Ce qui incite véritablement les clients à revenir, c'est la qualité exceptionnelle de l'entrecôte servie. Bouteilles de syrah, de malbec, de pinot noir, et bien entendu, de tannat. Service rapide et sympathique.

VALLE DEL LUNAJERO ★★

La Valle del Lunajero est une réserve subtropicale de faune et de flore reconnue comme aire naturelle protégée depuis 2009. À mesure que l'on s'en rapproche, la végétation se transforme et les différents minéraux donnent différentes couleurs à ce paysage de collines aplaties et de vallées (*quebradas*) rappelant des reliefs lunaires, le tout dans un corridor de forêts tropicales. La dernière partie du trajet est la plus ardue, compte tenu des pierres, des ruisseaux et d'une végétation plus dense. Ne manquez pas la cascade (environ 4 mètres) de l'arroyo Gajo del Lunarejo. Possibilité de partir en randonnée et de camper en pleine nature avec un guide.

Transports

Pour se rendre à la vallée de Lunarejo depuis Artigas, prenez un bus de la compagnie Turil ou Corporación. Après avoir acheté votre billet pour Tranqueras, demandez au chauffeur de vous déposer au km 238. Si vous préférez explorer les endroits les plus éloignés, les bus locaux de la compagnie Boreal reliant Masoller et Tranqueras sont une option pratique, car ils offrent plusieurs horaires de départ. En voiture, prenez simplement la route nationale 5 depuis Montevideo et suivez la route 30 près des villes de Masoller, Boquerón et La Palma.

EL GAVILÁN VALLE DEL LUNAREJO

Ruta 30, km 233 ✆ +598 9901 7207
www.elgavilan-valledellunarejo.com.uy

Journée d'équitation avec petit déjeuner, déjeuner, dîner : 2 100 $/personne. Sentier Cascade del Indio : 950 $/pers.

L'objectif principal de cette agence de voyages spécialisée dans les aventures en plein air est de proposer des expériences authentiques et variées à ses clients. Leur offre comprend une variété d'activités, telles qu'une excursion à la célèbre Cascade del Indio, de la descente en rappel à la Cascade Ojito, une randonnée de 4 heures dans les montagnes de Rubio Chico, un circuit d'équitation pour 4 personnes et la visite d'une ferme traditionnelle. Equipe passionnée et humaine.

FRONTERA AVENTURA

✆ +598 9857 1368

Réserver sur la page Facebook ou via WhatsApp. Excursion en train : 1 950 $/personne. Dîner avec feu de camp : 750 $.

Agence sérieuse qui propose des excursions en train, des visites thématiques à la vallée de Lunarejo, sur la Ruta del Oro (Minas de Corrales) et à Tacuarembó. En outre, elle offre des randonnées sur le sentier des sept cascades, des visites des métiers à tisser artisanaux, des circuits guidés pour d'observations des oiseaux et des soirées de camping avec feu de camp, le tout agrémenté de pauses déjeuner avec empanadas faites maison. Vous serez accompagné par Marcelo, un guide amical et compétent qui saura répondre à tous vos besoins.

MIRADORES DEL VALLE

✆ +598 9291 5811
www.valledellunarejo.uy

Réservation uniquement via WhatsApp.

L'équipe dévouée de Miradores del Valle se fera un plaisir de vous accompagner dans les plus beaux recoins de la région, tels que la Cascada Esmeralda, le circuit Rubio Chico, la Cueva del Indio et le belvédère de las Pindóes. Sentiers guidés, équitation et randonnées sont au rendez-vous, pour vous faire vivre une expérience en nature des plus incroyables, souvent sur des terrains privés qui ne seraient pas accessibles sans passer par l'agence. Leurs installations, bien qu'assez rustiques, sont confortables et pourvues de tout le nécessaire pour un séjour parfait.

EL CAUDILLO €

Ruta 30 km 238

✆ +598 9971 7778

Comptez 250 $ par personne la visite guidée à pied dans le parc, et 1 900 $ par personne la nuit en pension complète.

Voilà une belle initiative de Magda et Léo, un jeune couple qui propose deux chambres dans leur maison en pleine Valle del Lunajero et des visites guidées dans le parc. Visite de 2 à 3 heures au choix jusqu'à un *mirador* pour la vue ! Chambres simples et fonctionnelles, proposées en pension complète car ici, vous ne trouverez pas l'ombre d'un commerce. Spécialités régionales *criollas*. Possibilité de bivouaquer au cœur du parc au bord de la rivière Lunajero si vous préférez les mille étoiles du ciel au lit de la maison. Balades à cheval pour les amateurs.

POSADA LUNAREJO €€

Camino Paraje Boquerón km 3

✆ +598 4650 6400

Magnifique *posada* aménagée dans une ancienne épicerie du XIXe siècle. Les chambres sont parées de lits en fer forgé et de boiseries, tandis que la salle à manger spacieuse invite à la détente et à la convivialité. Les hôtes, Flavio et sa femme Susana prodiguent des soins exceptionnels, offrant une pension complète incluant petit-déjeuner, déjeuner, snack et dîner. Comme les autres établissements de la région, la posada propose un large éventail d'activités telles que des promenades en 4X4, des randonnées en montagne, de l'équitation et la visite des cascades.

MINAS DE CORRALES ★

Situé à 96 km de Rivera et à 60 km de Tacuarembó, Minas de Corrales est connu pour ses mines aurifères dont l'activité était importante au siècle dernier. L'Uruguay ayant pratiquement cessé d'exporter de l'or en 2018, les mines sont aujourd'hui abandonnées, mais leurs tunnels souterrains riches en minerais peuvent être visités, ainsi que les ruines des infrastructures encore debout, assez impressionnantes, via la visite guidée organisée par l'Hôtel Artigas sur place. Si vous êtes intéressés par l'histoire de l'extraction en Uruguay, le Musée de l'or constitue également une étape incontournable à inclure lors de votre visite dans la région.

HISTÓRICA REPRESA DE CUÑAPIRÚ

Ruta 29

Tous les jours de 9h à 17h.

Le tout premier barrage hydroélectrique d'Amérique du Sud a été mis en service en 1882, mais sa production a cessé en 1918 après le décès du technicien responsable de son exploitation. Les principaux ouvriers ayant travaillé à sa construction et à sa maintenance étaient des immigrants italiens, portugais et espagnols. Bien que le site soit aujourd'hui en ruine, il demeure un élément important du patrimoine historique et culturel. Il est recommandé de le visiter avec un guide.

MUSEO DEL ORO TITO PEREIRA ★★

12 de octubre

✆ +598 9950 0959

Du lundi au vendredi de 17h à 20h. Mieux vaut coordonner la visite au préalable, car le musée pourrait être fermé.

Don Tito Pereira fut le dernier prospecteur artisanal d'or de la région. En 1988, il découvrit la plus grande pépite d'or pur que l'Uruguay ait jamais connue, pesant pas moins de 31 grammes. Si vous avez la possibilité de rencontrer le propriétaire, qui n'est autre que le fils de Don Tito, alors il ne manquera pas de vous conter avec ferveur les histoires et les anecdotes les plus croustillantes de son père et de ses collègues mineurs. Une vraie mine d'or, dans tous les sens du terme.

HOTEL ARTIGAS €€

Av. Davindson

✆ +598 4658 2967

www.hotelartigas.com.uy

Chambre double à partir de 68 US$, triple 90 US$. Petit déjeuner inclus. Visites guidées entre 600 $ et 1 650 $.

On trouve désormais un hôtel à Minas de Corrales. Le plus étonnant est sa piscine immense à la forme psychédélique, la pelouse et les palmiers, au milieu de nulle part ! Les chambres sont douillettes avec salle de bain privée, climatisation et une terrasse privative. Petit déjeuner préparé avec des fruits frais et des produits locaux. Un bon plan. En plus du gîte et du couvert, l'hôtel propose des visites guidées de l'ancien barrage Cuñapirú, du mirador de la mine de San Gregorio, du musée de l'or et de quelques galeries souterraines pour une immersion totale.

MELO ★★

Melo est la capitale du département de Cerro Largo, située à 387 km de Montevideo. La ville compte près de 53 000 habitants et se compose de maisons basses dont certaines ont des façades d'influence portugaise. À voir absolument : le film uruguayen *El baño del Papa* (Les Toilettes du pape) d'Enrique Fernandes et César Charlone, qui relate les espoirs et déboires des habitants de Melo lors de la visite du pape en 1988, et notamment ceux d'un petit contrebandier, qui a l'heureuse idée de construire des toilettes payantes devant sa maison pour les milliers de pèlerins attendus. Le scénario est basé sur une histoire vraie, ce qui est le plus incroyable.

Histoire

Les Espagnols décidèrent de coloniser le Nord-Est uruguayen vers la fin du XVIIIe siècle et s'y employèrent de façon cruelle et sanglante. Leur but était en effet de chasser de leurs terres les populations Minuanes. Le gouverneur Andonaegui ordonna au maître de camp, Manuel Dominguez, d'exécuter tous les indigènes de plus de 12 ans. Selon José Apolinario Pérez, chroniqueur de l'époque : « Le décret de sang, même plus ou moins tempéré par ses exécutants, fut mené à bien. » Un véritable génocide. Ce massacre nous est rappelé par la *Cañada de los Difuntos*, (le ravin des défunts) que l'on peut apercevoir sur la rivière Chuy. Une fois les villages rasés, les éleveurs espagnols ne tardèrent pas à s'installer sur ces plaines et plateaux fertiles, profitant de l'exportation de la viande et surtout du cuir, acheminés vers Montevideo. On dit que les deux départements actuels, Cerro Largo et Treinta y Tres, étaient aux seules mains de quatre riches *estancieros*. Cette situation quasi oligarchique ne pouvait plaire au vice-roi Arredondo du Pérou, dont faisait partie la région à l'époque, qui doutait fortement de la fidélité à la Couronne espagnole de tels personnages. Ces derniers protégeaient surtout leurs intérêts et n'hésiteraient certainement pas à se ranger du côté des Portugais pour garder leurs richesses. De plus, les Portugais avaient déjà réalisé une forte avancée territoriale vers l'Uruguay, repoussant la frontière entre les deux empires du *río* Jacui (près de Porto Alegre) jusqu'au *río* Yaguarón. Afin d'assurer la colonisation de la région, il était nécessaire de faire venir des Espagnols, de déployer des troupes et par conséquent de bâtir une ville. Conséquemment, le vice-roi dépêcha Don Cipriano de Melo au sud du *río* Tacuarí afin de fonder la garde de San Nicolas de Barí. En 1794, Agustin de la Rosa devint chef de la garde qui était alors en ruine, et obtient l'autorisation de la déplacer et de l'installer de l'autre côté du fleuve, sur l'emplacement de l'actuel cimetière de Melo. On baptisa la ville en l'honneur, non de Cipriano de Melo comme on pourrait le croire, mais du cinquième vice-roi du *río* de la Plata, Pedro Melo de Portugal y Villena. Dès lors, la bourgade connut un essor important grâce aux richesses de la zone et, lorsque les conflits frontaliers avec le Brésil se calmèrent, elle devint un important centre de commerce. Cependant, les zones limitrophes des frontières engendrèrent une forme de commerce illicite, la contrebande, que Melo adopta rapidement en tant qu'activité économique de prédilection.

CASA DE JUANA DE IBARBOUROU ★

317 Treinta y Tres
✆ +598 9856 4352
Du lundi au vendredi de 11h à 17h. Entrée 25 $.

C'est dans cette maison à la façade bleu clair que la poétesse uruguayenne Juana de Ibarbourou, aussi connue sous le nom de Juana d'América (1892-1979), a vécu jusqu'à ses vingt ans, avant d'épouser le soldat Lucas Ibarbourou et de s'installer à Montevideo. S'y trouvent des objets, des photos, des robes et des meubles ayant appartenu à l'écrivaine. Le figuier sous lequel elle avait l'habitude d'écrire est toujours là. Elle lui a même dédié un poème.

MUSEO HISTÓRICO REGIONAL ★

452 18 de Julio ✆ +598 4642 9147
Ouvert du mardi au vendredi de 10h à 17h30 et le week-end de 13h à 17h30. Entrée libre.

Situé en face de la Plaza Constitución, ce musée fut inauguré le 27 juin 1977. A l'intérieur, on peut admirer des armes, des uniformes, des photos d'archive concernant le département, ainsi que des découvertes archéologiques et paléontologiques récupérées dans la région. La pièce maîtresse de la collection est la charrette La Sopanda datant de 1855, qui était autrefois utilisée par les habitants pour se rendre à la Posta de Chuy (et dont l'horaire est même exposé). L'espace accueille aussi quelques ateliers, conférences, expositions temporaires et spectacles.

PLAZA CONSTITUCIÓN

Calle 18 de Julio y Del Pilar

La Plaza Constitución est une place récemment rénovée et considérée comme l'une des plus belles du pays en raison de son apparence physique et de son histoire. En plus d'être un lieu de nombreux événements importants, elle abrite également des bâtiments historiques tels que la cathédrale, le bâtiment de la préfecture de police, l'Union Club et le musée historique régional. L'église Nuestra Señora del Pilar, construite en 1797, est l'un des monuments les plus représentatifs et a été transformée en paroisse au XIXe siècle avant de devenir le temple actuel en 1865.

HOTEL POSADA LA COMANDANCIA €€

408 18 de Julio

✆ +598 4643 0392

www.posadalacomandancia.com

Comptez 90 US$ la chambre double et 140 US$ la familiale.

Située au cœur de la ville, cette maison coloniale de plain-pied à la décoration soignée dispose de 34 chambres, comprenant deux suites à thème, à savoir la suite Gaucho et la suite nuptiale. Les chambres sont équipées d'une TV, d'un coffre-fort et d'une salle de bain privative. Les tarifs sont raisonnables et le petit déjeuner continental est délicieux. La petite piscine bleu azur dans le patio est un appel à la baignade, faisant de cet endroit la meilleure adresse en ville.

LA RURAL €€

703 Justino Muniz

✆ +598 4642 9956

www.laruralmelo.uy

Ouvert du mardi au dimanche de 11h à minuit. Compter près de 500 $ le plat.

Cuisine traditionnelle. Cadre agréable et notamment dans la partie restaurant qui est plus chic. On apprécie le saumon grillé avec sa sauce maison, le hamburger bien juteux servi avec frites et salade, le risotto aux champignons et les classiques grillades. Toutefois, ce qui fait la particularité de ce restaurant, c'est la délicatesse de ses desserts tels que les gâteaux au chocolat, au fromage, aux fruits et au dulce de leche, qui sont une véritable source de plaisir gustatif. Le rapport qualité-prix est satisfaisant, et l'expérience est authentique.

POSTA DEL CHUY ★

Cet édifice en grès sans mortier est un monument historique national situé à 12 km à l'est de Melo. Construit à partir de 1854 par deux maçons basques, Juan Etcheverry père et fils, la maison était utilisée comme relais pour les diligences qui voyageaient de Montevideo à Río Branco. Aujourd'hui, elle abrite un musée. Ne manquez pas le pont de pierre bâti en 1856 au-dessus du cours d'eau Chuy, qui était autrefois soumis à un droit de péage. En 1871, la région a été le théâtre d'une bataille importante, opposant les partisans du général Flores et les gouvernementalistes de Cipriano, qui subirent une défaite humiliante en moins de trente minutes.

BALNEARIO LAGO MERÍN ★

Située à l'extrémité est du département de Cerro Largo, la lagune Merin se trouve à environ 20 km des villes-frontières de Río Branco (Uruguay) et de Yaguarón (Brésil), à l'embouchure des fleuves Yaguarón et Tacuarí. Couvrant une superficie de 3 500 km^2, elle est considérée comme l'une des plus importantes réserves d'eau douce au monde, classée Réserve mondiale d'eau douce par la FAO et Réserve de la biosphère par l'UNESCO. Elle est le deuxième plus grand lac d'Amérique du Sud, après le célèbre lac Titicaca (Pérou/Bolivie). Ses plages de sable fin et son eau cristalline abritent une variété d'oiseaux tels que des cigognes, des hérons et des cygnes.

CAMPING MUNICIPAL €

Ruta 18 km 22

✆ +598 4679 8002

Compter 300 $ par jour pour une tente ; cabane pour 2 à 10 personnes, à partir de 750 $.

Il est possible de camper ou de séjourner dans des bungalows équipés d'une kitchenette, d'un patio, d'un *parillero* et d'un coin salon. Il y a deux piscines ouvertes, une salle commune avec télévision, une aire de barbecue, ainsi que des toilettes et des douches communes bien entretenues avec de l'eau chaude. Cependant, il y a très peu de sanitaires pour la taille du camping. Malgré sa distance par rapport à la plage, le site reste sans aucun doute le meilleur de la région. Endroit parfait pour se reposer et profiter du paradis naturel des environs.

TREINTA Y TRES ★

La ville de Treinta y Tres, située sur les rives de la rivière Olimar, est la capitale du département du même nom et compte environ 26 000 habitants. Ses rues pavées et ombragées sont agréables, mais malgré cela la ville manque d'intérêt. Sachez que durant la Semaine Sainte a lieu El Olimar, l'un des festivals folkloriques les plus importants du pays, à ne pas manquer si vous passez dans le coin à cette époque. Parmi les sites culturels à visiter, comptez *El Obelisco a los Fundadores*, le monument Dionisio Díaz, la *Parroquia* San José Obrero et le Musée d'art Agustín Araujo. Pour les amoureux de nature, la Laguna Merín et la Quebrada de los Cuervos, se trouvent à moins de deux heures de la ville.

Histoire

La région est longtemps restée dans un flou géographique absolu. On n'a jamais véritablement su à qui appartenait cette zone tampon entre les Empires espagnol et portugais. Néanmoins, sa richesse en bétail et son statut particulier de *No man's land* en firent à la fois un lieu de contrebande et un repaire de brigands de toutes sortes qui prenaient le maquis. Dès lors que la Banda Oriental a eu des contours plus nets, c'est-à-dire après l'indépendance et les premiers pas d'une république balbutiante, il est devenu impératif de délimiter des frontières pour éviter l'avancée du Brésil : il a donc fallu créer des villes. A cela s'ajoutait la volonté de bon nombres d'éleveurs et de colons de la région d'assurer la scolarisation de leurs enfants et de bénéficier des avantages d'un centre peuplé. En 1852, ces arguments ont su convaincre le président Juan Francisco Giró qui parcourait le pays pour se rendre compte des désastres de la Guerra Grande et entreprendre des reconstructions. Grâce à la volonté des sénateurs Solano Antuña et Dionisio Coronel, le Président accepta la proposition de fonder une ville qui serait baptisée en l'honneur des trente-trois héros de l'indépendance. La construction de la ville commença en 1853 autour de l'ancien *caserío*, au confluent du *río* Olimar et du ruisseau Yerbal. D'ailleurs les habitants de la ville se définissent souvent comme Olimareños et non comme Treinta y tresinos, et vouent un véritable culte à leur rivière pour lesquels l'eau ensorcelle celui qui la boit, l'obligeant à revenir à jamais. Grâce au commerce avec le Brésil et à l'élevage prospère dans les environs, la ville s'est rapidement développée, avec notamment l'inauguration d'une ligne de chemin de fer en 1910.

MUSEO AGUSTÍN ARAÚJO ★

1272 Pablo Zufriategui
✆ +598 4453 0808

Ouvert de 8h à 12h et de 13h à 18h environ en semaine. Entrée 20 $.

Ce musée contient plus de 1 200 œuvres d'art, dont celles de l'auteur national Diógenes Hequet (1866-1902), de l'italien Gofredo Herneni Somavilla, et de la peintre et sculptrice allemande Carla Witte. On peut également y admirer des œuvres de Torres García et d'artistes de Treinta y Tres tales, à l'instar de Juan Antonio de Andrès et Manuel Oribe Sosa. Le musée porte le nom de Agustín Araújo, un grand collectionneur d'art. A savoir, Eduardo Araújo, son fils, a offert à la ville son intéressante collection de peintures et de sculptures.

PARQUE DEL RÍO OLIMAR

Entrée libre.

Le parc du río Olimar est situé au bord du fleuve, dans la continuité de la plage la plus fréquentée par les habitants de Treinta y Tres. Le site comprend une zone de camping dotée de *parrilleros*, de douches et toilettes communes, de cafétérias et de *paradores*. Le site abrite également le musée de la chanson nationale, qui n'est pas une attraction incontournable, ainsi qu'un centre d'information touristique et la scène Mayor Serafin J. García, qui accueille chaque année le Festival del Olimar ainsi qu'une variété de spectacles musicaux et théâtraux.

ESTANCIA LOS PLÁTANOS €€

Ruta 7 km 234
✆ +598 9985 5603

Chambre double à partir de 60 US$. Suite à 100 US$.

A environ une heure de la capitale départementale se trouve l'une des plus charmantes *estancia* du pays, tenue par Mariana et son mari Andres depuis six générations. Imprégnez-vous de l'histoire de leur famille grâce au musée installé dans le salon. Autrefois point de ravitaillement sur la principale voie reliant Montevideo à la frontière nord-est du Brésil, l'édifice abrite aujourd'hui trois chambres confortables pouvant accueillir jusqu'à huit convives. La famille vous invite à participer aux activités de la ferme pour une immersion totale dans la vie rurale.

PINOS DE LA QUEBRADA €€

Ruta 8 km 316
✆ +598 9500 1250
www.pinosquebrada.com
Compter entre 100 US$ et 130 US$ pour une chambre double ou triple, 160 US$ la quadruple. Petit déjeuner inclus.

Imaginez une église baroque transformée en chambres… Eh bien Martin l'a fait ! Ce sympathique propriétaire vous accueille chez lui, dans sa superbe *estancia* dont la partie moderne est accolée à l'église. Sur un terrain de 500 hectares se trouve cette belle demeure aux murs blancs peints à la chaux qui a conservé tout son caractère. Un endroit reposant, cosy et typique où l'on prend le temps. Sur place, possibilité de faire des balades à pied, à vélo ou à cheval, pêche dans les fleuves Cebollatí et Olimar, découverte de La Quebrada de los Cuervos.

RESTAURANT KARMA €

1239 Blvd. Juan Ortiz
✆ +598 9910 8857
Du jeudi au dimanche de 20h30 à 2h.

Cette nouvelle aire de restauration branchée accueille chaque semaine des chanteurs, guitaristes ou DJ, pour vous faire vivre une expérience agréable. Une fois que vous avez sélectionné votre repas favori parmi les kiosques de sushis, pizzas, *picadas et* desserts, vous pouvez alors vous asseoir confortablement et vous laisser emporter par les rythmes joués en direct par les artistes. Pour répondre à tous les goûts et les envies, une sélection diversifiée de cocktails et de bières locales est également disponible. Programmation sur leur page Instagram et Facebook.

CHARQUEADA

A 61 km de Treinta y Tres, sur la Ruta 17 km 54, au bord du río Cebollatí. De son vrai nom Pueblo General Enrique Martinez, ce village compte environ 1 500 habitants à l'année et constitue une étape incontournable pour tous ceux qui aiment la pêche, la nature et la tranquillité. C'est l'unique port du département qui se trouve sur la rivière Cebollatí. Il est possible de rejoindre la laguna Merín en bateau (compter 2 heures, 26 km). Lors de cette excursion, on peut faire escale sur de petites plages, pêcher des bagres puis les cuisiner au feu de bois. Le site abrite un complexe avec cabañas et un camping municipal, sur les berges du río Cebollatí.

QUEBRADA DE LOS CUERVOS ★★

Située à 45 km au nord de Treinta y Tres, la Quebrada de los Cuervos (« la faille des corbeaux » en espagnol) est un parc protégé de 365 hectares considéré comme un «paradis caché». Pour y accéder, il faut emprunter un chemin sur 24 km vers l'ouest au niveau du km 306 de la Ruta 8. Au cœur d'une série de montagnes escarpées et luxuriantes où coule le Yerbal Chico, cette région abrite une flore très riche, avec 87 des 224 espèces d'arbres autochtones du pays et 23 espèces de fougères. Le site jouit d'un microclimat de type subtropical et le paysage est sublime. Parfois, les parois de la gorge atteignent 100 mètres de hauteur. D'en haut, la vue est somptueuse ! En explorant les lieux, vous pourrez entendre et observer une centaine d'espèces d'oiseaux, 20 espèces de mammifères, 18 espèces d'amphibiens et 20 espèces de poissons, tels que les ñandus, les paons de montagne et les pies bleues. Le croassement des corbeaux résonne également dans la faille, ajoutant une touche de mystère à cette merveille naturelle.

Pratique

Si vous voulez y passer une ou plusieurs nuits, un complexe est à votre disposition, comprenant des *cabañas* (sommaires) et une zone de camping (parcelles) équipé (mais sans électricité) Des visites guidées sont également disponibles pour explorer les environs.

Le site est ouvert aux visiteurs de 8h00 à 19h00 de septembre à mars, puis de 8h00 à 17h00 d'avril à août. Afin de pouvoir profiter des sentiers et des services offerts, il est obligatoire de s'inscrire au Bureau d'Accueil des Visiteurs et de payer les frais correspondants (100 $).

PAJE TREKKING

✆ +598 9840 4332
Réservation via WhatsApp ou sur la page Instagram.

Cette agence de voyages locale gérée par Pablo, un guide de nature et agriculteur, organise des excursions d'une ou deux journées à travers les magnifiques paysages du parc. Les activités proposées incluent des randonnées dans des endroits tels que la Cañada de Brujo, des soirées autour d'un feu sous un ciel étoilé, et des conversations animées, où vous apprendrez tout ce qu'il y a à savoir sur la faune et la flore de la région. Amenez vos maillots de bain, vos lunettes de soleil et vos bottes de randonnée pour une expérience des plus mémorables !

TACUAREMBÓ ★★

Située sur la Ruta 5 à 390 kilomètres de Montevideo, la ville de Tacuarembó est la capitale du département éponyme. Le département est ponctué de vallées et de collines, les *cuchillas*, et le cours d'eau Tacuarembó Chico, un affluent du río Tacuarembó, coule au nord de la ville. La ville est un centre régional agro-industriel et routier important. Si vous passez par là, allez visiter le Museo de Carlos Gardel à Valle Edén. Par ailleurs, non loin du centre-ville, on peut découvrir la Laguna de las Lavanderas, la station balnéaire Iporá, ainsi que la *gruta de los helechos gigantes* (la grotte des fougères géantes). Dans la capitale, le musée de l'Indien et du Gaucho et le musée des géosciences valent le détour.

Histoire

En 1832, Coronel Rivera fonde un village qu'il baptise «San Fructuoso» en l'honneur de saint Fructuosus de Tarragona. Cinq ans plus tard, en 1837, le village est élevé au rang de ville alors qu'il compte environ 500 habitants, parmi lesquels un juge, un commandant militaire, un prêtre de la paroisse, un maire et une Commission des travaux publics. Le train arrive à Tacuarembó en 1891 à l'époque où Carlos Gardel y serait né. Car en effet, si ce sujet est toujours controversé, le fameux chanteur de Tango, Carlos Gardel, aurait vu le jour dans le village de Valle Edén. D'autres écrivains à l'instar de Circe Maia, Mario Benedetti, Tomás de Mattos et Jorge Majfud, sont également nés ici, comme José Núñez, homme politique nicaraguayen. Le département de Tacuarembó est créé en 1837 et San Fructuoso est nommé capitale. Le 17 juin 1912, la ville change de nom.

Tourisme

Chaque année en mars, la ville de Tacuarembó accueille des milliers de visiteurs pour célébrer fête de La Patria Gaucha. Cet événement offre une occasion unique à chacun de réaffirmer son identité uruguayenne et de célébrer la richesse de la culture *gaucha*. Le champ de foire est agencé le long d'une lagune pour rappeler un campement historique. Durant les cinq jours de cette fête emblématique, les visiteurs auront l'occasion de participer à une multitude de concours et d'événements passionnants. Les compétitions culinaires, organisées sur de vieux fourneaux, mettent en avant les plats traditionnels de la région tandis que la construction de *ranchos* en terre rappelle les techniques ancestrales de construction utilisées par les *gauchos*. Les compétitions hippiques, quant à elles, sont une occasion de voir ces cavaliers expérimentés mettre en valeur leurs talents équestres, tandis que les stands de vente et de danse permettent de découvrir et de participer à la culture locale de manière festive et conviviale. Le clou du spectacle de cette fête fascinante est incontestablement le défilé, où des milliers de participants vêtus en costumes traditionnels défilent fièrement dans les rues de Tacuarembó.

Transports

Les compagnies de bus Agencia Central, Nuñez, Turil et Corporacion proposent des départs toutes les heures environ depuis Montevideo. Pour les voyageurs partant de Paysandú, les compagnies de bus Chadre, Nuñez, Agencia Central et COPAY proposent des départs toutes les deux heures. En voiture depuis Montevideo, prendre la Ruta 5.

CATEDRAL DE SAN FRUCTUOSO ★

Plaza 19 de Abril

La cathédrale de San Fructuoso, dédiée à l'évêque Saint Fructuoso de Tarragone, est considérée comme l'édifice le plus fascinant de la ville d'un point de vue architectural. Sa construction a commencé en 1899 et elle a été inaugurée en 1917 sur la place 19 de Abril. Construite dans un style néo-roman et imaginée par l'architecte Antonio Llambías de Olivar, sa tour s'élève à 35 mètres de hauteur tandis que sa façade, ornée de vitraux, comprend une horloge à chiffre romain.

INTÉRIEUR

MUSEO DE ARTES VISUALES

163 25 de Mayo
✆ +598 4632 0847

Du mardi au samedi de 10h à 16h. Entrée libre.

Situé devant la place 19 de Abril, le Museo de Artes Visuales de la Cuidad de Tacuarembó (MUART) a été inauguré en 2009, et met en valeur le patrimoine culturel et l'art national à travers une collection d'œuvres de plus d'une centaine de peintres, de sculpteurs, de graveurs et de photographes uruguayens. Parmi les artistes exposés figurent Héctor Sgarbi, Carmelo de Arzadum et Gustavo Alamón, dont la toile présente le World Trade Center avant 2001. Les expositions sont renouvelées tous les mois afin d'offrir une expérience toujours différente aux visiteurs.

MUSEO DE GEOCIENCIAS

191 Gral. Artigas
✆ +598 4632 4671

Ouvert du lundi au samedi de 10h à 17h. Entrée libre.

Inauguré en 1985, le musée de la géoscience est situé face à la place 19 de Abril. Il expose des pièces paléontologiques et géologiques trouvées dans le nord du pays : des fossiles, des restes de dinosaures datant de plus de 150 millions d'années, des pierres précieuses et semi-précieuses, des mollusques géants de la période jurassique, des répliques d'animaux et des squelettes… A voir, le crâne d'un paresseux géant préhistorique qui pesait près de 1 500 kg. L'exposition en elle-même peut sembler vétuste, mais son contenu est extrêmement fascinant.

MUSEO DEL FORD T

916 Avenida República Argentina
✆ +598 4634 0000
www.hotelfordtcity.com

Il s'agit d'un musée historique situé dans un ancien entrepôt appelé « Ramos Generales », construit en 1926, qui appartenait à la famille Muga. Lors de votre visite, vous pourrez voyager dans le temps et découvrir l'histoire de la ville grâce à une exposition de plus de 400 objets, dont une remarquable collection de 27 véhicules Ford T, des automobiles fabriquées entre 1908 et 1927 par la célèbre entreprise Ford Motor Compagnie. Un petit hôtel de 18 chambres est disponible pour les voyageurs, bien qu'il existe des options plus confortables dans le coin.

MUSEO DEL INDIO Y DEL GAUCHO ★★

256 Gral. Artigas
✆ +598 4632 4671

Ouvert tous les jours sauf le dimanche de 12h à 16h.

Ce musée a ouvert ses portes en 1943, à l'initiative de Don Washington Escobar, et abrite une collection d'objets ayant appartenu aux populations indigènes Charrua, en plus de quelques ustensiles *gaucho* et pièces de monnaie historiques. On peut également y voir des armes et des accessoires décoratifs d'Indiens du Chaco et du Paraguay. Bien que le musée puisse être visité rapidement, il vaut la peine d'y aller, en particulier lors de la Fiesta de la Patria Gaucha.

TREN DE LAS SIERRAS

Estación AFE Tacuarembó
✆ +598 9221 3633

Pour vous procurer des billets, contactez l'agence via WhatsApp.

Cette agence touristique spécialisée dans les voyages en train vous convie à une expérience inoubliable à bord du célèbre « Train de las Sierras ». L'excursion vous mènera vers les sites les plus spectaculaires de la région à travers une variété de circuits thématiques, tels que le circuit Patria Gaucha qui inclut une visite au musée Carlos Cardel, une halte au ruisseau Colgante ainsi qu'un spectacle de tango. Que vous préfériez les circuits de jour ou de soir, cette promenade unique vous permettra de découvrir une partie de l'histoire de Tacuarembó.

ESTANCIA LAS CAÑADAS €

Ruta 5
✆ +598 2916 3012
www.ceciliaregulesviajes.com

Pour les familles et les groupes (maximum 10 personnes). Pour organiser un séjour à l'estancia, contacter Cecilia.

Située entre Tacuarembo et Paso de Los Toros, loin des beaux établissements modernes, cette vieille *estancia* appartient à Cecilia Regules qui dirige l'agence de voyages éponyme, basée à Montevideo. Son père, el Señor Carlos Regules Behrens, a dirigé et exploité cette ferme toute sa vie, élevant des vaches Hereford, des brebis Corridale et des chevaux Criollos. Il est possible pour les visiteurs de participer à diverses activités telles que la tonte des brebis, la traite des vaches et le dressage des chevaux sur les 400 hectares de terrain entourant la propriété.

ESTANCIA PANAGEA €

Ruta 31 km 189
✆ +598 9983 6149
www.panagea-uruguay.blogspot.fr
65 US$ par personne par jour en pension complète avec cours d'équitation inclus. Fermé en juillet, août et janvier.

Voici une authentique *estancia* située dans le département de Tacuarembó, à une heure de route au nord de la ville. Tenue par Susanne et Juan Manuel, celle-ci est très rustique, simple avec de la bonne nourriture maison. Pas de câbles électriques au milieu de la nature, car l'électricité est, depuis peu, d'origine éolienne et solaire. En quelques jours, vous apprendrez à cavaler comme un véritable *gaucho*, nourrir les animaux, pêcher et observer les oiseaux. En tout, sept chambres (doubles et triples). Séjour d'une durée maximum de cinq jours.

ESTANCIA BICHADERO €€

Brigadier Gral. Fructuoso Rivera
✆ +598 4630 2358
Pension complète : 2 500 $ par personne/jour. Demi-journée de randonnée entre 400 et 1 000 $. Equitation : 1 000 $.

Les vastes terres qui environnent l'*estancia* sont d'une beauté remarquable, arborées de majestueux arbres et ornées de fleurs chatoyantes. Les chambres sont douillettes et la cuisine est un inoubliable festin pour les papilles gustatives. Dario et sa famille, quant à eux, sont des hôtes d'une exceptionnelle bienveillance, véritables guides aguerris qui vous feront découvrir avec brio les merveilles des environs (Cascada del Indio, Vallée del Lunarejo, sentier Charrua, etc.). Nous ne saurions trop vous recommander cet endroit enchanteur.

HOTEL BOUTIQUE DEL FRAILE €€

243 Luis Batlle Berres ✆ +598 4634 4444
www.hoteldelfraile.com
A partir de 60 US$ la chambre simple, 75 US$ la double, 100 US$ la triple et 92 US$ la suite avec baignoire à remous.

Vous ne rêvez pas : un boutique-hôtel à Tacuarembo ! Au total : 20 chambres modernes, pimpantes, et arty, jusqu'à la façade de l'hôtel, décorée avec soin. Les équipements sont tout confort : climatisation, wifi, salle de bain, bureau, mini bar, et TV. En revanche pas de piscine, mais des baignoires spa qui équipent les chambres (la suite principale est dotée d'une baignoire à remous). Excellent petit déjeuner à la hauteur du standing. Agréable terrasse extérieure.

HOTEL CARLOS GARDEL €€

Ruta 5 km 387,5 ✆ +598 4633 0301
www.hotelcarlosgardel.com.uy
Selon la saison, à partir de 2 820 $ pour une chambre double, 3 800 $ pour une triple ou une exécutive. Déjeuner inclus.

A l'entrée de la ville en venant du sud. Cet agréable hôtel abrite de jolis espaces communs, avec de confortables canapés et des murs en pierre apparente. Une déco sobre pour des chambres spacieuses, avec des meubles de style classique, lit twin ou king size, télévision câblée, minibar, wi-fi, bureau, air conditionné et téléphone. Murs peints à la chaux, poutres en bois au plafond, moquette. Une grande salle de restaurant accueille les visiteurs (résidents ou non). Le service est aimable. Un vaste jardin et une piscine pour se rafraîchir. Une bonne adresse.

PARRILLADA LA RUEDA €

251 W. Beltrán
✆ +598 4632 2453
Compter 150 $ pour un plat du jour, 250 $ pour un asado. Ouvert tous les jours de 11h à 15h et de 19h à minuit.

Des écrans de télévision allumés en permanence dans cette *parilla* au décor rustique, où les tables, les chaises et les murs en bois sont décorés avec des objets et des trophées de chasse. La *parillada*, qui comprend du bœuf, du poulet, du chorizo, entre autres, est si délicieuse qu'elle vaut bien le bruit des téléviseurs. *Asado* et autres plats savoureux à base de viande, pâtes, poissons et bon buffet de desserts sont également au rendez-vous. Le personnel est sympathique et attentionné, et la terrasse est agréable pour ceux qui souhaitent manger à l'extérieur.

BALNEARIO IPORÁ ★

Cette petite station balnéaire se trouve à 7 km au nord de la ville de Tacuarembó. Le terme Iporá signifierait dans la langue des premiers occupants de la région « eau douce ». Née d'un concept de station balnéaire privée qui devint municipale (mais en conservant toutefois des zones privées), c'est son fondateur, Felipe Albornoz, qui a inauguré la localité le 8 décembre 1965. La zone renferme un camping, des terrains de jeux (beach volley), une piscine en plein air et un lac artificiel, le « Lago de la Juventud », aménagé à partir d'une source naturelle qui alimente l'étendue d'eau. Le site est ombragé d'eucalyptus, de pins et autres espèces.

© KSENIA RAGOZINA - SHUTTERSTOCK.COM

Balneario Iporá.

CAMPING BALNEARIO IPORÁ €

Camino Héctor Gutiérrez Ruiz ✆ +598 632 2612
Ouvert toute l'année. Tente à partir de 100 $ et 40 $ par personne. Caravane : 300 $ l'entrée et 150 $ par jour.

Le camping municipal est ouvert de décembre jusqu'à la Semaine sainte et offre des infrastructures de qualité telles que l'eau courante, l'électricité, des douches et toilettes, l'éclairage et une piscine. En outre, il propose des cabanes équipées de dortoirs, d'un salon, d'une salle de bain privée, d'une kitchenette, d'un patio extérieur, d'un espace de grillade et de la climatisation. Des terrains de jeu pour le football, le basket-ball, le volley-ball et le tennis sont également disponibles. C'est un endroit idéal pour profiter en famille.

GRUTA DE LOS CUERVOS ★★

En quittant le Balneario Iporá, avant de rejoindre la route principale, se trouve un chemin bitumé : un panneau indique « Gruta de los Helechos » et « Gruta de los Cuervos ». Cette route mène aux *cerros* avoisinants dans un paysage de cours d'eau et de végétation subtropicale qui s'embellit au fil des kilomètres. Il est conseillé d'y aller seulement en voiture (en 4X4 de préférence). Au sommet de la colline, le chemin redescend sur la gauche et après un tournant à droite apparaissent des maisons. La route se poursuit à pied et on tombe sur un ravin profond. On atteint ensuite un torrent : la grotte se trouve juste à côté. Droit de passage : 100 $.

VALLE EDÉN ★

Situé à 23 km de Tacuarembó sur la Ruta 26 menant à Paysandú, Valle Edén est une destination prisée, célèbre pour ses montagnes verdoyantes et ses grottes, notamment «Los Galpones» qui se trouve au cœur de la sierra, à proximité de la rivière Tambores. A 2 km, le Cerro Cementerio, un ancien cimetière indigène, contient des vestiges de tombes creusées dans la roche. Un pont suspendu datant de 1928, construit par le fondateur de la ville, Don Gregorio Simón Viera, enjambe la rivière Jabonería. L'ancienne *pulpería*, fréquentée par le célèbre chanteur de tango Carlos Gardel, est aujourd'hui le Musée Gardel, un incontournable pour les fans de l'artiste.

POSADA DE LAURELES €€

Ruta 26, km 208
✆ +598 4630 2345
Locations, chambres, dortoirs : tarifs sur demande par e-mail.

La posada de Laureles se trouve à Estación, à la frontière du département de Rivera, tout près de l'ancienne gare ferroviaire, au bord du cours d'eau Laureles. Au milieu d'une végétation épaisse, de sentiers et de lagunes : Quebrada de Laureles, Cuchilla de Laureles, Rincón de Basoura, Valle Del Lunarejo. Là, vous aurez également l'opportunité de cavaler dans les plaines, de louer une moto pour explorer la région, de faire du vélo ou une excursion guidée. Comme dans l'autre établissement, les lieux sont simples mais charmants, rustiques mais confortables.

MUSEO DE CARLOS GARDEL ★★★

Ruta 26 km 208
✆ +598 9910 7303
Ouvert du mardi au dimanche de 9h30 à 17h. Entrée : 25 $.

A une vingtaine de kilomètres de Tacuarembó, à Valle Edén, se trouve le Museo Carlos Gardel. C'est ici que serait né le célébrissime chanteur de tango, le 11 décembre 1887. Aujourd'hui encore, il y a des controverses concernant sa date et son lieu de naissance. Pour les habitants de Valle Edén (et de tout le pays, même), pas de doute : le « zorzal criollo », comme on le surnomme, est bel et bien né ici, plus exactement dans l'estancia Santa Blanca. Une pancarte proclame même avec fierté : « Je suis né ici, à Tacuarembó, ce qui, comme chacun sait, n'a pas besoin d'être précisé. » C'est qu'en effet, il serait le fruit de la relation extraconjugale qu'entretenait le colonel Carlos Escayola avec Juana Sghirla, surnommée María Lelia, une jeune femme de nationalité argentine, épouse du consul italien Juan Oliva. Très tôt, l'enfant fut confié à une nourrice d'origine française, Berta Gardes, qui le prénomma « Carlos », puis l'emmena avec elle en Argentine où il grandit. Le petit musée expose de nombreux objets d'époques, notamment des documents témoignant de sa nationalité uruguayenne, des photographies en noir et blanc, et le piano de son supposé père. Ses chansons émaillent la visite. Le responsable du musée est un guide énergique et très sympathique. À noter qu'en décembre, le festival Fiesta Gardeliana attire des visiteurs du monde entier, qui se rassemblent à la Laguna de las Lavanderas, dans ville de Tacuarembó pour danser sur les rythmes de Gardel, interprétés par des musiciens locaux.

PASO DE LOS TOROS ★★

Située sur la rive nord du río Negro, cette ville est la deuxième plus grande du département de Tacuarembó, avec 10 000 habitants. Elle est située à 140 km de la capitale départementale et à 250 km de Montevideo, en empruntant la Ruta 5. Le principal intérêt touristique de Paso de los Toros est la Represa Dr. Gabriel Terra, un barrage hydroélectrique inauguré en 1945. Ce barrage porte le nom de celui qui fut président de l'Uruguay dans les années 1930. Son lac artificiel, le Rincón del Bonete, couvre une superficie de 120 000 hectares. Il est possible de visiter le barrage et le lac. Les côtes fluviales, ici comme ailleurs dans le département, se prêtent à la pêche et il est possible de séjourner sur place (camping et *parador*). Lorsqu'on traverse le *río* Negro, par le pont centenaire (ou Puente Centenario) en se dirigeant dans le centre-ville, on rejoindra la vaste avenue 18 de Julio qui renferme des jardins publics très agréables.

Histoire

Fondé en 1876, Paso de los Toros a longtemps tiré profit de la présence d'une communauté anglaise qui y travaillait pour le siège central des chemins de fer, dont le contrôle était assuré par des capitaux anglais. A l'origine, la ville servait aussi de transit pour les nombreux troupeaux de bétail qui se dirigeaient du nord vers Montevideo. C'est le lieu de naissance Mario Benedetti, l'un des principaux écrivains uruguayens, et de la célèbre eau tonique Paso de los Toros, élaborée en 1924 par le chimiste Rómulo Mangini.

CERRO BATOVI

Situé à 25 km au sud de Tacuarembó sur la route 5 se trouve le Cerro Batovi, une colline de 230 mètres de hauteur qui ne passe pas inaperçue, visible depuis la route. Autant dire qu'elle est une véritable célébrité locale ! Avec un nom aussi évocateur en guaraní, qui veut dire « poitrine de femme », impossible de ne pas la remarquer. On peut dire que cette colline a un charme... singulier ! Le Cerro Batovi appartient à la Cuchilla de los Once Cerros, un groupe de collines ayant la particularité de posséder des sommets aplatis, et est âgé de 200 millions d'années. Véritable symbole du département, en 1960, il a été déclaré patrimoine historique et culturel de la région.

MUSEO CENTRAL HIDROELÉCTRICA DR. GABRIEL TERRA ★

2e étage de la centrale hydroélectrique
✆ +598 4664 2198

Le musée est situé à 20 minutes du centre de Paso de los Toros, dans la localité Rincón de Bonete. Il présente une collection de pièces historiques telles que des objets anciens, des photos et des histoires locales reflétant les 70 ans de vie de la centrale électrique. Parmi les pièces remarquables se trouvent un casque de plongée en bronze datant de 1930, une lampe à incandescence allemande de 3 000 watts, une horloge électrique à pendule et un ancien actionneur de turbine.

PARROQUIA SANTA ISABEL

Gral. Artigas

La paroisse de Santa Isabel se démarque par sa hauteur imposante de 46 mètres, la distinguant nettement des autres édifices. Fondée en 1903, elle a été construite en 1927 et présente une nef de 16 mètres de large sur 30 mètres de long. Sa tour aux lignes géométriques épurées crée un jeu d'ombres captivant grâce aux ouvertures et pinacles. Conçue dans un style gothique, elle est l'œuvre de l'architecte Horacio Terra Arocena, tandis que la façade a été imaginée par Don Miguel Angel Rubbo. Elle est dédiée à Sainte Elisabeth de Portugal.

LA POSTA DEL HUM €€

✆ +598 9863 2389

www.lapostadelhum.com

Contacter les propriétaires car les prix varient selon la saison et la durée du séjour. A partir de 1 800 $ par jour.

La Posta del Hum est une invitation à la détente et au repos dans un cadre enchanteur au cœur de la nature. Tout en quiétude dans un parc comptant plus d'une centaine d'espèces d'arbres et au bord de l'eau, cette charmante maisonnette bleue au toit de tuiles est aménagée très simplement. Cependant, elle dispose de tout le nécessaire pour un séjour réussi : télévision câblée, air conditionné, deux dortoirs pouvant accueillir jusqu'à 5 personnes, cheminée, cuisine équipée, salle de douche, petit port d'embarcation pour bateau.

CAMPING EL SAUCE €

Gral Artigas de las Viandas

✆ +598 4664 3503

Toute l'année. Tente : 150 $ par jour, roulotte : 400 $ par jour, cabane : 8 000 $ par jour pour 4 personnes.

Un joli camping boisé très agréable avec gazon sur les rives du *río* Negro, ses îlots et le lac Baygorria. Bien équipé, ce site de 25 hectares dispose de bungalows ou cabanes en bois et de parcelles pour camper. Douches et toilettes communes, surveillance et sécurité, cafétéria et minisupérette, terrains de jeux (foot, volley…), plage où l'on peut bronzer, pêcher, se baigner, faire du kayak. Les *modulos* sont des espaces avec toit de chaume et *parillero*, lumière, bancs, table et tente. Les bungalows en bois ont une kitchenette, un ventilateur, la télévision câblée.

MIDLAND HOTEL €€€

✆ +598 9401 4454

www.midlandhotel.com.uy

A partir de 160 US$ la chambre double. Petit déjeuner inclus.

L'hôtel Midland est l'endroit idéal pour se divertir et se détendre. Il dispose d'un restaurant offrant une vue imprenable sur le Rio Negro depuis sa terrasse extérieure, d'un spa (sauna sec, piscines, salles de massage), d'une salle de fitness et d'une salle de jeux. Magnifiques chambres douillettes et modernes avec vue. Enfin, les piscines chauffées intérieures et extérieures sont parfaites pour se baigner à tout moment de l'année. Avec un environnement naturel exceptionnel, c'est l'endroit idéal pour se reposer et se détendre.

Paso de Los Toros.

SAN GREGORIO DE POLANCO ★★

A 140 km de Tacuarembó, le village se trouve sur la *ruta* 43, au kilomètre 55. Une fois à l'intérieur des terres, on peut admirer les vastes étendues de la campagne environnante et suivre le *río* Negro jusqu'à un lac artificiel créé par un barrage. Ce qui rend ce village unique, ce sont ses murs colorés décorés de dessins, de peintures et de poèmes réalisés en 1993 par une trentaine d'artistes venant du monde entier. Parmi les peintres célèbres qui ont laissé leurs empreintes, on peut citer Gustavo Alamón, Dumas Oroño et Enersto Aroztegui. Aujourd'hui, San Gregorio de Polanco est en quelque sorte un musée d'arts visuels à ciel ouvert.

© WIRESTOCK CREATORS - SHUTTERSTOCK.COM

San Gregorio de Polanco.

MUSEO HISTÓRICO CASA MUGA ★★

Pedro María Chiesa
✆ +598 4369 4012

Installé dans un ancien entrepôt datant de 1926, ce musée est un véritable trésor d'artefacts et de documents liés au commerce. Il renferme une collection de plus de 400 objets ayant appartenu à la famille Muga. C'est une excellente opportunité pour les enfants de découvrir l'histoire de leurs ancêtres, une époque où les ressources étaient limitées et où l'ingéniosité était de mise. Qui sait, peut-être se mettront-ils à vouloir échanger leur smartphone contre un moulin à café vintage...

CAMPING MUNICIPAL €

Avenida Arturo Mollo s/n
✆ +598 4369 4074
De décembre à avril. Tente à louer : 100 $ par jour + 60 $ par personne.

Situé à 700 mètres du centre, ce joli parc au bord de la rivière comprend un terrain de sable ombragé de pins et d'eucalyptus. Préférez la zone plus sauvage, car l'autre est jonchée de cabanes équipées, à louer également. Le site dispose de diverses installations, notamment l'éclairage, de l'eau chaude, des *parilleros*, un restaurant-cafétéria, un service de blanchisserie et des aires de jeux. On peut louer des tentes ou planter la sienne, et il est possible d'emprunter des canoës et des kayaks pour la pêche. La station de bus se trouve à proximité.

HOTEL SAN GREGORIO €

Gral. Jose Gervasio Artigas ✆ +598 4369 4292
www.hostelsangregorio.com
En saison, double avec salle de bain commune 28 US$, chambre pour 2, 3 ou 4 personnes avec salle de bain privée 55 US$.

Il s'agit d'une auberge bon marché située au cœur de San Gregorio de Polanco, connue pour son ambiance artistique et vintage. Vous la reconnaîtrez facilement par ses murs recouverts d'une murale plutôt surréaliste ainsi qu'à ses trottoirs peints de plumes et de confettis. Elle ne propose pas de dortoirs, mais des chambres privatives, basiques, propres et climatisées. En outre, elle présente plusieurs avantages, tels qu'un jardin, une cuisine et un salon partagés, une table de billard, une connexion wifi, une situation centrale pratique et des tarifs compétitifs.

BALI BOUTIQUE HOTEL €€

Jose Pedro Varela 184
✆ +598 4369 4041
www.balihotelboutique.com
A partir de 65 US$ la chambre double, 120 US$ avec baignoire à hydromassage, petit déjeuner compris. Fermé hors saison.

Un hôtel balinais en Uruguay, étonnant non ? C'est le pari de ce boutique-hôtel (souvent plein en saison) qui a ouvert à 15 minutes à pied des berges du lac de San Gregorio de Polanco. Les chambres sont meublées et décorées avec quelques objets en bois exotiques et motifs asiatiques, tandis que certaines sont dotées d'une baignoire à hydromassage. Au sein de l'hôtel : piscine extérieure, statues hindouistes, prêt de vélos gratuit, wifi... Belles balades dans les alentours. Une adresse originale et confortable, tenue par un personnel sympathique.

DURAZNO ★

Durazno, située sur la rive gauche du *río* Yí, est la capitale du département éponyme et accueille environ 35 000 habitants. Cette ville est un important centre touristique au cœur du pays *charrúa* et un carrefour routier crucial, étant donné son emplacement à l'intersection des routes 5 et 14.

Histoire

En 1798, déjà près de 200 familles de colons s'étaient installées dans les plaines entre le *río* Yí et le *río* Negro. Mais la ville de Durazno ne sera fondée que le 12 octobre 1821. Sa fondation fut marquée par le sceau des turbulences de l'époque et son statut reste assez flou. Le père de la ville fut Fructuoso Rivera, l'un des héros de l'indépendance alors au service des Portugais. A cette époque, l'Uruguay était encore la Provincia Cisplatina. Rivera baptisa la ville San Pedro del Durazno « San Pedro » en hommage à l'empereur brésilien et « Durazno » (qui signifie « pêche ») du fait de l'importance des vergers de pêchers dans la région. Cet arbre était très répandu ; les colons en tiraient une abondante récolte. Le 19 avril 1825, les Treinta y Tres Orientales, sous les ordres de Juan Antonio Lavalleja, débarquèrent sur la plage de la Graseada pour libérer la Banda Oriental. Le 29 avril, à Monzón, Lavalleja captura Fructuoso Rivera. Les deux hommes se réconcilièrent – épisode connu comme étant « l'Abrazo de Monzón » (« l'embrassade de Monzón ») – et Rivera rejoignit le mouvement indépendantiste qui aida par ailleurs les Brésiliens à se débarrasser du joug portugais. Le 15 mai 1825, ils pénétrèrent dans Durazno. En janvier 1826, ils créèrent le département de Entre Ríos Yí y Negro dont la colonie devint la capitale en août 1828. Cette même année, l'Uruguay prit son indépendance grâce à un accord signé entre l'Angleterre, le Brésil et Buenos Aires. Le pays se dota d'une constitution en 1830 et Rivera devint le président. Pendant un temps Durazno fut la capitale de la République. Néanmoins, dès 1832, Lavalleja s'insurgea contre lui et, en février 1835, lorsque Manuel Oribe fut élu, la situation s'inversa totalement. D'un côté, le gouvernement de Oribe allié de Lavalleja ; de l'autre, Rivera qui tentait de former un gouvernement parallèle. Malgré une défaite en septembre 1835, et sa fuite au Brésil, il fut de nouveau nommé président de la République dès 1839, et Durazno redevint provisoirement la capitale, avant d'être détrônée par Montevideo. A la fin du XIXe siècle, la ville tenta un développement économique : dès 1874, une ligne de chemin de fer la relia à Montevideo. En 1878, José Pedro Varela, le « réformateur » de l'éducation uruguayenne, y organisa un congrès au cours duquel furent jetées les bases de l'éducation primaire en milieu rural. En découlera la création du premier lycée départemental d'enseignement secondaire de la région. La ville poursuit sa révolution des transports et son premier bus apparu en 1926. Depuis, la ville s'est rendormie comme toutes les autres villes de l'intérieur. Aujourd'hui, son activité principale est axée autour de l'agriculture et l'élevage.

Tourisme

La petite ville possède de nombreux édifices coloniaux datant du XIXe siècle et un calendrier festif animé, comprenant notamment le Movida Tropical Uruguay, le Festival del Tango Oriental, la Fête nationale du folklore, les Criollas, ainsi que d'autres festivals de musique et événements sportifs et folkloriques.

Transports

Pour se rendre à Durazno depuis le Terminal Tres Cruces de Montevideo, prendre le bus de la compagnie NOSSAR, Turismar, Turil ou Nuñez. La durée du trajet est d'environ 2 heures et demie. En voiture, prendre la Ruta 5 en direction du nord jusqu'à la Ruta 14.

CASA DE LA CULTURA Y SALA DE ARTE ★

719 Dr. Emilio Penza

✆ +598 4362 3829

Du mardi au dimanche de 10h à 20h. Entrée libre.

Cette grande maison centenaire fut construite dans les années 1870 par l'Espagnol Francisco Serralta, en tant que résidence privée du Dr. Emilio Penza Spinelli. Un musée d'art y fut inauguré en 1993 et en l'an 2000 la maison devint la Casa de la Cultura. Elle abrite depuis 2001 des œuvres d'art moderne et permet des activités culturelles diverses. Découvrez ici les œuvres de l'artiste Claudio Silveira Silva, né à *río* Branco (frontière avec le Brésil) en 1935.

INTÉRIEUR

BIOPARQUE DURAZNO ★

Brigadier Gral. Fructuoso Rivera
✆ +598 4362 3891
Ouvert du jeudi au dimanche de 11h à 19h.
Entrée : 90 $.

Imaginez un endroit où plus de 80 espèces d'animaux indigènes et exotiques se côtoient, des tigres aux hippopotames en passant par les lions, les jaguars, les pumas et les ours bruns. Et si l'on vous disait que cet endroit est en fait un parc ? Oui, un parc animalier incroyable où vous pouvez vous promener à travers des ponts, des belvédères rustiques et des volières avec des sentiers intérieurs, tout en admirant des paysages botaniques époustouflants. Mais ce n'est pas tout ! Si vous cherchez une expérience inoubliable, ne manquez pas le Sendero de los Sentidos, une promenade incontournable qui vous permet de vous plonger dans un immense enclos composé de sept volières reliées entre elles. Imaginez pouvoir observer les oiseaux en plein vol, tout en ressentant leurs sons, leurs odeurs et même leurs textures ! Et devinez quoi ? Cette expérience sensorielle est rendue possible grâce aux lunettes à vision inhibée fournies par le parc. Vous pourrez ainsi vous plonger dans un monde fascinant, où les sens sont en éveil et les émotions intenses. Le parc propose également des aires de pique-nique, des restaurants et des cafés pour se reposer et se restaurer. Des visites guidées sont organisées le mercredi, le jeudi et le vendredi, sur réservation préalable par téléphone. En somme, c'est le paradis des animaux, un endroit où la nature règne en maître et où les visiteurs peuvent vivre des expériences uniques. Alors, partez à l'aventure en famille et laissez-vous émerveiller par la beauté de la vie sauvage.

CENTRO CULTURAL TEATRO ESPAÑOL

18 de Julio
✆ +598 9200 1666
La programmation est disponible sur la page Facebook et les billets sont en vente à la billetterie du théâtre.

Ce bâtiment historique national érigé en 1901 a été rénové et rouvert en octobre 2018. Aujourd'hui, grâce à une programmation de qualité, il est considéré comme l'une des meilleures salles de spectacle du pays. Durazno a ainsi pu retrouver un espace culturel empli d'une riche histoire, où les représentations de théâtre, de danse et de musique se succèdent chaque semaine. Si vous aspirez à une soirée culturelle empreinte d'authenticité, ne manquez pas de vous procurer des billets.

IGLESIA DE SAN PEDRO ✝ ★

Plaza Independencia

Cet emplacement fut choisi dès la fondation de la ville pour y bâtir une petite église qui fut ensuite détruite pendant la Guerra Grande. En 1887, une commission se réunit pour rebâtir une église plus majestueuse, mais en 1967 un incendie ravagea l'intérieur. Les travaux de restauration furent confiés à l'architecte Eladio Dieste, qui conçut un design brutaliste tout à fait distinct, n'ayant rien à voir avec la façade originelle du bâtiment. À l'intérieur, un vitrail composé d'hexagones enchâssés les uns dans les autres donne une lumière très particulière.

MUSEO CASA DE RIVERA ★

775 Brigadier Manuel Oribe
✆ +598 4362 2403
Du mardi au vendredi de 10h à 18h, le samedi et le dimanche de 15h à 21h (en été de 8h à 14h).
Entrée 20 $.

Classé monument historique national, la Casa de Rivera abrite le musée d'histoire départementale de Durazno. La demeure fut construite en 1836 et fut achevée en 1840. Rivera y vécut durant son second mandat présidentiel et la maison devint quasiment le siège du gouvernement entre 1839 et 1842. Aujourd'hui y sont exposés maints objets ayant appartenu à l'homme politique, ainsi que des pièces qui permettent de mieux comprendre le passé colonial de la région. La résidence a préservé son aspect d'origine en conservant ses meubles d'époque.

PARQUE 33 ORIENTALES ★

Avenidas Churchill

Si vous cherchez à vous détendre en vous promenant le long du fleuve, pique-niquer en plein air ou simplement prendre l'air, le grand parc à l'entrée de la ville, situé au même endroit que le camping, est l'endroit idéal. Pendant la semaine du folklore en février, c'est le lieu de rendez-vous des joyeux drilles. Sur les rives, vous remarquerez un panneau « Aquí Lopez », un personnage originaire de la région qui vit dans les bois depuis plus de 10 ans, dans une petite cabane en bois. Il loue d'ailleurs des barques aux visiteurs. Vente de boissons et en-cas en été.

PLAZA INDEPENDENCIA - MONUMENTO A CRISTÓBAL COLÓN ★★

Face à la Casa de Rivera

En son centre se trouve le monument de Cristóbal Colón, qui a été inauguré en 1892, qui contient un globe rempli de messages, de journaux et de témoignages déposés par les habitants, dans le but que les générations futures puissent les découvrir cent ans plus tard. En 1992, conformément à la tradition, le globe a été ouvert pour y ajouter de nouveaux documents, qui seront donc dévoilés en 2092. Le contenu du globe est exposé au musée Casa de Rivera.

CAMPING 33 ORIENTALES €

A environ 1 km du centre de Durazno.

✆ +598 4364 4500

De décembre jusqu'à la Semaine Sainte. Compter 250 $ par jour. Des navettes assurent la liaison avec le centre-ville.

Le camping se divise en trois zones bien ombragées. Un emplacement en zone A fait autour de 100 m^2, et est équipé de *parrilleros*, de tables et de bancs, tandis que les zones B et C sont sans parcelles et l'équipement s'y partage – elles sont donc moins chères. Les installations sont correctes : électricité, service d'omnibus, laverie, douches et toilettes communes avec eau chaude, surveillance 24h/24, supérette, jeux pour enfants, et restaurant-cafétéria. Location de vélos, de kayak, terrains de jeux… Capacité de 2 000 personnes.

HOTEL SANTA CRISTINA €€

Ruta 5 km 178

✆ +598 4362 2525

www.hotelsantacristina.com.uy

A partir de 145 US$ pour une chambre double, petit déjeuner-buffet inclus.

Au beau milieu d'une vaste prairie verdoyante, cette belle et grande bâtisse blanche est le premier hôtel haut de gamme de la région. Ici se marient parfaitement authenticité et élégance. Les 33 chambres ont une belle vue sur le jardin avec tout le confort, espace, lumière, décoration classique soignée, parquet au sol, télévision écran plat et grand lit. Une atmosphère des plus relaxantes, avec une piscine extérieure, et un restaurant, La Perdiz, où l'on sert une cuisine internationale à prix raisonnables. Activités d'équitation et de pêche.

PAN Y VINO €€

Terminal Rodo Uribe

✆ +598 4362 8561

Comptez à partir de 400 $ par personne. Ouvert tous les jours midi et soir.

Restaurant élégant, avec des murs de briques apparentes tapissés de bonnes bouteilles, qui sert d'excellents plats de viandes, de salades, de pâtes maison et délicieux desserts, accompagnés de vins locaux de premier choix ainsi que de bières artisanales. Le filet d'agneau rôti à la sauce aux herbes est particulièrement savoureux, tout comme les raviolis farcis aux épinards, au fromage et à la bette à carde. Et pour varier du traditionnel flan au *dulce de leche*, pourquoi ne pas essayer les pêches grillées accompagnées d'une glace à la pistache ?

PARQUE BARTOLOME HIDALGO

Le parc Bartolome Hidalgo s'étend sur un lac artificiel créé par le barrage hydroélectrique de Parlmar, situé à l'extrémité de la ruta 14. Cette réserve naturelle de 598 hectares abrite une importante diversité de faune et de flore, et est très bien entretenue. Ouvert tous les jours de l'année, le parc a été créé en 1944 par décret du président Juan J. Amézaga, mais n'a pris sa forme actuelle qu'à partir de 1950. Il porte le nom du poète national Bartolome Hidalgo. Toutefois, pour ceux qui envisagent du camping sauvage, il faut être prudent en raison des crues rapides du río, qui peuvent être dangereuses. Endroit idéal pour la pêche.

TRINIDAD ★

Trinidad, située à la jonction de la *ruta* 3 et de la ruta 14, est la capitale du département de Flores, le dernier département créé en Uruguay le 30 décembre 1885, parmi les dix-neuf qui composent le pays. La ville compte près de 21 000 résidents tandis que la population totale du département s'élève à 25 000 personnes. L'activité principale de la région est l'agriculture, en particulier l'élevage bovin et ovin. Trinidad produit un peu plus de 30 % de la laine du pays, représentant la moitié du PIB de l'industrie liée à la laine et environ 10 % du PIB total de l'industrie textile. L'Uruguay est le quatrième producteur mondial de laine brute.

PARROQUIA DE LA SANTÍSIMA TRINIDAD ✝ ★★

Édifiée en 1802 par le célèbre architecte uruguayen H. T. Arocena, en collaboration avec Elciario Boix, cette église a joué un rôle important dans l'histoire de la ville et de sa propre dénomination. Située en face de la Plaza Constitución, elle est un témoin du processus de fondation de la région. A l'intérieur, on peut admirer une magnifique peinture à l'huile réalisée en 1940 par le grand artiste national, José Luis Zorilla de San Martin, représentant la Sainte Trinité.

ZOOILÓGICO DEL FUTURO ★

Entrée libre.

Si vous passez par le rond-point de la *ruta* 3 et de la *ruta* 23, vous ne pouvez pas manquer les superbes sculptures de l'artiste Martín Arregui. Tel un théâtre d'ombres, cet ensemble de sculptures a été inauguré le 18 juillet 1991. Il offre une vision futuriste qui rappelle les conséquences de la destruction de la nature et de l'extinction des espèces indigènes. Ainsi on peut voir sur des socles, des figures animales en fer forgé. Très original. Soyez prudent : la route est empruntée par de nombreux véhicules circulant à grande vitesse.

RESERVA DE FLORA Y FAUNA DR. RODOLFO TALICE ★

Ruta 3 km 193
✆ +598 9803 5588
www.talice.com.uy

Du mercredi au dimanche de 10h à 18h. Entrée adulte : 300 $. Enfant : 250 $.

Cette réserve fut créée dans le cadre de la campagne « Flores por la Vida » en juillet 1991. Elle comprend 65 hectares qui constituent un habitat naturel pour 500 spécimens appartenant à une centaine d'espèces différentes, principalement de faune autochtone, dont certains en voies de disparition. Idéal pour une sortie en famille l'après-midi. Le parc dispose d'un restaurant sur place, et les visiteurs peuvent profiter d'une visite en bus électrique pour observer les animaux (150 $).

TEATRO ARTIGAS ★

627 General Flores
✆ +598 4364 5221

La construction de ce théâtre débuta en 1915 et fut achevée en 1917, sous la direction de l'architecte Sebastián Martorell. L'édifice est assez remarquable d'un point de vue architectural, comprenant une petite salle chaleureuse qui crée une ambiance intime et conviviale pour les spectateurs. Si vous êtes de passage en ville et que vous avez envie de voir une pièce de théâtre locale, c'est une excellente option. Bonne acoustique. En plus des pièces de théâtre, il est également possible d'assister à des représentations orchestrales et de danse.

ESTANCIA LA ESTIRIA €€

Ruta 3 km 209
✆ +598 9960 7789
www.laestiria.com

Il y a de cela un siècle, un couple autrichien a hérité de cette propriété de 2 200 hectares comprenant un ranch et des centaines de vaches et de moutons. Aujourd'hui, leur arrière-petit-fils, Gunther, assure la gestion de l'*estancia* de 12 charmantes chambres décorées avec des meubles anciens, perpétuant ainsi la tradition familiale. La propriété est autosuffisante et met l'accent sur une production agricole durable, avec une cuisine basée sur les produits cultivés et élevés sur place. Vous pourrez alors savourer des plats frais et délicieux pendant votre séjour.

GRAN HOTEL FLORES €€

612 Dr. Luis A. de Herrera
✆ +598 9782 2250
www.granhotelflores.com.uy

A partir de 1 300 $ la simple, 2 450 $ la double, 3 050 $ la triple, petit déjeuner inclus.

Le « grand » hôtel de Trinidad possède 50 chambres et 11 suites confortables, modernes et lumineuses qui offrent une vue panoramique sur la ville. La décoration de qualité et épurée crée une atmosphère agréable, tandis que le grand lit douillet, le bureau, le wifi, la télévision câblée, le téléphone, l'air conditionné, le minibar, la salle de bains avec douche et le service aux chambres offrent un confort assuré aux clients. L'hôtel dispose d'une piscine pour se détendre et d'un excellent restaurant qui sert une cuisine d'auteur raffinée.

HOTEL MAXIM €€

750 Alfredo J. Puig
+598 4364 5760
www.hotelmaxim.com.uy
A partir de 120 US$ la double, 140 US$ la triple. Petit déjeuner inclus.

Quel étonnant hôtel à Trinidad ! Ce majestueux bâtiment rénové en 2015 est doté de 34 chambres modernes et confortables, joliment décorées d'objets vintage. Certaines offrent même une terrasse ! Vous pourrez profiter d'un agréable salon équipé d'une cheminée, ainsi que du restaurant Salvaterra, qui propose une cuisine classique et internationale de qualité. Wifi. Si vous cherchez un endroit où vous détendre, vous pourrez vous rendre dans la salle de fitness, au spa ou au centre de bien-être de l'hôtel. Bref, une adresse à ne pas manquer !

LAGO ANDRESITO ★

Situé à 55 km au nord de Trinidad sur la *ruta* 3, ce lac est un lieu prisé des touristes pour son cadre magnifique comprenant des plages de sable fin, de jolis paysages et un camping. Chaque année en mars, le site accueille le Festival del Lago Andresito le Canta al País, où les chanteurs les plus populaires du pays se produisent sur scène. Le lac tire son nom d'Andrés Guacurarí, un Indien originaire de San Borjas au Brésil, qui grandit dans les missions jésuites et qui fut adopté par Artigas en 1811 à Ayuí. En tant que cavalier gaucho ayant connu la soumission et l'oppression, Andresito avait une profonde aversion pour l'occupation, tout comme Artigas.

CAMPING ET CABANAS ANDRECITO €

+598 9811 1878
Camping : comptez 150 $ la tente et 150 $ par personne, cabanes : comptez 600 $ pour 4 personnes.

Camping ombragé qui propose des bungalows et des emplacements de tente. Le lieu dispose de l'essentiel pour le confort des campeurs, notamment de l'électricité et de l'eau potable, un éclairage général, des zones de barbecues, des tables de pique-nique, ainsi que des toilettes publiques relativement propres. Le tout n'est pas très bien tenu et est bondé en été, mais le cadre est « nature ». Des activités telles que la pêche sportive et le kayak peuvent être pratiquées sur place.

GRUTA DEL PALACIO ★

Située sur la rive gauche de l'arroyo Marincho et classée patrimoine géologique d'importance par l'UNESCO, la Gruta del Palacio se trouve à 46 km de Trinidad en remontant la *ruta* 3 vers le nord. Cette grotte, qui aurait près de 70 d'années (période du Crétacé), est formée de colonnes labyrinthiques et de structures cylindriques pouvant atteindre un diamètre de 1,80 m, semblables à d'étranges sculptures de couleur rougeâtre. Il existe plusieurs légendes expliquant l'origine de cette formation rocheuse. Dans le passé, certaines personnes ont avancé l'hypothèse qu'il s'agissait de palmiers pétrifiés, tandis que d'autres ont évoqué une théorie selon laquelle la formation aurait été construite par les indigènes Charruas. Actuellement, les premiers mètres de la grotte sont relativement faciles d'accès, mais pour s'aventurer plus en profondeur, il faudra être mince, agile et surtout courageux ! La grotte s'étendrait sur 400 mètres de profondeur. Il y a un siècle, le spéléologue Mario Isola réussit à atteindre une profondeur de plus de 150 mètres. Claustrophobes s'abstenir. Une chose est sûre, c'est l'une des attractions les plus touristiques de Flores. Elle est ouverte aux visiteurs toute l'année et des visites guidées sont organisées pour ceux qui souhaitent en savoir plus sur l'histoire et la géologie de la grotte. Le coût de la visite est de 50 $ et l'horaire est du jeudi au dimanche de 8h à 17h. Une petite auberge se trouve à côté, où une salle de projection et des informations sur la grotte sont fournies.

CHAMANGÁ ★

Situé à l'est de Trinidad, dans le département de Flores, Chamangá est un site protégé qui a été déclaré *Sistema Nacional de Areas Protegidas* (SNAP). Cette zone couvre 12 000 hectares et comprend des prairies, des collines et quelques zones humides, avec un relief légèrement ondulé. Chamangá abrite la plus grande zone d'art rupestre du pays, où l'on peut observer des traces de mains et autres peintures primitives caractérisées par l'utilisation de traits géométriques abstraits. Pour visiter le site, il est recommandé de se rendre à l'office du tourisme de Trinidad afin de demander un guide, car le chemin pour y accéder est très mal balisé.

FLORIDA ★

Florida, qui compte près de 35 000 habitants, soit la moitié de la population du département, est la capitale du département éponyme. Elle se trouve sur la *ruta* 5, à environ 90 km au nord de Montevideo. Le cours d'eau Santa Lucía Chico s'écoule à l'est et au sud de la ville. Ce département, tout comme celui de Canelones, est étroitement lié à Montevideo, tant au niveau économique que touristique. La région est connue pour sa production de vin et de fromage, ainsi que pour son importance historique remontant à l'époque coloniale et de l'indépendance, qui est encore visible aujourd'hui grâce aux nombreux bâtiments et monuments historiques préservés.

Histoire

La ville de San Fernando de la Florida fut créée en 1809 par les Espagnols. Auparavant, la zone était occupée par une immense *estancia* du nom de La Calera. Plus tard, le lieu fut le siège du fortin del Pintado où se trouvait une chapelle.

En 1825, la croisade des Treinta y Tres Orientales libéra le pays de l'emprise brésilienne et l'événement phare fut la déclaration d'indépendance – qui eut lieu à côté de l'actuelle cathédrale de la ville et se fête le 25 août – Florida devint alors la capitale rebelle. Dans la cathédrale, on peut admirer la Virgencita de los Treinta y Tres, mère protectrice des libérateurs.

Transports

Depuis Montevideo, prendre un bus de la compagnie Cita, Turismar ou Bruno Hnos en direction de Florida. En voiture suivre la *rambla* pour sortir de la ville, puis la R5 jusqu'à Florida.

© PAVAN ALDO

Florida.

ATELIER DE LEO ARTI - 25 DE AGOSTO ★★

Calle Ramon Alvarez

✆ +598 9566 6927

Visitez Leo Arti dans son atelier le dimanche à partir de 16h en la contactant via l'adresse leoarti@yahoo.fr

La vie de ce village a longtemps été centrée autour de la gare, jusqu'à l'arrivée de la peintre française Michèle Dubaux, connue sous le nom d'artiste Leo Arti, qui décida de s'y installer en 2008. Grâce à ses murales représentant différents aspects de la vie uruguayenne (des danseurs de tango, des gauchos partageant le maté, un portrait de Carlos Gardel, etc.), elle ajouta un tas de couleurs à la ville. Depuis, des dizaines d'habitants ont fait appel à elle pour décorer leur maison.

CAPILLA DE SAN CONO ✞ ★

150 Jose Enrique Rodo

✆ +598 4352 2585

Tous les jours de 9h à 11h30 et de 14h30 à 18h.

Erigée en 1883, la chapelle de San Cono est une attraction religieuse populaire de la ville. Chaque 3 juin, les fidèles se ruent devant l'image de San Cono, apportée d'Italie en 1890, afin d'implorer sa bénédiction. San Cono, qui est célèbre pour attirer la bonne fortune, reçoit alors un tas de cadeaux étranges comme des bijoux, des guitares et des robes de mariée. Quelques personnes lui demandent même de leur donner les numéros gagnants de loterie. Si vous vous rendez à la chapelle durant cette date, vous serez probablement l'un des seuls touristes à y assister.

PIEDRA ALTA ★★

Ruta 5

Chaque année, la Déclaration d'indépendance est commémorée sur cet éperon rocheux situé au bord du *río* Santa Lucía Chico. C'est ici que le 25 août 1825 se déroula le congrès de Florida, au cours duquel fut déclarée l'indépendance de la Province orientale de l'empire du Brésil. Déclarée monument historique national, la pierre est considérée comme « l'Autel de la Patrie ». Non loin se trouve le parc Prado de la Piedra Alta, conçu par l'architecte-paysagiste Charles Racine au début du XXe siècle, qui abrite des espèces autochtones et des aires de jeux pour enfants.

SANTUARIO DE LA VIRGEN DE LOS TREINTA Y TRES ★

Gallinal y Gral. Flores

La procession a lieu le deuxième dimanche de novembre.

La Vierge de los Treinta y Tres Orientales, mère protectrice des libérateurs du pays, reçoit chaque année la visite de pèlerins venant des quatre coins du pays. A l'intérieur de cette cathédrale qui fut fondée en 1894, vous pouvez admirer une petite statue de la Vierge sculptée dans du bois de cèdre, qui date de 1750. Le deuxième dimanche de novembre, la procession regroupe des milliers de personnes venant assister à la messe proclamée en son honneur.

ESTANCIA EL CEIBO €€

Camino rural entre La Macana et San Geronimo a 16 km de la Ruta 5. ✆ +598 9912 5761

www.elceibo.com.uy

Compter de 120 à 150 US$ pour une chambre double en pension complète. Transferts possibles depuis Florida.

El Ceibo est une petite *estancia* gérée par Carmen et Joselo, qui a su conserver toute son intimité. Au choix, des chambres avec salles de bains communes ou privées, pour vos vacances et même en location longue durée. La décoration est classique et soignée. Le vieux *casco* de l'*estancia* datant de 1846, le grand jardin et la véranda couverte de glycines confèrent un certain cachet au lieu. Vous ferez certainement des réserves de confitures, de conserves de fruits et de liqueurs à la saveur étrange. Enfin vous apprendrez à travailler le cuir de vache et de mouton.

ESTANCIA SAN PEDRO DE TIMOTE €€€

Ruta 7 km 142 ✆ +598 4310 8086

www.sanpedrodetimote.com

Compter entre 100 et 370 US$ pour la chambre double en pension complète selon la saison et la catégorie de la chambre.

Fondée en 1854 par Pedro José Jackson sur des terres jadis administrées par les jésuites, voici l'une des plus anciennes et importantes *estancias* du pays. Elle détient l'un des plus grands *cascos* d'Uruguay, formé d'une chapelle, d'une auberge destinée aux visiteurs, d'une bibliothèque, d'une forêt et d'une majestueuse maison principale avec cour et fontaines. L'ensemble dégage un charme fou. Petits déjeuners copieux et plats typiques faits maison. Une adresse à privilégier !

LA CHURRASQUERÍA DE PAJARITO €

490 Ituzaingo ✆ +598 4352 8759

www.churrasqueriapajarito.com

Tous les jours de 11h30 à 15h. Vendredi et samedi de 20h à minuit. Compter entre 190 et 390 $ pour un plat.

Une bonne adresse qui existe depuis 1996. Un large choix à la carte : *parrilladas* de viandes pour deux ou trois (avec aussi *chorizo*, saucisse, poulet, etc.), gnocchis, lasagnes, cannellonis, poulet à la crème, aux champignons et aux noisettes, *tortillas*, poisson grillé, *milanesas*, *chivitos*, salade complète ou à la grecque… Une douceur enfin avec le flan maison à la confiture de lait, ou la charlotte au chocolat. Le tout à un prix très raisonnable. Chacun y trouvera son bonheur !

CERRO AREQUITA ★

Le Cerro Arequita, situé à environ 10 km au nord de la ville de Minas en empruntant le chemin Valeriano Magri, est une colline volcanique qui s'élève à une hauteur de 234 mètres. Cet endroit unique est très apprécié pour la randonnée, l'escalade et le camping, et offre une grande richesse en termes de faune et de géologie. Le nom «Arequita» vient de la langue guarani et signifie «ruisseau de la haute grotte de pierre». La colline est recouverte d'une forêt autochtone typique de la région, où se trouve l'île d'Ombúes, peuplée d'arbres solitaires. Les visiteurs peuvent également explorer la Gruta Colón, l'une des nombreuses grottes des environs.

INTÉRIEUR

Cerro Arequita.

AREQUITA KIDAS

Camino a Laguna de los Cuervos
✆ +598 9244 3318
www.arequitakids.com.uy
Week-ends, jours fériés et vacances scolaires. L'activité est reportée en cas de pluie.

Une aventure inoubliable attend les jeunes explorateurs âgés de 5 à 12 ans dans la majestueuse montagne. Une occasion unique d'apprendre sur la nature tout en s'amusant grâce à une série d'activités ludiques et éducatives. Les enfants pourront découvrir les merveilles de la randonnée, jouer à des jeux passionnants et éducatifs avec un kit d'exploration équipé de loupes, boussoles et autres instruments. Et pour couronner le tout, des jeux entre les arbres pour défier leur agilité et leur créativité. Les activités durent entre une heure et deux heures et demie.

CAMPING AREQUITA €

Camino Valeriano Magri
✆ +598 4440 2503
Camping : 140 $/jour par personne. Bungalow pour 2 personnes : 800 $, pour 4 personnes : 1 000 $. Piscine : 120 $.

Situé le long du fleuve Santa Lucía, ce camping peut accueillir jusqu'à 3 000 personnes et propose toutes les commodités nécessaires pour un séjour confortable : des parcelles pour les campeurs, des espaces de barbecue, des tables et des bancs, des toilettes et des douches communes avec de l'eau chaude, de l'électricité, des piscines, des jeux récréatifs, un complexe sportif, une supérette, un service d'urgence et une surveillance 24h/24. Il y a plusieurs types d'hébergements disponibles, y compris des bungalows pouvant accueillir de 2 à 12 personnes.

PARADOR AREQUITA €

Camino Santa Lucía
✆ +59844402651
Tous les jours de 11h à 23h. Prévoir environ 200 $ par plat.

Le restaurant se trouve dans un cadre très plaisant, en bordure de la rivière Santa Lucía. La carte propose divers plats tels que les *milanesas* napolitaines, *chivitos*, hamburgers, *parrillas* (agneau, bœuf, saucisses, boudin, poulet et pieuvre) cannellonis à la viande ou au maïs, salades mixtes. Pour le dessert, vous pourrez déguster du flan de dulce de leche, des pancakes ou des salades de fruits. L'ambiance est conviviale et le service est chaleureux. Il est recommandé d'arriver avant 20 heures afin d'obtenir une place de choix.

MINAS ★★

Située à 120 km de Montevideo, entre les sierras de Minas et de Carapé, et au bord du *río* Santa Lucía, la ville de Minas est la capitale du département de Lavalleja, qui compte près de 40 000 habitants. Grâce à son histoire, son architecture et sa vie culturelle, elle est devenue une destination touristique attrayante pour les voyageurs. Lors de votre visite, ne manquez pas la Plaza Libertad, avec ses jardins et ses palmiers, ainsi que le monument dédié au General Juan Antonio Lavalleja. La Casa de la Cultura, où Lavalleja est né, est également un lieu digne d'intérêt et abrite aujourd'hui un musée. Pour ceux qui cherchent à prendre l'air, une promenade jusqu'au *cerro* Ventura est recommandée, où se trouve le plus grand monument jamais érigé en l'honneur de José Artigas.

Histoire

La ville fut fondée en 1783 par des familles originaires d'Asturies et de Galice, attirées par ses ressources naturelles, minérales et animales, ainsi qu'à sa position stratégique entre Montevideo et Rio de Janeiro. Au XXe siècle, la ville continua de se développer et d'attirer de nouveaux habitants, notamment grâce à la création d'industries telles que la production de textile et de chaussures. Elle devint également une destination touristique populaire, en raison de ses nombreux parcs naturels, ses sources d'eau chaude et ses paysages pittoresques. Cependant, l'or se raréfia rapidement et Minas se transforma alors en un centre urbain paisible qui se modernisa progressivement.

CATEDRAL DE NUESTRA SEÑORA INMACULADA CONCEPCIÓN ★

José Enrique Rodó

Construite au début du XXe siècle et de style néo-gothique, la cathédrale se compose d'une nef centrale et de deux nefs latérales. L'intérieur est sobre, décoré de vitraux colorés, de statues et d'ornements liturgiques. Remarquez également le grand orgue utilisé pour les concerts et les célébrations religieuses. Considérée comme un joyau de l'architecture néo-gothique en Uruguay, elle est ouverte tous les jours pour ceux qui souhaitent admirer son intérieur et participer aux messes.

CASA DE LA CULTURA ★★

572 Lavalleja
✆ +598 4442 2010
Entrée libre.

Inaugurée en 1955 sous l'impulsion de l'écrivain local Santiago Dosseti, cette Maison de la culture abrite quatre musées, des salles d'exposition, une bibliothèque et même un théâtre. Le centre organise souvent des expositions d'art, de photographie et d'artisanat, des concerts, des pièces de théâtre ainsi que des projections de films. Il orchestre également des cours et des ateliers de musique, de danse, de théâtre et d'artisanat pour les enfants et les adultes. Un incontournable si vous êtes de passage à Minas.

- **Le musée Eduardo Fabini** présente partitions, instruments de musique, photographies et écrits du célèbre musicien national. Les visiteurs peuvent également écouter des enregistrements de sa musique et en apprendre davantage sur l'histoire de la musique en Uruguay.
- **Le musée de la ciudad** est consacré à l'histoire de la ville et expose des manuscrits et des objets et sculptures de José Belloni ainsi qu'une grande collection de peintures originales d'artistes tels que Figari, Torres García, C.M. Herrera, José Cúneo, Vicente Martín, M.E. Gómez, E. Ribeiro, C. Motta et bien d'autres.
- **Le Museo del Indio y del Gaucho** expose plus de 1 000 pièces retraçant l'évolution technologique et les mœurs de la région à travers la culture indigène et *gaucho*.
- **Le musée Juan Antonio Lavalleja** expose des objets personnels de ce héros national de l'Uruguay, ainsi que des expositions sur sa vie et son rôle dans la guerre d'indépendance. Le musée est situé dans la maison historique où Lavalleja a vécu une partie de sa vie.

CERRO Y PARQUE ARTIGAS ★

Parque Artigas

La majestueuse statue du général José Artigas trône fièrement au sommet du Cerro Artigas. Cette œuvre monumentale de dix mètres, réalisée par le fils de Belloni, célèbre la grandeur et l'héroïsme de cet emblématique héros national. Chaque année, lors de la nuit de Los Fogones en octobre, les visiteurs affluent pour entonner à l'unisson l'hymne émouvant « A Don José, oriental en la vida y en la muerte tambien », témoignant leur profond respect pour cet illustre personnage et son rôle essentiel dans l'indépendance de l'Uruguay.

MONUMENTO A JUAN ANTONIO LAVALLEJA ★

Plaza Libertad

La statue équestre de Lavalleja, monté sur son cheval, est la première du genre à avoir été érigée dans le pays en commémoration de la bataille de Sarandí. L'œuvre a été réalisée par le sculpteur J.M. Ferrari et a été inaugurée le 12 octobre 1902. La base en granit de la statue est ornée de bas-reliefs en bronze qui rappellent le débarquement des Treinta y Tres Orientales ainsi que le gouvernement provisoire de Lavalleja, établi à Florida en 1825.

MUSEO DE RÉPLICAS EN MINIATURA ★★

322 Carabajal
✆ +598 9943 2405
Coordonner les visites au +598 9943 2405.
Entrée libre.

Le musée d'Horacio Chocho et de son épouse Mirta est l'une des attractions les plus insolites de l'Uruguay, visitée chaque année par des centaines de touristes. Les fondateurs vous accueilleront personnellement pour partager avec vous leur travail impressionnant. L'espace regorge de répliques telles que la première automobile, la première boulangerie de Minas et un camion de pompiers. Les petits et les grands trouveront leur bonheur en visitant ce lieu étonnant !

PLAZA LIBERTAD ★

Depuis sa création, la Plaza Libertad, anciennement appelée « Plaza del Recreo », a été le point central de toutes les grandes manifestations collectives de la ville. En 1872, elle a été renommée en l'honneur de la période de guerres civiles et elle est aujourd'hui dotée d'une fontaine rectangulaire bordée de jardins fleuris ainsi que d'une statue représentant le libérateur Lavalleja. Cette place est également un lieu de rassemblement social et populaire, où les habitants et les visiteurs peuvent se rencontrer, se détendre et assister à des événements locaux.

SAN FRANCISCO DE LAS SIERRAS

Ruta 12, km 347
✆ +598 4442 1105
www.sanfranciscodelassierras.com

A une dizaine de minutes au nord-est de Minas, voici un environnement paisible et ressourçant, l'endroit idéal pour se détendre et se plonger dans une lecture sous les majestueux eucalyptus. Un complexe moderne est à la disposition des visiteurs pour profiter pleinement d'une journée en communion avec la nature, avec des chalets et un restaurant. Plusieurs sentiers de randonnée sont également à explorer, offrant des perspectives différentes et fascinantes sur la vallée environnante.

TEATRO LAVALLEJA

715 Batlle y Ordóñez
✆ +598 4442 4254

Non loin de la Plaza Libertad, se trouve le théâtre Lavalleja, principale scène artistique de la ville. Inauguré en 1909, il le fut une seconde fois en 1989 après avoir été abandonné. A l'origine, son architecture devait rappeler la Belle Epoque, même si le projet initial, œuvre du Catalan Cayetano Buigas y Moravá, fut modifié pour une question de budget. La structure des loges ressemble au Teatro Liceo de Barcelone ou au Colón de Buenos Aires. Le théâtre dispose de 500 places. On remarquera surtout son fronton austère et sa façade esthétique de couleur rougeâtre.

VALLE DEL HILO DE LA VIDA ★★

Ruta 12 km 346
✆ +598 9966 3084
www.valledelhilodelavida.com

A partir de 55 US$ pour une chambre double. Entrée du site : 10 US$.

La Vallée du Fil de la Vie est un lieu archéologique unique, composé d'environ 80 monticules de pierres érigés par les populations indigènes. Des sentiers de randonnée permettent d'explorer la beauté naturelle de la région. De plus, vous pourrez séjourner dans une charmante auberge dotée de six jolies chambres, toutes équipées d'une terrasse offrant une vue exceptionnelle sur le paysage environnant. Une visite guidée est disponible pour découvrir les secrets de cet endroit fascinant.

HOTEL VERDÚN €€

444 25 de Mayo
✆ +598 4442 2110
www.hotelverdun.com

Compter environ 70 US$ pour une chambre double, petit déjeuner inclus. Piscine, room service, laverie.

Situé en plein cœur de la ville, cet établissement propose des chambres climatisées confortables équipées d'une télévision par câble, d'une connexion Wi-Fi, d'un coffre-fort et d'une salle de bain moderne. En outre, l'hôtel offre un petit déjeuner (buffet) ainsi qu'un service d'accueil exceptionnel. Une petite piscine est également disponible à l'arrière du parking pour les moments de détente et de rafraîchissement. Une anecdote amusante : On raconte que John Wayne aurait séjourné dans cet hôtel en 1952. Une excellente adresse.

HOTEL CERRO MISTICO €€€

Ruta 12, km 346, puis piste sur 5 km
✆ +598 9823 9633
www.cerromistico.com

2 nuits en pension complète : chambres simples, doubles et triples à 330 US$, 590 US$ et 790 US$ respectivement.

Cet hôtel vous transportera dans un univers mystique. Vous y vivrez une expérience unique avec des ateliers de yoga, tai-chi et qi gong, ainsi qu'une bibliothèque ésotérique pour nourrir votre curiosité. Pour ceux qui cherchent simplement à se détendre dans un cadre enchanteur, vous serez charmé par ses chambres douillettes, finement décorées avec des matériaux naturels tels que le bois, la pierre et les draps en coton. Et que dire de sa splendide piscine offrant une vue panoramique sur les environs ? Laissez-vous envoûter par cet établissement exceptionnel.

LA GALPONERA €€

Luis Alberto de Herrera et Rafael Pérez del Puerto
✆ +598 4442 7343

Ouvert tous les jours midi et soir, comptez environ 500 $ par personne.

Ce restaurant propose une variété de plats à la carte, dont des spécialités de viandes grillées et de pâtes maison. Parmi les plats savoureux figurent le thon rouge saisi au sésame sur un lit d'épinards, les *milanesas*, *chivitos*, bruschetta et la casserole de fruits de mer. Le menu des desserts comprend du flan casero ou pancakes au dulce de leche, du crumble aux pommes et de la glace. Et pour couronner le tout, un décor agréable, de la bonne bière fraîche pour se désaltérer, et un parking privé pour garer sa voiture en toute tranquillité.

KI JOIA €€

483 Domingo Pérez
✆ +598 4442 5884
Tous les jours de 11h à 1h. Prix moyen d'environ 500 $.

Cette *parillada* est l'endroit idéal pour ceux qui cherchent une expérience culinaire royale avec une vue nocturne de tout-Minas depuis la terrasse. Les spécialités de la maison comprennent des plats tels que le porc teriyaki, le filet de saumon, l'agneau au curry et des pâtes farcies, qui sont absolument délicieux. Les amateurs de viande seront également ravis de découvrir la parrilla, qui propose des coupes incroyablement savoureuses, notamment l'entraña, servies avec des frites, de la purée de pommes de terre ou de la salade russe.

ALFAJORES DE LAS SIERRAS

435 Carabajal
✆ +598 2402 8413
Tous les jours sauf le dimanche de 8h30 à 12h30, puis de 14h30 à 19h30.

Si vous cherchez le Graal des *alfajores* artisanaux, vous êtes exactement là où il faut ! Cette entreprise familiale a commencé à régaler les papilles depuis les années 50 et cela a continué à travers trois générations. Leurs biscuits fourrés sont tellement bons que certains les considèrent comme les meilleurs du pays. Pour en avoir le cœur net, venez les goûter et juger par vous-même ! Ces boîtes de douceurs, décorées avec le visage d'une paysanne, sont le souvenir gustatif ultime à ramener chez soi. Alors, qu'attendez-vous ? Venez faire le plein dès maintenant !

CERRO VERDÚN ★

Situé à seulement 5 km du centre de Minas, accessible par la Ruta 12, le Cerro Verdún est le point culminant de la vallée, avec une altitude de 326 mètres. Depuis son sommet, la vue sur la ville et ses alentours est tout simplement magnifique. On y trouve également le Santuario de la Virgen de Verdún, le sanctuaire le plus fréquenté du pays. Depuis 1901, chaque 19 avril, des milliers de pèlerins venus de tout le pays s'y rassemblent pour rendre hommage à la Vierge de l'Immaculée Conception, la sainte patronne de la ville. L'espace dispose d'un stationnement, de toilettes, d'une boutique d'articles religieux et d'une maison de retraite spirituelle.

SALTO DEL PENITENTE ★★

Le nom « Penitente » fait référence à la forme courbée en prière du mont qui surplombe la cascade, laquelle mesure environ 60 mètres de hauteur et alimente une piscine naturelle circulaire. Bien que la chute d'eau ne soit pas particulièrement spectaculaire, la région environnante offre des paysages naturels magnifiques qui valent la peine d'être explorés. Malgré la construction d'un belvédère en béton et d'un restaurant qui ont quelque peu altéré le site, le Salto del Penitente reste une destination touristique populaire pour les amateurs de nature et de randonnée. Les visiteurs peuvent profiter de différentes activités sur place telles que l'escalade, la descente en rappel, la tyrolienne (189 et 195 mètres de longueur), les balades à cheval et les randonnées. Le parc dispose également de pistes cyclables et de vélos à louer. Pour ceux souhaitant prolonger leur séjour, des refuges avec cuisine et salle de bain partagée sont disponibles dans le parc. Des emplacements de camping sont aussi à disposition dans la forêt indigène, équipés de poêles à même le sol, de douches et de salles de bain partagées (sans électricité). Les animaux sont autorisés.
Pour s'y rendre, il suffit de suivre la Ruta 8 en direction de l'est à partir de Minas et de tourner à droite au km 124 (panneau d'indication), ou de continuer sur 8 km après avoir tourné à droite au km 135. Le parc est ouvert toute l'année, de 9h30 à 18h30, avec un tarif d'entrée de 50 $ par personne, payable uniquement en espèces.

Salto del Penitente.

PARQUE SALUS ★

Ruta 8, km 109 : au sud-ouest de Minas, à 10 km de la ville. Ce parc renferme non seulement une forêt dense, mais aussi une source d'eau minérale, la source del Puma. C'est de là que proviennent les bouteilles d'eau Salus. Le parc comprend également la maison d'Eduardo Fabini, célèbre musicien, ainsi que le Parador Salus, qui sert des déjeuners simples et rapides ainsi qu'une cuisine *criolla*. En mars, pendant deux jours, se déroule la fête de Salus. L'occasion de vivre intensément en contact avec la nature, de s'adonner à un tas d'activités (en famille ou pas), de faire des excursions guidées, d'assister à des spectacles musicaux. Entrée gratuite.

VILLA SERRANA B&B €

Av. Bernasconi

✆ +598 9828 0811

Selon la saison, à partir de 1 800 $ pour une chambre double, petit déjeuner inclus.

Repérez la maison verte avec un toit de chaume. Elle propose des chambres privées spacieuses et lumineuses, doubles ou quadruples, offrant une vue panoramique sur la campagne environnante. L'ensemble présente un charme rustique et dispose d'un poêle pour vous réchauffer durant les mois d'hiver. Les propriétaires seront heureux de vous renseigner sur les promenades guidées à pied ou à cheval avec un gaucho local. Un bungalow indépendant est également à disposition, avec une salle de bain et une cuisine équipée pouvant accueillir jusqu'à 8 personnes.

VILLA SERRANA ★★

En utilisant des matériaux locaux et en plantant plus de 100 000 arbres de différentes espèces, l'architecte Julio Villamajó a créé en 1945 le charmant village de Villa Serrana. Ce village de montagne, conçu en collaboration avec des urbanistes étrangers, se compose de maisons typiques disséminées dans un vaste paysage verdoyant. Les visiteurs apprécient l'environnement paisible des lieux ainsi que les activités en plein air telles que la randonnée, la pêche, l'équitation et le VTT. Le village dispose d'une petite place centrale avec des restaurants, des cafés et des boutiques, ainsi que d'un marché local proposant des produits régionaux.

VENTORRILLO DE LA BUENA VISTA €€

Av. Bernasconi ✆ +598 4440 2109

www.ventorrillodelabuenavista.com.uy

Compter à partir de 2 000 $ en basse saison pour une chambre double. Petit déjeuner inclus. Restaurant.

Cette auberge emblématique comprend cinq charmants appartements pouvant accueillir de 2 à 4 personnes (salle de bain privée, ventilateur, poêle à bois, draps en lin, minibar et bouilloire électrique). L'aménagement est simple, mais confortable, vous donnant l'impression d'être dans un chalet de montagne. Le restaurant, entièrement construit en bois, offre une vue imprenable sur les alentours, ce qui le rend très agréable. En 2019, un petit musée consacré à Julio Vilamajo a été ajouté.

BAÑO DE LA INDIA

Près du restaurant Mia Cucina.

Ah, le Baño de la India, ce petit coin paradisiaque entouré d'une cascade et d'une lagune, créé par le génie de l'architecte Julio Vilamajó. Un endroit idéal pour se tremper les pieds et se rafraîchir lors des journées caniculaires. Pour y accéder, il suffit de descendre les escaliers en pierre et de rejoindre la plage. Et pour les amateurs de randonnée, ne manquez pas le sentier Martiniano qui commence ici-même. Pas besoin de GPS, le chemin est balisé comme le nez au milieu de la figure. Suivez les panneaux et vous y arriverez en un rien de temps !

LA MIA CUCINA €

Camino Envira

✆ +598 4440 3989

www.octogonoomshanti.com

Tous les jours de midi à 17h et de 20h à minuit.

Vous êtes en quête de repas sains et végans ? Vous avez frappé à la bonne porte ! Ce charmant resto vous mijote des plats ayurvédiques et bios, concoctés avec des ingrédients locaux. Chaque semaine, le menu fait sa révolution, le tout dans un cadre ravissant, agrémenté de vitraux chatoyants et d'une vue panoramique à couper le souffle. Pour arroser tout ça, rien de tel qu'un thé artisanal préparé avec amour. Et si vous êtes adepte du yoga et de la méditation, vous serez ravi d'apprendre qu'un studio, Octogono Om Shanti, est situé à quelques pas.

ORGANISER SON SÉJOUR

Organiser un voyage en Uruguay est un véritable jeu d'enfant ! Ce petit bijou d'Amérique du Sud, facilement accessible depuis l'Europe et l'Amérique du Nord, propose une panoplie d'options d'hébergements : des *estancias* pleines de cachet aux hôtels de luxe, en passant par des maisons de vacances chaleureuses. Se déplacer dans ce pays aux mille facettes ? Rien de plus simple ! Vous pourrez compter sur un réseau de bus aussi performant que fiable. Et si l'idée d'organiser ce périple vous-même vous semble aussi ardue que de maîtriser le tango, ne vous inquiétez pas : des tour-opérateurs expérimentés sont là pour vous accompagner à travers ces terres envoûtantes et partager leurs secrets bien gardés. Enfin, si vous décidez de poser vos valises et de vous établir en Uruguay, informez-vous sur les lois et régulations en vigueur concernant les visas, l'emploi et le logement. Alors, prêt à vivre la «vida uruguaya» au rythme du candombe ?

ARGENT

Monnaie. La devise officielle de l'Uruguay est le peso uruguayen. Ce dernier est représenté par le symbole $ (écriture bancaire UYU). Attention : le symbole $ est le même que celui utilisé pour le dollar américain. Dans ce guide, pour éviter toute confusion nous utilisons $ pour peso et US$ pour le dollar des États-Unis. Les billets sont émis en coupures de 20, 50, 100, 200, 500, 1000 et 2000 pesos, tandis que les pièces sont disponibles en 1, 2, 5, 10 et 50 pesos.

Banque. Les principales banques en Uruguay comprennent Banco de la República Oriental del Uruguay (BROU), Banco Itaú Uruguay, Banco Santander Uruguay, BBVA Uruguay et Scotiabank Uruguay.

Bureaux de change et distributeurs automatiques. Il est possible d'échanger de l'argent dans un bureau de change (*casa de cambio*) ou une banque sans présenter de pièce d'identité. Aucune commission ne vous sera facturée : profitez-en avant de passer à votre prochaine destination ! Pour ceux qui arrivent d'Argentine, respirez un bon coup et détendez-vous, car en Uruguay, même les distributeurs automatiques sont là pour vous sauver en distribuant des pesos et des dollars. Par conséquent, n'ayez plus peur de vous retrouver avec d'imposantes liasses de billets ou de devoir attendre dans les interminables files d'attente du Western Union ! À Montevideo, les bureaux de change fonctionnent habituellement de 9h à 19h, du lundi au vendredi. Pour effectuer des transactions le week-end, ou jusqu'à 22h, dirigez-vous vers un bureau de change situé dans un centre commercial. Les banques ouvrent quant à elles uniquement l'après-midi, de 13h à 17h. Notez que les distributeurs automatiques peuvent être rares en dehors des grandes villes et des centres urbains. Les banques en Uruguay ont établi une limite de 5000 $ pour les retraits effectués avec des cartes étrangères. Pour les retraits avec BBVA, Itaú ou Scotiabank, la limite est de 300 US$ par transaction, tandis que pour BROU, elle est de 200 US$.

Taxes et remboursements. Lorsque vous utilisez une carte de crédit ou de débit internationale en Uruguay, une réduction de 22% de TVA s'applique sur les factures de restaurants et de locations de voiture. Il suffit de présenter votre carte et, lors de la signature de la facture, la TVA sera automatiquement déduite.

Cartes bancaires. Les touristes en voyage en Uruguay peuvent utiliser les principales cartes de crédit internationales telles que Visa, Mastercard et American Express. La carte de

Pesos uruguayens.

crédit la plus couramment utilisée en Uruguay est VISA. Peu d'établissements acceptent les cartes American Express. Il est recommandé de toujours avoir une certaine quantité de pesos uruguayens en espèces pour les petites transactions, car les commerçants peuvent parfois ne pas accepter les cartes pour de petits montants. Avant de consommer quoi que ce soit, il est conseillé de demander aux vendeurs ou aux serveurs si le paiement par carte est accepté.

Taux de change. Le taux de change en avril 2023 : 1 € = 42,62 $; 100 $ = 2,35 €. 1 US$ = 38,77 $; 100 $ = 2,58 US$. Il est plus facile de changer des dollars que des euros, mais on peut tout de même changer ses euros sans problème dans les grandes villes et centres touristiques importants, dans les banques ou dans les *casas de cambio*. La Banque Nationale (BROU) est la référence courante pour les Uruguayens qui souhaitent échanger de l'argent. Pour consulter les taux de change, recherchez le tableau intitulé « Cotizaciones » (Tarifs) sur leur page Web.

BUDGET / BONS PLANS

Budget. En Uruguay, le niveau de vie est jugé relativement élevé comparé à d'autres pays d'Amérique latine, ce qui implique que vous pourriez dépenser des sommes semblables à celles que vous auriez dépensées lors de voyages aux États-Unis ou en Europe. Le budget moyen par jour dépendra bien sûr de nombreux facteurs tels que le type d'hébergement, les activités que vous souhaitez faire et les endroits que vous souhaitez visiter, mais il est possible de vivre confortablement avec environ 50 à 70 US$ par jour. Pour un voyageur à petit budget, prévoir entre 30 et 50 US$ par jour, 50 à 100 US$ pour un voyageur avec un budget moyen, et 100 US$ ou plus pour un voyageur disposant d'un budget plus élevé.

En haute saison. Au cours de la haute saison (de décembre à février), il est essentiel de réserver votre hôtel ou auberge plusieurs mois à l'avance. Les établissements les plus prisés affichent souvent complet jusqu'à cinq mois avant la période de pointe, vous laissant avec des choix décevants à des tarifs exorbitants. Afin de profiter des meilleures offres et économies, planifiez et réservez vos vols, logements et activités en amont, ou choisissez de voyager en dehors des périodes de forte affluence touristique, étant donné que les prix peuvent grimper jusqu'à quatre fois leur valeur habituelle durant ces moments-là !

Pourboires. En règle générale, les restaurants et les cafés incluent les pourboires dans la facture, mais il est courant de laisser un supplément en cas de service exceptionnel (10-15 % du montant total). En revanche, les Uruguayens ont tendance à ne pas donner de pourboire aux chauffeurs de taxi, même pour les trajets les plus longs. Néanmoins, un petit geste reste toujours apprécié. Quant aux pompistes, ce sont de véritables magiciens : ils font le plein, nettoient le pare-brise, vérifient le lave-glace et gonflent les pneus ! Pour les remercier, un pourboire de 5 à 10 $ est apprécié. À l'hôtel, offrez un billet de 20 $ aux bagagistes et portiers. Dans les grandes villes, les *cuidacoches*, ces drôles de gardiens de parking informels, vous demanderont environ 20 $ pour avoir surveillé votre voiture comme leur propre enfant. Mais si vous n'êtes resté que quelques minutes, 10 $ feront l'affaire !

Marchandage. Le marchandage en Uruguay n'est pas une pratique très courante, en particulier dans les zones urbaines et les magasins traditionnels. Les prix sont généralement fixes et il est peu fréquent de négocier. Cependant, il peut y avoir des exceptions, notamment dans les marchés locaux ou les foires d'artisanat, où il est parfois possible de discuter légèrement les prix. Il est important de rester respectueux et poli lorsque vous tentez de marchander, et de garder à l'esprit que cette pratique n'est pas aussi répandue qu'elle peut l'être dans les pays voisins.

PASSEPORT ET VISAS

Pour franchir les frontières, présentez la carte d'identité nationale récente émise par le RENAPER (pour les résidents du Mercosur) ou un passeport. Les DNI manuscrits, les attestations de DNI en cours et les documents abîmés ne sont pas acceptés. Les ressortissants français, belges, suisses, luxembourgeois et canadiens n'ont pas besoin de visa pour visiter l'Uruguay. Pour les étrangers souhaitant connaître la nécessité d'un visa pour entrer dans le pays, consultez le site web de l'Office national des migrations qui maintient une liste actualisée des exigences de visa par pays.

Séjour de moins de 3 mois. Français, Belges et Canadiens n'ont pas besoin de visa tourisme ou affaires pour un séjour de moins de 3 mois en Uruguay. Il suffit d'être en possession d'un passeport dont la validité doit être supérieure à six mois après le retour.

Séjour de plus de 3 mois. Dans l'éventualité où vous souhaiteriez prolonger votre séjour au-delà de trois mois, contactez la Dirección Nacional de Migración (Direction nationale des migrations) à Montevideo ou dans les capitales départementales. Toutefois, il est généralement plus simple de sortir du pays pour une nuit et revenir par la suite.

Ne prenez pas votre passeport avec vous en permanence, une photocopie est généralement suffisante. Vous ne devrez le présenter que pour obtenir une carte de bus STM, lors des contrôles d'immigration et dans les boutiques duty free. Avant de partir, n'oubliez pas de photocopier vos documents importants. En cas de perte ou vol, cela facilitera les démarches auprès des autorités consulaires. Vous pouvez également sauvegarder des copies sur le site officiel mon.service-public.fr en créant un compte et en scannant les documents dans l'espace confidentiel.

PERMIS DE CONDUIRE

Les conducteurs étrangers sont autorisés à conduire en Uruguay avec un permis de conduire valide de leur pays d'origine, accompagné d'un passeport ou d'une carte d'identité. Il n'est généralement pas nécessaire d'obtenir un permis de conduire international, bien qu'il puisse être utile en cas de contrôle par la police, car il est traduit dans plusieurs langues. Assurez-vous de respecter les règles de la route locales et de vous familiariser avec les panneaux de signalisation et les limitations de vitesse. Les limitations de vitesse standard en Uruguay sont de 45 km/h en ville (dans certains quartiers de Montevideo, vous pouvez rouler jusqu'à 75 km), de 90 km/h sur les routes secondaires, de 110 km/h sur les autoroutes et de 120 km/h sur la Ruta Interbalnearia (IB). Il est important de noter que la conduite se fait à droite, comme dans la plupart des pays européens. Faites toujours attention aux panneaux de vitesse. Gardez vos feux de croisement allumés en permanence en Uruguay, c'est obligatoire. Les cyclistes et motocyclistes doivent porter des casques et des vestes réfléchissantes. La tolérance zéro pour la consommation d'alcool au volant est strictement appliquée. Lors de la location d'un véhicule, assurez-vous de vérifier les conditions et exigences de l'agence, telles que l'âge minimum, l'ancienneté du permis de conduire (certaines agences demandent une ancienneté d'au moins un à deux ans) et les assurances. L'âge minimum varie selon l'agence, généralement entre 21 et 25 ans, et des frais supplémentaires peuvent s'appliquer pour les conducteurs de moins de 25 ans. Il est recommandé de souscrire une assurance couvrant les dommages, le vol et la responsabilité civile.

SANTÉ

L'Uruguay est un pays où les maladies et les risques pour la santé sont rares, et où le système de soins de santé est de bonne qualité. Pour entrer sur le territoire, il n'est pas nécessaire de présenter de certificat médical.

Cliniques de voyage. Dans l'éventualité où vous tomberiez gravement malade en Uruguay, sachez que les meilleurs centres de traitement sont situés à Montevideo. Il existe trois établissements privés à Montevideo qui fournissent des services d'urgence disponibles 24h/24 et accueillent les touristes sans assurance : l'Hospital Británico (Av. Italia 2420), le Sanatorio Americano (Dr. Isabelino Bosch 2466) et MP Medicina Privada (Av. Dr. Américo Ricaldoni 2474). Les soins médicaux dans le pays sont de bonne qualité, mais peuvent coûter cher. Les visiteurs étrangers sont généralement tenus de régler les frais médicaux en espèces et de se faire rembourser ultérieurement par leur compagnie d'assurance. Il est donc essentiel de souscrire à une assurance voyage, notamment pour couvrir les éventuels frais de rapatriement par avion. Les pharmacies locales proposent la majorité des médicaments disponibles sur le marché international, et le personnel est en mesure de délivrer la plupart des médicaments, à l'exception des narcotiques, sans ordonnance.

Covid-19. Le 1er mars 2023, l'Uruguay a levé toutes les restrictions relatives au Covid-19 pour les voyageurs. Désormais, il n'est plus nécessaire de fournir de preuves de vaccination ou de tests.

Eau. Dans l'ensemble, l'Uruguay offre une qualité d'eau exceptionnelle, conforme aux normes de l'Organisation mondiale de la santé (OMS). Boire l'eau du robinet y est parfaitement sûr. Environ 98 % des habitants du pays ont accès à l'eau potable. Pour éviter l'achat de bouteilles d'eau en plastique, privilégiez l'utilisation de bouteilles réutilisables lors de votre voyage. N'hésitez pas à demander de l'eau du robinet dans les restaurants, car cela ne génère pas de frais supplémentaires.

Piqûres d'insectes et précautions pour les animaux. Les piqûres de moustiques et les morsures d'animaux représentent certains risques en Uruguay. Il est essentiel pour les voyageurs de prendre des précautions telles que l'emploi de répulsifs anti-moustiques, le port de vêtements couvrants et l'utilisation de moustiquaires pour se protéger. Les chiens errants peuvent également mordre, il est donc important de rester vigilant à leur égard. Soyez particulièrement vigilant avec les enfants, car ils ont une plus grande probabilité d'interagir avec des animaux. Bien que le risque de rage soit faible, il convient de prendre les précautions nécessaires en cas de morsure. L'Uruguay est exempt de paludisme et le risque de dengue et de chikungunya y est extrêmement faible.

VACCINS OBLIGATOIRES

Il n'est pas obligatoire de se faire vacciner pour se rendre en Uruguay, néanmoins, il est recommandé de vérifier si vous êtes à jour concernant les vaccins pour le tétanos, la diphtérie, l'hépatite A et B, ainsi que la grippe.

SÉCURITÉ

L'Uruguay est généralement considéré comme l'un des pays les plus sûrs pour les voyageurs. En 2021, sa douceur de vivre se reflétait dans un taux de criminalité bien inférieur à celui de ses voisins latino-américains. Cependant, comme dans tous les pays, il est important de prendre certaines précautions pour assurer sa sécurité personnelle.

La capitale uruguayenne, Montevideo, a enregistré une hausse de la criminalité ces dernières années, notamment en ce qui concerne les vols à la tire, les effractions et les vols de véhicules. Les zones touristiques prisées telles que Ciudad Vieja et Pocitos demeurent généralement sûres durant la journée, mais il est conseillé de redoubler de vigilance la nuit. Grâce à 300 caméras de sécurité, Ciudad Vieja est sans doute l'un des quartiers les plus sécurisés de la ville. Si vous rentrez tard, privilégiez les rues piétonnes principales. En vous baladant dans le centre-ville la nuit, évitez les rues secondaires et marchez sur l'avenue principale 18 de Julio avant de vous diriger vers votre destination. Sinon, optez pour des moyens de transport sûrs tels que les taxis réglementés ou les services de covoiturage approuvés. Le dimanche lors du marché Tristán Narvaja, restez vigilant face aux *pickpockets*.

© DONYANEDOMAM - STOCK.ADOBE.COM

Calle de los Suspiros à Colonia del Sacramento.

Prenez garde à ne pas vous présenter comme un touriste au portefeuille bien garni et ne portez pas de bijoux ou d'objets précieux en public. Utilisez une ceinture cache-billets ou une poche secrète à l'intérieur de vos vêtements. Laissez votre passeport en lieu sûr. En cas de vol ou d'agression, ne résistez pas et remettez vos biens afin d'éviter d'aggraver la situation. Les vols à la sauvette sont fréquents, la plupart du temps effectués par des individus à moto dans des quartiers résidentiels peu fréquentés. Les voitures garées à l'extérieur la nuit à Montevideo sont souvent victimes de cambriolages. Privilégiez un stationnement sécurisé ou un endroit bien éclairé et animé, sans laisser d'objets en vue dans le véhicule. Les résidences de vacances sur la côte sont davantage ciblées par les cambrioleurs, en particulier pendant les festivités du Nouvel An. Verrouillez fenêtres et portes lorsque vous êtes absent ou la nuit. Utilisez un coffre-fort ou une alarme si votre hébergement en est équipé.

À la plage. Lors de votre visite des plages uruguayennes durant la haute saison, sachez que les plus populaires sont surveillées par des sauveteurs. Les drapeaux d'avertissement, dont le code peut varier selon les régions, vous informent sur les conditions de baignade : rouge ou rouge avec le mot Peligro (danger) signifie qu'il ne faut pas entrer dans l'eau, jaune indique de se baigner avec prudence, vert évoque de bonnes conditions de baignade, rouge avec une croix verte déconseille la baignade pour des raisons d'hygiène (par exemple, présence d'algues), et enfin, noir annonce une tempête en approche ou, occasionnellement, une grève des sauveteurs.

DÉCALAGE HORAIRE

Depuis 2015, l'Uruguay a abandonné la pratique de changer d'heure pendant la saison estivale, ce qui signifie que le pays se trouve désormais tout au long de l'année en GMT-3, le même fuseau horaire que l'Argentine. Cependant, la France continue de changer d'heure, ce qui crée un décalage horaire de 5 heures en été et de 4 heures en hiver entre Montevideo et Paris. Par exemple, entre mars et octobre, c'est-à-dire pendant l'été en Uruguay, si l'on prend en compte le fait qu'il est midi en France, cela signifie qu'il est seulement 7 heures du matin en Uruguay. Cependant, pendant l'hiver (de novembre à février), le décalage horaire est réduit à 4 heures, ce qui signifie que lorsqu'il est midi en France, il est 8 heures du matin en Uruguay.

LANGUES PARLÉES

L'espagnol est la langue officielle de l'Uruguay et est parlé par la majorité de la population dans tout le pays. Cependant, dans les régions frontalières avec le Brésil, telles que les villes d'Artigas, Rivera et Chuy, le portugais est souvent entendu en raison de l'influence brésilienne dans ces régions. Pour les échanges officiels, l'espagnol est la seule langue utilisée. L'accent uruguayen est souvent considéré comme similaire à l'accent argentin, dans lequel la lettre «ll» et la lettre «y» sont prononcées «ch». Cela signifie que la prononciation du mot « Uruguayo » (qui désigne un habitant de l'Uruguay) est « uru-gua-cho ». De plus, il est courant d'utiliser le pronom «vos» pour la deuxième personne singulière, plutôt que le pronom «tú» qui est utilisé dans d'autres pays hispanophones.

COMMUNIQUER

L'Uruguay est équipé d'un réseau de télécommunications, à la fois mobile et fixe, qui est bien développé et offre une couverture étendue sur l'ensemble du territoire. Les principaux opérateurs de téléphonie mobile sont Antel, Movistar et Claro, qui proposent une couverture réseau de qualité ainsi qu'une variété de forfaits pour les appels et les données. Ces derniers proposent des cartes SIM uruguayennes au prix d'environ 200 $, en vente notamment dans les centres commerciaux. Vous pouvez également acheter des cartes SIM à l'aéroport international de Carrasco à Montevideo. L'Uruguay se positionne d'ailleurs comme l'un des pays les plus connectés d'Amérique latine, avec un taux de pénétration d'internet supérieur à 70 %. La qualité de son infrastructure de télécommunications est très bonne, offrant des vitesses de téléchargement élevées. Les connexions à haut débit sont courantes et l'accès à internet est disponible via des connexions filaires et sans fil, telles que la fibre optique, les réseaux 4G, 5G et les réseaux Wi-Fi.

ELECTRICITÉ ET MESURES

En Uruguay, la tension électrique est de 220V et les prises de courant sont de type C, F et L. Vos appareils tels que votre téléphone, votre ordinateur et votre tablette devraient effectuer la conversion automatiquement. Si vous oubliez votre adaptateur (appelé « enchufe » en espagnol), ne vous inquiétez pas, car vous pourrez

en trouver dans les grands supermarchés ainsi que dans les quincailleries locales, appelées « ferreterias ».
Quant aux unités de mesure, les Uruguayens utilisent principalement le système métrique, comme en France. Cela signifie que les températures sont exprimées en degrés Celsius, les distances en kilomètres, les volumes en litres et les masses en kilogramme.

BAGAGES

Ce que vous devez mettre dans vos bagages dépend de la période de l'année à laquelle vous prévoyez de voyager. En été, privilégiez maillot de bain, paréo, T-shirt, short, tongs, vêtement léger, polaire, coupe-vent imperméable, chapeau, lunettes de soleil et crème solaire. Pour l'automne et le printemps, ajoutez-y une couche chaude, des chaussettes douillettes et un pantalon long. En hiver, misez sur un T-shirt, une chemise à manches longues, une polaire, un coupe-vent imperméable, des chaussures chaudes, des gants, un bonnet couvrant les oreilles, un pyjama chaud et des pantoufles (surtout si vous restez en *estancia*). Et rappelez-vous, le code vestimentaire en Uruguay est tellement décontracté qu'il se fait oublier. Alors, détendez-vous et profitez de votre séjour, quel que soit votre style et la saison !

LES PHRASES CLÉS

Bonjour, je voudrais réserver un billet aller/retour pour…
Hola, me gustaría reservar un billete de ida y vuelta para....

J'ai raté mon avion. Je voudrais échanger mon billet s'il vous plaît.
He perdido el avión. Me gustaría cambiar mi billete, por favor.

Mon vol est très en retard. Ma correspondance sera bien assurée ?
Mi vuelo llega con retraso. ¿Llegaré a tiempo para coger el próximo vuelo?

Mes bagages ont été égarés, à qui dois-je m'adresser ?
Han perdido mi equipaje, ¿a quién debo dirigirme?

Louez-vous des voitures avec chauffeur ?
¿Alquilan coches con chófer?

Je n'ai presque plus d'essence. Où se trouve la station-service la plus proche ?
Apenas tengo gasolina. ¿Dónde está la gasolinera más cercana?

S'Y RENDRE

Il existe diverses options pour se rendre en Uruguay depuis la France. Les vols directs entre les deux pays sont rares, et la plupart d'entre eux nécessitent une escale, souvent à Madrid en Espagne ou à São Paulo au Brésil. Les compagnies aériennes Iberia et LATAM Airlines proposent régulièrement de tels vols avec escale, dont la grande majorité arrive à l'aéroport international de Carrasco (MVD) situé à 20 km à l'est du centre de Montevideo. Quant aux voyages en traversier, les traversées entre Buenos Aires et l'Uruguay représentent un choix de transport prisé et pratique pour les touristes désirant se déplacer entre l'Argentine et l'Uruguay. Les compagnies Buquebus et Colonia Express offrent des services de ferry entre ces deux pays, avec divers tarifs et différentes prestations. Avant de réserver, il est conseillé de comparer les prix et itinéraires proposés, car ces derniers peuvent varier en fonction de la saison et de la demande.

IBERIA

✆ +34 915 23 65 68

www.iberia.com

Iberia propose des vols directs entre Madrid et Montevideo. Depuis la France, vous devrez d'abord faire une escale à Madrid avant de prendre votre deuxième vol pour Montevideo. Le temps de vol de Paris (Orly) à Madrid est d'environ 2 heures, suivi de 13 heures pour le trajet Madrid - Montevideo. En ce qui concerne les tarifs, un billet aller simple coûte environ 600 €, tandis que l'aller-retour revient à près de 1 300 €. Effectuez votre réservation sur le site Web de la compagnie afin de sélectionner vos sièges et consulter les horaires et tarifs en temps réel.

LATAM AIRLINES

50, ter rue de Malte

PARIS (11e)

✆ 01 53 53 80 00

LATAM Airlines est une compagnie aérienne née de la fusion entre la compagnie chilienne LAN et la compagnie brésilienne TAM. Elle propose donc des vols depuis Montevideo pour Rio, São Paulo et Santiago du Chili très fréquemment. Elle opère également des vols quotidiens entre Paris-CDG et Montevideo avec une escale à São Paulo. Il faut compter environ 11 heures de vol pour rejoindre São Paulo depuis Paris-CDG, puis 2 heures et demie de trajet pour se rendre de São Paulo à Montevideo. Le tarif pour un vol direct Paris-Montevideo est d'environ 700 €.

BUQUEBUS

MONTEVIDEO

✆ +598 130

www.buquebus.com

Horaires et tarifs sur le site web. Bagage 20 kg par passager. Enregistrement 2h avant l'embarquement.

Buquebus assure des liaisons en ferry sur le Rio de la Plata, reliant Buenos Aires à Montevideo (ou Colonia) et vice versa. Il existe plusieurs itinéraires, dont un trajet direct en bateau pour Colonia (durée de 1h15) et Montevideo (durée de 2h30), ainsi qu'un itinéraire en bateau vers Colonia suivi d'un trajet en bus vers le terminal Tres Cruces de Montevideo ou vers d'autres destinations comme Punta del Este ou Piriapolis. Le prix des billets varie en fonction de la saison. Boutique hors taxes à bord du bateau. Possibilité de voyager avec son véhicule.

COLONIA EXPRESS

COLONIA DEL SACRAMENTO

✆ +598 4522 9676

www.coloniaexpress.com

Réservations en ligne. Les tarifs et horaires sont indiqués sur le site Web. Enregistrement 2h avant l'embarquement.

Compétiteurs de Buquebus. Probablement l'option la plus économique pour effectuer la liaison entre Colonia et Buenos Aires en bateau. Plusieurs départs quotidiens dans les deux sens. Les départs de Buenos Aires vers Colonia ont lieu à 8h30, 10h30, 12h50, 18h30 et 20h tous les jours. Quant aux départs de Colonia vers Buenos Aires, ils ont lieu à 8h30, 10h30, 16h30, 18h et 20h30. Le coût d'un aller simple est d'environ 40 US$. Des réductions en ligne sont disponibles sous forme de forfaits. Cafétéria et boutique à bord, mais pas de wifi.

L'ASSURANCE VOYAGE, LE MEILLEUR MOYEN POUR PROTÉGER SA SANTÉ À L'ÉTRANGER

avec le DR CÉDRIC RAMAUT,
directeur médical d'Allianz Travel

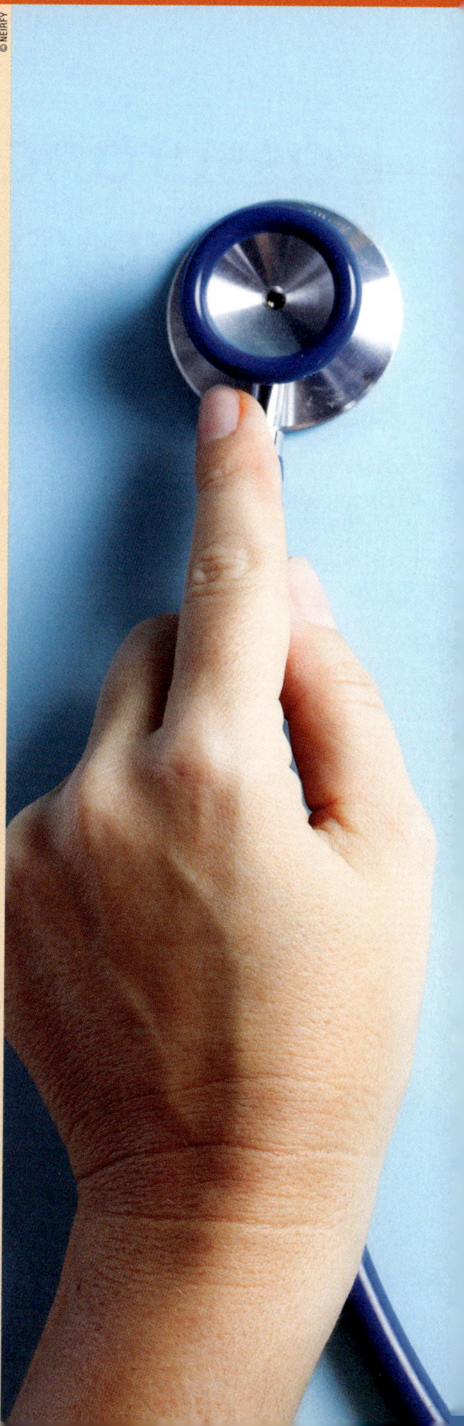

En cas de souci de santé sur place, que faut-il faire ?

Si l'on se trouve dans une situation urgente (accident grave, morsure d'animaux...), il est conseillé d'appeler les numéros d'urgence locaux. Une fois à l'hôpital, appeler son assisteur pour déclencher les procédures de prise en charge.

Est-il possible d'entrer en contact avec un professionnel de santé en cas de besoin ?

Allianz Travel dispose d'un service de téléconsultation médicale accessible en visio qui permet de s'entretenir avec un médecin 24h/24, 7 jours sur 7. La consultation se fait en français et des conseils sont donnés sur les démarches à effectuer. Une ordonnance peut également être délivrée.

S'agissant des frais médicaux, est-on forcément couvert par son assurance maladie et sa mutuelle à l'étranger ?

La sécurité sociale fonctionne uniquement dans les pays avec lesquels la France a passé des accords. Il faut pour cela demander sa carte européenne d'assurance maladie (CEAM). La sécurité sociale et la mutuelle couvriront alors les frais médicaux à l'étranger à hauteur de leur propre barème sous certaines conditions. Il est malgré tout conseillé de souscrire une assurance voyage, car la prise en charge des frais ne sera pas la même qu'en France.

Quel est le meilleur moyen de voir ses frais médicaux pris en charge ?

Dans les pays hors Europe, il est recommandé de souscrire à un contrat d'assistance avec un bon niveau de couverture des frais médicaux. Il est également important de choisir un assureur disposant d'un important réseau international dans le domaine médical.

En cas de problème médical, le rapatriement est-il prévu dans le contrat d'assurance ?

Oui, la majorité des contrats d'assurance voyage prévoit le rapatriement mais il n'est toutefois pas systématique. L'état de santé du patient peut nécessiter une hospitalisation / une immobilisation sur le lieu de séjour. Si le patient peut être traité sur place, l'assisteur l'orientera vers un médecin ou une structure médicale adaptée localement, et ce jusqu'à ce qu'il puisse à nouveau de voyager et rentrer chez lui.

SÉJOURS ET CIRCUITS

L'Uruguay, souvent perçu comme une escale lors d'un séjour à Buenos Aires, est en réalité une pépite touristique à part entière, débordant de charme et d'attractions uniques. Les agences locales offrent une multitude de circuits thématiques dévoilant les trésors cachés de cette destination méconnue. Embarquez pour un voyage culturel à travers des sites emblématiques tels que la vibrante capitale Montevideo, la charmante ville de Colonia ou encore les vestiges de la forteresse de Santa Teresa. Plongez aussi dans l'âme gourmande du pays avec des circuits œnologiques et gastronomiques qui vous mèneront à travers les vignobles de Canelones, Maldonado et San José. Enfin, laissez-vous séduire par une nature préservée grâce à des excursions écotouristiques qui vous conduiront dans des parcs naturels époustouflants, où vous pourrez admirer une riche biodiversité et vous adonner à des activités telles que la randonnée, le kayak et l'équitation.

AGENCE DU VOYAGE À CHEVAL

1, rue Eugène-Cusenier
ORNANS
✆ +33 3 81 62 02 96
www.agenceduvoyageacheval.com
Ouvert du lundi au samedi de 9h à 19h.

Spécialiste du voyage à cheval, cette agence a pour spécificité la relation locale authentique, le respect de l'environnement et bien sûr du cheval. L'Uruguay, pays de *gauchos,* est le terrain idéal pour une chevauchée entre marais, prairie, collines, palmeraies et plages désertes. Le programme se concentre sur l'est du pays, plus précisément à la réserve de biosphère de l'UNESCO Bañados del Este et à Rocha. Les étapes en *estancias* permettront de parler cheval tout au long du voyage !

LES ATELIERS DU VOYAGE

54-56, avenue Bosquet
PARIS (7e)
✆ 01 40 62 16 79
www.ateliersduvoyage.com
Ouvert du lundi au jeudi de 10h à 18h.

Spécialiste du voyage sur mesure, Les Ateliers du Voyage vous emmène aux quatre coins du monde et à la découverte des cinq continents. L'équipe possède une grande expérience de l'Amérique du Sud et vous en fait profiter aux meilleures conditions. Voyages à la carte, en individuel ou en groupe (12 personnes maximum). En Uruguay, le circuit sur les incontournables du pays permettra de sillonner tout le littoral sud (Colonia, Montevideo, Punta del Este, Cabo Polonio). On pourra opter également pour un circuit centré sur la route des vins.

LES MAISONS DU VOYAGE

3, rue Cassette
PARIS (6e)
✆ 01 40 51 95 11
www.maisonsduvoyage.com

Grâce à des itinéraires sans cesse renouvelés et à un calendrier proposant conférences, informations-voyages, la Maison des Amériques latines invitent le voyageur à se plonger dans la culture du pays. Possibilité de circuits, de vols secs ou de séjours à la carte. On pourra opter pour le séjour de 10 jours pour découvrir les sites majeurs de l'Uruguay ou bien le combiné de 9 jours entre Buenos Aires et Montevideo avec une escale à Colonia del Sacramento. Sinon, on choisira les circuits thématiques sur la route des vins ou l'Uruguay en estancias.

NOSTALATINA

19, rue Damesme
PARIS (13e)
✆ 01 43 13 29 29
https://ann.fr/
Ouvert du lundi au samedi de 10h à 13h et de 14h à 18h.

L'Uruguay en longueur, en largeur, en hauteur, en profondeur, ou en combinaison avec l'Argentine, le Brésil ou le Paraguay, en roues libres, à cheval, en randonnée ou en transports publics. L'équipe de NostaLatina, spécialisée depuis 1994 dans du «véritable voyage sur mesure» applique la même recette sur ses destinations phares comme sur de petits pays devenu *fashion* en Amérique Latine : adapter la bonne dose d'organisation au profil exact du voyageur que vous êtes.

EXCELLENCE TURISMO

MONTEVIDEO

✆ +598 9575 7500

www.turismoexcellence.com

Agence réceptive francophone proposant des voyages à la carte, des visites thématiques de Montevideo (gastronomie, football, tour en bicyclette, en hélicoptère ou à cheval) et de tout le pays (tourisme d'aventure, thermes, visite des *bodegas*, mines de pierres précieuses, etc.). Tout peut être pris en charge : transports, repas, hôtels et guides. Possibilité de combiner votre visite de l'Uruguay avec un voyage en Argentine (Buenos Aires, Iguazu et Patagonie). N'hésitez pas à contacter Pierre qui se fera un plaisir de concocter votre voyage sur mesure.

FYL EXPERIENCES

✆ +598 9900 3190

Cette agence de tourisme locale propose des visites guidées en espagnol à travers le pays. Ce qui les distingue, c'est leur capacité à vous faire découvrir les endroits les moins fréquentés de l'Uruguay, tels que les Sierras de Carapé, le Parc Tupambaé, les Sierras de las Ánimas ou encore Las Cañas. Ils se spécialisent dans les voyages d'aventure tels que le kayak en rivière, la randonnée et le parapente, ainsi que dans l'œnotourisme, où vous pourrez visiter une multitude de *bodegas* pour déguster de délicieuses bouteilles de tannat, de muscat et de pinot noir.

CECILIA REGULES VIAJES

1334 Bacacay 1334, Local C

MONTEVIDEO

✆ +598 2916 3011

www.ceciliaregulesviajes.com

L'agence organise une multitude de circuits, notamment des visites de la capitale, de Punta del Este et de Colonia, ainsi que des activités de ski en Argentine et au Chili. Cependant, sa véritable spécificité réside dans sa passion pour le tourisme rural, grâce à l'expertise de Cécilia, une francophone qui vous conduira vers une expérience inoubliable à travers les estancias uruguayennes. Pour une immersion totale, optez pour un séjour dans l'estancia rustique de Cécilia. Pour en savoir plus sur cette expérience unique, n'hésitez pas à la contacter directement.

NOVOTURISMO

910 25 de Mayo

✆ +598 4249 3154

www.novoturismo.com.uy

NovoTurismo propose une variété d'activités pour répondre à tous les goûts, que vous soyez friands de plein air, de dégustations de vin, de visites culturelles, d'équitation ou encore de camping. Leurs circuits incluent des séjours de quelques jours dans de superbes *posadas*, des sentiers à pied et à cheval dans la campagne, une excursion aux grottes de Salamanca et des visites de ranchs. Vous aurez également l'opportunité d'explorer Montevideo, Punta del Este, José Ignacio, Piriápolis et la célèbre *bodega* Garzon avec un guide expérimenté. Excellent.

EL KAMINANTE

✆ +598 2481 5101

www.elkaminante.com.uy

Excursion sur la côte est : 225 US$/personne. Escapade Colonia et Carmelo : 150 US$. Quebrada de los Cuervos : 145 US$.

Depuis 1999, cette agence propose des voyages personnalisés pour des groupes de toutes tailles, y compris des excursions d'un à deux jours permettant de découvrir les différentes régions du pays. Leurs itinéraires comprennent des visites de la côte nord du *río* Uruguay, de ses complexes thermaux, de la vallée de Lunarejo, de la côte est (Chuy, Punta del Diablo, Cabo Polonio), mais aussi des randonnées de un à deux jours (Quebrada de los Cuervos, Gruta del Palacio), des escapades à Minas, Colonia, Carmelo ainsi que des visites des meilleurs vignobles.

PASAPORTE AVENTURA

✆ +598 9535 3035

www.pasaporteaventura.uy

Depuis plus de 15 ans, cette agence de voyages organise des activités sportives et récréatives en plein air incluant la descente en rappel, le trekking, l'escalade, la randonnée, le canoë et même des cours de sauvetage. Que ce soit pour les enfants ou les adultes, l'équipe de l'agence travaille avec dévouement pour concevoir des aventures qui encouragent le travail d'équipe et la découverte de soi. En outre, si vous cherchez du matériel d'escalade de haute qualité, leur magasin propose des harnais, des grigris, des cordes, des mousquetons et des dégaines.

URUGUAY BIKE TOURS

✆ +598 9959 1519

www.biketoursuruguay.com

Cette agence de voyages spécialisée dans le cyclotourisme organise des excursions à travers diverses destinations telles que Montevideo, Punta del Este, Colonia et Cabo Polonio. Chaque semaine, des circuits à thème (musées, observation des oiseaux, visite de sites naturels) ainsi que des itinéraires de plusieurs jours (par exemple de Punta del Este jusqu'à Punta del Diablo) sont organisés et comprennent des bicyclettes, des casques, des bouteilles d'eau et un guide bilingue (espagnol et anglais). Une excellente façon de découvrir les environs tout en s'activant !

WINE EXPLORERS URUGUAY

Av. Rivera 2776 ✆ +598 9750 2218

www.wineexplorersuy.com

Le coût par personne est d'environ 5 000 $. Départ à 9h depuis Montevideo. Vous devriez être de retour vers 20h.

Cette agence d'œnotourisme est sans conteste la meilleure du pays, comme vous pourrez le constater lors d'une visite de *bodega* organisée par Veronica et son accompagnateur Travis. Faisant preuve d'un professionnalisme exemplaire, ces derniers vous offriront un programme complet comprenant le transport, une promenade à travers les vignobles, un déjeuner dans un cadre bucolique et verdoyant, ainsi qu'une dégustation de vins. Vous pourrez même avoir la chance de participer à l'écrasement des raisins ou encore de goûter de rares millésimes anciens. Un incontournable.

VIDA SILVESTRE

1198 Canelones

MONTEVIDEO

✆ +598 2902 5853

www.vidasilvestre.org.uy

Basée à Montevideo depuis 1995, l'association Vida Silvestre a pour but de protéger l'environnement et d'offrir une vision différente du pays à travers la richesse de son écosystème. Elle propose des « paseos » (circuits) pour découvrir les aires protégées du pays. Leur formule « Balades Sauvages » est un outil de sensibilisation environnementale destinée au public, qui inclut le transport depuis/vers Montevideo (optionnel), les repas, les services de guides locaux (coordinateur et naturaliste) ainsi que les droits d'entrée.

LILIGO

www.liligo.com

Site comparateur de voyages qui propose d'étudier le prix de votre prochain séjour.

Liligo interroge les agences de voyages, compagnies aériennes (régulières et low cost), trains (TGV, Eurostar…), loueurs de voitures, mais aussi 250 000 hôtels à travers le monde pour proposer à ses clients les offres les plus intéressantes en temps réel. Les prix incluent les frais de dossier, d'agence… Une fois la recherche établie et l'offre sélectionnée par l'utilisateur, le comparateur le met directement en relation avec le site marchand. Quelques astuces sont délivrées en ligne pour bénéficier des offres les plus intéressantes.

JETCOST

www.jetcost.com

Jetcost compare les prix des billets d'avion et trouve le vol le moins cher parmi les offres et les promotions des compagnies aériennes régulières et *low cost*. Le site est également un comparateur d'hébergements, de loueurs d'automobiles et de séjours, circuits et croisières. L'interface du site Internet est très simple d'utilisation. Après avoir lancé la recherche, on peut affiner les résultats en fonction de ses choix afin de trouver le vol le plus intéressant, la durée du trajet, les éventuelles escales ou encore l'aéroport d'arrivée.

QUOTATRIP

www.quotatrip.com

Voyages sur mesure.

QuotaTrip est une nouvelle plateforme de réservation de voyage en ligne qui met en relation des voyageurs à la recherche d'expériences authentiques et uniques et des agences de voyages locales sélectionnées pour leurs compétences et leur sérieux. Le réseau de QuotaTrip couvre près de 200 destinations dans le monde entier. Le but de ce rapprochement est simple : proposer un séjour entièrement personnalisé aux utilisateurs. QuotaTrip promet ainsi l'assurance d'un voyage serein, sur mesure, sans intermédiaires et sans frais supplémentaires.

INTERVIEW

LE VOYAGE-SUR-MESURE

AVEC STEVEN LE CHEVALIER ET MATHIEU VALLY DE QUOTATRIP

Quel est le concept de l'agence QuotaTrip ?

Quotatrip est la première plateforme de mise en relation entre voyageurs et agences locales. Grâce à elle, les voyageurs peuvent enfin échanger en direct avec des agences qui sont sur place et concevoir un voyage unique, au meilleur prix et 100% personnalisé.

Pourquoi voyager avec des agences locales ?

À l'inverse des agences traditionnelles, les agences locales sont des expertes de la destination choisie. Ce sont aussi les mieux placées pour concevoir des séjours qui sortent des sentiers battus. Elles sont ainsi en mesure de répondre à l'ensemble des envies, le voyageur rentre dans l'univers de l'equi-tourisme = le tourisme sans intermédiaire.

Quels sont les autres avantages pour les voyageurs ?

Il y a une multitude d'avantages. Cela permet notamment de ne pas voyager comme tout le monde, d'organiser de manière simple et rapide un séjour sur mesure et au meilleur prix. Fini les mauvaises surprises, les voyageurs posent toutes les questions qu'ils souhaitent et bénéficient d'un accompagnement sur mesure, de la conception du projet jusqu'à sa réalisation en toute sécurité car les agences référencées sont sélectionnées et recommandées par les journalistes des guides du Petitfute en toute impartialité.

Les démarches sont-elle simples à effectuer ?

Les sites de voyage en ligne font perdre beaucoup de temps aux internautes sans pour autant répondre entièrement à leurs désirs. QuotaTrip propose un formulaire simple et rapide qui permet de décrire les souhaits, les envies et les besoins. L'internaute reçoit aussitôt gratuitement et sans engagement les offres de trois ou quatre agences locales avec qui il peut ensuite échanger afin de personnaliser son projet grâce à la messagerie mise en place.

Quelles sont les destinations proposées ?

Notre plateforme propose plus de 21 000 projets de voyage sur plus de 100 destinations à travers le monde. De l'Amérique latine en passant par l'Asie et l'Afrique, nos mille agences partenaires sont là pour répondre à vos projets de voyage.

Décrivez votre projet de voyage. Echangez en direct avec les agences locales et partez au meilleur prix.

***Plus d'informations** : quotatrip.com*

© D.R

© D.R

© D.R

SE LOGER

Le pays regorge d'options d'hébergement pour satisfaire tous les goûts et les budgets, des somptueux établissements hôteliers aux logements plus abordables, en passant par des campings en pleine nature et des *estancias* pittoresques. Si vous préférez rester dans un hébergement plus indépendant, louer un appartement ou une maison de vacances peut s'avérer une excellente alternative. De nombreuses plateformes de location en ligne vous permettront de réserver des logements meublés, idéals pour les familles ou les groupes d'amis. Pour une immersion totale, n'hésitez pas à opter pour un séjour chez l'habitant en utilisant des plateformes comme Couchsurfing ou Workaway. Toutefois, l'expérience la plus authentique reste le séjour en *estancia*, où vous aurez l'occasion de découvrir le rythme de la vie quotidienne et rurale du pays, de faire des balades à cheval, de participer à des activités agricoles et de nouer des amitiés avec les résidents.

COUCHSURFING €€

www.couchsurfing.com

Plateforme internet pour séjourner chez l'habitant. Tarif d'adhésion : 15€ environ.

Couchsurfing est le service d'hébergement gratuit en ligne regroupant le plus d'adhérents. Il suffit de s'inscrire pour accéder aux profils des locaux ou faire sa demande d'hébergement pour quelques jours, voire quelques semaines. En échange, vous pouvez par exemple inviter votre hôte à manger, lui offrir un cadeau ou bien l'accueillir chez vous. Le site Internet met en place des systèmes de contrôle : notation des membres, numéro de passeport exigé à l'inscription, etc. Les participants ont accès à des hébergements volontaires dans plus de 200 pays.

HOSTELWORLD €

www.hostelworld.com

Depuis 2005, cette centrale de réservation en ligne permet de planifier son séjour à prix corrects dans le monde entier. Afrique, Asie, Europe, Amérique... Hostelworld est spécialisé dans les logements peu onéreux (auberges de jeunesse ou hostels...) mais proposant des services et un cadre plutôt soignés. Pour chaque grande ville, le site propose une sélection pointue d'enseignes partenaires et vous n'aurez plus qu'à choisir l'adresse la plus pratique, la mieux située, ou tout simplement la moins chère. Une plateforme bien pratique pour les baroudeurs.

HELPX €€

www.helpx.net

Plateforme Internet pour séjourner chez l'habitant.

Des fermes biologiques, des B&B, des hôtels où l'étranger aide tout en bénéficiant, selon les hôtes, d'un hébergement, de repas ou de cours de langues selon le travail fourni. Un panel de lieux, partout dans le monde, où vivre durant une année ou moins, afin d'améliorer une langue ou vivre une expérience hors du commun pendant une année de césure. Lors de notre dernière visite sur le site, des propriétaires de *guesthouse* proposaient lit + déjeuner en échange de quelques heures de travail. Peut être une bonne affaire pour les plus jeunes.

WORKAWAY €€

www.workaway.info

Abonnement annuel à la plateforme : 49 € pour un voyageur seul, 59 € pour deux voyageurs.

Ici, le système est simple : être nourri et logé en échange de services. Sur la page Web, vous entrez en contact avec vos futurs hôtes qui recherchent des volontaires pour les aider dans leur projet. Des fermes, des maisons à retaper, des vendanges, des cueillettes... Ce système de logement alternatif, s'il n'est pas de tout repos, est de plus en plus populaire parmi les voyageurs. Les hôtes proposent la plupart du temps le gîte et la nourriture en échange de cours d'anglais. Un bon deal mais surtout une expérience unique et des rencontres fort enrichissantes.

SE DÉPLACER

Pour voyager en Uruguay, la solution la plus pratique est de louer une voiture. Cela vous offrira une plus grande liberté de mouvement et d'itinéraires, évitant ainsi de perdre du temps à consulter les horaires et les trajets de chaque ligne d'autobus. Durant la haute saison (de décembre à février), la fréquence des bus augmente considérablement, ce qui peut rendre leur utilisation plus avantageuse, surtout si vous restez dans une ville bien desservie. A Montevideo, les prix des billets de bus varient entre 48 $ et 72 $ selon les trajets. Prévoyez des petites coupures de 20, 50 ou 100 $, car la plupart du temps, les chauffeurs n'auront pas suffisamment de monnaie à vous rendre. Il existe une multitude d'agences de location de voiture comme Budget, Avis, Dollar Rent a Car, Europcar, ou encore Thrifty Car Rental, qui offrent généralement des services similaires. Notez qu'elles ne permettent pas de traverser les frontières internationales.

MOOVIT

www.moovitapp.com

Moovit est une application de transport en commun qui fournit des informations en temps réel sur les itinéraires, les horaires et les tarifs des bus, trains, métros et autres moyens de transport en Uruguay (et dans le monde entier). Disponible sur le site web de l'entreprise ainsi que sur les plateformes mobiles pour les utilisateurs d'Android et d'iOS. Les utilisateurs peuvent trouver les meilleurs itinéraires pour se rendre d'un point A à un point B et recevoir des alertes en temps réel sur les horaires de transport et les perturbations. Très pratique.

URUBUS

1825 Bulevar General Artigas

✆ +598 9228 6224

www.urubus.com.uy

Une application est également disponible pour IOS et Android.

Il est possible d'accéder à toutes les informations en temps réel concernant les compagnies de bus en Uruguay sur une seule plateforme en ligne. Les compagnies les plus populaires, telles que Turismar, Turil, Rutas de Sol, COPTSA, Nuñez et COT, sont disponibles, ainsi que des compagnies moins connues comme Grupa Agencia, qui propose des trajets de Montevideo à Trinidad, et Intertür, qui opère des trajets de Colonia à Mercedes. Il suffit de consulter la page web pour obtenir les horaires et les itinéraires, et d'acheter son billet avec une carte de crédit.

BSP AUTO

✆ 01 86 26 90 80

www.bsp-auto.com

Site comparatif accessible 24h/24.

Il s'agit là d'un prestataire qui vous assure les meilleurs tarifs de location aux conditions les plus avantageuses auprès des grands loueurs de véhicules dans les gares, aéroports et les centres-villes du monde entier. Le kilométrage illimité et les assurances sont souvent compris dans le prix. Avec BSP Auto, vous pouvez réserver dès maintenant et payer seulement cinq jours avant la prise de votre véhicule. Autre bonus du courtier BSP : pas de frais de dossier ni d'annulation (jusqu'à la veille). La moins chère des options zéro franchise.

OVEJA NEGRA

3936 Bulevar Gral Artigas

✆ +598 9895 0742

www.ovejanegracampers.com

Environ 100 US$ par jour. Le seul moyen de garantir la location est de laisser un dépôt de garantie. Animaux acceptés.

Cette entreprise de location de camping-car vous permet de partir en *roadtrip* à travers tout le pays. Elle propose deux modèles de camionnettes pour 2 et 4 personnes, dont l'une est dotée d'une tente sur le toit pouvant faire dormir deux personnes supplémentaires. Les véhicules sont munis d'une kitchenette tout équipée, d'un abri extérieur, d'un grill pour le barbecue, d'une douche et de ports USB. Quoi de mieux que de partir à l'aventure et de vivre à fond la *van life* (gardez tout de même en tête qu'il n'est pas possible de franchir les frontières du pays) !

S'INFORMER

La presse écrite en Uruguay jouit d'une longue histoire et d'une grande liberté d'expression. Les principaux journaux du pays sont El País, El Observador et La República, qui offrent des informations nationales et internationales, ainsi que des analyses et des opinions. La plupart des journaux traditionnels ont d'ailleurs adapté leur contenu pour les plateformes numériques, tandis que de nouveaux médias en ligne ont émergé, tels que Montevideo Portal et 180. Parmi les stations de radio les plus populaires figurent Radio Uruguay, Radio El Espectador et Radio Carve. Les principales chaînes de télévision sont Canal 10, Teledoce et TNU, la chaîne publique nationale. Les réseaux sociaux tels que Facebook et Instagram jouent également un rôle essentiel dans la diffusion d'informations et la communication entre les citoyens. En outre, la majorité des départements possèdent un site Web consacré au tourisme et à l'histoire locale (en espagnol).

BRECHA SEMANARIO

710 25 de Mayo
www.brecha.com.uy

Brecha Semanario est un média de presse engagé de gauche, qui a vu le jour en octobre 1985 à Montevideo. Son contenu est principalement centré sur l'actualité uruguayenne et il est disponible en ligne et en version papier. Depuis ses débuts, Brecha revendique son indépendance totale vis-à-vis de tout contrôle politique, religieux ou financier et s'engage en faveur des intérêts des masses défavorisées et marginalisées, avec pour objectif de contribuer à la création d'une société plus juste et solidaire. Leur section « Culture » est particulièrement intéressante.

REVISTA VIDA LITORAL

862 Independencia
✆ +598 9972 8233
www.vidalitoral.com

Ce média hybride, à la fois imprimé et numérique, se focalise sur la mise en valeur de divers aspects culturels de la côte est de l'Uruguay, tels que l'art, la gastronomie, l'architecture, les sites touristiques, les traditions et la mode. Il est possible de se procurer les éditions imprimées dans plusieurs hôtels et restaurants, ou de s'abonner pour recevoir les nouveaux numéros à domicile. Les photographies de haute qualité et le contenu original vous donneront envie de prolonger votre séjour sur le littoral ou de le découvrir pour la première fois !

NÓMADA

www.nomada.uy

Nómada est une application mobile destinée aux mordus d'architecture, de design et d'urbanisme. Développée en 2009 par la Faculté d'architecture, de design et d'urbanisme de l'Université de la République d'Uruguay, elle offre des renseignements sur les édifices historiques et patrimoniaux de l'Uruguay ainsi que des destinations internationales. En téléchargeant l'application, vous pourrez consulter les articles sans avoir besoin d'une connexion Internet, car tout le contenu est disponible sur votre téléphone. Une vraie mine d'informations !

TODO URUGUAY

www.todouruguay.net

Blog très (exclusivement en espagnol) complet sur la culture, la gastronomie, l'histoire et le tourisme de l'Uruguay, qui contient une panoplie d'articles sur diverses destinations et différents événements. Il est possible de naviguer par département pour trouver des publications spécifiques, facilitant ainsi la recherche d'informations sur des territoires particuliers. Vous pourrez y lire un tas d'articles sur des personnages importants du pays, mais aussi sur des faits cocasses et anecdotes intéressantes liées à l'histoire et l'actualité du pays.

RESTER

L'Uruguay séduit de plus en plus les voyageurs charmés par sa tranquillité et son atmosphère agréable qui en font une destination de choix pour s'installer. Les conditions d'immigration sont assez simples, incluant des exigences de base telles qu'un revenu mensuel d'environ 1500 US$ et un casier judiciaire vierge. L'Office uruguayen de l'immigration (Migraciones) examine l'intention de résidence permanente des demandeurs et peut rejeter les dossiers de ceux qui ne manifestent pas un désir sincère de s'installer durablement dans le pays. Une fois la demande déposée, les candidats reçoivent une carte d'identité temporaire appelée « Cédula ». Les formalités administratives, en espagnol, peuvent parfois s'avérer complexes ; un conseiller professionnel facilitera et accélérera certainement le processus d'immigration. Enfin, les citoyens des pays exemptés de visa peuvent vivre en Uruguay en quittant le pays une journée tous les six mois.

ACTION CONTRE LA FAIM

102, rue de Paris - **MONTREUIL**
✆ 01 70 84 70 70
www.actioncontrelafaim.org
Par téléphone de 9h à 13h et de 14h à 18h.

ONG internationale spécialisée dans la lutte contre la faim dans le monde, active dans les domaines de la nutrition, santé, sécurité alimentaire, de l'eau, de l'assainissement. L'association intervient dans des situations de crise. Le but étant de rendre les populations autonomes d'un point de vue de la nutrition, en apportant une aide concrète et en formant les intervenants locaux qui prendront le relais. Ses missions de volontariat durent de trois mois à un an en Afrique, Asie, Amérique, Europe centrale, dans le Caucase, au Moyen-Orient et dans les Caraïbes.

LYCÉE JULES SUPERVIELLE

1160 Benigno Paiva
✆ +598 2628 5544

Cet établissement scolaire fondé en 1949 propose un enseignement bilingue en français et en espagnol, axé sur les études littéraires et artistiques, et prépare les élèves aux bacs français et uruguayen. Il offre une variété de programmes d'études, y compris des options spécialisées telles que le théâtre, les arts visuels et la musique. De plus, il est homologué par l'Agence pour l'enseignement français à l'étranger (AEFE), ce qui permet aux étudiants de poursuivre leurs études en France ou dans d'autres établissements homologués à l'étranger.

MONTEVIDEO ACCUEIL

1160 Benigno Paiva
MONTEVIDEO
✆ +598 9871 2345
http://www.montevideoaccueil.org

Fondée en 2001 et validée par le ministère de l'Education et de la Culture, cette association à but non lucratif soutient les francophones s'installant à Montevideo dans leur intégration et la création de liens sociaux et culturels avec la communauté uruguayenne. Elle organise aussi diverses activités et événements sportifs et culturels. Le Petit Journal, une publication mensuelle envoyée par courriel aux membres et accessible sur le site web, offre des informations précieuses en listant des lieux d'intérêt, des sorties, des hôtels et des restaurants.

MOBILITY LC

www.mobilitylc.com

Ce service de conciergerie facilite et rend plus agréable votre processus d'immigration. L'équipe, forte d'une vaste expérience et d'une connaissance approfondie des acteurs clés, est une ressource précieuse, notamment pour les entreprises et les entrepreneurs. Leurs prestations incluent la demande de résidence, l'obtention de la carte d'identité, la résidence fiscale, le permis de travail, l'acquisition de la nationalité uruguayenne, l'ouverture de comptes bancaires, l'assurance maladie et tout autre élément facilitant votre installation dans le pays.

EDITION

Directeurs de collection et auteurs : Dominique AUZIAS et Jean-Paul LABOURDETTE

Auteurs : Mathilde GODBOUT, Mathias DESHOURS, Kévin GIRAUD, Sylvie DEL COTTO, Baptiste THARREAU, Juliette COURTOIS, Amandine GLEVAREC, Romain RISSO, Priscilla PARARD, Camille GRIFFOULIERES, Carine KREB, Mélanie DES MONSTIERS, Arnaud BONNEFOY, Jean-Paul LABOURDETTE, Dominique AUZIAS et alter

Directeur Editorial : Stéphan SZEREMETA

Rédaction Monde : Laure CHATAIGNON, Morgane VESLIN, Pierre-Yves SOUCHET, Natalia COLLIER, Julie BEZ

Rédaction France : Briséis TEMPLE-BOYER, Audrey VEDOVOTTO, Marie VIGNERON, Nicolas WODARCZAK, Mélanie PEILLET

FABRICATION

Maquette et Montage : Romain AUDREN, Julie BORDES, Delphine PAGANO

Iconographie et Cartographie : Anne DIOT, Julien DOUCET

WEB ET NUMERIQUE

Directeur Web : Louis GENEAU de LAMARLIERE

Technical Project Manager : Hervé MARION

Développeurs : Guillaume BARBET, Adeline CAUX

Intégrateur Web : Mickael LATTES, Antoine DION

Webdesigner : Caroline LAFFAITEUR

Community Traffic Manager : Alice BARBIER, Noémie LE SAUX

Content Manager : Aliénor de PERIER

DIRECTION COMMERCIALE

Directeur commercial : Guillaume VORBURGER

Coordinatrice des Régies commerciales : Manon GUERIN

Account Manager Marketplace : Leila ROUGEOT

Responsable Régies locales : Michel GRANSEIGNE

Responsables Développement régie inter : Jean-Marc FARAGUET, Guillaume LABOUREUR et Camille ESMIEU

Assistante commerciale Régie internationale : Leila ANTRI-BOUZAR

Chefs de Publicité Régie nationale : Caroline AUBRY, François BRIANCON-MARJOLLET, Perrine DE CARNE MARCEIN, Jonathan TOUTOUX

DIFFUSION ET PROMOTION

Directrice des Ventes : Bénédicte MOULET assistée d'Aissatou DIOP

Responsable des ventes : Jean-Pierre GHEZ assisté de Nelly BRION

Relations Presse-Partenariats : Jean-Mary MARCHAL

ADMINISTRATION

Président : Jean-Paul LABOURDETTE

Directrice des Ressources Humaines : Dina BOURDEAU assistée de Sandra DOS REIS et Eva BAELEN

Directrice Administrative et Financière : Valérie DECOTTIGNIES

Comptabilité : Guillaume PETIT, Aminata BAGAYOKO, Jeannine DEMIRDJIAN et Adama DIABY

Recouvrement : Fabien BONNAN assisté de Sandra BRIJLALL

Responsable informatique : Elie NZUZI-LEBA

PETIT FUTÉ URUGUAY

LES NOUVELLES EDITIONS DE L'UNIVERSITE
18, rue des Volontaires - 75015 Paris.
✆ 01 53 69 70 00 - Fax 01 42 73 15 24
Internet : www.petitfute.com
SAS au capital de 1 000 000 € - RC PARIS B 309 769 966
Couverture : Rambla à Montevideo

Impression : juin 2023
Achevé d'imprimer : CORLET IMPRIMEUR - 14110 Condé-en-Normandie
Dépôt légal : 12/07/2023
ISBN : 9782305045474

Pour nous contacter par email, indiquez le nom de famille en minuscule suivi de @petitfute.com
Pour le courrier des lecteurs : info@petitfute.com

IMPRIMÉ EN FRANCE

Q

R

S

T

U

V

W

Y

Z

N

O

P

INDEX

A

B

C

D

E